한국의 노동정치

사회협약을 향한 긴 여정旅程

이 저서는 2017년 정부(교육부)의 재원으로 한국연구재단의 지원을 받아 수행된 연구임
(NRF-2017S1A6A4A01022075).

한국의 노동정치

사회협약을 향한 긴 여정旅程

김순양 지음

영남대학교출판부

머리말

2000년대 이후 우리사회의 갈등과 분열이 극에 달한 듯하다. 이념갈등, 계층갈등, 지역갈등, 세대갈등, 노사갈등, 여야갈등 등 할 수 있는 곳에서는 어디든 극단주의가 만연하고 있다. 정치는 이러한 갈등을 더욱 부추기고 있으며, 행정은 조정과 중재의 역량이 부족하다. 각종의 대립과 갈등으로 인한 비용은 추정하기조차 어렵다. 이에 따라 우리의 정치, 사회, 경제적 역량은 선진국 문턱에서만 머무른 지가 수십 년이다.

장경오훼(長頸烏喙), 긴 목과 까마귀 부리처럼 뾰족하게 나온 입. 춘추시대 월(越)나라의 중신 범려(範蠡)가 월왕 구천(句踐)을 "어려움은 함께 할 수 있으나, 욕심과 의심이 많아 즐거움은 같이 누릴 수 없는 상(相)"이라고 평한 데서 유래한다. 필자는 이 단어를 볼 때마다 우리 역사가 겹쳐져 씁쓸하기 그지없다. 일제강점기에 나라의 독립을 위해 어깨동무했던 지도자들이 해방이 되자마자 갈기갈기 찢어져 끝내 나라를 두 동강낸 것, 민주화의 길 위에서 피를 흘리며 함께하자고 맹세하던 동지들이 그 목표가 달성되자마자 분열되어 군사정권을 연명시켜 주었던 것, 이것들이 장경오훼가 아니면 무엇이겠는가.

노사관계도 다를 바가 없다. 1990년대 후반의 누란의 경제위기 상황에서 노사정이 모처럼 의기투합을 하였지만, 사태가 약간 수습되자마자 다시 노사간에는 물론 노노(勞勞) 간에도 분열하여 대립하였다. 파당적 이익을 계산하는데 급급하여 대의(大義)를 상실한 정부와 정치권은 조정과 중재의 의지와 능력이 없었다. 2000년대 들어 여러 차례 개명을 해가면서 심기일전하고자 했던 노사정 사회협약기구가 성과를 내고 있다는 말을 들어본 적이 없다. 올봄은 예측불허의 코로나 바이러스가 창궐하여 국내경제는 물론 세계경제 전체가 암울하다. 이에 따라 올봄의 노동현장은 조용하다. 지금은 싸우면 모두가 죽는다는 것을 잘 알기 때문이다.

그러나 상황이 호전되면 노동현장은 다시 대립과 갈등의 장(場)이 될 것이다. 노동정책은 표류하고 사회협약은 멀리 있을 것이다. 우리에게 장경오훼의 사례가 너무 많고, 흑백논리, 불신, 약속파기, 편들기의 역사가 너무나 깊다. 노동정책이 지향하는 사회협약은 조화, 양보, 타협, 동반자정신, 공동체정신의 바탕 위에서 작동하는 것이다. 이러한 토양이 부실한 상태에서 서구에서 잘 되는 제도이니 우리도 하면 될 것이라는 사고는 너무나 순진한 것이다. 서구의 경험을 벤치마킹한 수많은 공공개혁들이 실패하는 것은 우리의 토대요건을 점검하지 않은 채, 단기성과에 집착한데 있다. 변용(變容)을 할 수 있는 융통성도 부족하다. 제도가 있다는 것과 그것이 잘 작동하는 것은 전혀 다른 의미이다. 현재 사회협약의 제도는 있지만, 제대로 작동은 되지 않고 있다. 노사정 간에 불신이 팽배해 있기 때문이다. 정책결정자들과 노사 지도자들은 누구나 멸사봉공(滅私奉公)의 공공가치를 말하지만, 이것은 교언영색(巧言令色)에 지나지 않는다. 내심은 조직이익, 집단이익, 개인이익을 우선하고 있으며, 상대방을 불신과 의혹의 눈초리로 바라보고 있다. 이러한 곳에서 사회협약의 노동정치는 성공할 수 없다. 그래서 필자는 코로나 역병사태가 수습되면 다시 사생결단의 노동정치가 나타날 것을 우려하며, 신뢰, 협력, 양보, 약속이행을 전제로 하는 사회협약은 아직도 먼 여정이라고 보고 있다. 위기상황으로 인해 시기만 지연되었을 뿐이다.

이 책은 우리의 노동정치에서 오랫동안 추구해 왔던 사회협약을 역사적 관점에서 분석한 것이지만, 긴 세월 동안의 사회협약의 구축노력이 성공하지 못하였으며, 앞으로도 단기간에는 성공하기 어렵다고 진단하였다. 이는 경제위기 상황에서 한두 번 성공해 보았으니 앞으로도 잘 될 것이라는 허튼 믿음을 걷어내기 위한 것이다. 사회협약은 장기적 관점에서 접근해야 한다. 신뢰의 구축이 선행해야 한다. 대립과 갈등 대신에 양보와 조화라는 상생의 기풍(ethos)이 우리사회에 충만해야 한다. 극단주의에 입각한 대립과 투쟁의 문화를 마감하고,

포용과 중용의 가치를 중시하는 온화한 기풍이 흘러야 한다. 이러한 토양을 먼저 다지고, 그 다음에 기술적인 것들을 논의해야 한다. 그렇지 않으면 백척간두에서 어쩌다 성공한 사회협약은 화중지병(畵中之餠)에 불과하다. 장기적인 시계를 가지고 근본을 먼저 다져야 한다. 이러한 견지에서 필자는 그동안 우리나라 노동정치와 노동정책에 대해 많은 학술논문을 발표하였으며, 이러한 것들이 이 책의 내용을 구성하는데 토대가 되었음은 물론이다. 필자가 그동안 발표한 연구논문들은 책 끝머리에 모두 기록되어 있다. 자고(自古)로 싸움은 말려야 한다고 하였는데, 우리사회에서 가장 큰 싸움의 하나인 노사 간의 싸움을 말리는데 이 책이 약간이라도 보탬이 되었으면 한다.

이 책을 출간하는데서 여러 분의 도움이 있었다. 항시 필자를 학문적으로 분발하게 하는 동도(同道)의 선후배와 동료들 그리고 각 분야에서 저마다의 소질을 다지고 있는 제자들에게 감사함을 표한다. 어려운 여건에도 불구하고 이 책을 출간하여 준 영남대학교, 보기 좋은 책으로 편집해 준 출판사에 감사함을 전한다.

되돌아보니 가정사에는 줄곧 소홀하였던 것 같다. 그 동안 집안일을 능수능란하게 처리해준 아내에게 고마움을 전한다. 원하는 목표를 향해 부단하게 내닫고 있는 두 아이들(도경, 도은)이 대견스럽다. 조금만 더 열심히 하면 그곳에 도달할 수 있을 것이라고 격려하고 싶다. 그동안 넓게 정을 주신 장모님과 오랜 기간 동고동락하였던 형제자매들에게도 감사의 말씀을 드린다.

책을 마감하니 항시 봄바람 같이 따사롭고 인자로우셨던 부모님에 대한 그리움이 밀려든다. 학문을 숭상하셨던 부모님 덕에 빈한한 가운데서도 국내에서도 국외에서도 할 수 있는 최종단계까지 공부를 할 수 있었다. 부모님 영전에 삼가 이 책을 바침으로써 이 불초자가 부모님의 기대를 저버리지 않고자 오늘도 열심히 공부하고 있음을 고(告)해 드리고 싶다.

2020년 늦은 봄

압량벌의 인적 끊긴 캠퍼스에서

저자 씀

차례

제3편 민주화 이후의 노동정치와 사회협약

책의 개관

국가에 의해 노사관계가 재편된 1961년 이후 1987년 노동자대투쟁 이전까지의 우리나라 노동정책의 근간은 국가에 의한 이원적(二元的) 노동통제로 특징된다. 즉, 국가가 노동정책 및 노사관계를 주도하면서 한국노총 및 산하의 산별노련을 중심으로 하는 제도권 노동세력에 대해서는 유인과 제재를 통해서, 저항노동세력 즉, 민주노조세력에 대해서는 억압의 방식으로 통제하였다. 따라서 1987년까지의 노동정책은 경제발전과 정치안정을 최우선으로 하던 권위주의적 발전국가 하에서 노동이익의 표출을 억제하는 데 초점을 두는 통제지향의 것이었다. 이러한 통제는 국가에 의해서 일방적으로 가해졌으며, 자본(혹은 사용자)은 이에 동조하였다. 경제발전 우선의 국가목표와 자본의 이해는 일치하였다. 물론, 이 시기에 중앙노사협의회, 중앙노사간담회 등 이른바 유사(類似) 사회협약(social pact) 기구가 있었지만, 이는 강요된 산업평화를 통한 생산성 증대를 위한 것이었다. 따라서 외형만 사회협약의 형태를 갖추었을 뿐, 동등성, 호혜성, 자발성 등을 특징으로 하는 진정한 의미의 사회협약과는 거리가 멀었다.

그러나 1987년 여름의 노동자대투쟁과 민주화이행기를 거치면서 우리나라의 노동환경은 급변하였다. 기존의 제도권 노동세력이 경제주의 대신에 정치주의를 노동운동노선으로 채택하는가 하면, 억압의 대상이던 민주노조세력이 현장의 노동운동을 주도하였다. 사용자들도 국가에 대한 맹목적 복종을 거부하기 시작하였다. 정치민주화 및 여소야대(與小野大)의 정치환경 하에서 국가의 노동통제력도 와해되었다. 따라서 기존의 통제위주의 노동정책은 근본적인 변화가 불가피하였으며, 그 일환으로 등장한 것이 노·사·정 삼자 간의 합의와 타협을 추구하는 사회협약의 구축이었다.

이러한 사회협약 구축 노력은 노태우 정부 하인 1990년의 국민경제사회협의회, 1991년과 1992년의 대통령주재 노사관계 사회적 합의 형성회의, 김영삼 정부 하에서의 1993년의 4.1임금합의, 1994년의 3.30임금합의, 1996년의 노사관계개혁위원회 등으로 진전되었다. 그러나 사회협약체계를 구축하기 위한 이러한 노력들은 지속되지는 못하였으며, 따라서 소기의 성과를 거두는 데는 실패하였다. 이후 진정한 의미의 사회협약이 본격적으로 추진된 것은 1997~98년의 외환위기 상황에서였다. 백척간두의 위기상황에서 1998년 1월 노·사·정 및 주요 정당들이 참여하는 제1기 노사정위원회가 출범하였다. 동 위원회는 1998년 2월 '경제위기 극복을 위한 사회협약'을 도출하였으며, 이는 당시의 경제위기를 극복하는데 큰 역할을 수행하였다. 김대중 정부가 출범한 이후에는 노사정위원회를 법정기구화 하는 등의 노력을 경주하였으나, 민주노총의 불참과 총파업 돌입 등 우여곡절이 많았다. 이후 1998년 6월 제2기 노사정위원회가 구성되었으나, 양대 노총 및 사용자 측이 탈퇴와 복귀를 반복하면서 제1기와 같은 성과를 거두지는 못하였다. 1999년 9월에는 제3기 노사정위원회가 구성되었으나, 1998년 말을 기점으로 경제위기가 어느 정도 극복되면서 사회협약기구의 역할이 크게 위축되었다. 2000년대 들어서도 노사정위원회는 2004년 '일자리 만들기 사회협약' 체결, 2007년 경제사회발전노사정위원회로의 명칭 변경 및 제4기 노사정위원회 출범, 2009년 '경제위기 극복을 위한 노사민정(勞使民政) 합의' 체결 등 꾸준하게 활동을 하였으나, 전반적으로 사회협약기구로서의 역할이 미미하였다.

근자에 사회협약이 다시 주목을 받게 되는 것은 2015년 9월 노사정 간에 '노동시장 구조개선을 위한 노사정 합의' 즉, '9.15 사회적 대타협'을 도출하면서 부터이다. 이는 비정규직의 양산으로 인한 극심한 양극화 현상, 급증하는 청년실업 문제 등에 대처하기 위하여 체결된 것으로, 노사정 협력을 통한 청년고용 활성화, 노동시장의 이중구조 개선, 사회안전망 확충 등의 사회현안 해결을 목표로 하였다(경제사회발전노사정위원회, 2015). '9.15 사회적 대타협'은 사실상 1998

년 2월 이후 처음으로 유의미한 사회협약을 도출하였다는 데 의의가 있지만, 노동세력의 한 축인 민주노총이 불참하였다는 점에서 근본적인 한계가 있었다. 이후 국회의 노동개혁관련 입법 처리가 지연되고, 민주노총 주도의 총파업이 단행되는 등 사회협약의 이행이 지지부진하였으며, 급기야는 2016년 1월 한국노총이 합의파기를 선언함에 따라 '9.15 사회적 대타협'은 사실상 종말을 고하였다. 이와 더불어 사회협약기구로서의 노사정위원회의 위상 역시 추락하지 않을 수 없었다. 진보정권인 문재인 정부 들어서도 2018년 6월 기존의 경제사회발전노사정위원회 명칭을 경제사회노동위원회로 개칭하고 수차례 본회의를 개최하는 등 사회협약을 복원하기 위해 노력하고 있지만, 아직 이렇다 할 성과가 없다.

이처럼 우리나라는 1980년대 후반 이래 30년 가까이 노사정 간의 대화와 타협에 기초하는 사회협약을 구축하기 위해 노력하였으나, 1998년의 경제위기 시기를 제외하고는 성공적이지 못하였다. 노사정 간에 불신의 골이 깊으며, 노동현장에서의 노사 간의 대립은 물론, 한국노총과 민주노총 간 등 노노(勞勞) 대립이 극심하다. 노사갈등으로 인한 사회적 비용은 추정하기조차 어렵다. 정부는 여전히 사회협약을 통해 산업평화를 도모하고 노동시장 개혁을 단행하며, 이를 통해 경제성장 동력을 유지하고 노동시장의 양극화 문제를 해결하기를 원하지만, 현재로서는 비관적이다. 사회협약이 제대로 정착하기에는 아직 갈 길이 멀고 험난하다.

그러면 우리는 사회협약을 추구하고 있지만, 왜 그것이 성공적으로 정착되지 못하고 있는가? 현재의 극심한 노사갈등과 노사분규에 대처하고 노동시장의 다양한 문제를 푸는 한 기재로서의 사회협약을 성공적으로 구축할 수 있는 방안은 무엇인가? 서구에서 사회협약을 성공적으로 구축한 국가들은 어떻게 그것이 가능하였으며, 이들로부터 우리가 배울 점은 무엇인가? 이러한 질문들에 대한 대답이 필요하다.

본서는 그동안의 우리의 노동정치과정에서 사회협약의 구축 노력 및 그것이 성공하지 못한 이유를 분석하며, 이를 토대로 사회협약의 성공요건을 토의하고, 이에 기반 하여 사회협약의 성공적 구축방안을 제언하려는 것이다. 이 과정에서 서구에서의 성공적인 사회협약 구축사례를 스웨덴을 중심으로 분석하며, 이를 통하여 적절한 벤치마킹(benchmarking)을 시도한다. 본서에는 다음과 같은 내용들이 포함된다.

- 노동정치 및 사회협약과 관련한 이론들을 소개한다.
- 사회협약의 구축과정을 입체적으로 분석할 수 있는 통합적인 이론 틀을 모색하며, 사회협약의 성공요건을 탐색한다.
- 1980년대까지의 권위주의체제 하에서의 노동정치의 전개과정을 국가에 의한 노동통제의 관점에서 정리한다.
- 권위주의체제 하에서의 유사 사회협약의 실태를 분석한다.
- 1990년대 이후의 사회협약 구축노력을 분석하고, 그 성과를 평가한다.
- 사회협약의 성공요건을 토대로 우리나라 사회협약의 문제점을 탐색한다.
- 선진국의 사회협약 실태를 분석하고, 이로부터 배울 점을 찾는다.
- 우리나라에서 성공적인 사회협약을 구축할 수 있는 방안을 제언한다.

이러한 내용을 담을 본서의 기본 취지는 크게 두 가지이다. 첫째는 학술논문 형태로는 수행하기 어려운 통시적(通時的) 연구를 행하기 위함이다. 즉, 본서를 통하여 다양한 형태의 문헌자료를 분석하고 정리함으로써 장기간에 걸친 우리나라의 노동정치와 그 일환으로서의 사회협약 구축노력을 심층적으로 분석하기 위함이다. 둘째는 연구 성과의 대중적 접근성을 높이기 위함이다. 사회협약을 통한 산업평화의 구현은 국가경쟁력과 직결되는 중요한 사안임에도 불구하고, 지금까지 이에 대한 일목요연한 연구가 부족하였다. 따라서 본서를 통한 지식의 대중적 확산이 필요하다.

이러한 취지에서 집필된 본서의 특징은 다음과 같다. 첫째, 이론적 측면에서, 노동정치와 사회협약을 분석하기 위한 통합적인 이론 틀을 구축하고, 이를 장기간의 사회협약 구축노력에 적용하여 검증한다. 저자는 그 동안 사회협약과 관련하여 많은 학술논문을 발표하였지만, 한정된 지면에서 통시적 연구를 하는 데는 한계가 있었다.

둘째, 노동정치 및 사회협약의 과정과 성과를 보다 현실적으로 이해하기 위해서 다양한 문헌들을 심층적으로 조사하며, 노동정치와 사회협약의 동태성을 이해하기 위해 환경적 맥락, 구조적 제약, 행위자의 이해관계, 행위규칙 등 다양한 요인들을 입체적으로 파악한다.

셋째, 다양한 형태로 전개되는 노사정 간의 갈등양상과 이에 대한 사회적 대응방식을 심도 있게 연구한다. 노동정치는 어느 영역보다 이해당사자들 간의 갈등과 대립이 첨예하다. 따라서 본서는 주요 행위자들 간의 갈등과 타협의 과정을 깊이 있게 분석함으로써 노동정치 및 사회협약 구축과정에서의 관련 당사자들의 행위와 전략 및 이 과정에서의 공익의 향배 등을 이해하는 데 유용한 정보를 제공한다.

넷째, 관련 자료의 체계적인 수집과 보존을 도모한다. 노동정치과정에서의 사회협약 구축노력은 30년 가까이 지속되고 있으며, 앞으로도 계속될 것이다. 따라서 이 시점에서 망실될 우려가 있는 자료들을 체계적으로 정리하고, 이를 충실하게 보존하는 것은 후일의 연구자들을 위해서 긴요한 작업이다.

다섯째, 노동정치 및 사회협약 구축의 과정에 관한 종단면적 연구를 행한다. 사회협약을 둘러싼 논란은 30년 가까이 지속되고 있다. 그동안 정치민주화가 진전되고 보수와 진보 간에 정권도 몇 차례 교체되었다. 경제위기 상황도 몇 차례 경험하였다. 따라서 정치적·사회적·경제적 맥락의 변화가 노동정치 및 사회협약에 미친 영향을 파악하는 것이 필요하며, 본서는 이에 대한 유용한 정보를 제공한다. 그리고 종단면적 연구를 통하여 시기별 영향요인, 주도세력의 변화, 행위자들 간 전략과 상호작용의 변화 등을 비교론적으로 고찰한다.

여섯째, 노동정치 및 사회협약 구축의 과정에서 국가의 역할과 공익의 향배를 분석한다. 노동정치와 사회협약 구축 노력을 심도 있게 들여다봄으로써 국가의 역할이나 대응전략이 적정하였는지, 정책기조는 어떻게 변화하였는지, 공익은 어떻게 표류하였는지를 파악한다. 이를 통해서 노동정치 및 사회협약 구축의 과정에서 국가의 역할 및 공익보호 방안을 제언한다.

마지막으로, 노동정치 및 사회협약에 대한 일반 독자의 이해를 도모한다. 노동정치와 사회협약은 정책의 영역을 넘어 국가경쟁력 향상, 사회적 갈등 해소 등과 직결되는 중요한 사안이다. 그러나 일반국민들은 그 동안 노동정치를 관망하였다. 이는 공익을 위하여 바람직하지 못한 것이다. 따라서 일반인들로 하여금 노동정치와 사회협약에 대한 이해를 증진시킬 필요가 있으며, 이를 위해서 본서가 일정한 역할을 할 수 있다.

그동안 노동정치 및 그 일환으로서의 사회협약과 관련한 학술논문은 적지 않게 발표되었지만, 아직 단행본 형태의 연구는 많지 않다. 물론 관련 저술들이 일부 있지만, 아쉬운 점은 이러한 저들의 상당수가 국책연구원의 보고서들이어서 대중적 친화성이 부족하다는 점이다. 그리고 대부분이 1998년의 노사정협약 사례를 분석하는 것들로서, 통시적 연구에 한계가 있다. 반면에 민간 출판사에서 발간한 단행본들의 경우는 대중적 접근성은 높지만, 학술서적으로서의 심층적 연구가 부족한 경우가 많으며, 외국사례를 소개하는 데 그치는 경우도 있다. 따라서 보다 전문적인 서적을 통한 보완이 필요하다. 본서는 기존 저서들과 다음과 같은 점들에서 차별성이 있다.

- 노동정치 및 사회협약구축 노력에 관한 통시적 연구를 지향한다.
- 국내의 사회협약 구축노력뿐만 아니라, 외국의 사례에 대한 분석과 벤치마킹을 동시에 수행함으로써 연구의 적실성을 제고한다.
- 다양한 내적, 외적 요인들을 고려한 통합적인 분석틀을 구축하고, 이를 통하여 노동정치 및 사회협약 실태에 대한 평가, 성공요건 탐색 등을 행함으로써 연구의 입체성을 제고한다.
- 장기간에 걸친 역사적 사실에 대해 충실한 문헌연구를 행함으로써 사료적 가치를 추구한다.
- 수월한 문체로 기술함으로써 전문성과 대중성을 동시에 달성한다.

제1편

노동정치 및 사회협약 이론

제1장

노동정치와 이익매개에 관한 제 이론

제2장

다원주의, 조합주의, 그리고 사회협약

제3장

새로운 형태의 조합주의: 메조 조합주의

제1장

노동정치와 이익매개에 관한 제 이론

1. 서론

그 동안 정치/정책과정에서의 이익매개의 동태성을 이해하기 위한 다양한 이론들이 개발되어 왔지만, 가장 대표적인 두 이론모형은 이익매개양식(mode of interest intermediation)으로서의 다원주의모형((pluralism)과 조합주의모형(corporatism)이었다. 1970년대 이래 두 모형은 국가와 이익집단 간의 관계를 설명하는 대립적 이론모형으로 인식되면서 현실의 정치/정책과정을 분석하는데 많이 이용되어 왔다. 이 중에서 다원주의모형은 기존의 엘리트론(elitism)에 대한 비판에서 출발한 것으로 집단과정이론(group process theory), 이익집단정치론(interest group politics), 다두제론(polyarchy) 등 다양하게 불리면서 직접민주주의가 불가능한 현실에서 민주사회가 지향해야할 하나의 규범으로 기능을 해 왔다. 그리고 실증주의 방법론과 결합되면서 권력분포와 이익집단 작동방식 등에 대한 경험적 연구를 심화시켜 왔다.

그러나 1970년대 들면서 선진 자본주의국가의 경제위기 상황 및 개발도상국의 권위주의체제를 설명하는 데서 다원주의모형이 한계에 직면하면서 조합주의모형이 대안으로 등장하였다. 즉, 조합주의는 선진국에서는 경제위기 상황을 극복하는 과정에서 국가와 이익집단 간의 특수한 관계가 어떻게 형성되는지를, 그리고 개발도상국에서는 국가가 권위주의체제를 유지·강화하기 위하여 이익매개양식을 어떻게 통제하고 조정하는지를 연구하고자 하였다.

1980년대 들어서는 정치/정책과정의 동태성을 설명하기 위한 새로운 이론모형으로서 정책네트워크(policy network)모형이 인기를 얻게 되었다. 정책네트워크의 용도와 성격에 대해서는 논란이 있지만, 대체로는 이를 이익매개양식으로서의 다원주의와 조합주의에 대한 대안으로 인식하고 있다. 정책네트워크모형이 새로운 이익매개양식으로 각광을 받게 되는 것은 1980년대 이후 기존의 이론모형들로서는 설명하기가 어려운 사회현상들이 속출하였기 때문이다. 즉, 정치/정책과정에서 공사부문 간의 경계가 모호해졌으며(Bevir, 2010), 각종 사회집단의 급성장으로 인해 기존의 모형들로서는 정치/정책과정을 제대로 설명하기가 어렵게 되었다. 따라서 다양한 행위자들 간의 관계를 포괄할 수 있는 새로운 이론모형으로서 정책네트워크모형이 등장한 것이다. 이하에서는 정치/정책과정에서의 이익매개에 관한 다원주의, 조합주의, 정책네트워크의 세 이론모형을 토의한다.

2. 정책과정과 이익매개(interest intermediation)

정치/정책과정은 다양한 이익 내지는 이해(interests)가 개입되는 동태적인 과정으로, 이해당사자들은 자신에게 유리한 제도나 정책이 산출되도록 다양한 형태의 이익투입활동을 행한다. 고전적 견해에 따르면, 정치/정책과정에서의 행위자는 공·사 부문이 엄격하게 구분되며, 사적 행위자로서의 이익집단은 주로 정치체제의 바깥에서 영향력을 행사하는 것으로 이해된다. 구체적으로, 이익집단은 이익표명(interest articulation)의 기능을 수행하며, 정당은 다양한 이해를 수렴하는 이익결집(interest aggregation)의 기능을 수행하며, 의회 등의 공식적 행위자는 이러한 이해들을 반영하여 정책을 결정한다. 행정 관료는 의회에서 결정한 제도, 정책, 법률 등을 전문적으로 집행한다. 따라서 고전적인 이익집단정치론이나 정치/행정 및 결정/집행 이원론의 관점에 따르면, 정치/정책과정 및 이익매개양식은 대체로 <그림 1>과 같다.

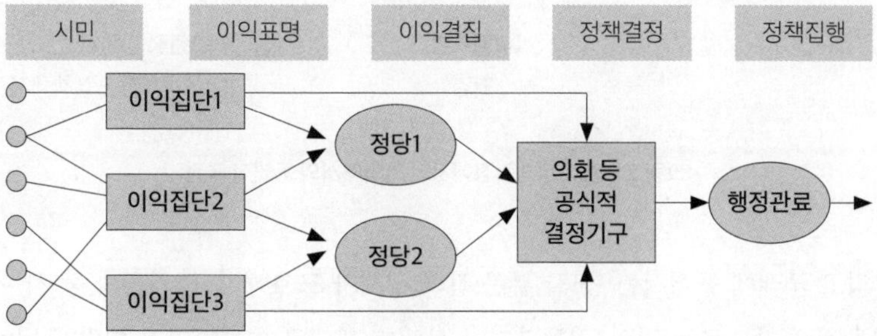

<그림 1> 정치/정책과정 및 이익매개에 대한 고전적 견해

그러나 실제의 정치/정책과정은 이처럼 순차적으로 진행되는 것은 아니며, 이익투입도 정책결정과정에서만 발생하는 것은 아니다. 그리고 많은 사람들이 혼용하고 있지만 정책산출(policy outputs)과 정책결과(policy outcomes)도 같은 것은 않으며(Ham, 1999), 행위자들은 자신들에게 유리한 정책산출 및 정책결과가 도출되도록 정치/정책과정 전반에서 지속적으로 영향력을 행사한다. 즉, 행위자들은 정책결정의 결과물인 정책산출뿐만 아니라, 정책집행의 결과물인 정책결과에도 영향력을 행사하고자 한다(Dror, 2017). 그리고 실제로는 정치/정책과정에서 정책결정과 정책집행을 엄격하게 구분하기가 어려운 경우가 많으며, 행정업무의 전문화 및 복잡화 추세와 더불어 정책결정권도 의회 등 정치제도로부터 행정 관료에게 대폭 위임되고 있다. 따라서 정치/정책과정에서의 이익매개의 형태도 고전적으로 가정하던 것과는 달리, 매우 복잡하고 동태적인 면모를 띠게 되었다. <그림 2>는 정치/정책과정에서의 이익매개의 과정을 체제론적 관점과 결합하여 제시한 것이다.

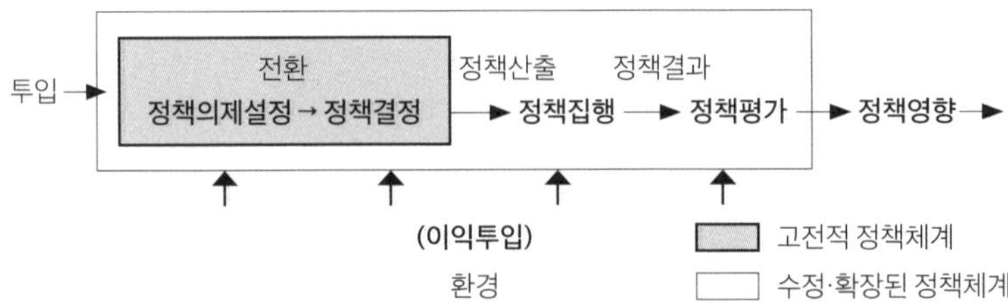

<그림 2> 정치/정책과정에서의 이익매개의 동태적 과정

그리고 근래에 들어서는 공·사 부문 간의 경계가 모호해지고, 기존의 공·사 이원론적 시각으로는 정치/정책과정의 실체를 제대로 이해하기가 어렵게 됨에 따라 거버넌스(governance) 관점에서 이익매개를 바라보게 되었다. 이제 민간부문은 수동적인 관리의 대상이 아니라, 적극적인 의사결정 주체로 등장하였다 (Pirson and Turnbull, 2011). 이익집단은 정치행정체제의 바깥에서 영향력을 행사하던 것에서 벗어나 공식적으로 정치/정책과정에 참여하고 있다. 이러한 추세는 정책결정과정에만 국한되지 않으며, 정책집행의 경우도 마찬가지이다. 이른바 집행거버넌스 개념이 유효해지고 있다. 즉, 과거에는 효율적인 정책집행의 관건이 어떻게 하면 민간부문으로부터 순응을 확보하느냐는 것이었으나, 현재는 집행과정에서 민간부문의 인적·물적 자원을 어떻게 잘 활용하여 집행비용을 줄이고, 집행책임을 공유하느냐는 것으로 변하고 있다. 따라서 정치/정책과정에서의 이익매개를 바라보는 관점도 보다 신축적이지 않으면 안 되게 되었다.

3. 이익매개양식에 관한 세 가지 관점

1) 다원주의모형

이익매개양식으로서의 다원주의모형(pluralist model) 즉, 집단과정이론은 이익집단의 활동을 정치/정책과정의 중심으로 보며, 정책을 다양한 이익집단들 간의 경쟁이 균형에 도달한 결과라고 이해한다(Pye and Yates, 1997). 집단과정이론의 선구자인 A. Bentley(1967)는 미국사회가 수많은 작은 이익집단들로 파편화된 정치체제임을 강조하면서, 정치현상을 집단현상과 동일한 것으로 인식하면서 정치/정책과정을 이익집단들 간의 상호작용의 산물로 파악하였다(Nownes, 2013).

D. Truman(1971)은 '공유된 태도(shared attitudes)'라는 개념을 도입하여 이익집단에의 가입동기를 명확하게 설명하고 있다. 즉, 개인들이 이익집단을 결성하고 여기에 가입하는 것은 개인들 간의 공유된 태도에 기인하는 것이라고 보면서, 이익집단을 "사회의 다른 집단에게 어떤 요구를 하는 유사한 태도를 공유하는 사람들의 집단"이라고 정의하였다(Truman, 1971: 33).

이후 다원주의 모형은 학문적으로 심화되어 왔는데, 이익매개양식으로서의 다원주의모형은 다음과 같은 특성을 갖는다(Alford and Friedland, 1985; Connolly, 2017; Gerston, 2014; Held, 2013; Hilmer, 2010). 첫째, 개인을 분석단위로 하는 방법론적 개체주의(methodological individualism)에 입각해 있다. 따라서 개인의 선호와 가치를 중시하며, 집단은 개인선호의 집합체에 불과하다고 본다. 둘째, 이익집단의 역할을 긍정적으로 평가한다. 즉, 이익집단은 전제적 권력의 등장을 방지하고 개인을 정치/정책과정에 연계시켜 주는 역할을 수행하며, 정치참여를 증대시키고 사회갈등을 해결하는 수단이다. 셋째, 이익집단들 간에 영향력의 차이는 있으나, 전체적으로 균형을 유지하고 있다. 이는 잠재집단의 존재로 인한 균형파괴에 대한 견제, 이익집단 성원들 간의 중복가입 등으로 인해서 가능하다. 넷째, 이익집단들 간에는 게임규칙을 준수하는 데 합의를 하고 있으며, 이를 통해서 이익집단들 간의 경쟁의 강도는 순화된다. 다섯째, 국가는 권력의 수단이 아니라, 다양한 선호를 결집하고 합의를 도출함으로써 사회를 통합하는 중립적 기재이다. 따라서 정치/정책과정의 주체는 경쟁하는 이익집단들이며, 국가의 역할은 이익갈등을 순화시키는 중재자 혹은 규칙준수를 독려하는 심판자이다. 여섯째, 정치/정책과정은 모든 이익집단에게 균등하게 개방되어 있지만, 이익집단들 간에 영향력의 차이는 있다. 그러나 이는 국가에 의한 차별이 아닌, 이익집단의 내부적 요인에 주로 기인한다. 일곱째, 이익집단은 국가로부터 자율적이며, 양자 간에는 엄격한 경계가 있다. 그리고 이익집단의 설립과 가입은 성원의 자발성에 기인한다(Berry, 1989). 마지막으로, 이익매개체계는 변동지향적인 것이 아니라, 중복가입, 가치공유, 잠재집단 등의 다양한 안전장치를(safety valves) 통해서 안정을 유지하려 한다.

이러한 내용을 가진 다원주의모형은 그 동안 정치/정책과정에서의 국가와 이익집단 간의 관계를 설명하기 위한 주류 이론으로서 많은 지지를 받아왔지만, 적지 않은 비판을 받기도 하였다(Connolly, 2017). 첫째, 다원주의는 이익집단 성원의 자발성과 이익집단의 민주적 운영을 강조하지만, 현실적으로는 어느 이익집단이나 과두제적 속성이 강화되고 있다. 그리고 정치/정책과정에의 접근기회가 누구에게나 열려있다고 주장하지만, 현실적으로는 이익집단에 참여하지 못하는 사람이 많으며, 이들의 이익은 배제되기 쉽다. 둘째, 다원주의에서는 정치/정책과정의 핵심은 이익집단들 간의 경쟁이며, 국가는 중개자의 역할을 수행함을 강조하지만, 현실적으로 주요 문제는 국가권력에 의해서 규정되는 경우가 많다. 셋째, 다원주의는 이익집단들 간에 비교적 균등하게 권력이 분포되어 있다고 보지만, 실제로는 이익집단의 재정, 성원규모, 전문성 등에 따라 권력자원이 불균등하게 배분되어 있는 경우가 많으며, 이에 따라 집단이익이 대표되는 정도도 다를 수 있다. 마지막으로, 다원주의는 이익집단들 간의 경쟁을 긍정적으로 보고 있지만, 실제로는 사적 이해들 간의 지나친 경쟁과 대립은 통치불능성(ungovernability)을 초래하여 국가발전을 저해할 우려가 있다(Carnoy, 2014).

2) 조합주의모형

조합주의모형(corporatist model)의 연원은 19세기로까지 거슬러 올라갈 수 있지만, 조합주의가 일종의 성장산업(growth industry)으로 학문적 관심을 끌게 된 것은 P. Schmitter(1974)가 다원주의모형에 대칭적인 이익매개의 한 형태로서 조합주의를 논의한 이후부터이다. 따라서 Schmitter 이후의 이익매개양식으로서의 조합주의를 신조합주의(neo-corporatism)라고 칭하고 있다. 이후 조합주의모형은 국가와 이익집단 간의 관계를 이해하기 위한 유용한 설명모형으로 인용되고 있다. 1980년대 이후에는 논의의 범주가 과거에 경제정책, 산업정책에 한정되던 것에서 벗어나 환경정책, 사회정책 등으로 확대되고 있으며, 국가와 이익집단 관계를 다양한 정책영역별로 설명하는 메조(중간) 조합주의(meso-corporatism) 논의도 활발하다.

과거의 이데올로기, 국가형태, 경제체제 등에 관한 조합주의 논의들이 거시이론이었던 데 반해서, 이익매개양식으로서의 조합주의는 국가와 이익집단 간의 관계에 초점을 맞추는 중범위 이론의 성격이 강하다(Huelshoff, 1992). Schmitter(1974)는 조합주의를 거시적 수준에서 사용할 경우는 경험적 연구를 위한 조작화가 불가능하다고 보면서, 보다 명확한 제도적 특성에 근거해서 조합주의를 이해해야 한다고 보았다. 그는 조합주의를 관찰과 입증이 가능한 이익매개양식으로 규정하였다. 그러나 Schmitter는 경험적으로 볼 때 특정 이익매개양식이 완전한 조합주의적 특성을 보인다고 주장하지는 않는다. 왜냐하면 이익매개양식으로서의 조합주의는 전체적이고 논리분석적 구성물이기 때문이다. 이익매개양식으로의 조합주의는 일종의 이념형이며, 위치상으로는 또 다른 이념형인 다원주의모형의 대척점에 위치한다(Williamson, 1989).

조합주의모형은 부분들 간의 조화와 상호의존에 기초하는 유기체적 국가관에 근거하고 있다. 따라서 개인보다는 집단을 우선시하는 집합주의 사고를 가지고 있으며, 사회적 연대, 협력, 사회적 책임을 강조한다(Wiarda, 2016). 그리고 모든 참여자가 편익을 공유하는 호혜 균등의 원칙과 참여자들 간의 합의를 중시한다. 또한 조합주의는 국가를 독립적 행위자로 보며, 국가의 책임감을 강조한다. 이익집단은 정치/정책과정에서 자신의 이익만을 극대화하려는 존재가 아니며, 국가이익을 위해서 기능적으로 기여를 한다. 1970년대 이후 조합주의모형은 자본주의경제가 당면한 난관을 극복하여 통치가능성을 확보하고, 기업에게는 수익률의 향상을, 노동자에게는 고용과 일자리를, 소비자에게는 물가안정을 가져다주고자 하는 현실적 목표를 추구하고 있다(Adams, 2018).

그러나 조합주의모형에 대해서 비판도 적지 않다. 우선 다원주의자들은 조합주의모형의 학문적 위상을 폄하한다. 이들은 조합주의를 기껏해야 다원주의의 한 형태에 불과하다고 주장하면서 조합주의모형의 이론적 독창성을 부정한다.[1] 그리고 조합주의모형은 조직화되지 못한 시민들 및 협상과정에서 배제되는 이익집단들의 희생을 등한시하고 이익집단과 정당 간의 관계를 경시하고 있다. 이 밖에 마르크스주의자들(Marxists)은 조합주의가 계급론적 시각을 결여하고 있어 계급갈등의 역할, 자본가계급과 국가 간의 동맹관계 등을 분석하는 데 한계가 있다고 비판한다(Huelshoff, 1992).

3) 정책네트워크모형(policy network model)

1970년대 후반 이후 비정부기구를 포함한 다양한 행위자들이 적극적으로 정치/정책과정에 참여하게 되면서 이들을 포괄할 수 있는 이론모형의 모색이 절실하였다. 대표적인 것이 정책네트워크모형이다(Wiarda, 2016). 정책네트워크모형은 네트워크분석(network analysis)을 정치/정책과정 연구에 적용한 것으로,[2] 행위자들 간의 자원의존(resource dependence)에 의해서 매개된 관계를 중시한다.

정책네트워크모형은 국가와 사회 간의 상호의존 현상을 네트워크라 개념을 통하여 이해하려는 것으로 미국의 하위체제론(subsystems theory)에서 모형의 기원을 찾고 있다. 하위체제 연구의 선구자인 Freeman은 정치/정책과정은 정치인, 관료, 이익집단이 상호작용하는 하위체제로 분해할 필요가 있다고 주장하면서 하위체제를 "특정 정책영역의 정치/정책과정에 참여하는 행위자들 특히, 의회의 관련 상임위원회, 관련 정부부처, 특정 이익집단 간의 상호작용 유형"이라고 정의하였다. 이후 Lowi(1976)는 철의 삼각(iron triangle)이라는 하위체제 중에서도 가장 널리 알려진 은유를 개발하였는데, 이는 공생적(symbiotic) 상

---

1 Martin(1983)은 조합주의를 다원주의의 하나의 부산물로 간주하면서 조합주의라는 상표(label)를 붙인 다원주의의 한 형태에 불과하다고 본다.

2 네트워크분석은 행위자들 간의 관계를 관계의 밀도(density)나 중심성(centrality) 등의 개념을 통해서 분석하려는 것으로, 네트워크 관계를 점(nodes), 선(lines), 수치(parameters) 등으로 표현한다. 이를 그림으로 표현할 때는 점은 행위자를, 선은 행위자간의 관계를, 화살표는 관계의 방향을 표시하며, 관계의 밀도는 수치나 선의 굵기로 표현한다(Prell, 2012).

호작용을 행하는 의회 상임위원회, 특정 정부부처, 특정 이익집단 간의 밀접하고 단단한 관계구조를 강조한다(Briody, 2011). 그러나 1970년대 후반이후 하위체제론에 대한 비판으로, Heclo(1978)는 "의원, 정부부처, 기업가, 로비스트, 학자, 언론인 등을 포함하는 특정 정책영역에 이해(관심)를 가지는 사람들의 의사소통 네트워크(McFarland, 1987: 146)"로 정의되는 이슈네트워크(issue network) 개념을 개발하였다. 그런데 하위체제와 이슈네트워크를 중심으로 발전해 온 미국의 정책네트워크 연구는 주요 행위자들 간의 개인적 관계를 중시하는 미시적 접근을 강조하였다.

반면에 독일, 네덜란드 등 유럽대륙에서의 정책네트워크 연구는 정책네트워크를 위계(hierarchy) 및 시장과 대비되는 거버넌스의 한 유형으로 이해하였다. 위계는 국가에 의한 집권적 조정과 통제가 이루어지는 거버넌스의 한 형태이며, 시장은 공사부문 간의 구조적 관계 및 집중적 조정이 없는 거버넌스 형태이다. 반면에, 정책네트워크는 정치/정책과정에 참여하는 행위자들 간에 자발적인 상호작용을 통해서 합의를 도출하며, 이것이 조정의 기초가 되는 거버넌스 형태이다(Knoke, 2011).

유럽대륙의 정책네트워크 연구는 영국에서의 연구에 큰 영향을 미쳤으며, 양자 간에는 사회는 기능적으로 분화되어 있으며, 개인적 관계보다는 제도적 맥락과 구조를 중시하는 등의 유사점이 많다(Marsh and Smith, 2000). 그러나 유럽대륙에서는 정책네트워크를 새로운 형태의 거버넌스로 이해하는 데 비해서, 영국에서는 정책네트워크를 다원주의모형과 조합주의모형의 대안이 되는 하나의 이익매개양식으로 보는 데서 근본적인 차이가 있다(Blom-Hansen, 2000). 즉, 유럽대륙의 정책네트워크 연구가 거시적인 관점이라면, 영국에서는 정책네트워크를 행위자 간의 구조적 관계에 관한 중범위(middle range)이론의 성향이 강한 것이다.

그런데 정책네트워크모형은 아직 통일된 견해를 찾기는 어렵다. 구조 중심과 행위자 중심의 관점, 정책네트워크의 하위유형의 범주, 정책네트워크 분석을 위한 하위변수, 미시·중간·거시 등 분석차원에 대한 관점 등의 다양한 측면에서 논쟁이 있다. 그러나 이러한 미완성 이론임에도 불구하고, 정책네트워크모형은 그 속에 다양한 하위모형과 정책행위자들을 포함할 수 있는 포괄성, 정책네트워크의 분석변수를 선정하는 데서의 융통성 등의 장점이 있다. 심지어는 새로운 국정 패러다임으로까지 인식되면서 큰 주목을 받고 있다.

4. 이익매개양식에 관한 세 가지 관점의 비교

이익매개양식에 관한 세 가지 이론모형들은 기본적으로 정치/정책과정에 참여하는 행위자들의 속성 및 행위자들 간의 관계를 분석하려는 것이다. 따라서 세 모형들을 보다 깊이 있게 이해하기 위해서는 이들 모형들이 정치/정책과정에 참여하는 행위자의 범위와 속성, 행위자들 간의 관계를 어떻게 인식하는 지를 파악하는 것이 필요하다. 또한 세 이론모형들은 모두 이익매개양식과 정치/정책과정을 연계하고자 하는 것이기 때문에 단순하게 정치/정책과정만을 분석할 것이 아니라, 이익매개양식이 영향을 미쳐 나타나는 정책산출도 토의해야 한다. 따라서 본서는 세 이론모형을 비교하는 데서의 변수를 우선 행위자, 행위자들 간의 관계, 결과물로서의 정책산출이라는 세 가지의 큰 변수로 구분하고, 다음에 구체적인 하위 변수들을 분석하였다. 그리고 행위자들 간의 관계는 상대적으로 안정적이고 제도화된 관계인 관계구조의 측면과 가변적·일상적·전략적 의미를 갖는 상호작용의 측면으로 구분하였다.

구체적인 하위변수들과 관련하여, 행위자(actors)의 경우는 행위자의 수 및 주도적 행위자를 중심으로 살펴보고, 특히 국가의 역할에 대한 세 이론모형의 관점을 비교한다. 다음에 행위자들 간 관계구조는 행위자들 간의 관계형성 동기를 우선 고찰하며, 이어서 행위자를 크게 국가와 사회집단으로 구분하여 세 이론모형들이 양자 간의 관계를 어떻게 인식하는 지를 비교한다. 행위자들 간 상호작용과 관련해서는 상호작용의 기본적인 정향(orientation)에 대한 세 이론모형의 인식을 우선 살펴보고, 다음에는 동태적인 전략(strategy)의 측면에 대해서 비교해 본다. 마지막으로, 정책산출은 처음 의도한 정책내용의 변화정도에 대한 세 이론모형의 인식을 중심으로 논의한다.

1) 행위자

상기한 세 이론모형들은 모두 정치/정책과정에서의 행위자들 간의 관계를 규명하려는 중범위이론들이다. 그러나 이들 간에는 행위자의 범위, 성격, 역할 등과 관련하여 차이가 있다. 우선, 행위자의 수 및 주도적 행위자와 관련하여, 다원주의모형은 행위자의 수가 많고, 다양한 종류의 경쟁적 이익집단이 정치/정책과정의 중심적 행위자라고 본다. 다양한 이익집단들이 자유롭게 정치/정책과정에 개입될 수 있기 때문에 정치/정책과정은 개방적이다(Gerston, 2014). 반면에 조합주의모형은 정치/정책과정에 참여하는 행위자의 수는 제한적이며, 해당 정책영역에서 기능적으로 중요성이 있어 국가로부터 이익대표권을 인정받은 소수의 이익집단들이 핵심적 행위자이다. 따라서 이익매개체계는 폐쇄적이다(McNamara, 2012). 정책네트워크모형에서의 행위자의 수 및 주도적 행위자는 정책네트워크의 하위유형에 따라 다르다. 폐쇄적 성향의 정책공동체는 행위자의 수가 소수이며, 대체로 해당 정부부처, 의회 상임위원회, 그리고 특정 이익집단이 주도적 행위자이다. 행위자의 범위는 비교적 안정적이고 지속적이다. 그러나 이슈네트워크는 행위자의 수가 많고 행위자의 범주가 유동적이다. 조직화된 사회집단뿐만 아니라, 조직화되지 않은 개인, 전문가, 언론 등도 참여할 수 있는 개방적 형태이다. 주도적 행위자 역시 이슈의 진행 방향에 따라 가변적이다(Daugbjerg, 2018).

정치/정책과정에서의 국가의 역할에 대해서, 우선 다원주의모형은 국가보다는 정부라는 용어를 주로 사용하며, 국가를 적극적인 행위주체라기보다는 소극적인 중재자 혹은 심판자로 인식한다(Carnoy, 2014). 국가는 정치/정책과정에서 규칙을 제정하고 규칙 위반자를 제재하는 등의 역할을 수행한다. 조합주의모형은 국가를 자기이해를 가지고 이익집단의 활동을 규정하는 독립적 실체로 간주한다. 국가는 중립적인 행위자가 아니라, 특정 이익집단들을 정치/정책과정에서 선별적으로 배제한다. 그리고 국가는 단일의 실체로서, 국가기구들은 동질적인 이해를 가지는 것으로 본다(Ho, 2015). 정책네트워크모형에서 보는 국가는 자신의 정책이해를 가지는 하나의 행위자이다. 즉, 다원주의모형이 주장하는 것처럼 단순한 이익의 중재자이거나 심판자는 아니다. 그러나 조합주의모형에서 가정하는 것과 같은 압도적인 영향력을 가진 행위자는 아니며, 여러 행위자들 가운데 하나이다(Wiarda, 2016). 그러나 정책네트워크모형은 국가가 보다 중요한 행위자임을 인정하고 있다. 그리고 국가는 단일의 이해를 가지는 실체가 아니며, 국가기구들은 각기 다른 이해를 가지고 자신의 이익을 극대화하고자 하는 개별 행위자들이다(Daugbjerg, 2018). 결론적으로, 조합주의모형이 국가의 역할을 가장 적극적으로 해석하며, 다원주의모형이 가장 소극적으로 해석한다. 정책네트워크모형은 국가를 다양한 행위자들 중의 하나로 이해하지만, 가장 중요한 행위자라는 데는 동의하고 있다. 따라서 정책네트워크모형은 두 이론모형의 중간에 위치한다.

2) 행위자들 간의 관계구조

사람의 행위(behavior)가 지속되고 반복되어 일정한 형태를 갖추면 구조(structure)가 된다. 그러나 양자 간의 구분은 상대적인 것으로 엄격하게 구분하기는 어렵다. 본서에서는 행위자들 간의 관계구조(structure of relations)와 관련하여, 관계형성의 동기를 우선 살펴보고, 다음에는 행위자들 중에서 국가와 이익집단 간의 관계를 중심으로 고찰한다.

행위자들의 관계형성 동기와 관련하여, 다원주의모형은 이를 정치/정책과정에 자신의 이익을 반영하고자 하는 행위자들의 필요성에 기인하는 것으로 본다. 특히, 주도적 행위자인 이익집단들 간에는 경쟁적인 관계가 형성되며, 시민들이 이익집단에 가입하는 것은 가입함으로써 얻는 이익이 비용보다 크기 때문이다. 즉, 합리적 계산에 의해서 자발적으로 이익집단에 가입한다. 조합주의모형은 주요 행위자들 간에 협력적 관계를 형성하는 동기를 상호협력이 필요한 위기적 상황에서 구한다. 그 결과, 국가와 특정 영역의 정상이익집단 간의 제도화된 관계를 형성하게 된다. 그리고 성원들이 이익집단에 가입하는 동기는 자발적인 것만은 아니며, 법규에 의해서 강제되는 경우가 많다. 반면에 정책네트워크모형은 행위자들 간에 관계형성 동기를 행위자들 간의 자원의존(resource dependency)에 기인하는 것으로 본다. 즉, 행위자들은 서로에게 결핍된 자원을 보충하기 위해서 서로 간에 관계를 형성하는 것이다. 특히, 정책공동체는 자원 의존 관계가 상당히 안정적이다(Koliba et al., 2018).

국가와 이익집단 간의 관계에 대해 다원주의모형은 양자 간에는 일정한 경계가 있으며, 이익집단은 국가의 바깥에서 압력을 행사한다(Hilmer, 2010). 이에 대해서 국가는 규칙을 만들고 규칙의 위반여부를 감시하는 심판자의 역할을 수행한다. 그리고 이익집단은 국가로부터 자율적이며, 국가는 이익집단들에게 동등한 접근기회를 제공하고자 한다(Held, 2013). 조합주의모형은 국가와 이익집단 간 관계는 편익의 교환에 기초한 상호의존적이고 제도화된(institutionalized) 것임을 강조한다. 국가는 이익집단에게 특정 영역의 이익대표 독점권을 부여하는 대신에, 이들이 정치/정책과정에서 요구를 제한하고 협력을 하도록 한다(Schmitter, 1974). 국가와 이익집단 간의 경계는 불명확하며, 양자는 국가목표의 달성을 위해 협력적이며, 합의형성을 제도적으로 추구한다. 이익집단은 국가를 대신하거나 국가업무를 위임받아 집행업무를 대행하고 성원을 통제하는 기능도 수행한다(Adams, 2018). 정책네트워크모형은 하위유형들 중에서 정책공동체는 관련 정부부처, 의회 상임위원회, 주요 이익집단들 간에 밀접한 관계 망을 형성한다. 이슈네트워크는 국가와 이익집단 간에는 특별한 구조적 관계가 형성되지 않으며, 다양한 상호작용 관계의 하나에 불과하다고 본다(Börzel, 1998).

3) 행위자들 간의 상호작용

행위자들 간 상호작용의 성격 내지는 정향과 관련하여, 다원주의모형은 행위자들은 기본적으로 경쟁하거나 갈등하는 관계에 있다고 본다. 이익집단들은 이익의 극대화를 위해 다양한 방식을 동원하여 정치/정책과정에 압력을 행사한다. 그리고 행위자들의 위상은 이들이 차지하는 기능적 중요성(functional importance)에 의해 정해지는 것이 아니라, 이들이 보유하는 내적 자원 즉, 성원의 규모, 응집력, 명성 등에 의존한다. 그리고 행위자들 간 상호작용의 범위는 이슈의 성격에 따라서 유동적이어서 새로운 이슈가 등장하면 새로운 이익집단이 개입하며, 이에 따라 새로운 상호작용이 형성된다(Gerston, 2014). 조합주의모형에서는 행위자들 간의 상호작용을 협력 지향적, 안정적, 지속적인 것으로 본다. 행위자들은 국가목표의 달성을 위해서 협력적이며, 편익의 상호교환을 통해서 일단 상호작용 관계를 형성되면 안정적으로 지속되는 경향이 있다. 따라서 조합주의모형은 행위자들 간의 상호작용이 소수의 중심적 행위자를 중심으로 폐쇄적으로 형성되는 경우가 많다고 본다(Stepan, 2015). 정책네트워크모형은 행위자들 간 상호작용의 성격이 네트워크의 하위유형에 따라 상이한데, 정책공동체는 행위자들 간의 협력적 관계를, 이슈네트워크는 경쟁적 관계를 가정한다. 그리고 정책네트워크모형은 행위자들 간의 상호작용을 수평적인 것으로 보지만, 이것이 행위자들의 기능적 중요성이 같다는 것을 의미하지는 않는다. 행위자들이 보유하는 자원에 따라 이들의 위상과 중요성이 달라진다(Schneider, 2015).

상호작용과정에서 행위자들이 취하는 전략 내지는 활동방식과 관련하여, 다원주의모형은 중심적 행위자인 이익집단의 주된 역할을 다양한 이익투입방식을 동원하여 정치/정책과정에 압력을 행사하는 것으로 본다. 이익투입방식에는 정부위원회 참여, 항의방문, 성명서 발표, 시위, 로비행위, 사적인 친분관계 활용 등 다양하다. 그러나 특정 영역의 정책을 결정하고 집행하는 국가기구는 정해져 있기 때문 이익투입의 대상은 안정적인 경향이 있다. 이러한 이익집단의 활동에 대해서 국가기구는 압력의 강도나 심각성, 여론, 선거 등을 계산하여 일정한 반응을 한다(Birkland, 2015). 조합주의모형에서는 이익집단은 국가정책에 대해서 일정한 지지를 표시하고 자신의 요구를 적절한 수준에서 제한한다. 이에 대해서 국가는 이익대표 독점권을 부여하는 등의 방식으로 편익을 제공한다. 즉, 양자는 <그림 3>과 같은 편익교환에 근거하여 협력을 행하는 것이다. 행위자들 간의 상호작용방식은 대체로 정부기구와 같은 제도적 틀 내에서 자신의 요구를 제시하는 방식으로 행해진다. 따라서 비합법적 방식이나 대중수준으로의 접근방식은 많이 사용하지 않는다(Collier, 2018). 정책네트워크모형에서의 행위자들 간 상호작용방식은 하위유형에 따라 정책공동체의 경우는 행위자들 간에 상호작용이 빈번하며, 안정적이고 폐쇄적인 경향이 강하다(Hague and Harrop, 2001). 반면에 이슈네트워크는 행위자들 간의 상호작용이 일정한 유형이 있거나 안정적이지 않다고 본다. 이슈의 성격에 따라서 행위자가 달라지며, 같은 이슈에서도 이슈 진행상황에 따라 상이한 전략이 동원된다. 그리고 행위자마다 자신의 능력과 특성에 부합하는 이익투입방식을 전략적으로 선택하기 때문에 행위자들이 사용하는 전략도 다양하다.

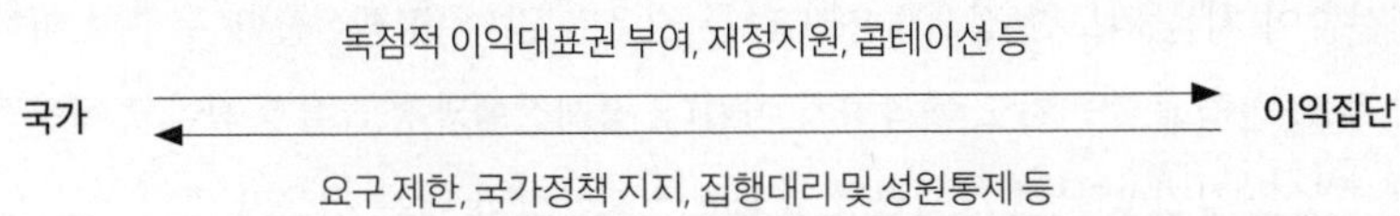

<그림 3> 조합주의모형에서의 국가와 이익집단 간 편익의 상호교환

4) 정책산출

정책산출(policy outputs)과 관련하여 다원주의모형에서는 정책산출은 행위자들이 보유하고 있는 자원이나 영향력에 의존한다고 본다(Birkland, 2015). 대체로 기업이익집단이나 전문이익집단 등의 강력한 이익집단의 이해가 정책산출에 많이 반영된다. 그리고 정책산출의 내용은 처음의 의도로부터 많이 변화하는 것으로 본다. 정책산출은 이익집단들 간에 경쟁적으로 이익을 투입한 것을 국가가 조정하여 만들어내는 결과이기 때문이다. 또한 다원주의모형은 정책집행도 정책결정의 연장으로 이해한다. 이익집단들은 정책결정과정에 미처 투입하지 못한 이해가 정책집행과정에 반영되도록 지속적으로 압력을 행사하는 것이다(Exworth and Halford, 1999). 반면에 조합주의모형은 정책산출이 처음 의도한 정책내용과 크게 다르지 않은 것으로 본다. 조합주의 구조에 편입된 이익집단은 자신의 요구를 자제할 것을 전제로 하기 때문이다. 그리고 정책집행과정에서 이익집단은 정책결정 단계에서 국가와 이익집단 간에 합의한 사항을 이행하기 위하여 성원을 규제하고 순응을 확보하는 역할을 수행한다(Crepaz, 1992). 정책네트워크모형에서는 네트워크의 유형에 따라서 정책공동체의 경우는 정책산출이 처음 의도한 정책내용과 크게 다르지 않다. 이는 정책공동체 자체가 유사한 이해를 공유하고 게임규칙을 준수하며, 도출된 결과를 수용할 자세가 되어 있는 행위자들로 구성되기 때문이다. 정책공동체 내의 성원들 간의 권력관계는 비교적 균등하기 때문에 정책산출도 대체로 모두에게 만족할 만한 것이 된다. 정책산출과 정책집행의 결과가 크게 다르지 않다(Daugbjerg, 2018). 반면에 이슈네트워크는 행위자가 유동적이고 사로 간에 이해를 공유하는 정도가 낮기 때문에 정책신출이 처음 의도한 정책내용과 다른 경우가 많다. 정책신출에 누구의 이해가 주로 반영될 것인지도 예측하기 어렵다. 정책집행과정도 유동적이고 개방적인 속성을 갖기 때문에 정책집행 결과도 정책산출과 다른 경우가 많다. <표 1>은 이익매개양식으로서의 세 이론모형을 비교한 것이다.

<표 1> 이익매개양식으로서의 세 이론모형의 차이점 비교

변수 \ 모형		다원주의모형	조합주의모형	정책네트워크모형	
				정책공동체	이슈네트워크
정책행위자	행위자의 수	다수, 개방적	소수, 폐쇄적	소수, 폐쇄적	다수, 개방적
	주도적 행위자	이익집단	국가	소수 참여자	가변적
	국가의 기능 및 범위	-중립적, 미약함 -행정부, 의회, 사법부 모두를 포함	-자체이해, 강력함 -주로 행정부 지칭	상대적으로 중요한 행위자	하나의 행위자에 불과함
관계구조	관계형성 동기	이익집단의 필요성	위기적 상황하의 상호 필요성	자원의존 상의 필요성	
	국가와 사회집단 간 관계	일정한 경계, 압력행사	불명확한 경계, 편익의 상호교환	다양한 관계들 중의 하나에 불과함, 자원의 상호의존	
	사회집단과 성원 간 관계	성원의 자율성, 민주적 구조, 자발적 가입	성원 규제, 과두제적 구조, 가입의 강제	특별한 논의 없음	

상호 작용	기본 정향	경쟁적이고 갈등적	협력 지향적	협력 지향적	경쟁적
	전략	다양하고 가변적인 전략 (합법/비합법, 권력수준/대중수준 등)	주로 제도화된 참여, 안정된 전략	제도적 및 개인적 관계, 안정된 전략	다원주의 모형과 유사함
정책결과(정책의도 및 정책내용의 변화 정도)		변화 정도가 큼	변화 정도가 적음	변화정도가 적음	변화정도가 큼

5. 이익매개양식에 관한 세 가지 관점의 결합

상기한 세 가지 모형들이 서로 대안임을 자처하면서 등장하였지만, 실제로는 복잡하고 동태적인 현실의 정치/정책과정을 어느 하나의 모형만으로는 설명하기가 어렵다. 따라서 모형들 간의 결합을 통해서 현실적합성을 제고하는 것이 필요하다. 특히, 세 모형들은 모두 정치/정책과정에서의 행위자들 간 관계를 분석하는 중범위 이론으로서의 공통점이 있으며, 각기 서로의 문제점을 지적하면서 등장한 것이므로 역으로 그만큼 서로 결합될 소지도 크다. 이하에서는 세 모형을 결합할 수 있는 구체적인 방안과 전략을 제시하고자 한다.

첫째, 행위자들 간의 관계를 구조적 관계와 개인적 관계를 동시에 포함하는 것으로 이해할 필요가 있다. 미국의 하위체제 주창자들은 행위자들 간의 개인적 관계를 강조하였으며, 유럽 학자들은 탈(脫)개인적인 구조적 관계를 중시하였다. 그러나 절충적 관점에서 보는 것이 보다 합리적하며, 그 방향은 구조적 관계의 틀 내에서 개인 간 관계가 발생하는 것으로 인식하는 것이다. 행위자는 개인의 이해를 초월하는 구조화된 틀 내에서 작동하지만, 실제의 상호작용과정에서는 개인적 이해관계나 인적 네트워크도 중요한 역할을 수행한다.

둘째, 정치/정책과정에 영향을 미치는 요소로서 환경적 요인을 고려해야 한다. 지금까지는 정치/정책과정의 내적 특성과 동태성을 밝히는 데 치중한 나머지, 환경적 요인이 정치/정책과정에 미치는 영향에 대해서는 다소 무관심하였다. 본서는 환경적 맥락 하에서 정치/정책과정을 이해하되, 양자 간의 관계를 결정론적 시각이 아닌 상호작용의 관점에서 이해한다. 즉, 환경적 요인이 정치/정책과정에 영향을 미치기도 하지만, 반대로 정치/정책과정이 환경의 변화를 초래할 수도 있는 것이다.

셋째, 정치/정책과정이 정책산출에 미치는 영향을 파악해야 한다. 지금까지의 관련 이론모형들은 내적 과정의 속성과 유형은 잘 기술하였지만, 정치/정책과정의 차이가 발생하는 원인은 무엇이며, 과정의 차이가 어떠한 결과를 유발하는 지를 설명하는 데는 한계가 있었다. 그러나 정치/정책과정의 동태성을 제대로 이해하기 위해서는 과정의 차이가 어떻게 정책산출의 차이를 가져오는 지를 분석할 수 있어야 한다(Coxall, 2001).

넷째, 국가의 성격과 역할에 대한 현실적인 이해가 필요하다. 국가는 정치/정책과정을 주도하고 게임규칙을 설정하는 주체로서 다른 행위자들보다 훨씬 강력한 경우가 많다. 그리고 행위자들 간의 관계형성을 자원의존의 관점에서만 설명하는 것도 한계가 있다. 국가목표, 정치 이데올로기, 공익 등도 관계형성의 중요한 동기가 될 수 있으며, 이는 행위자로서의 국가의 성격과 역할을 재고해야할 필요성을 제기한다. 따라서 정치/정책과정을 잘 이해하기 위해서는 국가의 성격, 역할, 목표, 이념 등을 동시에 고려하는 것이 필요하다.

마지막으로, 행위자들 간의 상호작용과정에서도 다양한 전략이 선택된다. 즉, 행위자들 간의 관계는 동태적인 상호작용과정으로서, 행위자들은 안정적이고 제도화된 방식뿐만 아니라, 비제도적이고 폭력적인 방식도 동시에 사용하며, 지지연합을 형성하는 등 다른 행위자들과도 적극적으로 관계를 조정한다.

<그림 4>는 지금까지 논의한 바를 토대로 작성한 정치/정책과정을 이해하기 위한 기본 틀이다. 여기에서 환경적 요인은 이를 정치적, 경제적, 사회적 환경으로 구분하되, 정치적 환경의 경우는 정치체제의 성격 및 정치적 기회구조(political opportunity), 사회적 환경은 사회집단의 활성화 정도, 경제적 환경은 경제적 능력과 경제이념 등을 중심으로 변수를 설정하고 구체적인 하위 지표를 개발할 수 있다.

정치/정책과정의 내적 동태성과 관련해서는 이를 관계구조의 측면과 상

호작용의 두 가지 측면으로 구분하고, 전자와 관련해서는 행위자들의 이해 및 가치공유 정도, 게임규칙의 준수 정도 등과 관련되는 변수를 주로 설정할 수 있다. 상호작용은 정치/정책과정의 실제 작동과 관련되는 것들로서, 행위자들의 자원의존 정도와 동원하는 전략을 중심으로 변수들을 구성할 수 있다.

정책산출은 처음 의도한 정책내용과 최종 정책내용을 비교하는 방식으로 정책내용의 변화정도를 분석하고, 이 과정에서 내적 동태성의 차이가 정책산출의 차이에 어떠한 영향을 미치는지를 주로 분석해야 할 것이다.

그리고 본서에서 제시된 구성요소들 간의 관계는 일방적인 것이 아니라, 쌍방향적인 것으로 이해해야 보다 입체적인 분석이 가능할 것이다.

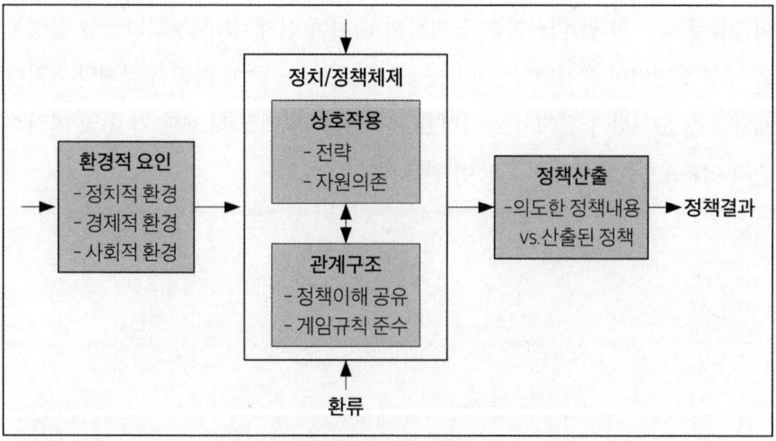

<그림 4> 이익매개양식을 이해하기 위한 개념 틀

6. 맺음말

이상에서 정치/정책과정에서의 이익매개의 양식에 관한 대표적인 모형들인 다원주의모형, 조합주의모형, 정책네트워크모형들을 정책행위자, 행위자 간 관계구조, 행위자 간 상호작용, 그리고 정책산출이라는 네 가지 측면으로 구분하여 비교해 보았다. 그리고 이러한 세 모형이 이론적으로 결합해야할 필요성과 구체적인 결합방안에 대해서 언급하였다.

기본적으로 세 모형은 다원주의모형 → 조합주의모형 → 정책네트워크모형의 순으로 이어지는 대안적인 이익매개양식들로서 여러 면에서 상이한 속성을 가진다. 특히, 국가의 성격, 행위자의 수, 주도적 행위자 등을 이해하는 데서 명백하게 다른 관점을 제공한다. 그러나 한편으로 세 모형들은 모두가 실제의 이익매개 현상을 부분적으로만 설명할 수 있을 뿐, 어느 모형도 독자적으로는 현상을 만족스럽게 설명하지 못한다. 따라서 본서에서는 세 모형을 결합하여 환경적 요인 → 관계구조 → 상호작용 → 정책산출 → 환류의 순으로 이어지는 일련의 과정적이고 체제론적인 관점에 입각한 개념 틀을 제시하였다.

그러나 기본적으로 세 이론모형들은 모두가 이익매개양식에 관한 중범위 이론들로서 거시 및 미시이론과 접목이 되어야 실제 정치/정책과정을 설명하는 데서 설명력이 배가되 수 있다(Daugbjerg and Marsh, 1998). 따라서 실제의 이익매개양식을 분석하기 위해서는 이러한 세 모형들 외에도 다양한 거시 및 미시수준의 이론모형들로부터의 도움이 필요하다.

제2장

다원주의, 조합주의, 그리고 사회협약

1. 서론

사회협약은 social pact, social consensus, social concertation 등으로 불리는데, 논쟁적인 정책을 둘러싼 주요 행위자들이 갈등과 대립 대신에 타협과 양보를 통해 협력적 관계를 구축하는 것이다. 이러한 협력관계를 형성하기 위해서는 사회협약에 참여하는 행위자들이 자원의존 및 편익교환 관계에 있어야 한다. 서로가 상대방을 필요로 해야 하는 것이다. 그리고 행위자들 간에 상당한 정도의 신뢰관계가 형성되어야 한다. 그래야 양보, 대화, 타협이 가능해진다. 또한 사회협약은 협약사항의 이행을 전제로 하기 때문에 참여하는 행위자들이 협약사항 이행능력이 있어야 한다. 따라서 이익집단의 경우는 전국단위의 정상(頂上)이익집단으로서 성원들에 대한 순응확보 능력이 있어야 한다.

사회협약은 그 동안은 주로 노동정책 분야에서 사용되어 온 개념이다. 주요 노동정책이나 노사현안을 둘러싼 노사 간의 대립과 갈등을 방치하기 보다는, 국가가 적극적으로 개입하여 노·사·정 삼자 간의 사회협약체계를 구축하는 것이 노사갈등 해결에는 물론, 국가경제 발전에도 유익하다고 보는 것이다.

그러나 오늘날 사회협약은 반드시 노동정책 영역에만 국한되지 않는다.

산업정책은 물론, 사회복지정책, 보건의료정책, 심지어는 환경정책 영역에도 사회협약이 발생하고 있다. 물론 이 경우에는 사회협약에 참여하는 주요 행위자들도 달라진다. 예로서, 보건의료정책 영역의 사회협약은 의사단체나 약사단체 등의 전문가단체가 주요 행위자가 된다. 그리고 주요 행위자의 수적인 면에서 사회협약은 반드시 세 행위자가 참여하는 삼자협약의 형태가 아니라, 두 행위자가 참여하는 양자협약의 형태로 나타날 수도 있다. 이를 Yishai(1992a)는 철의 듀엣(iron duet)이라고 표현하였다. 반대로 사회협약은 행위자가 다수인 다자협약의 형태를 띨 수도 있다. 노동단체, 사용자단체 외에도 다양한 종류의 시민단체, 정당 등이 사회협약에 참여할 수 있다. 또한 사회협약의 수준면에서, 사회협약은 본래 국가와 노사의 정상이익집단 간에 형성되는 것이 보편적이었지만, 오늘날은 지방정부 단위에서도 다양한 형태의 사회협약이 발생하고 있다. 특히, 지방자치제가 정착되면서 지역사회의 갈등사안들을 자치단체장들의 주선으로 사회협약을 통해 해결하려는 경향이 증가하고 있다. 이처럼 사회협약은 다양한 정책영역, 다양한 형태, 다양한 수준에서 구축될 수 있다.

따라서 사회협약에 대한 우리의 관념 역시 보다 유연하고 융통성이 있게 변화해야 하는 시점이다. 사회협약은 조합주의 특히, 사회조합주의와 정합성(congruity)이 있으며, 따라서 조합주의적 지향성이 강한 국가에서 발달한다는 고정관념을 불식할 필요가 있다. 사회협약의 범위, 참여자의 수, 정책영역, 수준 등의 다양성을 고려하면, 사회협약은 조합주의모형만이 아니라, 앞장에서 언급한 다원주의모형이나 정책네트워크모형과도 결합될 수 있다. 따라서 사회협약을 지나치게 특정 이론모형에 결부시키는 데서 탈피해야 하는 것이다.

이장에서는 지금까지의 사회협약의 이론적 토대가 되었던 조합주의모형을 소개함과 더불어, 대안적 이론모형에 해당하는 다원주의모형에 대해서도 논의하고자 한다. 이를 통하여 두 이론모형 특히, 그동안 사회협약과는 무관하다고 여겨졌던 다원주의모형이 사회협약의 구축에 어떻게 활용될 수 있는지를 생각해 보는 기회를 갖고자 한다.

2. 다원주의모형

20세기의 대중사회에서 다수결원칙과 시민참여를 미덕으로 하던 고전적 민주주의가 심각한 위기상황에 직면하게 되었다. 이러한 상황에서 다원주의모형은 민주주의의 이상과 대중사회의 현실을 결합할 수 있는 차선의 대안으로 제시되었지만, 다원주의모형은 '다원주의이론의 다원주의'(pluralism of pluralist theory)라고 표현될 정도로 그 내용이 다양하다.

그럼에도 근본적으로 다원주의모형은 엘리트론(elitism)에 대한 대안적 권력이론으로서의 다원적 권력이론과 이익집단의 활동을 정책과정의 중심으로 보는 집단과정이론(group process theory)으로 대분할 수 있다. 다원적 권력이론은 R. Dahl, N. Polsby 등이 주장한 것으로서, 권력은 다양한 경쟁적 엘리트에게 분산되어 있으며, 엘리트는 대중에 대해서 무책임한 것이 아니라는 관점이다. 집단과정이론은 A. Bentley, D. Truman 등이 체계화한 것으로 정치행정과정의 핵심은 이익집단의 활동이며, 정책은 다양한 이익집단들 간의 경쟁이 균형에 도달한 결과라고 보는 관점이다(Dye, 2013). 이장에서는 다원주의모형의 이러한 두 가지 입장 중에서, 주로 조합주의모형의 대칭점에 해당하는 집단과정이론을 중심으로 다원주의모형의 내용을 기술하고자 한다.

집단과정이론은 A. Bentley의 1908년도 저서인 *The Process of Government: A Study of Social Pressures*로부터 출발한다. 그는 엄격한 경험주의적 입장에서 미국의 정치과정을 사회집단들 간의 상호작용의 산물로 보았으며, 수많은 작은 집단들로 파편화된 정치체제로 파악하였다. 그러나 Bentley는 이익집단의 개념과 설립동기에 대해서 명백한 입장을 제시하지는 못하였으며, 집단과정이론이 본격적인 학문체계를 갖추게 되는 것은 D. Truman이 1951년 *The Governmental Process*라는 저서를 출간한 이후부터이다. Truman은 공유된 태도(shared attitudes)의 개념을 도입하여 이익집단의 개념과 이익집단에의 가입동기를 명확하게 설명하였다. 즉, 그는 개인들의 이익집단 결성 및 가입동기를 개인들 간의 공유된 태도에서 구한 것이다. 그리고 Truman은 이익집단의 기능을 긍정적으로 보았으며, 성원들 간의 중복가입으로 인해 이익집단들 간의 경쟁이 결코 체제변혁이라는 극단적 결과를 가져오지는 않는다고 주장하였다(Cairney, 2011). Truman의 이러한 선구적 노력이후, 집단과정이론은 R. Dahl, R. Salisbury, V. Key, N. Polsby 등으로 연결되면서 학문적으로 심화되어 왔다.

그러나 다원주의모형은 오랫동안 민주사회의 주류이론으로서 기능을 하여 왔으나, 한편으로는 다방면의 사회이론들로부터 비판의 대상이 되기도 하였다. 우선 무의사결정론(non-decision making theory)은 권력의 두 얼굴(two faces of power)을 주장하면서, 권력은 여러 대안들 중에서 어떤 것을 선택하는 데만 사용되는 것이 아니라, 엘리트에게 명시적 혹은 잠재적으로 불리한 의사결정을 억압하는 데도 사용된다고 주장한다(Haugaard, 2012). 전자는 권력의 가시적(visible) 측면으로서의 의사결정이며, 후자는 권력의 불가시적(invisible) 측면으로서의 무의사결정이다.[3] 따라서 무의사결정론은 권력이 공개적 의사결정에 완전히 반영되는 것으로 보는 다원주의모형과는 달리, 오히려 공개적 의사결정은 별로 중요하지 않은 사안에 국한되는 경우가 많다고 보고 있다.[4]

고전적 마르크스주의(Marxism)과 이를 계승한 국가독점자본주의론(state monopoly capitalism)은 다원주의모형이 주장하는 사회집단들 간의 권력분산, 국가의 중립성, 정치와 경제영역의 분리 등을 비판한다. 즉, 다원주의모형에서는 정치와 경제영역을 분리하지만, 국가독점자본주의론은 경제결정론의 입장에서 통합적 접근방법을 사용한다. 그리고 이들은 정치/정책과정에의 동등한 접근 가능성에 대해서도 비판적이며, 정치/정책과정은 자본주의사회의 지배계급인 자본가계급에 의해서 지배된다고 본다. 또한 이익집단들 간의 경쟁 개념을 거부하고, 이익집단들 간의 관계를 자본과 노동이라는 두 개의 갈등적·대립적 관계로 이해한다(Foster, 2014).

---

3 무의사결정의 목적은 대중이 아닌 엘리트에게 불리한 이슈를 논의과정에서 배제하기 위해서 은밀하게 행사되며, 엘리트지배와 현상유지를 강화하는 데 기여하는 가치를 강조한다는 점에서 기본적으로 엘리트론적 특성을 갖는다. 따라서 무의사결정론을 기존의 엘리트론과 구별하여 신(新)엘리트론(neo-elitism)으로 부르기도 한다.

4 이 점에서 다원주의모형은 비민주적인 빙산의 관찰 가능한 민주적 일각(democratic tip)만 찬양한다는 비판을 받기도 한다(Cawson, 1986).

반면에 Neo-Marxist 국가론은 국가는 공익을 추구하는 중립적인 사회계획자가 아니지만, 그렇다고 지배적인 자본가계급의 피동적인 도구만도 아니라고 주장한다. 즉, 국가는 사회의 지배계급으로부터 상대적 자율성(relative autonomy)을 보유하고 있다는 것이다(Smith, 2013). 그러나 이들 역시 자본주의사회의 국가는 결국 '자본가계급의 국가'라고 보는 점에서 국가를 공정한 중재자로 보는 다원주의모형에 대해서 비판적이다. 그리고 아래에서 보듯이, 조합주의모형은 자신을 다원주의적 이익매개체계인 집단과정이론에 대한 이념형적 대척점으로 인식하면서 다원주의모형을 신랄하게 비판한다.

3. 조합주의모형

조합주의 논의의 출발은 1870년대의 사회적 가톨릭주의(Social Catholicism)로까지 거슬러 올라간다. 즉, 당시 가톨릭 성직자 중심의 식자층에서는 개인주의의 만연에 따른 소모적인 무한경쟁, 사회주의 물결에 편승한 계급대립의 시대상황 하에서 원자화되고(atomized) 있는 현실에 대해서 우려의 목소리가 높아지고 있었다. 따라서 사회적 가톨릭주의라는 이름하에 국가와 사회에 조화와 질서를 부여하고자하는 시대적 소명을 담은 이념으로서 조합주의가 출발하게 된 것이다(Pernández, 2009).

20세기 들어 조합주의는 파시스트 정치권력과 결합된 구체적인 국가형태로 모습을 드러내기도 하였으나, 이러한 권위주의적 조합주의는 파시스트체제가 붕괴된 제2차 세계대전 이후에는 적어도 선진국에서는 자취를 감추었으며, 아울러 조합주의에 대한 논의도 오랫동안 잠복하였다(Schmitter, 1974).

오랜 학문적 휴지기를 거쳐 조합주의가 다시 논의의 전면에 등장하게 되는 것은 1970년대 이후이다. 즉, 자본주의의 발달과 더불어 학문적 위세를 떨쳐오던 일단의 낙관론적 사고들이 자본주의적 성장이 한계에 직면하면서 설명력이 크게 저하된 것이다. 조합주의의 재등장도 궁극적으로는 이러한 낙관론적 사고에 대한 도전의 일환이다.

이후 조합주의가 일종의 성장산업(growth industry)으로 학문적 이목을 집중하게 된 것은 P. Schmitter가 1974년 다원주의에 대안적인 이익매개의 한 형태로 조합주의를 논의한 이후부터이다. 따라서 Schmitter 이후의 이익매개체계로서의 조합주의를 과거의 것과 구별하여 신(新)조합주의(neo-corporatism)라고 칭하고 있으며, 현재 논의되는 조합주의는 이를 지칭한다.

조합주의모형의 구체적 전개과정을 살펴보면 우선, 조합주의에 대한 이론적 논의는 19세기말 사고체계 및 이데올로기로서의 조합주의로부터 시작하였다. 이는 조합주의를 개인 간 경쟁과 계급갈등을 극복하고 사회질서를 가져올 수 있는 규범적 정치사상으로 이해하는 입장으로(Stepan, 2015), 가톨릭 성직자들을 중심으로 사회적 가톨릭주의라는 이름으로 논의되었다. 따라서 사고체계로서의 조합주의는 한편으로는 사회를 고립된 이기적 체제로 만드는 자유주의,[5] 또 다른 한편에서는 계급갈등을 조장하고 불가지론(agnosticism)으로 종교의 권위에 도전하는 사회주의와의 두 전선에서 이념전쟁을 전개하였다(Williamson, 1989).

조합주의가 현실의 정치권력과 결합하는 1920~30년대에는 하나의 국가형태로서의 조합주의가 등장하였는데, 역사상 가장 완벽한 권위주의적 조합주의국가는 1922~1934의 이탈리아의 파시스트체제와 1933~1974년의 포르투갈의 Salazar정권(Estado Novo)을 들 수 있다. 권위주의적 조합주의국가는 조합주의적 구조가 위로부터 강제적으로 확립되는데, 기존 사회단체의 폐지, 새로운 사회단체의 설립 및 국가기관화, 국가관료에 의한 사회단체 관리층의 충원, 노조설립의 인가, 노조지도자의 임명 등의 특성을 보인다. 그러나 국가형태로서의 권위주의적 조합주의 논의는 조합주의에 대한 부정적 이미지만 남긴 채 2차 세계대전 이후에는 논의의 전면에서 사라졌다.[6]

1970년대 들어 조합주의 논의는 정치문화의 한 형태로서의 조합주의로

---

5 그러나 사유재산을 중시하는 자본주의체제 자체에 대해서는 반대하지 않는다. 이점에서 조합주의는 반자유주의적인 것이지 반자본주의적인 것은 아니었다.

6 현재의 국가조합주의에 관한 논의는 조합주의를 하나의 이익매개체계에 관한 중범위 이론으로 간주하는 것으로, 조합주의를 거시적 관점에서 바라보는 권위주의적 조합주의국가의 견해와는 다른 것이다(Smith, 1989).

부활하였는데, 이는 주로 이베리아(Iberia) 반도와 남미의 정치체제를 연구하는 학자들에 의해서였다. 즉, H. Wiarda(1972)는 Anglo-American의 문화적 전통과 Iberic-Latin 전통은 상이한 특성을 보이는 데, 전자는 물질주의, 세속주의, 개인주의, 청교도주의, 계약주의, 권력분립주의 등의 특성을 보이는 데 비해서, 후자는 이상주의, 집단주의, 가톨릭주의, 유기체설, 단일적 구조 등의 특성을 보인다는 것이다. 따라서 그는 조합주의적 구조는 이베리아 반도나 남미와 같은 조합주의적 정치문화의 토양 위에서 배양된다는 것이다.

다음에는 경제체제의 한 형태로서 조합주의를 이해하는 입장이 있는 데, 이는 R. Pahl과 J. Winkler 등이 주장한 것으로, 조합주의를 사적 소유와 국가통제가 결합하는 경제체제 혹은 생산양식으로 보는 것이다. 이들은 조합주의를 통일, 질서, 민족주의, 성공의 네 가지 원리에 입각하여 국가가 민간부문을 통제하고 지시하는 하나의 경제체제로 본다. 즉, 조합주의를 자본주의적 생산양식 및 사회주의적 생산양식과 구별되는 제3의 생산양식이라는 것이다.

마지막으로, 조합주의를 다원주의모형에 대안적인 하나의 이익매개양식으로 인식하는 것으로, 이는 1974년 Schmitter 이후부터의 견해이다. 현재의 조합주의에 대한 논의는 주로 이러한 관점을 의미한다.[7] 그리고 이러한 이익매개양식으로서의 조합주의는 과거의 논의들이 주로 거시이론이었던데 반해서, 이익집단과 국가 간의 관계에 초점을 두는 중범위(middle range) 이론의 성격이 강하다. 그리고 Schmitter는 경험적으로 특정 이익매개양식이 완전한 조합주의적 특성을 보인다는 것을 주장하지는 않는다. 왜냐하면 이익매개양식으로서의 조합주의는 전체주의적(heuristic), 논리분석적(logico-analytical) 구성물로서, 현실의 국가와 이익집단 관계를 비교·평가하기 위한 이념형(ideal type)이기 때문이다. 그리고 위치상으로는 이익집단 활동의 경쟁적 시장체제를 강조하는 다원주의모형의 대척점에 있다(Adams, 2018).

이익매개양식으로서의 조합주의에 대한 논의는 정치/정책과정 연구의 고전적 주제이면서도 그동안 등한시되어 왔던 이익매개의 문제를 다시 중심영역

7 본서에서 사용하는 조합주의 개념은 이러한 이익매개양식으로서의 신조합주의를 의미한다.

으로 견인하는 데 결정적인 기여를 하였다. 1970년대 중반이후 논의되고 있는 조합주의는 전적으로 이익매개양식으로서의 신조합주의를 의미한다(Birkland, 2015). 그리고 이익매개양식으로서의 조합주의는 다양하게 하위 유형화되고 있는데, 대표적인 것이 Schmitter의 사회조합주의와 국가조합주의, P. Willamson의 합의허가형, 권위주의적 허가형, 계약형 조합주의, P. Robinson의 신전통적, 민중주의적, 관료적 권위주의적, 자유주의적 조합주의, A. Stepan의 융합적 조합주의와 배제적 조합주의, A. Cawson의 거시, 중간(meso), 미시 조합주의 등이다.

이들 중에서 가장 기본적인 하위 유형화인 Schmitter의 사회조합주의와 국가조합주의를 간략하게 살펴보면 다음과 같다. 두 유형의 조합주의는 외견상으로는 유사한 구조적 특성을 보이지만, 이러한 특성이 나타나게 되는 동기와 과정 면에서는 근본적 차이가 있다. 즉, Schmitter는 수적인 제한, 단일성, 강제성, 비경쟁성, 위계적 질서, 기능적 분화, 국가의 승인, 이익대표의 독점, 지도자선출과 이익표출에 대한 통제라는 아홉 가지의 구조적, 행태적 변수를 통해서 조합주의적 구조는 다원주의적 구조와 명확하게 구별된다고 주장한다. 그러나 조합주의는 이러한 아홉 가지의 구조적, 행태적 특징들이 이익집단들 간의 자발적 협의의 산물이냐 국가에 의한 강제의 산물이냐에 따라 전자는 사회조합주의, 후자는 국가조합주의로 구분할 수 있다. 즉, 동일한 외형을 보일지라도 그 내면적 동기나 과정 면에서는 사회조합주의는 아래로(이익집단) 부터의 자발적 침투에 의한 것인 데 반해서, 국가조합주의는 위로(국가) 부터의 강요된 침투에 의해서 만들어진다는 것이다(McNamara, 2012).

4. 다원주의모형과 조합주의모형의 비교

이익매개양식으로서의 조합주의모형은 기본적으로 다원주의적 이익매개양식에 대한 대안적 이념형이다. 따라서 양자 간에는 대조적인 측면이 많다. 이장에서는 주로 이익집단의 구조적 특성, 국가의 성격, 이익집단과 국가 간의 관계, 정책과정에서의 이익집단의 역할, 이익집단이 추구하는 가치, 성원과 이익집단 간의 관계 등의 측면에서 두 이론모형을 비교해 본다(Carnoy, 2014; Connolly, 2017; Held, 2013; Wiarda, 2016; Williamson, 1989).

우선 이익집단의 구조 측면에서 다원주의모형은 이익집단들이 다수의, 자발적, 경쟁적, 비위계적으로 조직화되고, 이익대표의 범주도 자율적으로 규정된다고 본다. 그리고 이익집단들 간의 관계는 경쟁적이며, 이익집단들 간의 상대적 중요성은 이익집단의 내적 자원에 의존적이다. 이익집단에의 가입과 탈퇴는 자발적이다. 이에 반해서, 조합주의는 이익집단이 단일의, 강제적, 비경쟁정, 위계적으로 조직화되고, 기능적으로 분화된 범주를 갖는다고 본다. 그리고 이익집단들 간에는 경쟁보다는 협력적이며, 이익집단들 간의 상대적 중요성은 이들이 수행하는 역할의 기능적 중요성 정도에 의존적이다. 이익집단의 가입은 강제적일 수 있다. 그리고 조합주의는 특정집단에 의한 이익의 독점적 대표를 가정하기 때문에 이익대표의 불평등 문제가 야기할 수 있다고 본다.

국가의 역할 및 성격과 관련하여, 다원주의모형은 국가는 경쟁하는 이익집단들 사이의 중립적인 중개자 역할을 수행한다고 본다. 심지어 집단환원주의자들은 국가는 이익집단들 간의 경쟁의 장이며, 국가 자체가 또 다른 하나의 이익집단에 불과하다고 폄하한다. 반면에 조합주의모형에서는 국가를 자체 이해를 가지면서 이익집단의 활동을 규정, 왜곡, 억압하는 독립적 실체로 간주한다. 따라서 국가의 중립성을 부인하고, 특정 이익집단을 선별적으로 우대하거나 배제한다고 주장한다.

국가와 이익집단 간의 관계에 대해서, 다원주의모형은 국가와 이익집단 간에는 엄격한 경계가 있으며, 이익집단은 국가의 외부에서 압력을 행사하는 기능을 수행한다고 본다. 이익집단은 국가로부터 자율적이다. 그리고 국가는 모든 이익집단들에게 동등한 접근기회를 제공하고자 한다. 이에 반해서, 조합주의모형은 국가와 이익집단 간의 경계는 불명확하며, 이익집단은 정책과정에 포용된다. 그리고 이익집단은 요구의 제한, 지지의 표명 등 일정한 국가통제를 수용하고, 이에 대한 대가로 인가를 받고 독점적인 이익대표권을 부여받는다. 양자는 국가목표의 달성을 위해 협력적이며, 합의형성을 추구한다.

정책결정과정에서의 이익집단의 역할에 대해, 다원주의모형은 이익집단의 주된 관심은 자신에게 유리한 방향으로 정책을 유도하기 위해서 국가에 압력을 행사하는 것이라고 본다. 이러한 압력행사는 주로 국가기구 밖에서 발생하며, 압력행사의 대상은 행정부만이 아니라, 의회와 정당도 빈번하게 선택된다. 압력행사방법은 로비, 시위, 태업(sabotage), 여론 환기 등 다양한 방법들이 사용된다(Wilson, 1983). 반면에 조합주의모형은 정책결정과정에서 국가와 이익집단 간에 합의형성이 발생하며, 이러한 합의는 공식화된 제도 속에서 발생한다고 본다. 그리고 이익집단의 협의대상은 주로 행정부라고 보며, 결정과정에의 제도적 참여가 주된 활동방식이다.

정책집행과정에서의 이익집단의 역할 면에서, 다원주의모형은 정책결정과정에 반영되지 못한 이익의 계속적 투입이 있다고 본다. 그러나 조합주의모형은 집행과정에서도 이익투입이 계속될 수 있지만, 집행과정에서 이익집단의 주된 역할은 이익집단과 국가 간에 합의된 내용을 집행하기 위해 성원들로부터 순응을 확보하는 데 있다고 본다. 이 점에서 조합주의모형 하의 이익집단은 준(準)국가기구(para-state) 혹은 확장된 국가(extended state)의 일부분으로 기능을 한다. 이익집단은 정책과정에서 국가와 성원을 연결하는 매개자(intermediary)인 것이다(Hilmer, 2010).

이익집단이 추구하는 가치의 측면에서, 다원주의모형은 이익집단의 결성동기가 구성원들 간의 공유된 태도(shared attitudes) 혹은 선택적 편익(selective benefits)에 대한 기대에 근거한다고 본다. 따라서 이익집단이 추구하는 궁극적 목표는 성원들의 이익을 극대화하는 것이다. 반면에 조합주의모형에서는 이익집단의 결성에서 성원들의 이익 못지않게, 사회적 합의를 유도하려는 국가의 의도가 크게 작용한다고 본다. 따라서 이익집단은 성원들의 이익을 대변할 뿐만 아니라, 국가목표의 달성에도 높은 우선순위를 둔다. 즉, 조합주의모형에서는 사회적 책임, 협의, 조화 등의 가치를 중시하는 것이다(Siaroff, 1999; Visser, 2001).

이익집단과 성원 간의 관계에 대해서 다원주의모형은 성원의 자율성을 강조하며, 성원들의 의사가 이익집단의 활동지침에 반영되는 민주적 조직구조를 가정한다. 이에 반해서 조합주의모형은 성원들의 이익집단 가입 등에서 일정수준의 강제가 작용할 수 있다고 본다. 그리고 이익집단 내의 권한은 지도부에 집중되어 있으며, 이 점에서 국가와 이익집단 간의 합의는 엘리트 합의형성이다. 그리고 이익집단은 이익대표뿐만 아이라, 성원규제의 역할도 수행하는 이익매개자이다. 이상의 논의들을 토대로 이익매개양식으로서의 다원주의모형과 조합주의모형을 비교하면 <표 2>와 같다.

<표 2> 이익매개양식으로서의 다원주의모형과 조합주의모형

	다원주의모형	조합주의모형
이익집단의 구조적 특성	-다수, 자발성, 경쟁성, 비위계성 -자율적 영역규정 -이익집단들 간의 경쟁	-단일성, 강제성, 비경쟁성, 위계성 -기능적으로 분화된 영역 -전문화되고 독점적인 정상이익집단
이익집단의 자율성	-높다	-낮다
이익집단의 영향력 결정요인	-리더십, 재정능력, 응집성 등의 내적 자원	-해당영역의 기능적 중요성 및 국가의 승인 여부
이익집단의 정책과정 참여 동기	-정책과정에 영향력을 행사하고 원하지 않는 정책 저지	-정책결정 및 집행의 보조
정책과정에의 동등한 접근 인식	-자원의 결핍에 기인한 불공정한 접근	-대표적 이익집단에게는 공평한 접근기회가 부여되는 것으로 인식
이익집단의 추구이념	-성원의 이익대변과 집단이익의 보호	-성원이익의 대표, 사회적 책임, 사회적 조화, 국가목표의 동시 추구
국가의 성격	-중립적 중재자, 심판자의 역할, 집단경쟁의 장	-자체이해 보유, 독립적 실체, 차별적 배제와 수용, 자율적 관료기구 보유
국가와 이익집단 간 관계	-엄격한 경계, 이익집단은 국가의 바깥에서 압력행사 -국가통제 없음, 자율적 -균등한 접근기회	-경계의 불분명, 국가기구 참여 (extended state) -국가의 통제수용과 독점적 이익대표권 부여
정책결정과정상의 이익집단의 기능	-압력행사, 성원이익대표 -이익집단들 간의 경쟁	-국가와 이익집단 간 합의형성, 공식적 참여 -이익집단들 간 협력
정책집행과정상의 이익집단의 기능	-압력행사, 성원이익대표	-성원이익대표, 집행대리 혹은 보조, 성원의 통제

출처: 선행연구들을 토대로 필자가 작성함.

5. 두 이론모형의 연속선 상에서의 위치

정책과정에서의 국가와 이익집단 관계를 설명하기 위한 이론적 논의는 다양하게 전개되고 있으나, 1970년대 이익매개양식으로서의 조합주의모형이 등장한 이후에는 다원주의모형과 조합주의모형으로 대분하는 것이 가장 설득력 있는 분류방식이 되었다(Golden, 1986).

그러나 현실의 국가와 이익집단 관계는 매우 가변적이며 다양한 이론모형의 속성을 동시에 가지고 있어 특정모형에 입각하여 분석하는 데는 어려움에 직면하게 된다. 따라서 현재는 국가와 이익집단 관계를 다원주의모형과 조합주의모형이라는 어느 하나에만 입각할 것이 아니라, 연속선상(continuum)에서 고찰하고자 하는 추세가 확산하고 있다.[8] 즉, 두 모형은 현실분석을 위한 이념형으로 기능하는 것일 뿐, 현실의 국가와 이익집단 관계는 대칭적인 두 이론모형의 연속선 상의 어디엔가 위치하게 된다는 것이다.

이처럼 현실의 이익매개양식을 두 모형의 연속선 상에 위치하는 것으로 보게 되면, 위치 매김을 하기 위한 측정변수를 선정해야 하는데, 우선 다원주의론자에 가까운 F. Wilson은 이익매개양식을 다원주의와 조합주의로 구분하고, 양자를 구분하기 위한 여덟 개의 변수를 도입하였다. 조합주의론자인 P. Shmitter는 이익매개양식을 다원주의, 조합주의, 단원주의(monoism), 생디칼리즘(syndicalism)의 네 가지로 구분하고, 이 가운데서 서구사회에서 흔히 발견되는 두 가지의 주요 이익매개양식인 조합주의와 다원주의를 구분하기 위해서 아홉 가지의 구조적, 행태적 요소들을 도입하였다.

R. Collier and D. Collier(1979)는 G. Gamson(1968)의 사회세력에 대한 국가의 영향력 행사수단을 인용하여 이익집단 활동에 대한 국가의 대응방식을 제재(constraints)와 유인(inducements)의 두 가지 측면에서 국가와 이익집단 관계를 유형화하였다. 즉, Gamson은 사회세력에 대한 국가의 영향력행사 수단으로 제

8 Keeler(1985)는 현실의 국가와 이익집단 관계는 순수한 다원주의(pure pluralism)와 완벽한 조합주의(complete corporatism)의 연속선 상에 위치함을 강조하고 있다.

재, 유인, 설득(persuasion)의 세 가지를 언급하였는데, 제재는 국가가 현재의 상황에 불이익(disadvantages)을 추가하거나 추가할 것이라고 위협함으로써 사회세력에 대해서 순응을 확보하는 방법이다. 유인은 새로운 편익(advantages)을 추가하거나 추가할 것을 약속함으로써 순응을 확보하는 방법이며, 설득은 영향력을 행사하는 사람의 주장이 정당하다는 확신을 심어줌으로써 순응을 확보하는 방법이다.

Collier and Collier는 이 가운데서 제재와 유인만을 추출하였는데, 이들은 양자 모두를 궁극적으로는 국가에 의한 이익집단의 통제수단으로 보고 있다. 즉, 제재란 국가가 이익집단의 집단행동을 규제하고 리더십과 요구의 수준에 대해서 통제를 가하며, 이익집단의 일상적 운영에 대해서도 개입하는 것이다. 유인은 국가가 이익집단에게 각종 편익을 제공하면서 동시에 동원할 수 있는 도구로 만드는 것이다. 따라서 유인도 궁극적으로 통제기재의 역할을 수행한다.

이러한 정의를 통해서 이들은 각기 제재와 유인을 구성하는 하위변수를 설정하였는데, 제재를 구성하는 하위변수로는 단체협약과 파업에 대한 통제, 요구의 종류 및 표현방법에 대한 통제, 지도부 선출에 대한 통제, 업무상의 감독과 조정에 대한 통제를 언급하고 있다. 유인을 구성하는 하위변수로는 이익집단에 법인격을 부여해주는 등록(registration), 구성권(right of combination)의 부여, 이익대표독점권의 부여, 성원의 강제, 재정보조 등을 언급하고 있다. 이들의 주장은 주로 남미의 노동관계법 분석을 토대로 한 것이지만, 유추하여 적용할 여지는 넓다. 그리고 이들은 이러한 요인들을 적절하게 결합함으로써 국가와 이익집단 관계를 유형화하였는데, 국가조합주의는 높은 수준의 제재와 높은 수준의 유인, 사회조합주의는 낮은 수준의 제재와 높은 수준의 유인, 다원주의는 낮은 수준의 제재와 낮은 수준의 유인이 결합되는 유형이다.

이러한 논의들 중에서, Wilson(1982, 1983)의 논의는 우선 국가와 이익집단이라는 두 행위자 가운데서 이익집단에 지나치게 치중하였으며, 이에 더하여 이익집단과 국가 간의 관계구조 측면을 등한시하고 있다. Schmitter(1974)의 논의는 국가와 이익집단 간의 관계보다도 이익집단의 내부구조 측면을 지나치게 부각시키고 있다. 반면에 Collier and Collier는 하위 유형화에 관한 새로운 지평을 열었다는 평가에도 불구하고, 제재와 유인을 구성하는 일부 변수들의 내용이 불명확하고 모호한 것들이 있다. 따라서 우리는 기본적으로는 Collier and Collier의 견해를 따라 국가와 이익집단 관계를 제재와 유인이라는 두 요인으로 구분하여 고찰하되, 세부 변수는 탄력적으로 구성할 수 있다.

우선 제재의 측면을 구성하는 변수로는 이익집단 설립과정의 개입,[9] 지도부 선출과정의 개입, 조직운영 상의 개입, 재정운용 상의 개입, 정치활동에 대한 통제를 중심으로 구성할 수 있다. 그리고 유인을 "국가에 의한 통제의 한 방편으로, 국가가 특정 이익집단에 대해서 선별적인 편익을 부여함으로써 특정 이익집단이 해당영역에서 독점적 이익대표권을 확보하는 데 도움이 되게 하는 국가의 개입유형"으로 정의할 수 있다. 유인을 구성하는 하위변수로는 독점적인 제도적 접근통로의 부여, 국가에 의한 경쟁집단의 제한, 성원확보 및 회비징수 과정에서의 국가지원, 재정보조, 국가사무의 위임, 지도부의 콥테이션 등을 포함할 수 있다. 이상에서 언급한 제재와 유인을 구성하는 하위변수들을 다원주의모형과 조합주의모형의 연속선 상에 배치하면 <표 3>과 같은데, 이는 노동정책과정에서의 사회협약을 포함한 이익매개양식을 분석하는 데 적절하게 활용할 수 있다.

<표 3> 국가와 이익집단 관계에 관한 다원주의모형과 조합주의모형

		다원주의모형	조합주의모형
제재 측면	설립과정의 개입	없음	있음(사전통제)
	지도부선출과정의 개입	없음	있음(사전개입)
	조직운영과정의 개입	없음	있음(사전승인)
	재정운용과정의 개입	없음	있음(선택적 개입)
	정치활동에 대한 통제	없음	있음(선택적 개입)

9 설립과정의 인가행위는 궁극적으로 특정 이익집단에게 이익대표권을 부여하는 결과를 가져온다는 점에서 유인의 측면도 있다. 따라서 Collier and Collier는 이점에 착안하여 이익집단의 등록행위를 유인에 포함시키고 있다. 그러나 설립과정 전체를 볼 때는 인가행위는 설립목적, 사업범위, 정관내용 등을 통제하려는 의도가 보다 크기 때문에 이를 제재의 일환으로 간주하는 것이 설득력이 클 것이다.

유인 측면	독점적 접근통로의 부여	없음	있음
	경쟁집단의 제한	없음	있음
	성원확보 및 회비징수	없음	있음
	재정적 보조	없음	있음
	국가사무의 위임	없음	있음
	이익집단 지도부의 콥테이션	없음	있음

* 조합주의모형의 특성 중에서 ( )안은 특히 국가조합주의에 가까운 것임.

6. 맺음말

지금까지 이익매개양식에 관한 대칭적인 이론모형인 다원주의모형과 조합주의모형에 대해서 고찰하였다. 두 이론모형은 여러 면에서 대척점에 위치지울 수 있지만, 현실의 이익매개양식은 두 이론모형의 연속상의 어디엔가 위치한다고 볼 수 있다. 그리고 이러한 위치 매김은 이익매개양식을 구성하는 모든 변수들이 동일한 선상에 매김 할 수 있는 것은 아니며, 변수에 따라서 달리 분포하는 것이다. 또한 위치 매김은 불변하는 것이 아니라, 시기에 따라서는 물론, 같은 정책이슈라도 이슈의 진행에 따라서 변할 수 있다. 국가와 이익집단 간의 관계를 중심으로 하는 이익매개양식은 가변적, 동태적, 정치적이다.

사회협약의 경우도 마찬가지이다. 대체로 사회협약은 조합주의적 성격이 강한 것이지만, 이 역시 교조적으로 추종할 것은 아니다. 노동정책을 예로 들면, 사회협약의 형성 자체에는 조합주의적 특성이 많지만, 사회협약의 작동과정에서는 다원주의적 특성 역시 혼재 하는 경우가 많다. 가령, 사회협약기구의 틀 내에서 노동정책을 논의하는 도중에서도 외곽에서는 시위, 파업 등 다양한 다원주의적 이익투입방식이 동시에 동원될 수 있는 것이다. 그리고 사회협약은 안정적인 제도화를 지양하지만, 제도가 존재한다는 것과 제도가 잘 지켜진다는 것은 별개의 차원이다. 이론과 실제는 다른 것이다. 따라서 사회협약을 이해하고 분석하는 데서는 개방적 자세를 가지고 이론 틀을 설정할 필요가 있다. 그리고 이러한 이론 틀에 입각하여 현실을 분석하는 데서도 유연성과 융통성이 필요하다.

제3장

새로운 형태의 조합주의: 메조 조합주의

1. 서론

그동안 국가와 이익집단 관계를 설명하기 위한 다양한 이론들이 논의되어 왔으나, 가장 보편적이면서 동시에 대칭적인 두 이론모형은 집단과정이론으로서의 다원주의모형과 이익매개양식으로서의 조합주의모형이었었다. 그리고 두 모형들 중에서 권위주의 정치체제 하에서는 주로 조합주의모형의 적실성이 높은 것으로 인식되어 왔다. 이 경우의 조합주의는 국가, 자본, 노동이라는 주요 생산주체들 간의 관계에 관한 것이었으며, 정책수준도 국가전체 수준에서의 거시경제 정책이었다. 또한 조합주의를 사회조합주의(societal corporatism)과 국가조합주의(state corporatism)으로 대분할 경우에는 권위주의체제 하에서는 이익집단에 대한 국가통제를 전제로 하는 국가조합주의의 설명력이 보다 높은 것으로 간주하였다. 따라서 그동안 우리나라에서의 국가와 이익집단 관계에 관한 연구들의 대다수가 국가조합주의에 근거하여 권위주의적 국가가 이익집단을 어떻게 선별적으로 통제하는지에 논의를 집중하였다.

그러나 거시(macro) 수준의 국가조합주의모형은 1990년대 이후의 집단이익 분출현상을 설명하는 데서 한계에 봉착하였다. 따라서 조합주의모형이 급변하는 국가와 이익집단 관계를 설명할 수 있는 이론적 적실성을 유지하기 위해서는 새로운 도전과 변신이 필요하였다. 조합주의모형의 이러한 위기적 상황은 서구에서도 마찬가지 현상이다. 따라서 서구에서도 1980년대 후반이후 조합주의의 다양한 변신이 시도되고 있는 데, 그 중에서도 가장 대표적이고 지속적인 흐름이 미시와 거시의 중간수준인 메조 조합주의(meso corporatism)에 관한 논의이다. 즉, 1980년대 후반이후 서구사회에서는 후기 자본주의사회의 경제적 난관을 극복하여 통치가능성(governability)을 확보하고, 기업가에게는 수익률의 향상을 노동자에게는 실업율의 저하를 소비자에게는 가격의 안정을 가져다줄 것으로 기대하였던 조합주의가 소기의 성과를 달성하지 못하고 있음이 입증되었다(Robinson, 1991). 더구나 거시수준의 조합주의는 국가, 자본, 노동 간의 삼자(三者)협의체(tripartism)에 관심을 집중함으로써 국가와 특정 정책영역 이익집단 간의 양자(兩者)협의체(bipartism)를 설명하는 데도 한계가 있었다. 또한 거시수준의 조합주의는 국가전체 수준에서의 국가와 이익집단 간의 관계에만 관심을 기울일 뿐, 지방정부 수준의 이익매개양식은 등한시하였다. 그리고 임금, 노동조건 등의 거시경제정책을 주된 연구대상으로 함으로써 환경정책, 사회정책, 농업정책 등의 특정 정책영역에서의 국가와 이익집단 관계에 관한 연구에는 한계를 노출하였다. 따라서 거시수준의 조합주의모형의 이러한 한계를 극복하기 위한 다양한 노력의 일환으로 1980년대 후반부터 본격화되기 시작한 것이 메조 조합주의였다. 이러한 메조 조합주의를 통해 조합주의모형의 적용범위가 크게 확대되었으며, 이로써 조합주의모형은 변화된 환경 속에서도 생존할 수 있는 근거가 마련되었다.

메조 조합주의는 민주화추세와 더불어 국가조합주의가 이론적 적실성을 상실해가고 있는 우리나라의 상황에서도 각 정책영역에서 국가와 해당 이익집단 간에 협의적 관계를 형성하고, 궁극적으로는 정책의 합리적 결정과 원활한 집행을 도출하는 데 중요한 이론적 준거가 될 수 있다.[10] 뿐만 아니라, 1990년대 중반 이후의 지방자치시대의 도래와 함께 지방정부와 지역단위의 이익집단 간의 관계를 설명하는 데도 유용한 설명모형이 되고 있다. 또한 메조 조합주의를 통해 조합주의가 세계사적인 체제변동의 조류 속에서 한 시대의 인기 있던 이론적 유물로 전락한 것이 아니라, 여전히 국가와 이익집단 관계를 설명하는 유력한 이론모형으로 존속할 수 있게 되었다.

2. 조합주의의 한계와 비판

1) 조합주의의 추구 이념

19세기 조합주의가 처음 논의될 당시에는 가톨릭교회의 교세확장이라는 이기적 동기가 적지 않게 작용하였으며, 중세의 유기체적 국가관에 대한 향수가 서려있다는 점에서 복고적 성향이 강하였다. 그러나 근본적으로 조합주의는 19세기말의 무질서 속에서 조화와 질서를 추구하였던 지적인 고민의 소산이었으며, 이러한 가치는 이후의 권위주의체제에 의해서 왜곡되었지만 오늘날까지 조합주의가 추구하는 기본적인 가치로 보존되고 있다. 즉, 조합주의는 부분들 간의 조화와 질서, 상호의존을 중시하는 유기체적 국가관에 근거하고 있다. 따라서 개인보다는 집단을 우선시하는 집합주의 사고를 가지고 있으며, 경쟁보다는 유대와 협동을 중시하며, 자기이해에 대한 합리적 계산보다는 사회적 책임을 강조한다. 계급갈등보다는 계급들 간의 조화를 지향하며, 경쟁적인 이익집단들 간의 상호협력이 장려된다(Wiarda, 2016). 또한 모든 참여자가 편익을 누리는 균등의 원칙과 참여자들 간의 합의를 중시한다. 그리고 사회를 계층적으로 조직화되고 기능적으로 분화되어 있는 것으로 본다. 그리고 조합주의에서는 국가는 독립적 행위자이며, 중립성보다는 책임감을 강조하며, 여타 행위자들과 체계적으로 대화를 한다고 본다(Ottaway, 2001; Wynia, 1990).

이처럼 전체적 통합을 지향하는 유기체적 국가관에 입각하고 있는 조합

---

10 국가와 특정 이익집단 간의 쌍방 협의관계는 국가의 일방적 강요에 의한 것이 아니라, 쌍방 간의 필요에 기인하여 자발적으로 형성된 것이다. 이 점에서 메조 조합주의는 국가조합주의보다는 사회조합주의에 뿌리를 두고 있다.

주의의 가치관은 1970년대 이후의 자본주의경제의 침체와 더불어 추구하는 목표도 보다 현실적으로 구체화 되었다. 즉, 조합주의는 자본주의 국가가 당면한 경제적 난관을 극복하고자 하는 현실적 목표를 지향하였다. 따라서 조합주의의 현실적인 목표가치는 후기 자본주의사회가 직면한 경제적 난관을 극복하여 기업가에게는 수익률의 향상을, 노동자에게는 실업율의 저하를, 소비자에게는 가격의 안정을 가져다주고자 하는 것으로 구체화되었다(Jacek, 1986).

결국, 조합주의는 갈등의 중재를 지향하며, 사회 안정을 위해 국가규제와 시장규제의 대안이 되는 제3의 방법을 제공하고자 하는 것이다. 그리고 현실적으로는 실업률 저하, 인플레이션 둔화, 경제성장이라는 의도된 거시경제 효과와 사회적 조화라는 두 가지의 기본 목표 하에서, 사회적 동반자정신(social partnership)으로 노동과 자본 간의 갈등을 예방하고자 한다.

2) 조합주의의 한계와 비판

1970년대 이후의 조합주의 논의는 기본적으로 이익매개양식으로서의 다원주의모형에 대한 비판적 대안이다. 따라서 조합주의는 국가 및 이익집단의 성격, 국가와 이익집단 간의 관계 등에 대해서 다원주의모형과는 상당한 이견을 보인다. 즉, 다원주의모형이 가정하는 국가의 중재자적 역할, 이익집단의 자율성, 국가와 이익집단 간의 엄격한 경계와 압력행사 등의 가정에 대해서 비판적 입장을 갖는 것이다.

그런데 이러한 조합주의에 대해서, 역으로 다원주의 이론가들은 조합주의의 학문적 위치 및 근본 가정들에 대해서 반론을 제기한다. 우선, 다원주의 이론가들은 조합주의모형의 이론적 독창성을 집중적으로 비판하는 데, 요체는 "조합주의는 기껏해야 다원주의의 다양한 유형의 하나에 불과하다."는 것이다. 가령, R. Martin(1983)은 조합주의는 다원주의적 이익투입양식이 좀 더 공식화된 것으로 다원주의의 한 형태에 불과하다고 주장한다. 그리고 조합주의는 다원주의를 포괄적으로 비교 대상으로 하지 않고 다원주의모형의 일부분만을 대상으로 다원주의를 비판하고 있다고 주장한다. G. Jordan(1984)도 조합주의는 다원주의와 구별이 어렵다고 주장하면서, 조합주의라는 모조 상표를 붙인 다원주의의 한 형태에 불과하다고 본다.

또한 다원주의자들은 조합주의가 국가를 강조하면서도 이에 대한 구체적 언급이 부족하다고 지적한다. 즉, 조합주의는 국가의 역할을 중시하면서도 "국가란 무엇인가?"라는 기초적 물음에도 답을 하지 못하며, 동일한 조합주의적 구조 하에서도 국가의 역할이 각기 상이한 현실에 대해서 답을 하지 못한다는 것이다. 뿐만 아니라, 조합주의는 조직화되지 못한 시민들 및 협상과정에서 배제되는 군소 이익집단들의 희생을 등한시하며, 정당과 이익집단 간의 관계를 무시하는 등 정치적 정당성의 문제를 야기하기도 한다. 그리고 조합주의는 고용증대와 인플레이션 둔화 등 거시경제적 성과의 향상을 장점으로 제시하지만, 이는 특정 국가를 어떠한 시점에서 조합주의적이라고 할 수 있는지에 대한 방법론적 난관에 직면한다.[11]

다원주의 이론가들의 이러한 비판 외에도, 거시수준의 국가, 자본, 노동 간의 삼자관계에 관심의 초점을 두는 조합주의는 다음과 같은 한계점들이 있다. 첫째, 거시수준의 정책에만 논의를 집중함으로써 각 부문별 정책과정에서의 국가와 특정 이익집단 관계에 대한 논의가 봉쇄되고 있다. 둘째, 연구대상 이익집단을 자본이익과 노동이익이라는 두 생산자집단에 집중함으로써 국가와 전문이익집단, 소비자단체 등 다양한 이익집단들과의 관계를 설명하기 어렵다. 셋째, 연구대상 이익집단을 전(全)산업영역을 포괄하는 정상(頂上, peak) 이익집단에 한정함으로써 각 부문별 하위집단의 활동을 분석하는 데 한계가 있다. 넷째, 국가제도의 수준도 중앙정부에만 한정하고 있어 지방정부의 활동에 관한 분석에는 한계가 있다. 다섯째, 연구범위를 주로 삼자 협의관계에 제한함으로써 국가와 특정 이익집단 간의 쌍방 협의관계에 대한 연구를 제약하고 있다. 이에 따

11 이에 대해서 조합주의 이론가들은 조합주의적 이익매개양식은 다원주의모형에서 언급하는 단순한 이익대표가 아니라, 성원들을 규율하고 순응을 확보할 수 있는 능력을 보유해야 한다고 주장한다. 따라서 조합주의는 다원주의모형의 가정 밖에 있으며, 다원주의모형의 다양성 이상의 것으로 다원주의의 이념형적 극단이라고 주장하고 있다(Cox and Hayward, 1983).

라서 1980년대 후반이후부터는 거시수준의 이익매개양식으로서의 조합주의의 한계를 극복하기 위한 시도로 메조 조합주의에 대한 논의가 본격화되었다.

3. 조합주의의 새로운 도전과 메조 조합주의

1) 조합주의의 세 가지 차원

A. Cawson(1986)은 Schmitter가 조합주의를 조합주의 1(이익매개로서의 조합주의)와 조합주의 2(정책형성으로서의 조합주의)로 구분하는 것을 비판하면서, 조합주의를 국가와 이익집단 간의 특정한 관계인 동시에 정책형성의 독특한 양식이기도 한 포괄적인 것으로 규정한다. 그는 개입되는 국가와 이익집단의 수준, 정책관심 범위, 이익집단의 수 등의 측면에서 조합주의를 거시(macro), 메조(meso), 미시(micro) 조합주의로 구분하였다.

거시 조합주의는 내각수준의 국가기관과 계급적 기반에 근거를 둔 자본과 노동의 정상 이익집단 수준에서 발생한다. 따라서 정책의 관심범위도 국가전체 수준이거나 적어도 계급전체의 이해에 관계되는 것인데, 임금정책이나 경제개발정책 등이 이러한 정책 범주에 해당된다. 그리고 거시 조합주의에서 협상의 당사자는 국가, 자본이익집단, 노동이익집단이 포함되는 삼자(三者)협의체의 형태를 띠는 데, 지금까지의 이익매개양식의 한 형태로서의 조합주의 논의는 대부분이 거시 조합주의에 관한 것이었다.

메조 조합주의는 광범위한 계급적 이해에 근거하는 것이 아니라, 이러한 계급이해를 수직적으로 절단하는 부문이해(sectoral interests)에 기반을 둔다.[12] 따라서 주로 특정 정책분야의 이익집단과 정부부처 혹은 지방정부 수준에서 발생한다. 협상은 흔히 국가와 해당 분야의 독점적 이익집단 간의 양자(兩者)협의체의 형식을 띠게 된다. 이러한 메조 조합주의는 국가의 지원이 절실한 사양

12 부문이해란 일반적 계급이해를 결여한 제한적 영역에서의 이해를 말한다.

산업 분야에서 많이 발견되지만, 전 산업영역에서 보편적으로 발견될 수 있다. 즉, 메조 조합주의는 생산 분야뿐만 아니라, 의료, 건설, 도시계획, 환경 등의 정책영역은 물론, 심지어는 스포츠정책에까지 적용될 수 있다.

미시 조합주의는 정부의 특정부처 혹은 지방정부와 개별기업들 간에 직접적 협상이 발생하는 경우이다. 이 경우 국가와 개별기업 사이에 매개집단이 개입하지 않으며, 기업 자체가 이익의 결집기구인 동시에 집행기구가 된다. 그리고 국가와 개별기업 간의 직접적인 쌍무협상은 기업들 간에 차별화가 필요한 정책인 경우에 주로 발생한다(Reveley, 2012). 메조 조합주의를 포함한 세 가지 차원의 조합주의를 대상 행위자 및 국가제도의 수준과 관련하여 비교해 보면 <표 4>와 같다.

<표 4> 조합주의의 세 가지 차원

차원	대상 행위자	국가제도의 수준
거시 조합주의	정상 이익집단	내각수준
메조 조합주의	부문별 이익집단	단일 중앙부처 혹은 지역기관(regional agencies)
미시 조합주의	개별 기업	단일 중앙부처 혹은 지방당국(local authorities)

출처: A. Cawson(1986: 79).

2) 메조 조합주의의 등장배경

1970년대 이익매개의 한 형태로서의 조합주의가 등장한 이래, 이에 대한 논의는 최근까지도 주로 국가의 거시 경제정책에 초점이 두어져 왔다. 따라서 조합주의는 거시 경제정책의 세 당사자인 국가, 자본이익, 노동이익 간의 삼자협의 관계를 분석하는 것으로 간주되어 왔다. 이러한 현상은 1970년대 이후 조합주의가 부활하게 된 동기 자체가 점증하는 국가개입을 정당화하고, 수익률 저하, 인플레이션, 실업률 증가 등 거시경제 문제들을 해결하고자 하는 방편이었음을 감안할 때 일견 타당성이 있었다.

그러나 1980년대 들어서면서 조합주의적 구조를 가진 국가들도 경제적 난관에 봉착하는 등 경제적 위기에 대한 처방으로서의 조합주의적 구조의 유용성에 의문이 제기되었다. 그리고 북미국가 등과 같은 선진국에서는 거시수준에서의 조합주의적 특성은 발견되지 않지만, 하위 산업정책 수준에서는 조합주의적 특성이 존재함이 입증되기 시작하였다. 즉, 이익매개양식에서 국가전체 수준과 부문수준 간에는 상관관계가 없음이 입증되었으며(Young, 1990), 이에 따라 1980년대 후반 들어 조합주의는 과거의 성장산업에서 점차 사양산업의 길로 접어드는 듯이 보였다.

그러나 이러한 진단은 거시 조합주의라는 조합주의의 특정한 형태에 한해서 타당한 것이며, 오히려 조합주의는 새로운 영역에서는 예전보다 더욱 활발하게 연구가 진행되고 있는데, 각 정책 및 산업분야별 이익매개양식을 연구대상으로 하는 메조 조합주의가 그것이다(Hsu and Hasmath, 2014).[13] 그리고 이러한 메조 조합주의를 통해서 조합주의는 보다 다양한 정책분야에 적용될 수 있게 되었으며, 이론적 지평이 한층 넓어지게 되었다.

3) 메조 조합주의의 내용

근래 들어 조합주의 연구의 중추적 분야가 된 메조 조합주의의 구체적 내용을 보면, 우선 메조 조합주의는 제한된 정책영역 내에서의 이익대표와 정책과정의 융합으로서, 거시 조합주의에서 중시되던 삼자협의체뿐만 아니라, 국가와 특정 이익집단 간의 양자협의체도 주요 연구영역으로 포함한다. 여기서 의미하는 양자협의체는 기존의 삼자협의체에서 노동 분야를 제외한 국가와 자본가집단 간의 관계만을 의미하는 것이 아니라, 정책분야 전반에 걸친 국가와 특정 이익집단 간의 긴밀한 협력관계를 의미한다(Boddy and Lambert, 1990).

13 Cox(1992)는 메조 조합주의의 활발한 연구 동기를 '정책영역의 진화(evolution of policy fields)'라는 개념으로 설명하고 있다. 즉, 정책과정이 정책의 범위와 목표설정 등의 기본적 논의 단계로부터 정책집행과 관련된 행정적 이슈의 단계로 진행될수록 기존의 생산자집단의 역할은 줄어들고 전문가집단의 역할이 커지게 된다는 것이다. 이는 시간이 흐를수록 정책의 기술적 실현가능성이 중시되기 때문이다.

이러한 메조 조합주의가 존재하기 위한 제도적 선행조건으로는 개별이익으로부터 독립적인 자율적 국가관료가 존재해야 하며, 국가는 직접 개입하지는 않지만 그렇다고 시장기재에만 일임하지도 않으려는 자세가 필요하다. 뿐만 아니라, 해당분야의 이익집단은 합의된 내용을 이행할 수 있는 집행능력과 성원통제능력을 보유해야 한다(Young, 1990). 또한 메조 조합주의는 지방정부 수준에서의 이익매개양식도 주요 연구대상으로 고려하는 데, 대표적인 것이 P. Saunders의 이중정치가설(dual politics thesis)이다. 그는 정치활동을 생산문제와 관련되는 부분과 소비문제와 관련되는 부분으로 구분하여, 전자는 주로 중앙정부에 논의가 집중되는 경향이 강한데 비해서, 후자는 논의가 주로 지방정부에 이양된다는 것이다. 그리고 메조 조합주의는 국가전체 수준에서는 조합주의적 특성이 발견되지 않으나, 특정 분야에서는 조합주의적 특성이 발견되는 것에도 큰 관심을 표명한다. 가령, 미국, 캐나다 등 거시수준에서는 다원주의적 특성이 강한 국가에서도 특정 산업분야 특히, 농업분야에서는 조합주의적 특성이 강하게 나타난다는 것이다. 심지어는 Schmitter의 분류상으로는 단원주의(monoism) 국가에 해당하는 (구)소련과 같은 국가에서도 부분적으로 조합주의 형태가 나타날 수 있다는 것이다. 즉, Zeigler(1986)는 정책영역을 체제유지에 민감한 영역과 그렇지 않은 영역으로 구분하여, (구)소련과 같은 전체주의국가에서도 환경정책과 같이 비교적 민감도가 낮은 정책영역에서는 조합주의적 이익매개의 특성이 나타난다는 것이다.

그리고 메조 조합주의에서는 삼자협의체라고 해서 반드시 국가, 자본이익, 노동이익이라는 생산자들 간의 관계만을 의미하지는 않는다고 보고 있다. 즉, 국가와 자본이익, 전문이익 간의 삼자협의체도 나타날 수 있는 것이다.[14] 뿐만 아니라, 최근의 메조 조합주의 연구는 특정 정책영역을 다시 하위정책 영역으로 세분하여 분석하는 경향이 나타나고 있다.[15] 즉, 국가전체 수준의 정책, 특정영역의 정책, 특정영역의 세부정책 등의 순으로 점차로 연구대상의 깊이가 심화되고 있는 것이다.

4. 메조 조합주의의 주요 연구영역

1980년대 중반이후 조합주의의 중심 연구영역으로 부상한 메조 조합주의는 여러 하위 정책들에 적용되고 있는 데, 주요 연구실적을 중심으로 살펴보면 다음과 같다.

1) 농업정책

농업정책 분야는 조합주의적 특성이 가장 강하게 나타나는 영역들 중의 하나이다. 이는 전통적으로 농업정책 분야에는 강력한 이익집단이 존재하며, 계절적 요인 등으로 시장의 불안정성이 높고 생필품 가격의 안정에 대한 국민적 요구가 커서 생산 및 판매 보조, 외국 농산물로부터의 보호 등과 같은 정부 개입이 많이 필요한 정책영역이기 때문이다. 따라서 1980년대 후반이후 조합주의의 초점이 거시수준에서 메조 수준으로 전환되면서 농업정책에 대한 연구가 활발해지고 있다. 예로서, Smith(1989)는 영국의 농산물 가격구조를 분석한 결과, 조합주의적 특성은 거시수준의 임금정책보다 메조수준의 농업정책에서 보다 특징적으로 나타나고 있다고 주장하였다. 그 이유는 농업정책 분야는 소수의 이익집단만 포함되며, 이들 이익집단의 성원에 대한 통제력이 산업정책이나 노동정책 분야 보다 높으며, 문제의 성격 자체가 국가와 이익집단 간에 타협의 여지가 넓기 때문이라는 것이다. 따라서 농업정책 분야는 메조 조합주의적 구조의 고전적 사례가 된다는 것이다. 물론, Smith는 연차보고서를 상세하게 분석한 결과, 농업정책 분야는 외형상으로는 조합주의적 구조가 발견되지만, 실제 운영

---

14 Gray and Lowery(1991)는 미국 주(州)정부 수준에서의 특정 정책을 분석한 결과, 국가, 자본 이익집단, 전문이익집단 간에 새로운 형태의 신(新)삼자협력체제가 발견된다고 주장하고 있다.

15 사회정책을 분석한 Cox(1992)는 사회정책의 경우, 각 하위영역마다 상이한 이익집단이 존재하며, 조합주의 정도도 상이하다는 것을 지적한다.

상으로는 폐쇄적인 정책공동체의 성격이 강하다고 결론을 내리고 있다.[16] 그러나 그의 연구는 그동안 등한시되어 왔던 농업정책 분야를 조합주의 논의 속으로 본격적으로 수용한데 의의가 있다.

미국의 낙농업정책을 분석한 Young(1990)은 농업정책 중에서도 낙농업(dairy industry) 분야가 조합주의적 특성이 특히 강하다고 주장한다. 왜냐하면 미국의 낙농업 분야는 잘 발달된 독점적 이익집단이 존재하며, 우유 생산자(producers)와 가공업자(processors)들은 스스로 시장을 안정시킬 수 없어 정부의 개입을 요구하며, 정부로서도 정책집행과정에서 이들의 참여가 필수적이기 때문이라는 것이다. 구체적으로, 그는 미국의 낙농업정책을 시기적으로 분석한 결과, 정부가 우유시장에 처음으로 개입한 것은 1860년대 소비자들의 청원에 의해서였다. 그러나 이때는 낙농업 분야에 강력한 이익집단이 존재하지 않았고 정부도 다양한 낙농업자들을 통제할 수 없었기 때문에 조합주의적 구조가 정착되지 못하였다. 이후 1920년대 들어 정부는 소비자운동의 자극으로 적극적인 시장개입 의지를 갖게 되었으며, 이익집단들도 상호 간의 갈등이 모두에게 불리하다는 판단아래 정부의 적극적 개입을 요망하게 되었다. 이때부터 1960년대 초반까지는 미국의 낙농업정책은 점차 조합주의적 특성이 강화되었다. 그러나 1960년 후반부터는 낙농업 분야의 이익집단들의 성원통제력이 약화되고, 정부관료의 권한도 약화되면서 낙농업 분야에서도 조합주의적 특성이 둔화되고 있다고 주장하였다. 그리고 Young은 국가 전체적으로는 다원주의 정치체제하에서 특정 산업 분야에서 메조 조합주의적 구조가 나타나는 경우는 국가전체의 수준에서 조합주의 구조가 존재하는 국가에 비해서는 조합주의의 특성이 약하다고 보고 있다.

---

16 연차보고서(Annual Review)를 분석한 결과, 특정 정부부처가 농민단체를 정책과정에 참여시키는 것은 이들과의 밀접한 고객관계를 타 부처 혹은 의회와의 싸움에 유리하게 활용하기 위한 것이다. 따라서 농업관련 부처와 농민단체 간에 농산물가격 책정 등에서 협의는 하지만, 형식적인 경우가 많다. 실제의 정책과정은 정부부처가 주도하는 것이다.

2) 사회정책

사회정책 영역의 조합주의 연구는 복지전문가 및 의료전문가의 역할이 점증하는 현실에서 국가와 전문이익집단 간의 관계를 규명하기 위한 필요에서 활발해지고 있다. 이 분야에서는 이른바 조합주의적 복지국가의 측면에서도 연구가 활발하나, 여기서는 Cox(1992)의 '정책영역의 진화'라는 개념을 중심으로 사회정책 분야에서의 메조 조합주의 연구를 고찰해 본다.

Cox는 네덜란드와 같은 조합주의국가에서 거시수준에서는 조합주의가 쇠퇴하고 있으나, 하위 정책영역에서는 조합주의적 특성이 강하게 존재하는 현상을 '정책영역의 진화'라는 개념으로 설명하고 있다. 즉, 정책의 이슈가 과거에 정책의 범위, 정책목표 등에 관한 기본적 논의로 부터 점차 정책집행과 관련된 행정적 문제로 이전되는 과정에서 국가는 정책의 실현가능성을 높이기 위해 전문가집단에 의존할 수밖에 없는 데, 이러한 현상은 사회정책 영역에서 두드러진다는 것이다. 구체적으로, Cox는 네덜란드의 장애인정책과 빈민정책을 분석한 결과, 사회사업가와 의사집단 등 전문가집단이 과거의 노동자단체, 자본가단체, 자선단체 등의 역할을 대체하면서 새로운 조합주의적 파트너로 부상하는 현상을 발견하였다. 이는 국가, 자본, 노동 사이에 존재하던 기존의 조합주의적 구조를 약화시키기 위해 의도적으로 도입된 것이 아니라, 정책의 관심이 점차 광의의 쟁점으로부터 협의의 기술적 쟁점으로 전환됨에 따라 당연하게 파생되는 결과라고 본다. 즉, 정책의 골격이 짜여 지던 초창기에는 계급집단들 및 비전문 이익집단들의 역할이 컸으나, 정책의 관심이 전문 분야로 이전된 이후에는 전문가집단이 그 역할을 대체하게 된다는 것이다.

3) 환경정책

환경정책 영역에 대한 조합주의 연구는 많지 않지만, (구)소련의 환경보호정책과정을 조합주의 시각에서 분석한 Zeigler(1986)의 연구는 주목할 만하다. 그는 우선 정책분야를 외교, 산업조정, 행정개혁 등과 같은 민감한(sensitive) 정책분야와 환경정책 등과 같은 덜 민감한 정책분야로 구분하였다. 그리고 (구)소련과 같은 전체주의체제에서 민감한 정책분야에서는 이익집단의 참여가 허용되지 않으며, 덜 민감한 정책분야에서만 이익집단의 참여가 부분적으로 허용된다는 것이다. 즉, 이익투입에 대한 허용 정도가 정책분야의 성격에 따라서 다르다는 것이다. 그리고 조합주의적 구조 하에서 이익집단은 일반적으로는 기능적 분화의 원리에 따라서 조직되지만, (구)소련과 같은 전체주의국가에서는 정책과정은 기능적 원리뿐만 아니라 상징적 원리도 동시에 작용한다는 것이다.

그는 이러한 이론적 바탕위에서 1960년대 Baikal 호수의 환경보호 사례를 분석하였는데, 그 결과 환경정책과 같은 덜 민감한 분야에서는 이익집단의 참여가 허용되었으나,[17] 참여자들의 특성에 따라서 이들이 정책과정에서 수행하는 역할은 상이하였다. 과학자 등으로 구성된 환경 전문가집단은 전문지식과 정보를 보유하고 관료와 의사전달 통로를 유지하기 때문에 정책결정과정에 상당한 영향을 미쳤다. 즉, 전문가집단에게는 기능적 원리가 작용한 것이다. 그러나 비전문가집단의 정책결정 참여는 제한적인 범위 내에서 상징적으로만 허용되며, 정책집행과정에서의 참여도 동원 수준에 그친다. 즉, 비전문가들의 참여는 상징적 원리에 입각해 있다는 것이다.

4) 지역개발 및 지역산업정책

메조 조합주의는 지방정부 수준의 정치/정책과정에도 적용되어 지역개발 및

17 (구)소련에서 환경보호는 보존(conservation)의 개념으로 이해되었는데, 이는 보존 자체가 목적이 아니라, 미래의 이용을 위해서 부족한 천연자원을 남겨 둔다는 경제적 의미를 강조하였다. 반면에 보호(protection)는 천연자원의 보존뿐만 아니라, 기존 자원의 청결유지와 훼손된 자원의 원상회복까지를 포함하는 광의의 비경제적 개념이다. 그런데 1960년대 (구)소련에서는 환경보호가 주로 보존의 개념으로 사용되었기 때문에 환경정책은 크게 민감한 분야로 간주되지 않았으며, 이익집단의 활동도 허용되었다(Zeigler, 1986).

지역산업정책 과정에 대한 분석도 활발하게 진행되었다. 예로서, Gray and Lowery(1991)는 미국의 주정부 수준에서의 산업정책을 연구하였는데, 이들은 여기서 기업집단에 의한 국가포획이론(capture theory)과 메조 조합주의 중에서 어느 것이 보다 유용한지를 입증하고자 하였는데,[18] 분석결과 주(州)의 특성에 따라 차이는 있지만, 대체로 조합주의적 특성이 높게 나타난다는 결론을 도출하였다. 그러나 조합주의적 구조의 형태는 기존의 삼자협의체와는 다른 것이었다. 즉, 각 주의 산업정책을 분석해 보면, 노동자단체의 역할은 크지 않았다. 대신에 학계의 역할이 커서 노동자단체가 배제된 국가, 자본가단체, 교육자단체 간의 신(新) 삼자협의체의 특성이 나타나고 있다고 주장하였다. 그 이유는 후기 산업사회의 경제발전과정에서는 노동자의 기능보다는 두뇌집단에 대한 의존도가 보다 높기 때문이다.

도출된 결론은 상이하지만, Hudson et al.(1987)의 미국 Rhode섬의 종합경제개발계획인 Greenhouse Compact에 대한 분석도 지방정부 수준의 개발정책과정에서의 조합주의 구조를 분석한 것이다. 이들은 조합주의 구조가 공익을 창출하는 정책결정을 가능하게 하고 경제개발에 관한 합의 도출을 가능하게 하는 장점이 있음을 인정한다. 더구나 미국과 같은 분권적 정치체제 하의 지역개발정책은 조합주의적 구조를 더욱 필요로 한다는 것이다. 즉, 미국의 지방정부 수준의 정책결정구조는 여러 기관으로 파편화되어 있어, 정책결정이 정치적으로 이루어질 수밖에 없다는 것이다. 그 결과, 대중의 냉소주의(cynicism)가 증가하며, 이런 상태에서 경제개발 비용을 할당하기 위한 동의가 어렵게 된다는 것이다. 따라서 파편화된 결정구조를 극복하고 대중의 관심을 유발하기 위해서는 이익집단을 통해서 대중을 정치/정책과정에 통합시킬 수 있는 조합주의적 구조가 필요하다는 것이다. 그러나 이들은 사회적 다양성, 개인주의적 정치문화, 의사결정점의 분산 등의 특성을 갖는 미국의 정치체제 하에서는 조합주의적 구조가 잘 정착하기는 힘들다는 점을 지적하였다.

---

18 포획이론은 산업정책을 연약한 정부가 기업이익집단에 의해서 포획된 결과라고 보는 견해이다(Gray and Lowery, 1991).

5. 맺음말

지금까지 다원주의모형에 대칭적인 이익매개의 한 형태로서의 (신)조합주의의 내용과 한계, 그리고 그 한계를 극복하기 위한 새로운 도전으로서의 메조 조합주의에 대해서 논의하였다. 이하에서는 결론에 갈음하여 메조 조합주의가 현실의 정치/정책과정에서의 국가와 이익집단 간의 관계를 분석하는 데서 갖는 의의를 살펴보고자 한다.

우선 그동안 우리나라에서의 국가와 이익집단 관계에 관한 연구는 대부분이 거시수준의 조합주의, 그 중에서도 주로 이익집단에 대한 국가조합주의적 통제에 관심을 두었다. 따라서 대부분의 연구들이 국가, 자본, 노동이라는 주요 생산자들 간의 관계를 분석하였다. 그 결과, 연구범위가 협소하게 제약되었으며, 점차 조합주의의 적실성도 도전에 직면하게 되었다.

그러나 1980년대 후반이후의 민주화 추세와 더불어 이익집단의 구조 및 활동방식도 크게 변화하였다. 과거 조합주의적 관계구조의 주요 통제대상이던 노동이익집단도 단순한 통제와 동원의 대상에서 벗어나 상당한 자율성을 획득하였다. 이에 따라 새로운 이론모형의 정립이 절실해졌다. 뿐만 아니라, 환경단체, 소비자단체, 전문가집단 등 사회 각 영역의 이익투입도 크게 활성화 되었다. 따라서 국가는 과거와 같은 정형적인 삼자협의체와는 달리, 특정 이익집단과의 쌍방대화의 필요성이 커졌으며, 삼자협의도 단순한 자본가집단 및 노동자집단과의 협의만이 아닌 다양한 이익집단과의 신(新)삼자협의의 필요성이 증가하였다.

그리고 지방화시대의 도래와 함께 국가전체 수준뿐만 아니라, 지방정부 수준의 이익매개양식에 대한 논의도 증가하고 있다. 또한 과거의 조합주의 연구는 주로 특정국가 내의 국가와 이익집단 관계를 분석 대상으로 하였으나, 세계화 추세와 더불어 국제적 환경을 고려할 필요성도 증가하였다.[19] 따라서 변화하

19 Huelshoff(1992)는 과거의 조합주의모형이 국제적 환경을 경시한 점을 비판하면서, 조합주의적 구조를 이해하기 위해서는 국제레짐(international regime), 국제규범, 국제제도라는 국제정치 측면과 시장과 자본의 국제화라는 국제경제 측면을 함께 고려해야 한다고 주장하였다.

는 환경에 적절하게 대처하기 위해서는 국가와 이익집단 관계에 관한 연구도 새로운 이론적 틀로 무장해야 할 필요성이 커졌다. 이러한 도전들 중의 하나가 기존의 조합주의의 틀을 유지하면서 다양한 국가제도의 수준과 다양한 종류의 이익집단 간의 관계를 설명할 수 있는 이론 틀인 메조 조합주의이다. 이러한 메조 조합주의는 1990년대 이후부터 분출하기 시작한 집단이익을 적절하게 수용하고 안정적인 정책구조를 형성할 수 있는 실마리를 제공하고 있다. 메조 조합주의를 통하여 다양한 수준의 국가제도와 이익집단들 간의 관계를 포괄적으로 연구할 수 있게 되었으며, 그 결과 조합주의모형의 적용범위도 크게 확장될 수 있게 되었다.

제2편

권위주의체제 하의 노동정치와 사회협약

제4장

노동단체에 대한 국가개입 방식의 변화

1. 서론

우리나라에서의 국가와 노동단체 간의 관계에 대해서는 주로 국가에 의한 노동통제라는 관점에서 많은 논의가 있었으며, 이러한 논의들이 우리나라의 정치체제 및 노동단체의 성격규명에 큰 기여를 하였다. 그럼에도 지금까지의 연구들은 적어도 다음과 같은 두 가지 점에서 한계가 있었다. 우선은 많은 연구들이 연구대상 시점을 특정시기 특히, 1970~80년대의 권위주의체제 기간을 주로 연구대상으로 한 결과, 정치체제의 변화에 따른 종단면적 비교가 부족하였다. 다음에는 이처럼 연구대상 시점을 권위주의시기로 국한하다 보니 준거모형 역시 노동자단체에 대한 국가의 일방적 통제를 가정하고 있는 국가조합주의모형(state corporatism)에만 주로 의존하였다. 이는 다양한 이론모형의 적용가능성을 사전에 봉쇄하는 학문적 권위주의를 초래하였다.

이 장은 기존 연구들의 이러한 한계점을 극복하기 위해 우선, 분석의 준거를 특정모형을 통한 예단(豫斷)이 아니라, 국가와 이익집단 관계에 관한 대표적인 두 이론모형인 다원주의모형과 조합주의모형의 연속선상(continuum)에서 국가와 노동이익집단 간의 관계가 어떠한 변이성을 보이는 지를, 주로 노동단체에 대한 국가통제 방식의 변화를 중심으로 고찰하고자 한다. 즉, 국가와 노동단체 간의 이익매개 관계를 노동단체의 가변적인 이익투입활동의 측면이 아닌, 비교적 안정적이고 지속적인 성격을 갖는 국가통제 방식을 중심으로 시기별 비교를 행하려는 것이다. 그리고 노동단체에 대한 국가통제 방식과 관련해서는 주로 Gamson(1968)과 Collier and Collier(1979)의 논의를 토대로 통제방식을 제재(constraints)와 유인(inducements)이라는 두 요소로 분해한다.

연구범위는 우선 노동단체의 범주는 개별 노동조합을 모두 분석하기는 불가능하기 때문에, 1960년대 이래 지속적으로 노동조합법상의 중앙노동단체로서의 법적 지위를 누리고 있는 한국노동조합총연맹(한국노총)으로 제한한다. 연구대상 시기는 1961년의 군사정부 이후부터 1990년대의 김영삼 정부까지이다. 그 이유는 1960년대 이후의 산업화과정, 노동관계법의 개정, 노조의 대규모화 등으로 인해서 노동단체가 이때부터 이익집단으로서의 의미 있는 활동을 전개하였기 때문이다.

2. 관련 이론 논의 및 분석틀의 구성

국가와 이익집단 간의 관계에 대한 이론적 논의는 1974년 P. Schmitter에 의해서 이익매개양식으로서의 조합주의이론이 소개된 이후에는 전통적인 이익집단정치론으로서의 다원주의모형과 이익매개양식으로서의 조합주의모형으로 대분하는 것이 가장 설득력 있는 분류방식이 되었다(Wiarda, 2016).

그러나 현실의 정치/정책과정은 매우 가변적일 뿐만 아니라, 이러한 두 가지 이론모형의 속성을 동시에 가지고 있는 경우가 많기 때문에 어느 하나의 이론모형이 아닌 두 이론모형의 연속선 상에서 고찰해야 한다는 추세가 확산되고 있다. 즉, 다원주의모형과 조합주의모형은 현실 분석을 위한 이념형으로서 기능을 하는 것일 뿐, 실제상의 국가와 이익집단 관계는 대칭적인 두 이론모형의 연속선 상에 위치한다는 것이다.

이들 중에서 우선 다원주의모형은 국가를 갈등하는 이해관계를 조정하는 공평무사한 중재자로 규정하며, 국가와 이익집단 간에는 엄격한 경계가 있으며, 이익집단은 주로 국가기구의 바깥에서 압력을 행사한다고 본다(Hill, 2014). 그리고 국가는 특정 이익집단을 정책과정에서 의도적으로 포용하거나 배제하지 않으며, 모든 이익집단들에게 균등한 접근기회를 부여하고자 한다. 이익집단 역시 조직운영이나 이익투입 등의 모든 면에서 국가로부터 자율적이다. 이익집단의 구조면에서 다수의·자발적·경쟁적·위계적으로 조직화되며, 이익대표의 범주도 자율적으로 규정한다. 그리고 이익집단들 간의 관계는 경쟁적이다(Schmitter and Lembruch, 1979).

반면에 조합주의모형은 우선 국가의 성격과 관련하여, 국가를 자체이해를 보유하면서 이익집단의 활동을 규정, 왜곡, 억압하는 독립적 실체(entity)로 간주한다. 따라서 국가는 특정 이익집단을 선별적으로 배제한다. 국가와 이익집단 간의 경계는 불명확하며, 이익집단은 정책과정에서 일정한 국가통제를 수용하는 대가로 독점적인 이익대표권을 부여받는다. 즉, 국가와 이익집단 간에는 편익의 상호교환 관계가 성립하며, 합의형성을 제도적으로 추구한다. 이익집단의 구조면에서 이익집단은 단일의·강제적·비경쟁적·위계적으로 조직화되어 있으며, 기능적으로 분화된 범주를 갖는다. 또한 이익집단은 특정영역에서 전국적이고, 전문화되고, 독점적인 정상이익집단(peak association)의 형태로 조직화된다(Crepaz, 1992). Schmitter는 다원주의모형과 조합주의모형을 구체적으로 구분하기 위해서 <표 5>과 같은 구조적, 행태적 요소를 도입하였다.

<표 5> Schmitter의 다원주의모형과 조합주의모형의 구분

	다원주의모형	조합주의모형
수적인 제한	제한이 없음	제한된 수의 이익집단
다양성	다양하게 조직	단일적으로 조직됨
설립의 자발성	자발적으로 설립됨	강제적으로 설립됨
이익집단들 간 경쟁성	경쟁적으로 조직됨	비경쟁적으로 조직됨
내적 위계성	비위계적	위계적

이익대표 영역의 설정	이익집단의 자기결정	영역의 기능적 분화
국가에 의한 인가	인가 및 보조행위 없음	국가의 인가
이익대표의 독점	독점적 이익대표권 없음	독점적 이익대표권 부여
지도부선출 및 이익표명	통제 없음	통제의 수용

출처: Schmitter and Lehmbruch(1979: 13-21)을 토대로 필자가 작성함.

이후 Collier and Collier(이하, Collier부부)는 Gamson의 사회세력의 순응을 확보하기 위해 국가가 사용하는 세 가지의 영향력 행사수단을 토대로, 현실의 국가와 이익집단 관계를 분석하기 위해서 국가의 통제수단을 제재와 유인이라는 두 가지로 유형화하였다. 즉, Gamson(1968)은 *Power and Discontent*라는 저서에서 사회세력에 대한 국가의 영향력 행사수단을 제재, 유인, 설득(persuasion)의 세 가지로 유형화하였다(<표 6> 참조). 제재는 국가가 사회세력에 대해서 현재의 상황에 불이익을 추가하거나 추가할 것이라고 위협함으로써 이들의 순응을 확보하는 방법이다. 유인은 제재와는 반대로 국가가 사회세력에 대해서 새로운 편익을 추가하거나 추가를 약속함으로써 이들의 순응을 확보하는 방법이다. 설득은 영향력을 행사하는 사람의 주장이 정당하다는 확신을 심어줌으로써 순응을 확보하는 방법이다. 이 세 가지 유형은 방법은 상이하지만, 국가가 사회세력에 대해서 영향력을 행사하고 통제하기 위한 수단이라는 공통점을 가지고 있다.

<표 6> Gamson의 사회세력에 대한 국가의 영향력 행사수단

	불이익의 추가	편익의 추가
상황(situation)의 변화	제재	유인
정향(orientation)의 변화	설득	

출처: Gamson(1968: 75)에서 인용함.

Collier부부(1979)는 이러한 Gamson의 세 가지 유형 중에서 제재와 유인이라는 두 가지 요소만을 수용하여 이를 분석하기 위한 구체적인 변수들을 만들었다.

이들은 제재와 유인 모두를 국가가 사회집단을 통제하기 위해 안정적으로 사용하는 개입수단으로 인식하고 있다. 따라서 제재는 물론, 유인의 경우도 사회집단에 대해 편익을 부여하는 측면이 있지만, 궁극적으로는 국가가 사회집단을 통제하기 수단으로 사용하는 것이다. 그리고 이들은 남미의 노동관계법 분석을 통해서 각기 제재와 유인을 구성하는 하위변수를 설정하였다. 제재를 구성하는 하위변수로는 국가에 의한 단체협약과 파업에 대한 통제, 요구의 종류 및 표현방법에 대한 통제, 지도부선출에 대한 통제, 업무상의 감독과 조정에 대한 통제를 언급하고 있으며, 유인을 구성하는 하위변수로는 사회집단에 대해서 법인격을 부여하는 등록, 단체구성권 부여, 독점적 이익대표권 부여, 성원가입의 강제, 재정보조 등을 언급하고 있다. 그리고 제재와 유인이라는 두 가지 요소를 결합하여 <그림 5>와 같은 네 가지의 이익매개체계의 유형을 설정하였다.

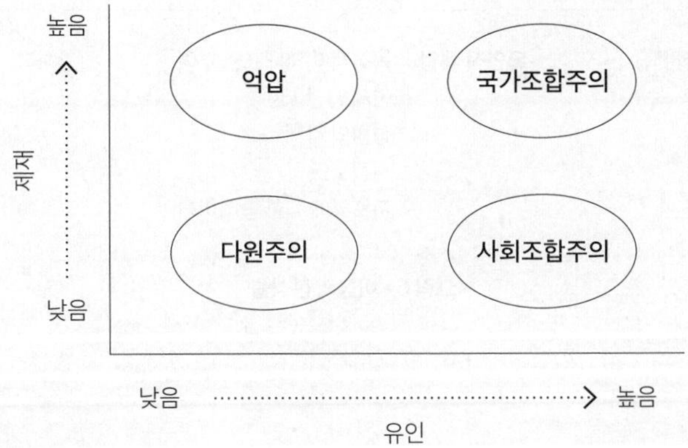

출처: Collier and Collier(1979: 979).

<그림 5> Collier부부의 국가통제 수단과 이익매개양식 간 가설적 관계

이장에서는 주로 상기한 Schmitter와 Collier부부의 논의를 토대로 하되, Schmitter의 논의가 국가의 통제방식보다는 지나치게 이익집단의 내부구조 측면에 치중하였다는 비판과 Collier부부의 논의가 일부 변수들의 내용이 불명확하며, 범주가 모호하다는 비판 등을 고려하여 <그림 6>과 같이 분석틀을 구성

하였다. 즉, 국가와 노동단체 간의 관계를 다원주의모형과 조합주의모형의 연속선 상에서 고찰하고 Collier부부의 분류처럼 국가의 통제방식을 제재와 유인의 측면으로 분해하되, 제재의 측면에서는 설립과정의 개입, 지도부선출과정의 개입, 조직운영 상의 개입, 재정운용상의 개입, 정치활동에 대한 통제의 다섯 가지를, 유인의 측면에서는 독점적 이익대표권의 부여, 경쟁 집단의 제한, 성원의 강제, 재정보조, 지도부에 대한 콥테이션(co-optation)의 다섯 가지를 변수로 구성하였다.

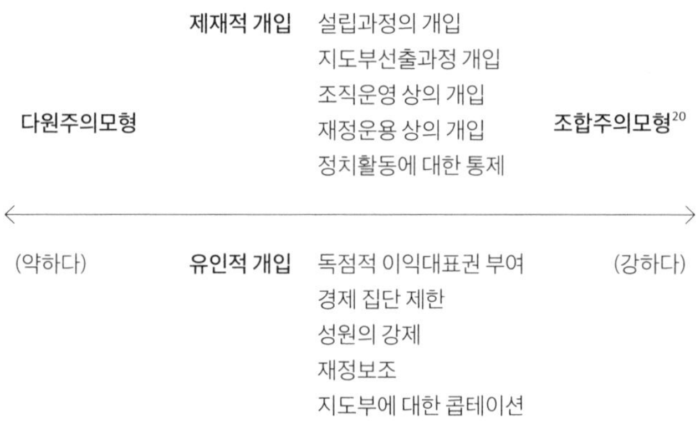

<그림 6> 이장의 분석틀

20 조합주의는 흔히 사회조합주의(societal corporatism)와 국가조합주의(state corporatism)로 대분된다. 양자는 수적인 제한, 단일성, 위계성, 기능적 분화, 정부의 요구수용, 정부에 의한 승인, 독점적인 이익대표권의 부여 등 여러 면에서 다원주의모형과는 구분되는 구조적 유사성을 갖는다. 그러나 근본적인 차이점은 사회조합주의는 아래로부터 자발적으로 형성된 이익매개양식이며 주로 이익집단이 활성화되어 있는 자유민주주의에서 뿌리를 내린데 비해서, 국가조합주의는 위로부터 강요된 구조이며 비(非)다원주의적인 질서창출을 위한 국가의 조종에 의한 것이라는 점이다(Collier, 2018). 즉, 외형적 모습은 비슷하지만, 조합주의적 구조의 형성동기와 형성과정이 서로 다른 것이다.

3. 노동이익집단에 대한 국가통제 방식의 변화과정 분석

1) 국가의 제재적 개입

설립과정의 개입

이는 국가가 이익집단의 설립과정에 직접 개입을 하였는지 혹은 통제목적의 인가행위를 통해서 간접적인 개입을 하였는지에 관한 것이다.[21] 이익집단의 설립동기와 관련하여 다원주의모형은 선택적 편익을 기대하는 성원들의 사적 동기에 기인하거나, 균형교란에 따른 잠재집단의 균형회복을 위한 대응의 개념으로 인식한다. 따라서 이익집단의 설립은 자발적이다. 반면에 조합주의모형에서는 국가가 자발적으로 설립된 기존의 이익집단과 협력관계를 맺거나, 이익집단의 설립과정 자체에 개입한다(Thorhallsson, and Kattel, 2013).

한국노총의 설립과정과 관련하여, 해방 직후의 주도적 노동단체는 1945년에 설립된 좌익계열의 조선노동조합전국평의회(전평)였다. 이에 대한 대응으로 우익진영에서는 반공투쟁의 일익을 담당할 정치행동대로 대한독립촉성노동총연맹을 조직하였는데,[22] 이것이 한국노총의 전신이다. 따라서 한국노총은 출발당시부터 노동자의 권익보호 보다는 정치적 목적으로 정치인들에 의해서 위로부터 조직되었다(한국노총, 1979). 이후 1961년 5월 군사혁명위원회 포고령 제6호 '사회단체 및 정당해산령'에 의거하여 강제해산 되었으며, 동년 8월 '사회단체등록에 관한 법률 중 개정법률'에 의하여 다시 등록이 허용되었다. 한국노총의 재건과정에는 국가가 적극적으로 개입하였는데,[23] 노동정책 주무부처인

---

21 인가행위는 궁극적으로는 특정 이익집단에게 이익대표권을 부여하는 효과를 가져 온다는 점에서 유인의 성격도 있다. 이 점에 착안하여 Collier부부도 국가에 의한 이익집단의 등록행위를 유인의 측면에 포함시키고 있다. 그러나 설립과정 전체를 보면, 인가행위는 제재의 수단인 경우가 많으므로 이장에서도 인가행위 혹은 등록행위를 제재의 측면에 포함시켰다.

22 대한독립촉성노동총연맹은 곧 대한노동조합총연합회(대한노총)로 개칭하였는데, 대한노총은 고문으로 이승만, 김구, 김규식, 조소앙, 안재홍 등의 정치인들을 영입하였으며, 위원장은 홍윤옥이었다.

보건사회부장관이 산업별노조 재건책임위원을 지명하고, 이규철(李奎喆)을 위원장으로 임명하고 한국노동단체재건조직위원회를 결성하게 하였다. 그리고 보사부는 동 위원회가 선출한 일부 산별노조(전력노조)의 지도부에 대해서는 승인을 거부하였다. 1961년 8월말에 한국노총 결성대회를 개최하고, 12월에 설립신고증을 교부함으로써 현재의 한국노총이 본격적으로 출범하였다. 초대위원장에는 보사부에 의해서 재건조직위원회 위원장으로 지명된 이규철이 무투표로 당선되었다(한국노총, <1962년 사업보고서>, 1963).

이처럼 한국노총의 설립과정에는 해방이후의 대한독립촉성노동총연맹이나 1961년 이후의 재건과정 모두가 국가의 강력한 통제와 개입이 있었다. 이는 기본적으로 노동단체를 정치적 지원 세력으로 동원하기 위함은 물론, 산업화의 시발단계에서 노동단체를 통해서 노동운동을 효과적으로 통제하기 위한 동기가 크게 작용한 것으로 이해할 수 있다.

지도부선출과정의 개입

다원주의모형은 국가를 공정한 중재자로 간주하며, 따라서 국가는 이익집단의 지도부선출에 개입할 의사도 없고 능력도 없다고 본다. 반면에 조합주의모형은 국가는 자체의 목표를 갖는 실체로서, 특정 이익집단에게 독점적인 이익대표권을 부여하는 대신에 이익집단으로 하여금 지도부선출과정에서 국가통제를 수용하도록 제약한다고 본다(Jacek, 1986; Lindvall and Sebring, 2005).

우리나라의 노동조합법상에는 노동조합임원의 선거는 직접, 비밀, 무기명투표로 하도록 규정하고 있으나, 1960년대 이후 한국노총의 지도부선출과정을 보면 이러한 규정이 제대로 지켜지지 않는 경우가 많았다. 즉, 1961년의 군사정변 이후 수백 명의 노조 지도부가 구속된데 이어서, 1961년 8월 이후의 한국노총 재건과정에서도 국가는 재건위원을 지명하고,[24] 궁극적으로 재건총회에서도

23 당시 정희섭 보사부장관은 '근로자의 단체활동에 관한 임시조치법 공포에 제하여'라는 담화에서 "재건된 노동단체는 혁명과업의 완수에 적극 협조한다는 점을 잊어서는 아니 될 것입니다."라고 천명하고 있다(한국노총, 1979: 588).

보사부 등 국가기관이 지명한 이규철 재건위원회위원장이 무투표로 초대 한국노총위원장으로 선출되었다.[25]

그러나 이러한 설립과정을 제외하고는 1960~70년대의 한국노총 지도부 선출과정에서 국가의 개입 흔적은 별로 발견되지 않는다. 왜냐하면 이 기간 동안의 한국노총 지도부의 선출과정에서는 치열한 선거전 속에 박빙의 결과가 도출되는 경우가 많았으며, 이러한 선거결과는 국가가 개입해서는 도출되기 어려운 것이기 때문이다.[26] 이후 1980년의 정치적 격변기에는 다시 한국노총 지도부에 대한 국가통제가 강화되었다. 즉, 1980년 8월 노조정화조치의 일환으로 산별노련위원장 등 노조간부 12명이 노동계에서 퇴출되었으며, 동년 9월에는 노조간부 191명이 정화대상자 및 자진사퇴자로 분류되어 향후 3년간 노조임원을 할 수 없었다(한국노총, <1980년 사업보고서>, 1981). 그러나 이러한 정치적 과도기가 지나고 난 이후부터 1980년대의 전두환 정부 하에서는 적어도 한국노총 지도부 선출과정에서의 국가개입은 거의 없어졌다고 보이며, 대의원 수가 300명 이상으로 증가한 상황에서 개입도 어려웠다.[27] 1987년 7월 이후 노태우 정부, 김영삼 정부 들어서는 사회전반의 민주화 추세와 더불어 국가는 한국노총 지도부선출과정에 개입할 의사와 능력이 없었다.[28]

---

24 한국노총의 재건작업에는 중앙정보부도 깊숙하게 개입하였는데, 당시 중앙정보부는 혁신계열의 노조지도자와 자유당정권 하의 어용간부들을 배제하고 보수적 성향의 간부들을 중심으로 노동조합재건위원회를 구성하도록 영향력을 행사하였다(한국노총, 1979).

25 보사부장관은 1961년 8월 4일의 담화문에서 "적어도 종전에 정당간부였던 자 및 노조를 정치적 목적으로 이용한 자, 용공(容共) 관여자, 반혁명 언동을 하는 자 등은 노조간부가 될 수 없을 것." 이라고 노조지도부의 자격을 제한하였다(한국노총, 1979: 570).

26 예로서, 1964년 10월의 한국노총위원장 선거에서는 1차 투표에서의 과반수 미달로 2차 투표까지 하였으며, 1967년 10월의 선거에서는 1표차로 당락이 결정되었다. 그리고 1971년 10월의 선거에서도 2차 투표까지 하였다(한국노총, 1979).

27 1982년 11월의 보궐선거에서는 김동인(金東仁)과 김규벽(金奎璧)이 후보로 나섰는데, 투표결과 351명의 대의원 중에서 김규벽 183표, 김동인 168표로 광산노조의 김규벽이 가까스로 당선되었다(한국노총, <1982년 사업보고서>, 1983).

이렇게 보면, 한국노총 지도부선출과정의 국가개입은 1961년 5.16 군사정변 직후의 한국노총 재건기와 1980년의 정치적 혼란기를 제외하고는 거의 없었다고 볼 수 있다. 이는 기본적으로 한국노총의 대의원들이 산별노조별로 비교적 균등하게 배분되어 있어 선거 때마다 치열하게 경합을 하였으며, 국가로서도 무리하게 선출과정에 개입하기보다는 선출된 이후에 노동정책부서나 여당 등의 국가기구에 콥테이션(co-optation)을 하는 유인책이 보다 효과적이라고 보았기 때문일 것이다.

조직운영 상의 개입

다원주의모형은 이익집단이 국가의 통제 밖에서 자율적으로 활동한다고 보기 때문에 이익집단의 일상적 조직운영에 대한 국가의 광범위한 제재는 없다고 본다. 반면에 조합주의모형은 국가는 이익집단에 대한 광범위한 제재의 일환으로 이익집단의 조직운영에 개입한다고 보고 있다(Adams, 2018).

1961년 8월 이후의 한국노총은 국가의 적극적인 개입을 통해 재건되었다.[29] 그리고 1963년 4월에 전문(全文) 개정된 노동조합법에는 "기존 노동조합의 정상적인 운영을 방해하는 것을 목적으로 하는 경우에는 노동조합으로 인정할 수 없다."는 규정을 신설함으로써 실질적인 단일조합체제를 명문화하고, 노조의 단체교섭권을 제약하는 노사협의회 설치 규정을 신설하였다. 그리고 노동조합의 준칙주의를 채택하였으며, 임시총회 소집권자의 지명권을 행정관청에 부여하였다. 또한 노동조합의 전국적 단일조직 형태를 지향하는 규정을 신설함으

---

28 1988년 11월의 한국노총 선거에서는 510명의 대의원 중에서 박종근(朴鐘根) 260표, 이시우(李時雨) 246표로 섬유노조의 박종근이 당선되었으며, 1990년 2월의 선거에서는 박종근 후보가 20표 차이로 간신히 당선되었다(우리노동문제연구원, 1989). 그리고 1993년 2월의 선거에서는 박종근 후보가 464명의 대의원 중에서 245표를 획득하여 위원장에 당선되었으며(노동부, <노동백서>, 1994), 1996년 3월의 선거에서는 2차 결선투표까지 치른 결과, 박인상(朴仁相) 후보가 당선되었다(한국노총, <1996년 사업보고서>, 1997).

29 중앙정보부는 1961년 8월의 한국노총 재건과정에서 재건위원들의 성분을 제시함은 물론, 산별노조체제로 한국노총을 재건할 것을 지시하였다(한국노총, 1979).

로써 산별노련체제를 강화하였다. 이러한 규정들은 한국노총에 유리한 것들도 있었지만, 조직운영을 제약하는 요소들도 많았다.

1980년의 정권 교체기에는 한국노총 및 노조조직에 대한 통제가 크게 강화되었는데, 1980년 7월의 '비상계엄 하 노동조합활동 지침'에 의거하여 한국노총과 산별노조의 활동이 일시 유보되었으며, 동년 8월에는 한국노총 산하의 557개 지부 중에서 105개 지부가 해체되었다. 그리고 운수노조와 항만노조를 전국항운노조로 통합하였다(한국노총, <1980년 사업보고서>, 1981). 그리고 1980년 12월의 노동조합법 개정에서는 기존의 산업별조직체제를 기업별조직체제로 전환하였으며, 노조의 설립요건을 강화하고 유니온 숍(union shop) 제도를 폐지하였다(박승두, 1996). 또한 1981년 12월에는 관련 정부기관들 간에 유기적인 협조를 통하여 노사문제에 효율적으로 대처하기 위하여 각급 노동대책회의와 실무회의를 설치하였다(노동부, <노동백서>, 1984).

민주화 이행기인 1987년 11월의 노동조합법 개정에서는 기업별노조 설립규정을 삭제하고 조합의 설립형태를 자율화하였으며, 노조임원의 자격제한 규정과 행정관청의 노조해산 및 임원개선 명령권을 삭제하고, 유니온 숍 제도를 부분적으로 허용하는 방식으로 통제를 완화하였다(한국경영자총협회, 1989). 김영삼 정부 하의 1996년 12월과 1997년 3월의 노동관계법 개정에서는 노동단체의 조직운영과정에 대한 통제를 더욱 완화하였는데, 예로서 일정 유보기간 이후의 복수노조 허용, 제3자 개입 금지규정의 삭제 등이 그것이었다.

이상에서 보면, 한국노총의 조직운영에서의 국가통제는 1960년대 이후 1980년대 중반까지는 강한 형태로 남아 있었으나, 1987년 이후에는 약화되었다. 그럼에도 불구하고 여전히 노동조합법에는 한국노총 및 단위노조의 조직운영과 관련하여 많은 통제조항이 남아 있었다. 예로서, 노동조합법상에는 임시총회 소집, 규약 및 결의처분 시정, 운영상황 공개, 자료제출 요구 등과 관련하여 광범위하게 국가개입을 인정하고 있다.

재정운용 상의 개입

다원주의모형은 이익집단의 재정운용이 자율적이라고 보는 데 비해서, 조합주의모형은 국가가 이익집단에 대해 선별적으로 재정지원을 하며, 이의 사용용도 등에 대해서 개입을 한다고 보고 있다. 그동안 한국노총은 재정적 측면에서 국가의 통제로부터 자유스럽지 못한 경우가 많았는데, 이는 크게 한국노총의 내적 요인과 노동조합법상의 제약요인으로 구분할 수 있다.

우선 내적 요인 면에서는 한국노총의 재정자립도가 문제가 되는 데, 그래도 1960년대에는 재정자립도가 비교적 높았다. 가령 1965년의 경우, 한국노총 총수입 298만원 중에서 회비수입이 238만원으로서 79.8%를 차지하였다.[30] 그러나 1970년대 이후 국가의 노동통제책의 일환으로 국고보조금 비중이 커지면서 한국노총의 재정자립도는 점차 저하되었으며, 특히 1980년대의 기업별 노조체제로의 전환으로 회비수입이 더욱 감소하였다. 예로서, 1983년에는 한국노총의 총수입 455,889천원 중에서 회비수입의 비중은 246,450천원으로 54.1%에 불과하였다. 특히, 세입세출예산과는 별도로 처리된 특별회계를 보면, 한국노총에 대한 국고보조금이 415,379천원, 무역협회 등의 외부단체보조금이 123,700천원이나 되어 전체 회비수입을 크게 웃돌고 있다(노동부, <노동백서>, 1984). 이러한 국고보조는 노태우 정부와 김영삼 정부 들어서도 계속되었다. 따라서 이러한 상황에서 한국노총의 자율성은 제한될 수밖에 없었으며, 국고보조금의 사용용도 등에 대해서 국가의 통제를 받게 되는 것이다.

노동조합법상의 관련 규정들도 한국노총의 재정운용을 제약하는 요인이었다. 노동조합법상의 조합비 상한선 규정, 복지후생비 의무지출 규정, 노조기금의 정치적 이용금지 규정 등이 그것이다. 즉, 그동안 노동조합법상에는 조합비를 종업원 임금의 2%를 초과할 수 없게 하였으며, 1980년 12월의 노동조합법 개정 시에는 이러한 조합비 중에서 일정비율은 반드시 조합원의 복지후생사업에 사용하도록 규정하였다. 이러한 법정복지비 사용비율은 이후의 법 개정에서 삭제되었지만, 여전히 정부지침으로 노조기금의 일정부분을 복지비에 사용하도록 하고 있다. 그리고 정치자금을 징수할 수 없으며, 노조기금을 정치자금

30 나머지 금액도 국고보조는 거의 없었으며, 아세아재단의 교육보조금과 노동절행사 축하금이 대부분을 차지하였다(한국노총, <1965년 사업보고서>, 1966).

에 유용할 수 없도록 하였다. 또한 적어도 6개월마다 1회씩 자체적으로 회계감사를 의무적으로 실시하고 그 결과를 공개하도록 하였다. 결국, 노동조합법상의 한국노총의 재정운용에 대한 국가개입은 1960년대 이후부터 계속 존속하다가 1980년대 들어 더욱 강화되었다. 1987년 후반기 이후 일부조항이 완화되었으나, 여전히 재정운용상의 국가통제는 지속되었다. 그러나 이러한 통제 규정들은 1996년 12월과 1997년 3월의 노동관계법 개정으로 조합비 상한선 규정 삭제, 정치자금 징수금지 조항 삭제, 노조기금 사용제한 규정 삭제 등을 통해서 크게 완화되었다.

정치활동에 대한 통제

다원주의모형에서는 이익집단의 정치활동은 이익집단이 자신의 요구를 표출하는 가장 일반적인 방법이며, 따라서 이익집단의 정치활동에 대한 국가개입은 없다고 본다. 반면에 조합주의모형 중에서도 사회조합주의는 국가가 이익집단의 일상적인 정치활동을 제한하는 경우는 거의 없다고 보는 데 반해서, 국가조합주의는 국가가 특정 이익집단을 배제하기 때문에 이익집단의 정치활동을 제재하게 된다고 본다(Kenworthy, 2002).

1950년대의 대한노총 시절에는 한국노총의 정치기능이 활발하였으며, 오히려 어용단체로 동원하기 위해 정치기능을 조장하였다.[31] 그러나 1961년 8월의 한국노총 재건 이후에는 노동조합법상에 정치활동이 금지되었으며, 한국노총 스스로도 정치적 중립을 선언하고 경제적 노동조합주의에 치중하였다.[32]

그러나 한국노총의 비정치화 표방에도 불구하고, 실제로는 1960년대 이후 한국노총은 지속적으로 정치세력에 대한 지지자의 역할을 수행하였다. 예로서, 1961년 10월에는 "노동자들의 단결력을 만천하에 과시하고 혁명정부의 과감한 정책을 절대 지지하기 위해서..." 전국노동자총단결 궐기대회를 개최하였으며(한

31 예로서, 대한노총은 1956년 12월 "이승만 대통령이 선거에 출마하지 않을 경우에는 대규모의 파업을 감행할 것이다."라면서 이승만 대통령의 선거출마를 간청하는 우마차 시위를 벌이기도 하였으며, 1960년 3월의 대통령선거에서는 자유당 후보인 이승만과 이기붕을 지지하는 결의를 하였다(한국노총, 1990).

국노총, <1962년 사업보고서>, 1963), 1963년 3월의 근로자 날에는 혁명과업과 경제개발 5개년 계획의 완수를 강력히 뒷받침하겠다는 결의를 하였으며(한국노총, <1963년 사업보고서>, 1964), 1969년 8월에는 3선 개헌을 적극 지지하는 성명서를 발표하였다(한국노총, 1979). 그러나 1969년 말의 '외국인 투자기업의 노동조합 및 노동쟁의조정에 관한 임시특례법'의 입법과정을 계기로 한국노총은 그동안의 노동조합주의라는 기업 내 경제투쟁의 원칙을 깨뜨리고, 1970년 1월부터 정치참여를 선언하였다. 그리고 1970년 5월 정치활동위원회 규정을 제정하고, 1971년 1월에는 최초의 정치단체인 영등포정치활동위원회를 설치하였다(한국노총, 1979).

그러나 한국노총의 이러한 의지도 잠시였으며, 1971~72년 중에 계속된 국가비상사태 선언, 계엄령 선포, 10월 유신 등의 정치적 강압기를 맞이하여 한국노총은 다시 국가이익 우선 원칙을 천명하고 충실하게 국가정책을 지지하는 후원자의 역할을 자임하였다. 즉, 한국노총은 1971년 12월의 국가비상사태 지지선언, 1972년의 10월 유신 지지성명과 적극적인 계몽활동,[33] 1974년 1월의 대통령 긴급조치 환영선언, 1978년 4월의 미국의 청와대도청 규탄 궐기대회 등 정치적 고비 때마다 유신체제를 지지하는 정치적 기민함을 보였다.

한국노총의 이러한 행태는 1980년대의 전두환 정부에서도 계속되었다. 1980년 12월의 노동조합법 개정으로 노동조합의 정치활동이 더욱 제약을 받게 된 상황에서 1980년 8월과 11월 두 차례에 걸쳐 노동계 정화 조치를 경험한 한국노총은 정치활동은 극도로 자제하였다. 대신에 대통령당선 환영논평이나 사회정화운동에 대한 지지성명은 물론, 대통령의 기자회견, 사면복권조치, 외국순방 등의 정치적 사건이 있을 때마다 빠짐없이 지지 성명을 발표하였다. 그리고 1987년 4월의 호헌조치도 지지하였다.

따라서 전두환 정부까지의 한국노총의 정치활동은 국가정책에 대한 지지

32 한국노총 재건조직강령 제3항은 "우리는 정치적 중립과 재정의 자립으로 민주노동운동의 발전을 기한다."라고 규정하였다(한국노총, <1962년 사업보고서>, 1963: 3).

33 한국노총은 1972년 10월의 유신선포에 즈음하여 "구국통일을 위한 영단을 적극 지지한다."는 제하의 성명서를 발표하였다(한국노총, <1973년 사업보고서>, 1974).

행위 및 자율적, 타율적인 정치적 동원을 주로 하였으며, 노조원들의 권익보호를 위한 정치활동은 극히 제한을 받고 있었다고 볼 수 있다.

그러나 1987년 하반기를 기점으로 노태우 정부 이후에는 한국노총의 이러한 정치적 지지 행위는 자취를 감추었다. 그리고 노동조합법상에는 여전히 정치활동금지 규정이 있음에도 불구하고,[34] 실질적으로는 한국노총은 정치주의와 경제주의의 병행을 표방하고 활발한 정치활동을 전개하였다.[35] 또한 노태우 정부 이후부터는 한국노총 출신들이 대거 정치권으로 진출하였으며,[36] 1990년 2월부터는 정치위원회를 설치하고 보다 활발하게 정치활동을 전개하였다. 그리고 이러한 정치활동은 전적으로 자신들의 이익을 관철시키기 위한 것들로서 과거의 정치적 지지나 동원행위와는 다른 것이다. 김영삼 정부 들어서도 한국노총의 정치활동은 노동조합법상의 제한규정에도 불구하고, 현실적으로 거의 제재를 받지 않게 되었다. 더구나 1996년 12월과 1997년 3월의 노동관계법 개정으로 이러한 법제상의 정치활동제한 규정까지 폐지되었다.

2) 국가의 유인적 개입

독점적 이익대표권의 부여

이는 국가가 특정 이익집단에 대해서 제도화된 접근통로를 독점적으로 부여하

34 1996년 12월 이전까지의 舊노동조합법 제12조에는 노동조합은 공직선거에 있어서 특정정당을 지지하거나 특정인을 당선시키기 위한 행위를 할 수 없으며, 조합원들로 부터 정치자금을 징수할 수 없으며, 노동조합기금을 정치자금에 유용할 수 없다고 규정하였다.

35 1988년 11월의 임시대의원대회에서 한국노총은 노동조합의 정치활동 강화를 공식적으로 선언하였으며, 그 방안으로 각 정당의 정책을 분석·평가하여 노동자에게 이익이 되는 정당의 정책을 공개 지지할 것을 천명하였다(박승두, 1996).

36 제14대 국회의원 선거에서는 한국노총 임원출신들이 대거 후보로 출마하여 류승규, 장경우 두 사람이 당선되었으며(한국노총, <1992년 사업보고서>, 1993), 1995년의 지방의회 선거에서도 한국노총출신 후보자 중에서 광역의원 9명, 기초의원 28명이 당선되었다(한국노총, <1995년 사업보고서>, 1996).

고 있는지 여부와 관련되는 것으로, 다원주의모형에서는 이익집단이 국가의 정책과정에 접근하는 기회는 이익집단의 내적 자원에 의존하는 것으로 본다. 반면에 조합주의모형은 국가와 이익집단 간에는 편익의 상호교환을 통한 체계적 대화(systemic dialogue)의 일환으로, 국가가 특정 이익집단에게 독점적 접근통로를 부여한다고 보고 있다(Crouch and Dore, 1990).

우리나라에서 국가와 한국노총 간에 본격적으로 제도적인 접근통로를 개설한 것은 1960년대 이후부터이다. 이는 경제발전과정에서 노동부문의 지지와 순응확보가 필요했던 국가의 이해와 제도적 접근통로를 확보함으로써 효과적인 이익투입은 물론 독점적인 이익대표권을 인정받고자 했던 한국노총의 이해가 서로 일치하였기 때문이다.

따라서 1960년대 이후부터 현재까지 지속적으로 한국노총은 노동위원회는 물론, 국가의 각종 심의·자문기구에 노동계대표로 참여하고 있다. 한국노총이 공식적으로 참여하였던 정부위원회를 대표적인 것들만 보면, 1960년대의 보사부 사회보장심의위원회와 의료보험심의위원회, 노동청 임금위원회 및 산재보험심의위원회, 경제기획원의 인력개발위원회, 상공부의 광산보안위원회 등이 있다. 1970년대에는 참여기구가 더욱 확대되어 이러한 위원회 외에도 경제기획원의 사회개발계획자문위원회와 경제정책위원회, 내무부의 민방위중앙협의회, 상공부의 수출진흥위원회, 그리고 보사부 및 노동청의 대부분의 위원회에 노동계대표로 참여하였다. 이는 1980년대 이후의 전두환 정부, 노태우 정부, 김영삼 정부 들어서도 마찬가지이며, 정부위원회가 계속 증가함에 따라 한국노총이 참여하는 위원회의 수도 증가하였다(총무처, 1990, 1992).

특히, 1970년대 이후에는 정부·노동자·사용자 대표가 참여하는 이른바 삼자협의체가 활성화되었다. 즉, 1975년 10월 이후 중앙노사간담회가 개최되기 시작하였으며, 이어서 지방노사간담회도 설치되었다. 중앙노사간담회는 정부대표로 노동청장, 근로자대표로 노총위원장을 포함한 6인, 사용자대표로 경총회장을 포함한 6인으로 구성되었다(한국노총, <1976년 사업보고서>, 1977). 1980년대 이후에는 이러한 노사간담회 외에도 중앙노사협의회 및 지방노사협의회를 설치하였으며,[37] 1990년 4월에는 노사 간 상설대화기구로서 국민경제사회협의회를 설치하였다. 1992년 2월에는 노·사·정·공익대표가 참여하는 대통령 주재의 '노사관계 사회적 합의형성 회의'를 개최하였으며, 노태우 대통령의 지시에 따라 1992년 4월 노동관계법 개정을 위한 노동부장관의 자문에 응하기 위하여 노동관계법연구위원회가 구성되었다(경제단체협의회, 1992).

경쟁 집단의 제한

국가가 경쟁 집단의 등장을 봉쇄해 주는 것은 결과적으로 특정 이익집단이 해당영역에서 이익대표권을 확보하는 데 큰 도움이 된다. 이와 관련하여 다원주의모형은 이익집단의 설립은 자율적이기 때문에 국가가 특정 이익집단을 인위적으로 제한하는 경우는 없다고 보고 있다. 반면에 조합주의모형에서는 국가는 인가나 등록행위 등을 통해서 특정 이익집단의 등장을 제한하는 경우가 많다고 보고 있다(Kenworthy, 2003).

한국노총 재건이후의 1963년 4월의 노동조합법 전면 개정 이후부터 1996년 12월의 노동조합 및 노동관계조정법 개정 이전까지는 복수노조의 설립이 엄격하게 금지되었다.[38] 즉, 1996년까지의 舊노동조합법상에는 근로자들은 자유롭게 노동조합을 설립하거나 이에 가입할 수 있으나, "조직이 기존 노동조합과 조직대상을 같이하거나 그 노동조합의 정상적 운영을 방해하는 것을 목적으로 하는 경우"에는 이를 노동조합으로 인정하지 않았다. 이러한 복수노조의 금지는 어용노동단체의 등장을 방지함으로써 기존의 노동조합을 보호하려는 목적도 있지만, 보다 근본적으로는 경쟁적인 노동단체가 등장함으로써 조합원 확보를 위한 과격한 노동쟁의가 발생하는 것을 우려한 측면이 컸다.

이처럼 복수노조의 설립을 제한한 노동조합법에 의해서 한국노총은 지속적으로 경쟁 집단의 등장을 방지하고 국가로부터 이익대표독점권을 인정받을

---

37 중앙노사협의회는 1980년 12월 노동정책, 임금수준, 노동조건 등에 관한 사항을 협의하기 위하여 노·사·정 및 공익대표로 구성하여 노동부에 설치하였다(총무처, <위원회편람>, 1990).

38 그러나 1997년 3월에 개정된 노동조합 및 노동관계조정법에서도 부칙 제5조에 의해서 복수노조의 허용을 2001년 말까지 유보하였다.

수 있었다. 그리고 국가는 복수노조 설립금지 조항에 의거하여 여타 노동단체의 등장을 법외노조 혹은 불법노조로 규정하고 배제하였다. 구체적 사례를 보면, 1961년 8월 이후의 한국노총 재건과정에서 배제된 일부 인사들이 전국노동단체재건조직연락위원회를 구성하고 국가주도의 한국노동단체 재건조직위원회에 대항하자, 보사부장관과 내무부장관은 각기 담화문을 발표하고 이에 강력하게 대처하였다.[39] 그리고 1963년 2월 일부 노동계인사들이 한국노총과는 별도의 한국노동조합총연합회의 결성을 선언하였으나, 이번에는 박정희 최고회의의장이 직접 이를 "분열주의자들의 발호"라고 엄중하게 경고하였다. 그리고 1963년 4월의 노동조합법 전문 개정으로 인한 복수노조 설립금지 조항이 신설된 이후부터 전두환 정부 말기까지 국가는 민주노동운동 자체를 불법으로 간주하고 억압하였기 때문에 이 기간 동안 한국노총에 경쟁적인 전국규모의 노동단체는 등장하지 못하였다.

1987년 7월 이후부터는 노동쟁의가 폭발하였으며, 노동계도 그동안의 한국노총의 활동을 비판하면서 대안적 노동단체의 설립을 활발하게 모색하였다. 그 결과, 1988년 12월 사무전문직노동조합과 일부 재벌기업 노조 등을 중심으로 지역·업종별노동조합전국회의(전국회의)를 결성하였으며, 1990년 1월에는 이들 중의 일부 세력들이 전국노동조합협의회(전노협)를 결성하였다. 전노협은 조합원수가 약 20만 명에 달하여 이제 노동계는 명실상부하게 기존의 한국노총과 더불어 양대 전국조직으로 재편되었다. 그러나 국가는 노동조합법의 규정을 근거로 지속적으로 전노협을 불법단체로 규정하였다. 이후 전노협은 내부갈등과 국가의 강력한 대응으로 세력이 약화되었으나, 1991년 말에는 전노협을 포함한 ILO공대위가 설립되었으며, 1993년 6월에는 ILO공대위는 전국노동조합대표자회의(전노대)로 개편되었으며, 이는 다시 1995년 11월의 민주노동조합총연맹(민주노총)으로 이어졌다. 당시 민주노총은 816개의 산하 노조에 418,154명의 조합원을 보유함에 따라 한국노총에 필적하는 대형 전국규모 노동단체로

39 당시 한신(韓信) 내무부장관은 "일부 노동계인사들의 법질서 문란 행위를 엄중 단속할 것"이라고 경고하였다(한국일보, 1961년 8월 9일자).

출범하였다(임영일, 1998).

이처럼 1990년대 이후에는 국가로부터의 인가여부를 떠나서 사실상 노동계는 기존의 한국노총과 민주노동운동 진영(전노협, 전노대, 민주노총 등)으로 양분되었다. 이는 노동조합법상의 복수노조 금지 규정에 저촉되지 않는 사업장 내의 단일 단위노조나 일부 연합노조들이 한국노총 대신에 민주노총의 회원조합으로 가입하였기 때문이다. 국가로서도 중앙연맹체로서의 민주노총을 인정하지 않는 것 외에는 단위노조에 대해서는 적절한 제재방안이 없었다. 그리고 1996년 12월과 1997년 3월의 노동관계법 개정으로 한시적인 유예기간 이후에는 이러한 복수노조 설립금지 규정 자체가 폐지되었다. 따라서 한국노총은 그동안 누려왔던 독점적인 이익대표권자의 지위를 누릴 수 없게 되었다.

성원가입의 강제

다원주의모형은 이익집단에의 가입여부는 전적으로 성원들의 자유의사에 기인한다고 보는데 비해, 조합주의모형은 성원들의 특정 이익집단 가입이 법적으로 강제될 수 있다고 보고 있다. 즉, 국가는 강제가입 등을 통해서 특정 이익집단의 성원확보에 편익을 제공할 수 있다는 것이다.

우리의 경우, 노동자의 노조가입은 이들의 자유의사에 기인한다. 이 점에서 국가가 노동자로 하여금 노조성원이 되도록 강제할 수는 없으나, 다만 국가가 유니온 숍 제도를 인정할 경우에는 어느 정도 성원가입을 강제하는 효과를 가질 수 있다. 즉, 1963년 4월 이후의 노동조합법 개정으로 노조가입을 강제할 수 있는 유니온 숍이 인정되었으나, 1980년 12월의 노동관계법 개정에서는 동 조항이 삭제되었다. 이후 1987년 11월의 노동관계법 개정에서는 다시 유니온 숍을 예외적으로 인정하였다.

그러나 유니온 숍 규정은 기본적으로 개별노조와 근로자들 간의 관계에 해당하며, 개별노조들이 한국노총의 회원조합으로 가입하도록 강제하는 것과는 직접적인 관련이 없다. 왜냐하면 한국노총의 회원은 노동자 개인이 아니라 회원조합으로서의 산별노련과 단위노조라는 조직체이기 때문이다. 따라서 이러한 단위노조들이 한국노총의 회원조합으로 가입하는 것은 국가의 강제에 의한 것이 아니라, 자신들의 이익을 대표하기 위해서는 독점적 이익대표권을 가지는 한국노총의 회원이 되는 것이 유리하다는 자체 판단에 기인한 것으로 볼 수 있다. 국가로서도 저임금 구조를 통해서 경제발전을 추진해야 하는 상황에서 노조 가입자가 많아지는 것을 장려할 이유가 없었다.

재정보조

국가에 의한 재정보조와 관련하여, 다원주의모형은 국가가 특정 이익집단에게 선택적으로 국고보조나 조세감면 등의 재정보조를 하는 경우는 없다고 본다. 반면에 조합주의모형은 이익집단은 해당 영역의 독점적 이익대표자가 됨으로써 재정적 특혜를 누릴 수 있으며, 심지어는 공공건물을 사용하는 특권이 부여되기도 한다고 본다(Lehmbruch, 1982).

1961년 8월의 재건이후 한국노총은 재정자립을 천명하였으나,[40] 현실은 그렇지 못하였다. 한국노총은 1960년대에 재정의 상당부분을 교육보조금 명목으로 외국재단인 아세아재단에 의존하였으며, 국가소유의 노동회관을 무상으로 사용하였다. 그러나 1960년대는 국가재정이 빈약한 상태에서 국가로부터의 재정보조는 미미하였다.

1970년대부터는 재정보조가 양적으로 증가하고 제도화되었으며, 이는 한국노총에 대한 국가통제가 강화되는 요인이기도 하였다. 1970년대의 한국노총에 대한 재정보조 실태를 보면, 국가는 구(舊)노동회관 매각대금을 노총회관 건립기금으로 전용하게 하였으며, 근로자복지시설, 해외노조회관 건설, 노동교육원 건립, 노총간부 교육, 노동교육원 차량구입 등에 국고보조를 하였다. 그리고 1977년 9월에는 박정희대통령의 지시로 한국노총 조합원자녀에 대한 장학사업을 위해 국고보조금을 재원으로 노총장학회를 설립하였다(한국노총, <1977년 사업보고서>, 1978).

1980년대 전두환 정부에서는 한국노총에 대한 국고보조가 더욱 증가

40 당시 노동단체 재건조직요강 중에는 "노동단체의 재정자립으로 노동조합의 부패와 의타성을 지양한다."는 조항이 있었다(한국노총, <1962년 사업보고서>, 1963: 27).

하였는데, 1981년 6,950,000천원(노총교육원 건립지원), 1982년 95,000천원, 1983년 415,000천원, 1984년 32,667천원, 1985년 690,000천원, 1986년 470,000천원, 1987년 562,000천원 등 매년 많은 액수의 국고보조가 있었다(노동부, <노동백서>, 해당연도).

노태우 정부에서는 한국노총에 대한 재정보조 규모가 더욱 증가하였는데, 1989년에는 노조간부 교육지원 212,812천원, 장학사업 지원 1,000,000천원, 근로자의 날 행사보조 30,665천원이 지원되었다(노동부,<1989년도 세입세출예산 각목명세서>, 1990). 1990년에는 공산권 해외연수 290,196천원, 노조간부교육 277,846천원, 노총중앙교육원 신축 1,400,000천원, 근로자의 날 행사 111,709천원, 지역근로자연수소 운영 494,280천원 등이 지원되었다(노동부, <1990년도 세입세출예산 각목명세서>, 1991). 이외에도 국가는 매년 노총위원장의 ILO 총회 참석 시에 차관급으로 예우하여 항공료, 숙박비, 식비, 일비(日費)까지 지원하였다. 특히, 노태우 정부에서는 1992년 노동은행인 평화은행을 설립하였는데, 이는 한국노총에게는 엄청난 재정지원에 해당하는 것이다.[41] 국가의 재정지원은 김영삼 정부 들어서도 노동부 예산중에서 민간경상보조 항목으로 계속 지출되었는데, 이를 보면 <표 7>과 같다.

<표 7> 김영삼 정부 후반기의 한국노총에 대한 재정지원 (단위: 천원)

	1995년	1996년	1997년
근로자의 날 행사	70,000	70,413	70,413
한국노총 노조간부교육	975,520	566,980	576,935
한국노총 지역근로자연수소 운영	544,312	436,661	555,600
노총 중앙연구원 운영	360,830	449,318	449,318
노조간부 해외연수/국제회의 참석	584,908	595,032	595,032

출처: 노동부, <세입세출예산 각목명세서>, 해당연도에서 발췌함.

41 노동은행의 설립은 그동안 한국노총의 숙원사업으로, 1991년 3월 청와대 노사정 대토론회에서 대통령이 설립 검토를 지시함으로써 구체화되었다(동아일보, 1991년 8월 28일자).

지도부에 대한 콥테이션

콥테이션(co-optation)은 조직이 외부환경의 위협에 대처하기 위해 조직의 지도부나 의사결정의 지위에 외부환경으로부터 새로운 구성원을 흡수하는 것이다(유훈, 1993). 이익집단과 관련해서는 이익집단의 지도부를 국가기구의 지도적 위치에 편입하여 이익집단의 순응을 확보하려는 도구로 사용하는 것이다. 다원주의모형은 국가가 특정 이익집단의 지도부를 의도적으로 콥테이션하는 경우는 없다고 보는 데 비해서, 조합주의모형은 이익집단에 대한 광범위한 유인책의 일환으로서 콥테이션이 빈번하게 발생한다고 보고 있다

1950년대까지는 노동단체 지도부의 국가기구 진출이 비교적 활발하였는데, 이는 기본적으로 자유당정권이 당시의 대한노총을 정치전위조직으로 활용하였기 때문이다. 그러나 1960년대에는 한국노총 지도부가 국가기구에 기용된 경우는 거의 없었으며, 기용되더라도 직책의 비중이 크지 않았다.[42]

그러나 1970~80년대의 권위주의체제 하에서는 노동통제의 일환으로 한국한국노총 지도부를 상당수 국가기구에 기용하였는데, 1970년대에는 대체로 유정회 의원이나 여당 전국구의원으로 많이 기용하였다.[43] 특징적인 것은 1970년대의 노동청 시절에는 주로 노동청장이 경찰출신으로 임명되었던 데 비해서,[44] 전두환 정부에서 노동청이 노동부로 승격된 이후에는 노총위원장들이 노동부장관으로 많이 임명되었다는 점이다.[45] 이는 유신체제가 노동행정을 치안유지 차원에서 인식하였던 데 비해서, 1980년의 혼란기를 경험한 전두환 정부는 노동의

---

42 1960년대에 한국노총 지도부 중에서 국가기구에 기용된 사람들로는 이규철(홍익회 이사), 이춘희(국제기능올림픽 한국위원회 부회장) 정도이다.

43 유신체제 하에서 이찬혁 노총위원장(공화당의원), 최용수 노총위원장(유정회 의원, 근로복지공사 사장), 권중동 체신노조위원장(유정회 의원) 등이 국가기구에 기용되었다(한국노총, 1990).

44 유신체제 하의 세 명의 노동청장 중에서 최두열, 최석원 두 명이 치안국장 출신이었다(김순양, 1996).

45 전두환 정부에서는 이찬혁, 권중동, 이헌기, 정한주, 최봉상, 장경우 등이 여당인 민정당에 영입되었음은 물론, 노총교육원장을 역임한 권중동, 노총사무차장 출신의 이헌기, 노총위원장 출신의 정한주 등은 노동부장관으로 영입되었다.

당사자로 하여금 노동행정을 주무하게 하는 이이제이(以夷制夷)의 방식으로 전략을 수정한 것으로 볼 수 있다. 노태우 정부 들어서도 김동인 한국노총위원장, 이덕호 주한미군동두천지부장, 이강희 인천항운노조위원장, 장경우 시티은행노조위원장, 최상용 한국노총상임부위원장 등이 여당인 민정당이나 민자당에 영입되었으며,[46] 노총부위원장 출신인 이용준은 노동부차관으로 영입되었다.[47]

김영삼 정부 들어서는 한국노총 지도부가 국가기구에 영입되는 경우는 크게 줄었다. 예로서, 1996년 4월의 제15대 총선에서 네 명의 노동계 출신이 여당인 신한국당 후보로 공천을 받았으나, 이 중에서 두 명(김문수, 이강희)만 당선되었으며(한국노총, <1996년 사업보고서>, 1997), 당선자 중에서 김문수는 한국노총이 아닌 재야노동운동가 출신이었다. 그리고 김영삼 정부에서는 노동부장관은 거의 정치인(이인제, 남재희)이나 경제관료(이형구, 진념) 출신이었으며, 노동부차관은 모두 관료출신들이었다(김순양, 1996).

4. 분석결과의 비교 및 토의

지금까지 국가와 한국노총 간의 관계를 제재와 유인의 측면으로 구분하여 고찰하였는데, 이를 시기별로 비교해 보면, 우선 5.16 군사정부 하에서는 한국노총의 재건과정 및 조직운영을 제외하고는 국가개입이 대부분 노동조합법을 통해서 이루어졌다. 즉, 노동조합법상의 정치활동 금지, 복수노조 금지 등의 조항을 통해서 제재와 유인이 행사된 것이다. 그리고 이 시기에는 각종 규제입법과 중앙정보부 등의 정보기관을 통한 정치적 억압이 존재하고, 한국노총도 국가의 보호 하에서 활동공간을 확보하고자 하였다. 구체적으로, 국가의 제재적 개입

---

46 한국노총 간부들 중에는 야당이나 무소속으로 국회에 진출한 경우도 있는데, 함태탄광노조위원장 출신의 유승규(무소속), 금속연맹위원장 출신의 김병룡(공화당), 마산항운노조위원장 출신의 백찬기(민주당) 등이 1988년의 제13대 선거에서 국회의원에 당선되었다(한국노총, 1990).

47 그러나 노태우 정부의 노동부장관(최명헌, 장영철, 최영철, 최병렬)은 모두 정치인 출신이었다.

과 관련해서는 한국노총의 설립과정, 지도부선출, 조직운영, 정치활동 등에 대해서 많은 통제를 하였다. 따라서 제재의 강도가 높았다. 유인과 관련해서는 경쟁집단의 등장을 법제적, 실질적으로 제한해 주는 것을 제외하고는, 독점적 접근통로의 부여, 재정보조, 콥테이션 등은 아직 없었다. 이는 군사정변 이후에 국가제도를 정비하고 한국노총과의 관계를 재정립하는 시발단계에서 실질적인 유인책을 제공할 여력이 없었기 때문이었다. 이 점에서 군사정부 하의 국가와 한국노총 간의 관계는 Collier부부(1979)에 따르면, 높은 제재와 낮은 유인이 결합하는 '억압'의 성격이 강하였다.

1963년 말의 민정이양 이후의 제3공화국에 들어서면 국가는 한국노총의 지도부선출 및 조직운영 등에서 제재의 강도를 줄이는 반면에, 정부위원회에 한국노총 대표를 참여시키는 등의 유인책을 강화하였다. 구체적으로, 제재의 측면에서 지도부선출과정에서의 국가개입이 없어졌으며, 정치활동에 대한 통제 역시 완화되었다. 이는 민정이양 이후의 경쟁적 선거체제 하에서 정치체제가 비교적 개방적이었기 때문이다. 그리고 1960년대에는 초보적인 산업화 단계에서 노동세력이 크게 위협적이지 않았으며, 노동운동이 성숙되지 못하였다. 그러나 이 시기에는 유인적 개입은 점차 다양화되었다. 경쟁집단의 등장은 법제적으로 불가능하였으며, 한국노총에게 배타적 이익대표권이 주어지기 시작하였다. 그러나 재정보조나 콥테이션 등은 거의 없었다. 아직 국가가 사회단체를 보조할 만한 재정능력이 없었으며,[48] 선거를 통해서 정당성을 확보하고 있는 상황에서 외부환경을 위협적으로 인식하지도 않았기 때문일 것이다.

1972년 이후의 유신체제에서 국가는 각종 규제입법 및 다양한 제재와 유인의 방법을 동원하여 노동을 통제하였다. 또한 1970년대 중반 이후부터는 초보적이지만 노·사·정 간의 삼자협의체가 작동하였다. 그리고 이 시기에는 제도권 노동단체의 어용화와 비(非)제도권 노동운동에 대한 강압이라는 이원적 특성이 나타났다(전신욱, 1989). 구체적으로, 여전히 한국노총의 지도부선출과정에서는 자율성이 보장되었으나, 조직운영과 재정운용에 대한 제재는 증가하였으

48 이 당시 한국노총에 대한 재정지원은 대부분 아세아재단 등의 외국단체에 의한 것이었다.

며, 1970년을 기점으로 싹트기 시작하였던 한국노총의 정치주의도 비상사태 선언, 유신헌법 공포, 긴급조치 발동 등으로 불가능하게 되었다. 따라서 한국노총으로서는 국가를 지지하는 어용 집회 외에는 어떠한 정치활동도 할 수 없었다. 그리고 이 시기에는 다양한 유인책이 동원되었다. 재정능력이 증가한 유신체제는 한국노총에 대해 주기적으로 재정지원을 하였으며, 상당수의 한국노총 지도부가 여당이나 유정회의 의원 등으로 영입되었다. 한국노총에 경쟁적인 민주노동운동은 철저하게 억압하였다. 노동청, 경제기획원, 내무부, 상공부 등 다양한 정부부처의 위원회에 한국노총 대표를 제도적으로 참여시켰다. 그리고 1975년부터는 중앙과 지방에 국가가 주도하는 노사간담회를 설치하였다. 이 점에서 유신체제하의 국가와 한국노총 간의 관계는 높은 제재와 높은 유인이 결합되는 국가조합주의의 특성을 보였다. 한국노총은 유인에 대한 매력과 제재에 대한 두려움으로 국가통제에 순응하였다.

전두환 정부는 전반기와 후반기의 특성이 다소 상이하였다. 우선 전반기에 해당하는 1980~84년까지는 노동관계법 강화, 정치규제입법 제정, 노사협의회법 제정, 노동대책기구 신설 등으로 국가의 실제적, 법제적 제재가 증가하였으며, 이울러 재정보조와 콥테이션 등의 유인도 증가하였다. 구체적으로, 전두환 정부 전반기에는 사회정화의 명목으로 한국노총 지도부를 선별적으로 배제하였으며, 단위노조 해산, 기업별노조의 설립강제 등을 통해서 조직운영에도 많이 개입하였다. 노조조합비의 복지비지출비율 의무설정 등의 방법으로 재정운용에도 개입하였으며, 정치활동 역시 엄격하게 통제하였다. 그리고 이 시기에는 각종 국가기구에 대한 배타적 접근기회 부여, 경쟁집단의 제한, 교육원 건립 지원, 구판장 건립 지원, 혼수품유통센타 건립 지원, 근로자의 날 행사 지원 등의 재정지원(이목훈, 1992), 한국노총 간부들을 신설된 노동부장관으로 기용하는 파격적인 콥테이션 등 많은 유인책을 동원하였다. 이 점에서 전두환 정부의 노동통제는 유신체제와 마찬가지로 국가조합주의적 특성을 보였다.

그러나 1985년을 기점으로 전두환 정부는 제재는 다소 완화하고 유인은 더욱 강화하는 방식으로 전환하였다. 즉, 1985년 2월 총선에서 선명야당인 신민당의 등장으로 정치체제가 크게 변화하였다. 야당의 강력한 개헌투쟁, 지식인들의 시국선언, 목전에 다가온 서울올림픽 등의 정치적 환경 하에서 공권력만으로 혼란한 정국을 헤쳐 나가기 어려웠다. 이에 따라 1986년 12월의 노동관계법 개정에서는 복지후생비 의무지출조항 폐지, 노조해산규정 강화, 교섭권한 위임에 대한 행정관청의 승인 폐지 등 제재가 크게 완화되었다. 1987년 7월 이후에는 그나마 남아있던 법제상의 제재규정들이 실효성을 상실할 정도로 공권력의 누수현상이 나타났다. 물론 이 시기에도 유인은 다양한 형태로 존속하였으나, 이는 한국노총의 순응을 확보하는 데 큰 효과가 없었다.

노태우 정부에서는 사회전반의 민주화 분위기와 공권력의 무력화 등으로 법제상의 제재조항들은 거의 실효성을 상실하였다. 특히, 노태우 정부 전반기는 공권력이 마비된 시기였다. 그리고 이 시기는 1988년 4월 총선 이후의 여소야대 국면에서 정치의 중심이 대통령이 아닌 야당 중심의 국회였다. 이러한 상황에서 개정된 노동관계법도 그동안 존속했던 제재를 대폭 축소하는 것이었으며, 정치활동금지 등 그나마 남아있던 제재조항들도 실제에서는 유명무실하게 되었다. 한국노총 역시 국가와의 제도적 접근기재들을 무시하고 야당과의 접촉을 중시하였다. 유인책 역시 전두환 정부에 비해 크게 감소하였다. 한국노총 지도부를 노동부장관으로 영입하는 경우도 거의 없어졌으며, 전노협 등의 등장은 경쟁집단의 등장을 억제해 주던 그동안의 유인책이 실효가 없어졌음을 의미한다. 다만, 관례적으로 보조되던 재정지원은 계속되었으나, 이 역시 한국노총의 재정운용에 대한 개입으로 이어지지는 못하였다. 한국노총으로서도 강력한 경쟁집단이 등장한 상황에서 국가의 유인을 무조건 수용할 수 없었다. 이 점에서 노태우 정부 전반기는 제재의 강도와 효력이 매우 저하되었음은 물론, 유인도 전반적으로 약화되었다.

그러나 1990년대의 노태우 정부 후반기 들어서는 상황이 크게 변화하였다. 1990년대 들어 노태우 정부는 이른바 '공안정국'이라는 비판 속에서도 공권력을 세우고자 하였으며, 3당 합당으로 국정운영의 중심을 다시 정부·여당으로 가져올 수 있었다. 그리고 이 무렵부터는 임금가이드라인 설정 등 임금정책 분야를 중심으로 사회적 합의주의가 강조되었다. 그리고 국민경제사회협의회 등 민간중심의 협의기구도 활성화되었다. 이는 1987년 이후의 격렬한 노사분규 결과, 임금인상과 생산성 감소 등으로 국가경쟁력이 크게 저하된 데 대한 반성에 따른 것이었다. 노태우 정부 후반기에는 제재의 강도와 수단은 대체로 1987년 11월의 노동관계법 개정 이후의 수준을 유지하였다. 공권력을 복원하고자 하였지만 한국노총의 정치활동을 억제하기는 어려웠으며, 조직운영이나 재정운용 상의 개입도 어려웠다. 그러나 유인은 다소 강화되었다. 한국노총에 대한 독점적 이익대표권이 계속 부여되었으며, 경쟁집단에 대해서 보다 단호한 억압을 가하였다. 특히, 재정보조는 금액이 증가하고 노동은행 설립을 허용하였다. 그러나 한국노총 지도부에 대한 콥테이션은 별로 없었는데, 한국노총으로서도 강력한 경쟁집단이 등장한 상황에서 성원확보를 위한 경쟁에 도움이 되지 못한다고 판단하였다. 따라서 노태우 정부 후반기는 낮은 제재와 높은 유인이 결합되는 사회조합주의적 특성이 부분적으로 나타났다고 볼 수 있다.

김영삼 정부에서도 법제적으로 존재하던 한국노총에 대한 제재수단들이 거의 실효성을 상실하였으며, 유인 역시 크게 줄어들었다. 국가와 한국노총 간의 관계가 다원주의적 관계로 전환되기 시작하였던 것이다. 즉, 조직운영이나 재정운용 등에 대한 제재조항들이 여전히 있었으나 이는 실효성이 거의 없었으며, 1996년 12월의 노동관계법 개정으로 이러한 법제상의 제제규정들도 거의 없어졌다. 그리고 1980년대 후반부터 국가의 노동통제가 어렵게 되었다. 뿐만 아니라, 이 시기에는 한국노총에 대한 유인도 거의 없어졌다. 민주노총이라는 강력한 경쟁집단이 등장하였으며, 한국노총 지도부에 대한 콥테이션도 거의 없었다. 아직 노동부 예산으로 재정보조는 하고 있지만, 한국노총의 순응을 확보하기 위한 것이라고 보기는 어렵다. 한국노총이 많은 정부위원회에 노동계 대표로 여전히 참여하였지만, 이것도 점차 어려워지게 되었다. 강력한 경쟁집단이 등장한 상황에서 한국노총만을 정책파트너로 인정할 명분이 줄어들었으며, 국가로서도 특정 이익집단에게 배타적 편익을 제공하거나 물리적 억압을 가하는 것이 어렵게 되었다.

종합해 보면, 5.16 군사정부 하에서는 제재가 높았던데 비해서 유인은 적었으며, 1960년대의 제3공화국 하에서는 제재는 다소 완화되었으나, 유인은 오히려 증가하였다. 유신체제 전(全)기간과 전두환 정부 전반기에는 제재와 유인이 모두 증가하여 전형적인 국가조합주의적 통제체제가 나타났다. 그러나 전두환 정부 후반기부터 노태우 정부 하에서는 제재의 강도는 크게 완화되었으나, 유인은 지속적으로 존재하였다. 이는 사회조합주의의 특성에 가까운 것이다. 김영삼 정부에서는 제재와 유인 모두가 감소하여 다원주의적 특성이 나타나고 있었다(<표 8> 참조).

<표 8> 한국노총에 대한 국가통제 방식의 시기별 비교

		국가통제의 방식	적용 가능한 이론모형
5.16 군사정부		높은 제재, 낮은 유인	억압의 형태
1960년대 제3공화국		완화된 제재, 증가된 유인	초기 조합주의
1970년대 유신체제		높은 제재, 높은 유인	국가조합주의
전두환 정부	전반기	높은 제재, 높은 유인	국가조합주의
	후반기	완화된 제재, 높은 유인	사회조합주의로의 이행
노태우 정부		낮은 제재, 높은 유인	사회조합주의
김영삼 정부		낮은 제재, 낮은 유인	다원주의로의 이행기

그리고 국가와 한국노총 간의 관계에서의 국가개입 방식은 정치적 분위기 및 정치체제의 속성과 밀접한 관계를 가지고 있다. 즉, 권위주의체제일수록 높은 제재와 높은 유인이 결합되는 국가조합주의적 특성이 나타나며, 비정상적 정권교체기(1961년 및 1980년)에는 높은 제재/낮은 유인이 결합되는 억압의 형태가 나타난다. 반면에 1960년대의 제3공화국, 1980년대 후반 이후의 노태우 정부, 김영삼 정부처럼 경쟁적 선거체제가 작동하는 기간은 제재의 강도가 낮아지나 유인은 증가하는데, 이중에서 노태우 정부는 사회조합주의적 특성이 강하였다. 그러나 정치체제가 민주화되면서 경쟁집단이 등장하고 국가가 이를 물리력으로 제지할 수 없는 상황이 오면, 기존의 조합주의적 관계는 유지되기 어려우며, 낮은 제재와 낮은 유인이 결합되는 다원주의 형태가 나타난다.

5. 맺음말

지금까지 1960년대 이후부터 1990년대 김영삼 정부에 이르기까지의 국가와 노동단체 간의 관계를 주로 국가개입 방식의 변화과정을 중심으로 고찰하였다. 전반적으로 조합주의모형의 특성이 강화되어 왔으며, 특히 권위주의체제 하에서는 국가조합주의의 특성이 많이 나타났다. 그러나 1987년 하반기 이후의 잦은 노사분규로 인한 경제적 손실에 대한 우려가 커지면서 사회적 합의에 대한 공감대가 형성되었으며, 이를 기점으로 사회조합주의의 특성이 부분적으로 나타나기 시작하였다. 그러나 민주화가 진행될수록 사회조합주의 역시 한계에 직면할 수밖에 없으며, 다원주의모형의 특성으로 이행하였다.

이 장을 통해서 특징적으로 발견되었거나 유추할 수 있는 것들을 보면, 첫째, 지도부선출과정에서의 국가개입은 한국노총의 재건과정을 제외하고는 거의 없었는데, 이는 조합주의모형의 기본 가정과 다른 것이다. 그 이유는 국가가 많은 수의 대의원들을 통제한다는 것이 어려웠을 뿐만 아니라, 경쟁적 산별노련체제 하에서 지도부의 정당성이 의심받으면 성원을 통솔하기가 어려우며, 결국에는 한국노총이 국가를 대신하여 성원통제 역할을 수행할 수 없게 되기 때문이다. 따라서 국가는 지도부선출과정의 개입보다는 선출된 지도부를 통제하는 방식을 택하였다. 둘째, 정치활동에 대한 통제는 제도와 실제가 상이하였다. 즉, 권위주의체제 하에서는 법제적으로도 실제적으로도 통제가 가능하였으나, 경쟁적 정치체제 하에서는 법적 제재조항이 실제로는 지켜지지 못하였다. 따라서 노동단체는 정치활동을 활발하게 전개하였다. 셋째, 유인적 개입은 지속적으로 확대되었는데, 이는 한번 편익을 부여하면 이의 효과성 여부를 떠나서 이를 폐지하거나 축소하기가 어려움을 의미한다. 정부위원회 참여가 계속 증가한다거나 재정보조가 지속되는 경우가 그 예이다. 넷째, 민주화의 진행과 강력한 경쟁 집단의 등장은 조합주의적 관계 특히, 특정 이익집단에 대해서 유인을 제공하는 데 장애요인이 될 수 있다. 1990년대 중반 민주노총 등장이후의 국가와 한국노총 간 관계의 변화가 이에 해당한다. 다섯째, 정치체제가 민주화되어도 유인은 계속 존재하였으나, 이것이 더 이상 노동단체의 순응을 확보하는 수단은 되지 못하였다.

제5장

권위주의체제 하의 노동정치와 이원적 노동통제

1. 서론

많은 연구들이 우리나라의 권위주의적 군사정부(1961~87년) 하의 경제발전을 설명하기 위한 이론 틀로서 C. Johnson(1982)이 고안한 발전국가(developmental state) 개념을 인용하고 있다(김순양, 2014). 본래 발전국가 개념은 일본의 고도경제성장을 분석하기 위한 것이었지만, 이후 오히려 한국, 대만, 싱가포르, 홍콩 등 동아시아 후발공업국의 경제발전을 분석하는데 많이 사용되었다. 발전국가론은 이들 후발공업국들이 유능하고 사명감에 넘치는 국가관료제를 바탕으로 계획·합리적(plan-rational) 개입주의에 입각하여 적극적으로 시장을 규율함으로써 경제발전이라는 국가목표를 달성하였다고 주장한다(Woo-Cumings, 1999).

발전국가론은 경제적 성과에 대한 사후적 논의로서, 연구시점에서는 이미 달성된 경제성과를 개입주의국가 및 이를 뒷받침하는 국가능력과 자율성, 그리고 국가의 효율적인 시장개입 등의 국가중심적 관점에서 보는 것이다. 따라서 발전국가론은 과거 사실에 대한 역사적 접근의 성격이 강하다. 그리고 교훈과 정보를 제공하기 위한 용도이다 보니, 대부분의 연구들이 발전국가를 경제발전이라는 의도한 목표를 달성하는 데 유용한 수단으로 보게 된다.[49]

본서도 1960년대 이후의 한국의 고도성장을 설명하는 데서 발전국가론이 유용한 이론 틀임을 인정하고 있다. 그러나 다른 한편으로 발전국가론이 지나치게 양적 성과에 치중하고, 이 과정에서 개입주의국가, 유능한 국가관료, 국가와 자본 간의 발전연합(developmental nexus)이라는 측면을 강조하다보니, 경제발전을 가능하게 하는 다양한 요인들에 대한 통합적 관점이 부족한 면이 있다. 무엇보다도 국가와 자본 간의 발전연합을 강조하면서 경제발전의 또 다른 축인 국가와 노동의 관계는 간과하고 있다.

따라서 이장에서는 고도성장기의 한국 발전국가의 성격을 보다 입체적으로 이해하기 위하여 지금까지의 발전국가 논의에서는 소외되어 왔던 발전국가와 노동의 관계를 논의하고자 한다. 시기적으로는 언제까지를 발전국가로 볼 것인지에 대해서 논란이 있지만, 대체로는 1961년 5.16 군사정변 이후 본격적으로 경제개발을 추진한때부터 정치적 민주화가 시작되는 1987년까지로 설정할 수 있다. 이 기간 동안 군사정부는 강력한 국가권력을 바탕으로 시장에 적극적으로 개입하였다. 특히, 국가와 노동 간의 관계에서는 1987년의 노동자대투쟁 이후부터는 국가의 노동통제력이 상실되었기 때문에 발전국가의 틀을 이때까지로 한정하는 것이 타당할 것이다. 따라서 이장은 목적은 1961~87년 기간의 권위주의적 군사정부 하에서 경제발전을 국가목표로 추진하였던 한국의 발전국가가 어떠한 방식으로 노동을 통제하였는지를 분석하는 것이다.

2. 권위주의적 발전국가와 노동통제

1) 발전국가의 노동통제 필요성

발전국가는 "경제성장과 산업화를 제일의 국가목표로 설정하고, 이를 달성하기

---

49 이점에서 발전국가론은 남미나 동아시아 국가들의 정치체제와 경제정책을 비판적 관점에서 바라보던 종속이론, 관료적 권위주의론, 국가조합주의론 등의 비판이론들과는 맥락을 달리한다.

위하여 유능하고 효율적인 관료제를 통하여 경제발전과정에 적극적으로 개입하는 국가이다(Johnson, 1999)."[50] 본래 Johnson(1982)은 발전국가 개념을 일본의 급속한 경제성장 과정에서 통상산업성(Ministry of International Trade and Industry, MITI)으로 대표되는 선도기구(pilot agency)의 역할을 이해하기 위하여 창안하였다. 그러나 후속 연구들은 일본보다는 동아시아 후발공업국의 고도경제성장과 이 과정에서의 국가의 개입주의적 역할을 규명하기 위한 용도로 사용하였다.

발전국가는 국가가 조정, 후원, 규제의 방식으로 적극적으로 시장에 개입하는 형태로서, 국가정책의 우선순위를 산업화와 경제발전에 두는 목표지향적 계획국가이다. 발전국가는 단기간에 경제발전을 달성하기 위한 압축성장을 지향하며, 이를 위해서 내수규모가 작은 소형국가들인 동아시아의 발전국가들은 수출주도 산업화전략을 채택하였다(Pirie, 2008). 또한 발전국가는 시장으로부터 자율적이고 유능한 국가관료제에 의해 뒷받침되어야 하는데, 경제발전을 견인할 조직으로서의 선도기구의 역할을 중시하였다(Jung, 2011). 일본의 통상산업성과 한국의 경제기획원이 대표적 선도기구이다. 그리고 발전국가는 국가와 자본 간에 발전연합을 구축하는데, 이를 매개하는 것이 국가가 통제하는 금융기관이다. 발전국가는 또한 경제정책과 산업정책을 국가정책의 중추로 설정하기 때문에 여타 정책들은 이를 위한 수단에 머무르는 경우가 많다.

그런데 동아시아의 발전국가는 영국 지배하의 홍콩을 제외하고는 모두 권위주의체제와 결합하였다. 이 점에서 동아시아의 발전국가는 권위주의적 발전국가이다. 권위주의적 발전국가는 경제의 세 주체인 국가, 자본, 노동 중에서 노동을 배제한 '노동 없는 발전연합(developmental nexus without labor)'을 지향하였다. 발전국가가 노동을 배제하는 이유는 첫째, 발전국가의 목표는 분배보다는 성장이었다. 따라서 성장제일주의 내지는 선(先)성장 후(後)분배 이념을 추구하였으며(설봉식, 2006), 이를 위해 시민사회의 분배욕구를 억제해야 했으며, 이는

50 발전국가는 서구 선진국의 시장·합리적 규제국가(market-rational regulatory state)와 사회주의국가의 계획·이념적 국가(plan-ideological state)에 대비되는 제3의 유형인 계획·합리적 개입주의 국가(plan-rational interventional state)이다.

노동통제를 필요로 하였다. 둘째, 우리나라의 발전국가는 산업화의 재원을 주로 외국 자본에 의존하였다. 1960년대에는 한일국교정상화, 월남파병 등으로 일부 재원을 유치하였지만, 여전히 무상원조에 주로 의존하였다. 그러나 이러한 빈약한 재원으로는 1970년대 이후의 중화학공업화를 위한 재원을 충당하기 어려웠다(오원철, 2006). 더구나 1970년대 이후로는 외국의 무상원조도 거의 종결되었다. 따라서 차관도입, 직접투자 등으로 외자를 유치해야 했다. 특히 차관에 크게 의존하였다. 이를 위해서는 사회안정과 산업평화가 필요하였으며, 이를 명분으로 노동세력을 통제하였다. 셋째, 발전국가는 수출주도 산업화 전략을 채택하였다. 내수시장이 불충실하였던 산업화 초기에 불가피한 선택이었다. 당시의 낮은 산업화 수준에서 수출상품의 경쟁력은 품질보다는 가격이었다(박진근, 2009). 특히, 노동집약형 경공업에 의존하던 상황에서 가격경쟁력을 확보하는 핵심은 인건비를 낮추는 것이었으며, 이를 위해 노동통제가 필요하였다. 넷째, 경제발전이라는 국가목표를 달성하기 위해서는 국민들을 일사분란하게 작동시켜야 했다. 이를 위해 병영국가의 구축, 국회의 무력화, 야당탄압 등과 더불어 노동통제도 필요하였다. 특히, 저항 노동세력은 정치사회 안정을 해치는 요인으로 간주하였다(윤진호, 2011). 따라서 노조의 정치활동을 억압하였다. 이처럼 발전국가는 경제발전 목표를 달성하기 위하여 노동통제가 필요하였으며, 이에 따라 권위주의체제는 다양한 방식을 동원하여 노동을 통제하였으며, 그 결과 노동세력은 크게 위축되었다.[51]

2) 발전국가의 노동통제 수단과 방식

발전국가는 노동세력의 순응을 확보기 위해서 다양한 통제수단을 동원하였다. 이와 관련해서는 다양한 이론들을 참조할 수 있다. 우선 사회통제이론은 사회

51 1961~87년 기간 중의 노사분규 건수는 연평균 100건 전후였으며, 노조원 수도 1970년대 후반이후부터 100만 명 전후에 불과하였다(통계청, 1998).

통제를 특정 사회나 사회집단의 규칙에 동조 혹은 순응하도록 규제하는 사회적 기재와 관련을 짓는다(Heimer, 1996). 사회통제의 두 가지 기본적 형태는 규범과 가치를 내면화하는 것과 벌칙(sanction)을 가하는 것이다. Ross(1970)는 사회통제를 공식적 사회통제와 비공식적 사회통제로 구분하였다. 전자는 일탈행동에 대해 벌금부과, 투옥 등의 제재를 가하는 것이다. 민주사회에서는 공식적 통제의 목적과 기재가 법률에 정해지기 때문에 국민들로부터 자발적 순응을 얻게 된다. 반면에 권위주의체제는 주로 힘, 검열, 추방, 정치적 자유의 제한 등과 같은 방식에 의존한다. 비공식적 사회통제는 개인들이 습득하고 있는 관습, 규범, 전통, 사회적 가치 등으로 명백하게 언급되지 않더라도 사회적으로 광범위하게 행사되고 있다. 비공식적 통제는 수용 가능한 행동은 보상하고, 수용할 수 없는 행동은 처벌한다.

국가가 정책목표를 달성하기 위해 사용하는 정책수단에 관한 논의도 인용할 수 있다. 정책수단은 정책목표 달성의 직접적 수단이 되는 실질적 정책수단과 이를 실현하기 위해 동원하는 도구적 정책수단으로 구분할 수 있다. Schneider and Ingram(1990)은 정책수단의 선택을 본질적으로 정치적 현상으로 보면서 다섯 가지 정책수단을 언급하고 있다. 첫째, 권위(authority) 수단으로 이는 법령이 사람들에게 특정한 행위를 하도록 권한을 부여하지 않고 있다고 믿는 경우에 필요한 정책수단이다. 둘째, 장려책(incentives)으로 대상 집단의 순응을 유도하기 위하여 유형적인 혜택이나 불이익을 주는 것이다. 셋째, 능력형성으로 이는 정책대상자들이 정책이 요구하는 활동을 하는데 필요한 정보, 교육, 자원 등을 제공하는 것이다. 넷째, 상징과 권고로 이는 특정 정책이 요구하는 행위에 대한 정책대상자의 인식을 바꾸는 것이다. 다섯째, 학습수단으로 이는 정책대상자들은 학습 결과를 토대로 가장 효율적인 정책수단을 선택한다는 것이다. Schaaf and Broussard(2006)는 정책수단을 권위(authority)와 권한부여(empowerment)로 구분하고, 권위에는 규제와 제재를, 권한부여에는 학습, 능력형성, 상징, 유인을 포함하고 있다.

그러나 이러한 논의들에도 불구하고, 권위주의체제의 노동통제를 분석하기 위해서는 사회세력에 대한 국가의 영향력 행사수단에 관한 Gamson의 이론과 이를 토대로 이익대표체계를 유형화한 Collier부부의 논의가 보다 적절할 것이다. 우선 Gamson(1969)은 국가의 영향력 행사수단을 제재, 유인, 설득으로 구분하였다. 제재는 국가가 현재의 상황에 불이익을 추가하거나 추가할 것이라고 위협함으로써 사회세력의 순응을 확보하는 것이다. 유인은 새로운 편익을 추가하거나 추가를 약속함으로써 순응을 확보하는 것이다. 설득은 주장의 정당성에 대한 확신을 심어줌으로써 순응을 확보하는 것이다. 현재의 상황에 새로운 것을 부가함이 없이 마음으로부터의 변화를 유도한다.

Collier부부(1979)는 제재와 유인을 국가가 사회집단을 통제하기 위하여 사용하는 수단으로 보고 있다. 제재란 국가가 사회집단의 행동을 규제하고, 리더십 행사와 요구수준을 통제하며, 사회집단의 일상적 운영에 대해서도 개입하는 것이다. 유인은 국가가 사회집단에 대해서 편익을 제공함으로써 국가가 동원할 수 있는 도구로 만드는 것으로, 이 역시 사회집단에 대한 국가통제의 일환이다. 따라서 제재와 유인 모두가 국가가 사용하는 통제의 수단이다. 이들은 이러한 두 가지 통제기재를 결합하여 이익매개체계를 억압(높은 제재, 낮은 유인), 국가조합조의(높은 제재, 높은 유인), 사회조합주의(낮은 제재, 높은 유인), 다원주의(낮은 제재, 낮은 유인)의 네 가지로 유형화하였다. 그리고 이를 남미국가의 노동통제에 적용하였는데, 제재의 하위변수로는 단체협약과 파업에 대한 통제, 요구의 종류 및 표현방법에 대한 통제, 지도부의 선출 및 충원의 통제, 업무상의 감독 및 조정을 들고 있다. 유인의 하위변수로는 사회집단의 등록, 단체구성권 부여, 독점적 이익대표권 부여, 성원가입의 강제, 재정보조를 언급하고 있다.

김순양(1997b)은 Schmitter(1974)가 이익매개체계를 유형화하기 위해 고안한 변수들이 지나치게 사회집단의 내부구조 측면에 치중하였다는 것과 Collier부부의 연구가 일부 변수가 모호하며, 남미의 경험에 기초하기 때문에 보편적인 적용에 한계가 있음을 지적한다.[52] 따라서 그는 구체적 하위변수와 관련하여

52 Schmitter(1974)는 다원주의와 조합주의를 구분하는 변수로서 수적인 제한, 다양성, 사회집단 설립의 자발성, 집단 간 경쟁성, 내부적 위계성, 이익대표영역 결정, 정부인가 여부, 이익대표의 독점, 지도부선출 및 이익표명을 들고 있다.

제재에는 설립과정, 지도부선출, 조직운영, 재정운용, 정치활동에 대한 국가의 통제를, 유인으로는 독점적 이익대표권 부여, 경쟁 집단의 제한, 성원의 강제, 재정보조, 지도부에 대한 콥테이션을 들고 있다.

본서는 기본적으로 우리나라의 권위주의적 발전국가가 제도권 노동세력과 저항 노동세력을 차별적으로 대하는 이원화된 노동통제전략을 구사하였다고 보며,[53] 구체적인 통제방식과 관련해서는 전술한 Collier부부의 논의를 주로 인용한다. 이는 우리나라의 발전국가는 강력한 권한과 자체적 이해를 가지고 경제정책과 노동정책을 위로부터 주도적으로 설계하였다는 점에서, 높은 제재와 높은 유인이 결합되는 국가조합주의의 특성이 강하기 때문이다. 본서는 제도권 노동세력에 대한 국가통제와 관련해서는 제재의 측면에서는 노조의 설립, 지도부선출, 재정운용 과정에서의 국가통제를, 유인의 측면에서는 독점적 이익대표권의 부여, 제도적 접근통로의 부여, 재정보조, 노조지도부의 콥테이션이라는 네 가지를 분석변수로 선정한다.

그러나 저항 노동세력에 대한 국가통제는 달리 이해해야 한다. 국가조합주의적 통제는 국가가 승인하는 노동세력에 대해서는 적용할 수 있지만, 국가통제에 불응하는 저항 노동세력에게 적용하기는 어렵다. 이들에 대해서는 유인의 방식은 거의 사용하지 않기 때문이다. 이들에게는 제재의 방식을 주로 사용하는데, 이 경우도 기존 이론들과는 다르게 조직파괴, 인신구속, 집단해고 등이 행해진다. 특히, 발전국가가 일인지배체제와 결합하면서 경찰, 검찰, 정보기관, 군 등의 억압적 국가기구를 총동원하여 불법적이고 폭력적인 방식으로 제재를 행사한다. 이는 노동통제가 경제발전뿐만 아니라, 정권유지를 위해서 필요하기 때문이다. 그리고 저항 노동세력에 대한 제재는 노동쟁의 시에만 행해지는 것이 아니라, 감시, 회유, 협박 등의 방식으로 일상적이고 은밀하게 행사된다(조승혁, 1984).

그리고 국가의 노동통제는 법제적 통제를 바탕으로 한다. 노동통제와 관련한 기본적 법제는 노동조합법, 노동쟁의조정법 등의 노동관계법이다. 이러한

---

53 우리나라의 발전국가는 순응하고 지지하는 노동세력에 대해서는 합법적이고 제도적인 위상을 부여하고 포용한 반면에, 불응하고 저항하는 노동세력에 대해서는 억압하고 배제하였다.

법규를 통하여 노조의 조직형태, 노동쟁의 조정방식, 조합비 징수 및 사용방식, 행정관청의 쟁의행위 개입 등의 기본적인 노동통제가 이루어진다. 그러나 주의할 점은 법제라는 것은 재량권 오·남용, 편의적·선별적 적용, 현실과의 괴리 등의 소지가 크다는 것이다. 권위주의체제는 법제와는 무관하게 탈법적, 불법적 노동통제를 행할 개연성도 크다(최장집, 1988). 따라서 법제만으로는 국가에 의한 노동통제의 전모를 파악하기가 어렵다. 더구나 우리나라의 권위주의체제는 국가보안법, 반공법, 긴급조치, 집회 및 시위에 관한 법률, 국가보위법 등의 질서유지법들을 노동통제에 적극적으로 사용하였다. 어떤 면에서는 이것들이 보다 효과적이고 실질적이었다. <그림 7>은 이상에서 언급한 내용들에 기초한 이장의 연구 틀이다.

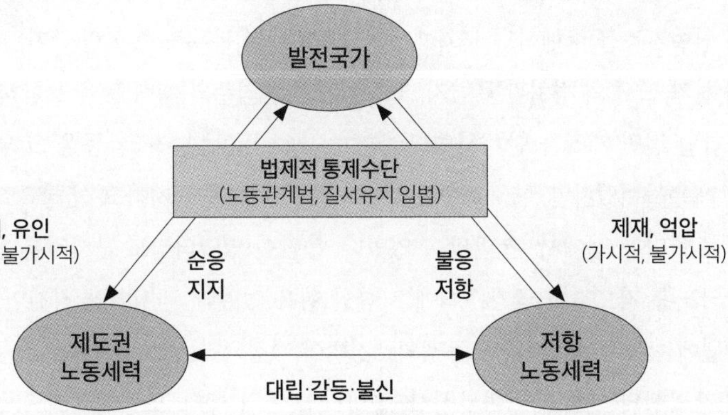

<그림 7> 이장의 연구 틀

3. 권위주의적 발전국가의 노동통제 법제기반 구축

1) 통제 지향적 노동관계법

국가의 노동통제 실상을 파악하기 위해서는 노동관계법을 살펴보는 것이 우선적이다. 그러나 유의할 점은 법의 내용과 실제적용은 다를 수 있으며, 법은 선별적, 차별적, 편의적으로 적용될 수 있다는 점이다. 이는 사회현상을 분석하는 데서 법제적 접근이 가지는 한계이지만, 그래도 법제적 접근은 가장 기본적인 연구방법이다(Hudson and Lowe, 2004).

1961년의 5.16 군사정부는 군사혁명위원회 포고령 제5호와 제6호를 통해서 일체의 집회, 시위, 노동쟁의를 금지하였다. 모든 정당 및 사회단체를 해산하고, 정치성이 없는 구호단체, 노동단체, 종교단체는 절차에 따라 재등록하도록 하였다. 이 과정에서 155개 단위노조와 22개 연맹체가 등록미필로 해체되었다. 1961년 8월에는 '근로자의 단체활동에 관한 임시조치법'을 공포하고 전국단위노조 재건을 지시하고 재건의원을 지명하였다. 이에 따라 11개의 산별노조가 결성되고 한국노동조합총연맹이 출범하였다(노동부, 2006).

이후 5.16 군사정부는 1962년 12월 헌법을 개정하고, 1963년 4월에는 당시 입법기능을 수행하던 국가재건최고회의에서 복수노조 설립 금지, 노사협의회 설치, 노조의 정치활동 금지, 노조설립의 준칙주의 채택 등을 포함하는 노동조합법 전면 개정을 단행하였다(한국경총, 1989).[54] 이는 노조활동을 크게 제약하는 내용들이었지만, 한국노총은 복수노조의 설립을 금지하고 산별노조를 허용하고 있다는 점에서 큰 반발이 없었다. 불만이 있었더라도 군사정부가 지명한 한국노총 지도부가 국가정책에 저항할 힘은 없었다. 민정이양 직전인 1963년 12월에는 노동조합법과 노동쟁의조정법이 개정되었는데, 여기에는 노동위원회의 쟁의행위 사전 적법여부심사, 공익사업 범위 확대, 노동위원회 구성에서의 공익대표 확대,[55] 노동위원회 결의에 의한 노동조합해산 허용, 행정관청의 긴급조정 등 노동통제 조항들이 많이 포함되었다(김성수, 1997).

1970년 1월에는 '외국인투자기업의 노동조합 및 쟁의조정에 관한 임시특례법'이 제정되었는데, 이는 외국인의 직접투자를 유도하기 위해 외국인투자기업 내의 산업평화와 저임금체계를 유지하는 것이 필요하였기 때문이다. 동법에

54 노조설립의 준칙주의 채택은 노조설립 신고에 대한 반려제도를 둠으로써 사실상 허가주의로 전환한 것이다.

55 노동자, 사용자, 공익대표를 각각 3:3:5로 하였다.

의해 외국인투자기업체는 노조설립이 사실상 금지되었으며, 강제중재를 가능하게 함으로써 노동쟁의 역시 사실상 금지되었다(한국경총, 1989). 이에 대해 노동단체들은 반대하였지만 역부족이었다.

1972년 유신체제가 출범한 이후에는 노동통제가 더욱 강화되었다. 즉, 1973년 3월 노동관계법을 개정하여 노사협의회의 기능을 노조의 교섭기능과 분리하여 노사협의회는 생산성 향상 및 근로자의 불만처리를 주로 협의하게 하였으며, 산별노조체제를 기업별 또는 사업장별 노조체제로 전환할 수 있게 하였다. 그리고 노동쟁의의 요건을 강화하였으며, 국회의 동의가 필요하였던 공익사업의 지정을 대통령령으로도 할 수 있게 하였다. 또한 노동쟁의의 적법성 심사를 노동위원회로부터 행정관청으로 이관하였다(박승두, 1996). 그러나 이러한 노동통제에 대해서 유신초기의 노동세력이 반대할 수는 없었다.

1980년의 군사정변을 통해서 집권한 전두환 정부는 1980년 12월 노동통제를 강화하는 방향으로 노동관계법을 다시 개정하였다. 기업별노조의 조직형태만을 인정하였으며, 노동쟁의에 대한 제3자 개입을 금지하였다. 노동조합 임원의 결격사유를 강화하였으며, 위법·부당한 단체협약의 내용에 대한 행정관청의 취소를 허용하였다. 예외적으로 인정되던 유니온 숍(union shop) 제도를 금지하였다.[56] 또한 공공기관 및 방위산업체의 쟁의행위를 금지하였다(한국노총, <1980년 사업보고서>, 1981). 이러한 노동통제 입법에 대해서, 억압적인 군사정부 초기에 노동세력의 저항은 불가능하였다.

그러나 1980년대 중반부터 정치적 위기에 직면한 전두환 정부는 일련의 정치적 유화조치를 취하지 않을 수 없었으며, 이는 노동관계법 개정에도 영향을 미쳤다. 즉, 1986년 12월 노동관계법을 개정하여 전국단위노조의 단위노조 쟁의행위 개입을 허용하였으며, 조합비의 일정비율을 의무적으로 복지후생사업에 사용하게 했던 규정을 삭제하여 노조의 재정운영 상의 자율성을 확대하였다. 노조 해산명령에 대해서도 보다 엄격한 조건을 두었다. 따라서 적어도 법

56 유니온 숍 제도는 고용주는 조합원 이외의 근로자까지도 자유로이 고용할 수 있으나, 일단 고용된 근로자는 일정기간 중에 조합원이 되어야 한다는 제도이다(김성수, 1997).

제적으로는 노동통제가 상당부분 완화되었다.

1987년 6월 항쟁과 7~9월의 노동자대투쟁을 거치면서 집권말기의 전두환 정부는 노동통제 능력을 사실상 상실하였다. 이는 1987년 11월의 노동관계법 개정으로 연결되었다. 여기서는 노조의 조직유형과 설립형태를 자율화하였으며, 노조의 규약 및 결의에 대한 취소·변경명령의 요건을 엄격하게 제한하였다. 노조임원의 자격규정과 행정관청의 노조해산 및 임원개선 명령권을 삭제하였다. 노조의 단체교섭 위임도 자유롭게 하였다(노동부, 2006).

이처럼 노동관계법을 통한 노동통제는 권위주의적 발전국가 하에서 지속적으로 강화되었으며, 이는 제도권 노동세력에 대한 순응확보는 물론, 저항 노동세력을 억압하는 데도 효율적인 수단이었다. 그러나 1980년대 중반이후부터는 민주화 운동이 본격화되면서 국가의 노동통제력이 약화되었으며, 그 결과 노조의 자율성을 강화하는 방향으로 노동관계법이 개정되었다. 특히, 1987년의 민주화투쟁과 노동자대투쟁을 계기로 국가의 노동통제력이 상실되었으며, 1987년 11월의 노동관계법 개정은 이것이 공식화된 것이다.

2) 억압적인 질서유지법

한국의 발전국가는 노동관계법 외에도 국가보안법, 반공법, 긴급조치, 집시법, 국가보위법 등 다양한 질서유지법들을 노동통제에 동원하였다. 이들 중에서 국가보안법은 1948년 12월 제정된 이후 수차례의 개정을 거치면서 지금까지 존속하고 있다. 1962년 10월 개정된 국가보안법은 정부를 참칭하거나 국가를 변란할 목적으로 설립된 단체를 반국가단체로 규정하고, 이와 관련되는 행위를 처벌하기 위한 법률이다. 국가보안법은 1980년 12월 반공법과 통합되면서 한 차례 개정되었지만, 박정희, 전두환 정부 하에서 큰 틀은 유지되었다. 반공법은 1961년 7월 제정되어 1980년 12월 국가보안법에 통합되기까지 "...반공체제를 강화함으로써 국가의 안전을 위태롭게 하는 공산계열의 활동을 봉쇄하고 국가의 안전과 국민의 자유를 확보함"(제1조)을 목적으로 존속하였다(김영명, 2003).

반공법이나 국가보안법을 위반한 경우에는 노동쟁의조정법의 적용에서 제외하였다(반공법 제9조). 이러한 법들은 반국가단체 활동을 방지하기 위한 질서유지법이지만, 법의 내용이 모호하고 추상적인 것들이 많아 민주화세력이나 저항 노동세력을 억압하는데 오·남용될 소지가 컸다.

"집회 및 시위를 보호하고 공공의 안녕과 질서를 유지함"을 목적으로 1962년 11월 제정된 집시법은 법의 의도와는 달리, 합법적 집회나 시위를 보호하기 위한 것이라기보다는 반정부 집회와 시위를 통제하는 데 치중하였다. 내용면에서도 "민주적 기본질서에 위배되는 집회 또는 시위"의 금지(제3조 3항) 등 추상적인 것들이 많아 행정권의 오·남용 가능성이 컸다. 긴급조치는 헌법적 효력을 갖는 특별조치로서, 1974년 1월 제1호가 발동된 이래 1975년 5월의 제9호까지 유신체제를 떠받치는 버팀목이었다(이종석, 2004). 특히, 총14조에 이르는 억압적, 탈법적 조치사항들을 포함하고 있던 긴급조치 제9호는 1975년 5월부터 1979년 12월까지 존속하면서 유신체제 후반기를 지탱하였다(조선일보사, 1980). 긴급조치는 국민의 기본권과 인권을 침해한 악법으로서 2013년 3월 헌법재판소로부터 위헌결정을 받았지만, 1970년대의 유신체제가 민주세력 및 저항 노동세력을 통제하는 데서는 효과가 있었다. 국가보위에 관한 특별조치법(국가보위법)은 1971년 12월 제정되었는데, 본래는 국가비상사태의 법적 근거를 부여하기 위한 한시 입법이었으나 1981.12월까지 존속하면서 유신체제를 지탱하였다(김삼수, 2004). 국가보위법의 내용 중에서 노동통제에 직접 관계되는 것은 제9조로서, 단체교섭권 및 단체행동권 행사에 대한 행정관청의 조정권, 대통령의 단체행동권 규제권한 등이 있어 노동3권 중에서 단결권을 제외한 두 개의 권한을 사실상 통제하였다. <표 9>는 유신체제 하에서 상기한 질서유지법들에 의거하여 구속된 인원들이다.

<표 9> 유신체제하 질서유지법에 의한 구속자수 (단위: 명)

	국가보안법	반공법	집시법	국가보위법	긴급조치	계
1972	278	437	52	-	-	767
1973	76	445	37	-	-	558
1974	86	269	19	-	-	374

1975	74	328	82	-	-	489
1976	121	386	32	-	193	741
1977	35	322	-	-	157	515
1978	30	208	12	11	215	479
1979	57	194	26	-	160	438

출처: 김순양(2014)에서 인용함.

4. 권위주의적 발전국가의 노동통제 실태 분석

한국의 발전국가는 1970년대 들어 1971년의 국가비상사태 선언과 1972년의 10월 유신을 기점으로 권위주의체제로 전환하였다. 국가의 노동통제 양태도 크게 변화하였다. 이원화된 노동통제가 시작되어 순응하는 제도권 노동세력에 대해서는 인정을 하고 유인책을 제시한 반면에, 불응하는 노동세력은 불법화하고 배제하였다. 1979년 10월 박정희 대통령의 사망으로 일시적인 정치해빙기가 도래하자 모든 노동단체들이 국가로부터의 자율성 확보를 위해 투쟁하였다. 그러나 또 다른 군사정변을 통해 등장한 전두환 정부는 1970년대의 권위주의체제를 재현하였다. 순응하는 노동세력은 포용하고 불응하는 노동세력은 배제하였다. 1960년대까지는 저항 노동세력이 미미하여 노동세력의 속성을 명확하게 구분하기 어려웠지만, 1970년대 이후부터는 한국노총 중심의 제도권 노동세력과 흔히 민주노조로 불리는 저항 노동세력이 분리되며, 국가의 노동통제도 이원적이고 차별적인 것으로 구체화되었다.

1) 제도권 노동세력에 대한 통제

한국의 권위주의체제는 제도권 노동세력에 대해서는 제재와 유인을 결합하는 국가조합주의적 통제를 행하였다. 구체적으로, 제재의 측면에서는 노조설립, 지도부선출, 재정운용 등을 통제하였다. 우선 노조설립 과정을 보면, 5.16 군사정변 직후에 군사혁명위원회 포고령 제6호(사회단체 및 정당해산령)에 따라 한국노총을 포함한 모든 노조를 해산하였으며, 동시에 수백 명의 노조간부들을 구속하였다. 이후 1961년 8월부터 사회단체등록에 관한 법률에 의거하여 노동단체의 등록이 허용되었으며, 군사정부는 舊노조지도자와 자유당 정권하의 어용간부들을 배제하고 젊은 보수파 지도자들로 노동조합재건위원회를 구성하고, 노조를 산별체제로 재건하도록 지시하였다(한국노총, 1990). 동 위원회는 1960년 8월말까지 12개의 산별노조를 재건하였으며, 재건총회를 개최하고 한국노총을 재출범시켰다. 이처럼 국가는 1961년의 노조해산 및 재건과정에서 주도적 역할을 담당하였으며, 이 과정에서 주무부처인 보건사회부는 물론, 중앙정보부도 적극적으로 개입하였다(김순양, 1994c).

노조지도부 선출과정에서 국가는 주로 과도기에 개입하였다. 즉, 5.16이후 한국노총이 해산·재건 과정에서 군사정부는 노조지도부의 자격을 제한하고 노조재건위원을 지명하였으며, 이들 중 한명인 이규철을 한국노총위원장으로 만들었다(한국노총, 1979). 전두환 정부가 등장한 직후인 1980년의 과도기에는 기존의 노조지도부를 축출하는 방식으로 노조지도부 구성에 개입하였다. 즉, 신군부는 1980년 8월과 9월에 걸쳐서 대규모 노동계 정화작업을 단행하였는데, 산별노조위원장 11명을 포함한 노조지도부를 부정축재 혐의로 축출하였으며, 노조정화지침에 의거 191명의 노조간부를 노조임원에서 배제하였다(한국노총, <1980년도 사업보고서>, 1981).

그러나 이러한 과도기를 제외하고는 1961~87년의 기간 중에 국가가 한국노총의 지도부 구성에 직접 개입하였다는 증거는 없다. 이는 이 기간 중에 대의원들의 현장투표로 노총위원장을 직접 선출하였으며, 근소한 차이로 당락이 결정되거나 2차 투표에서 결정되는 등 한국노총 지도부선출이 매우 경쟁적이었던 데서도 입증된다. 그러나 이는 어디까지나 한국노총 지도부선출 과정의 경우이며, 산별노조나 단위노조 단위에서는 노동부처, 경찰, 정보기관 등이 다양한 형태로 개입하였다(최장집, 1988). 한국노총의 경우도 이러한 지도부선출 과정이 한국노총의 자율성을 의미하지는 않는다. 국가정책에 순응적이었던 한국노총은 누가 지도부로 선출되든 다양한 방식으로 통제가 가능하였다. 따라서 지도부 선출과정에 무리하게 개입할 필요가 없었다.

국가는 노조의 재정운용도 통제하였다. 이는 노조의 재정자립도 및 재정운용 상의 자율성과 관계되는 것이다. 우선 재정자립도 면에서 한국노총은 1960년대에는 비교적 자립도가 높았으나,[57] 1970년대부터는 국가보조금에 대한 의존도가 높아졌다. 특히, 1980년대에는 기업별노조체제로 전환되면서 회비수입이 크게 감소하였는데, 1983년의 경우 한국노총의 총수입 중에서 회비수입이 차지하는 비중은 54.1% 정도였다. 별도의 특별회계를 보면, 국고보조금 415,379천원, 외부단체보조금 123,700천원으로 해당연도의 회비수입을 크게 상회하였다(노동부, <노동백서>, 1984). 그런데 국고보조금이 지급되면 이에 대한 국가의 감독과 통제가 수반된다. 또한 노동조합법에 의해서도 노조의 재정 자율성이 제한되었다. 노동조합법에서는 조합비를 노동자 임금의 2%를 초과할 수 없도록 상한선을 두었다. 1980년 12월의 노동조합법 개정으로 조합비 중에서 일정비율은 반드시 조합원의 복지후생사업에 사용하도록 규정하였다. 그리고 노조는 조합원으로부터 정치자금을 징수하거나 노조자금을 정치자금에 사용할 수 없었다(이원보, 2013).

국가는 제도권 노동세력이 요구를 자제하고 국가통제에 순응하며, 국가와 현장노조의 중간에서 노동자들을 규율해 주는 대가로 다양한 유인을 제공하였다. 그 중에서도 핵심적인 것들이 특정 노동세력에게 독점적 대표권을 부여하는 것, 제도적 접근통로를 부여하는 것, 직접적인 재정보조, 노조 지도부를 국가기관 등에 영입하는 것이다(김순양, 1997b).

독점적 이익대표권의 부여 측면에서, 국가는 1963년 4월의 노동조합법 개정으로 복수노조 설립을 금지함으로써 국가의 승인을 받은 노조만이 노동자를 대표할 수 있도록 함으로써 제도권 노조의 독점적 이익대표권을 보장하였다. 실제로 1960년대 초반 한국노총 재건과정에서 배제된 일부 인사들이 한국노동조합총연합회라는 별도의 노조설립을 시도하였으나, 군사정부에 의해 해체되었다(한국노총, 1979). 1970년대에 노동현장에서 기존의 노조를 민주노조로 대

57 예로서, 한국노총의 1965년도 회비수입은 총수입(298만원)의 79.8%인 238만원이었다(한국노총, <1965년도 사업보고서>, 1966).

체하려는 시도가 많았지만 국가에 의해서 저지되었다. 단일노조 체제는 ILO 등의 국제기구들의 권고에도 불구하고 1980년대 후반의 민주화이후에도 상당기간 지속되었다(안재성, 2008). 물론, 이는 복수노조를 인정하면 국가의 노동통제가 어렵기 때문이기도 하지만, 복수노조체제 하에서 노동쟁의가 격화되면 산업경쟁력이 약화되어 경제발전에 장애가 되기 때문이다. 제도권 노조에 대한 독점적 이익대표권 부여는 노조원 확보와 회비징수를 용이하게 하고 경쟁노조의 등장을 방지한다는 점에서 큰 유인책이다(Ho, 2006).

특정 노조에게 제도화된 접근통로를 부여하는 것도 중요한 유인책이다. 이 경우에 노조는 안정적으로 자신의 이해를 정책과정에 투입할 수 있다. 발전국가는 순응하는 노동세력에게는 각종 정부위원회나 협의기구에 제도적으로 참여할 수 있게 하였다. 구체적으로, 제도권 노동세력의 정부기구 참여는 1960년대 이후 본격화되었는데(김순양, 1994c), 1970년대에는 삼자협의체 성격을 갖는 중앙노사간담회 및 지방노사간담회가 설치되어 한국노총 대표들이 참여하였다. 1980년대에도 1980년 12월 노동정책, 임금수준, 노동조건 등을 협의하기 위하여 중앙노사협의회 및 지방노사협의회가 설치되었다(총무처, 1992). 제도권 노동세력에 대한 정부기구 참여는 노동의 요구를 수렴하는 장치이면서 노동세력의 순응을 확보하기 위한 유인책이었다.

특정 노동세력에 대한 재정보조는 보다 적극적인 유인책이다(Keeler, 1985). 1960년대 한국노총은 재정의 상당부분을 비영리재단인 아세아재단에 의존하였다. 그러나 1960년대에는 국가의 재정능력이 취약하였기 때문에 노조에 대한 직접적인 재정지원은 적었으며, 대신에 국가소유의 건물을 한국노총에 무료임대하였다. 1970년대에는 국가의 재정보조가 크게 증가하였다. 국가는 노총회관 건립기금을 지원하였으며, 노동자복지시설 건립, 노동교육원 건립, 노총간부교육 등에도 국고를 보조하였다. 1977년에는 국고보조금을 주요 재원으로 하는 노총장학회가 설립되었다(한국노총, <1977년도 사업보고서>, 1978). 1980년대 들어서는 국고보조가 더욱 증가하고 정례화 되었다. 보조금액을 보면 1981년 6,950백만원(한국노총교육원 건립지원 포함), 1982년 95백만원, 1983년 415백만원, 1984년 33백만원, 1985년 690백만원, 1986년 470 백만원, 1987년 562백만원 등이었다. 제도권 노동세력에 대한 국가보조는 노조의 정부의존을 심화시켜 순응을 확보하는데 효과적이었다.

국가는 주요 노조간부들을 국가기관에 콥테이션함으로써 이들의 순응을 유도하였다. 콥테이션은 조직이 환경으로부터의 위협요인에 대처하기 위한 수단으로 조직의 의사결정의 지위에 위협이 되는 인사들을 영입하는 것인데, 국가조합주의적 통제방식의 하나로도 언급된다(Zeigler, 1988). 콥테이션 된 노조지도부는 국가와 노조원의 중간에서 노조의 요구를 자제시키고 국가시책을 전달하는 매개자의 역할을 하게 된다. 구체적으로 1960년대까지는 노조간부들에 대한 콥테이션이 많지 않았으며, 간혹 있더라도 비중이 적은 자리였다. 그러나 1970년대 들어서는 권위주의체제로 전환되면서 노조간부들에 대한 콥테이션이 활성화되었다. <표 10>에서 보듯이, 네 명의 노조간부들이 여당이나 친정부단체에 영입되었다. 1980년대의 전두환 정부에서는 노조간부들의 국가기관 진출이 더욱 증가하였다. 특히, 1970년대는 대부분이 여당의원직에 영입이 되었지만, 1980년대에는 여당뿐만 아니라 행정부로도 콥테이션이 되었다. 전두환 정부 하의 네 명의 노동부 장관들 중에서 권중동, 이헌기, 정한주 세 명이 한국노총 출신이었다(김순양, 1996). 이는 노동의 순응을 유도하기 위한 유인책의 성격이 강하였다.

<표 10> 군사정부 하에서의 노조간부의 국가 및 준(準)공공기관 콥테이션

시기	성명 (노조 직책)	국가 및 준공공기관 보직
1960년대	이규철(한국노총위원장)	홍익회이사, 재건국민운동중앙회위원
	이춘희(한국노총위원장)	국제기능올림픽한국위원회 부위원장
1970년대	이찬혁(한국노총위원장)	공화당 의원
	최용수(한국노총위원장)	유정회 의원 및 근로복지공사 사장
	배상호(한국노총위원장)	한국반공연맹 자문위원
	권중동(체신노조위원장)	유정회 의원

1980년대	이찬혁(한국노총위원장) 권중동(한국노총위원장) 이헌기(한국노총사무차장) 정한주(한국노총위원장) 최봉상(한국노총사무차장) 장경우(외국은행지부위원장)	민정당 의원 노동부장관, 노동청장, 민정당 의원 노동부장관 및 민정당 의원 노동부장관 및 입법위원 평통 자문위원 민정당 의원

출처: 한국노총(1990), 김영래(1987), 김순양(1994c) 등에서 발췌함.

2) 저항 노동세력에 대한 통제

발전국가는 저항 노동세력에 대해서는 제도권 노동세력과는 다른 형태로 통제하였다. 제도권 노동세력에게는 제재와 유인을 동시에 사용하였으며, 제재의 방식도 비교적 온건한 방식을 사용하였다. 물론 경찰이나 정보기관 등의 음성적 개입은 있었지만, 이 정도만으로도 제도권 노동세력의 순응을 확보하는 데 어려움이 없었다. 그러나 저항 노동세력에 대해서는 유인의 방식은 거의 사용하지 않았으며, 제재에 주로 의존하였다. 제재의 방식도 억압과 탄압의 형태였다. 이는 정통성이 부족하였던 당시의 발전국가가 저항 노동세력을 단순한 노동조직이 아닌 체제위협 세력으로 간주하였기 때문이다(조승혁, 1984).

저항 노동세력에 대한 구체적인 통제방식을 살펴보면, 5.16 군사정부는 한국노총에서 배제된 일부 노동세력들이 1963년 2월 한국노련 결성준비대회를 개최하자, 동일 사업장에서의 복수노조 설립을 금지함으로써 저항 노동세력의 등장을 봉쇄하였다(장명국, 1985). 한국노련이 한국노총 창립대회 무효소송을 제기하자 법원은 이를 기각하였으며, 군사정부는 노동조합법 상의 노조설립 허가제와 복수노조 금지조항을 이유로 한국노련 소속 단위노조 간부들을 구속하였다. 이에 따라 한국노련은 해체되었다. 군사정부는 또한 일부 산별노조 간부들이 추진했던 민주노동당 창당 작업도 무산시켰다.

1963년 12월의 민정이양 이후 1960년대는 대통령직선제가 유지되는 등 정치적 자유와 노조활동이 어느 정도 허용되었다. 한국노련 해체 이후에는 저항 노동세력도 한국노총 산하의 단위노조로서 쟁의행위를 하였다. 특히, 1960년대는 외국인투자기업노조(외기노조)와 정부관리기업체노조의 쟁의행위가 활발하였으며, 이 외에도 섬유, 화학 등의 제조업 노조도 노동쟁의를 하였다(이원보, 2013). 그리고 1960년대에는 한국노총이나 산별노조 차원에서도 노동법개악 반대투쟁, 자본시장육성법제정 반대투쟁, 외국인투자기업 쟁의규제입법 반대투쟁 등 저항적 노동활동을 하였다. 이에 대해 국가도 일방적 제재보다는 조정과 화해의 방식에 상당부분 의존하였다.[58] 이러한 사실은 민정이양 이후 1960년대의 노동청장 세 명이 모두 정치인 출신이었던 데서도 간접적으로 입증된다. 노사문제를 정치적으로 해결하려는 국가의 의지가 있었다고 볼 수 있는 것이다(한국노총, 1990).

그러나 1970년대부터는 저항 노동세력에 대한 국가의 통제방식이 완전히 바뀌었다. 통치형태가 전체주의적 권위주의체제로 전환한데다 저항 노동세력의 성격도 크게 변하였기 때문이다. 정치체제 면에서, 박정희 정부는 1971년 12월 국가비상사태를 선포하였으며, 이어서 1972년 10월 유신체제를 도입함으로써 대통령에게 권력이 집중되는 일인지배체제를 구축하였다. 대통령직선제를 폐지하였으며, 대통령의 임기를 6년으로 연장하고 연임제한 규정을 폐지하였다. 대통령에게 국회해산권을 부여하고 국회의원 정수의 1/3을 지명하게 하여 국회를 무력화시켰다. 아울러 대통령의 긴급조치권 발동을 통하여 저항세력의 반정부활동을 봉쇄하였다(심지연, 2004; 최한수, 2004). 1970년대에는 저항 노동세력의 성격도 크게 달라졌다. 1960년대 까지는 한국노총과 산별노조라는 틀 내에서 활동을 하였으며, 외부세력과의 연대행위는 거의 없었다. 그러나 1970년 11월의 전태일의 분신을 계기로 민주노조세력이 등장하면서 기존의 한국노총 중심의 제도권 노조를 어용노조로 간주하고 노조 민주화를 주창하였다(김삼수, 2004). 도시산업선교회, 가톨릭노동청년회 등의 진보적 종교세력, 재야운동단체 등과 연대함으로써 반정부투쟁의 성격도 띠게 되었다.

58 1960년대 쟁의행위에 대한 조정현황을 보면, 공식적 조정인 노동위원회 조정이 24~37%, 행정관청의 비공식조정에 의한 화해, 반려, 취하 등이 55~74% 정도였다(민주화운동기념사업회, www.kdemocracy.or.kr).

이에 대해 국가는 저항 노동세력에 대해서 억압과 탄압으로 일관하였다. 노동쟁의에 대처하는 법 자체가 1960년대에는 노동관계법이었다면, 1970년대에는 긴급조치, 반공법, 국가보안법 등이 주로 동원되었다. 특히, 긴급조치는 1974년 1월 이후 아홉 차례에 걸쳐서 발동되었는데, 이들 중에서도 저항 노동세력을 억압하는 데 특히 중요한 것들이 긴급조치 4호와 9호이었다(이종석, 2004). 이러한 통제입법 하에서 국가는 저항 노동세력의 쟁의행위를 공권력으로 강제해산하거나 인신구속 등으로 대응하였다. 그리고 해고노동자들의 재취업을 막기 위해 블랙리스트(black list)를 작성하였으며, 민주노조를 반국가단체로 낙인을 부여하였다. 경찰과 정보기관을 동원하여 감시하였으며, 사용자의 사주를 받는 구사대, 제도권 노조 등과 협력하여 저항 노동세력을 파괴하고자 하였다.[59] 저항 노동세력에 대한 유신체제의 억압은 노동청장을 주로 경찰총수 출신(최두열, 최석원 등)으로 보임한 것으로도 알 수 있다(김순양, 1996). 노사분규를 치안유지 내지는 정권유지의 차원에서 대처한 것이다.

저항 노동세력에 대한 전두환 정부의 통제전략도 유신체제와 다르지 않았다. 1980년 5월에 집권한 신군부는 동년 8월 노동조합정화지침을 시달하고 산별노조위원장 12명을 포함한 노조지도부를 축출하고, 105개 지역지부를 해체하였다. 민주노조활동을 하였거나 한국노총민주화투쟁을 주도했던 노조간부 191명을 노동계 정화대상자로 제거하였으며, 일부는 삼청교육대에 수용되었다. 그리고 1980년 12월 노동관계법을 개정하여 산별노조를 기업별노조체제로 전환하고 제3자의 노동쟁의 개입을 금지하였다. 이어서 1981년 1월의 청계피복노조 해산을 시작으로 민주노조를 차례대로 해체하였다(조현연 외, 1990). 이 과정에서 국가기관, 기업, 어용노조 등을 동원하였으며, 저항하는 노조원들에 대해서는 해고, 고문, 가혹행위 등을 자행하였다.[60]

전두환 정부는 집권 중반기 들어 일련의 정치적 유화책을 사용함에 따라

59 동일방직노조에 대한 탄압이 대표적인 사례이다. 즉, 한국노총 산하 전국섬유노조 지부인 동일방직노조는 1972년 5월 최초로 여성 노조지부장이 선출되면서 민주노조운동을 시작하였다. 이에 대해서 국가와 사용자는 노조임원 임의해고, 매수, 사표 강요, 부서이동 등의 방식으로 노조파괴 공작을 벌였다(이원보, 2013).

민주노조 활동이 부활하였는데, 대표적인 것이 1985월 6월의 구로동맹파업이다. 이는 대우어패럴노조 탄압에 대해서 구로공단 내 여섯 개 노조가 동조농성을 하면서 발생한 것으로, 1980년대 최초의 동맹파업이다. 이에 대해 국가와 사용자는 노조간부들을 구속하고 파업참가자들을 해고하는 강경책을 구사하였다. 이후 저항 노동세력은 1985년 8월 서울노동운동연합, 1986년 2월 인천지역노동자연맹(인노련)을 결성하고 점거농성, 가두시위 등을 전개하자, 전두환 정부는 이들 단체를 국가보안법 상의 반국가단체로 규정하고 관련자를 구속하고 이들 단체를 사실상 해체하였다(김장한 외, 1989). 이 과정에서 성고문 등의 가혹행위가 자행되었는데, 대표적인 것이 부천경찰서 성고문사건이다. 그리고 노동행정 측면에서 전두환 정부는 1981년 4월 노동청을 노동부로 격상하고, 이후 네 명의 노동부장관 중에서 세 명을 노조간부 출신으로 임명하여 노동계 출신을 통해 노동세력을 통제하려 하였다(김순양, 1996).

이상에서 보면, 1970년대 이후 민주노조라는 저항 노동세력이 본격적으로 등장하였으며, 이에 대해 국가는 반공법, 국가보안법, 긴급조치, 집시법 등의 각종 통제입법을 동원함은 물론, 노동부처, 경찰, 사법기관, 정보기관, 기업의 노무부서와 구사대, 제도권 어용노조 등을 총동원하여 전방위적으로 억압하였다. 이 과정에서 집단해고, 강제진압, 블랙리스트 작성, 구사대 동원 등은 물론, 가혹행위, 사회적 낙인, 성적 수치심 자극 등의 다양한 불법행위와 인권유린행위를 자행하였다.[61]

---

60 전두환 정부 초의 노동통제 결과, 조직근로자수는 1980년 1,120천명에서 1981년 853천명, 1983년 786천명으로, 노동쟁의건수는 1980년 407건, 1981년 186건, 1982년 88건으로 계속 감소하였다(통계청, 1998).

61 이는 훗날 긴급조치에 의한 처벌이 위헌판결을 받고, 구로동맹파업 가담자 등이 민주화운동 관련자로 인정을 받은 데서도 입증된다(민주화운동 관련자 명예회복 및 보상 심의위원회, 2005).

5. 맺음말

1961~87년 기간 중의 한국의 발전국가는 경제발전이라는 국가목표를 달성하기 위한 방편으로 노동을 통제하였지만, 반드시 그것만은 아니었다. 군사정권 특히, 1970년대 이후에는 일인지배의 권위주의체제를 구축하고자 하였는데, 노동세력은 이를 유지하는 데 위협이 되는 저항세력이었다. 따라서 노동세력은 정권을 유지하기 위해서도 통제가 필요하였다(조승혁, 1984).

이에 따라 5.16 군사정부가 등장하면서부터 노동통제가 시작되었다. 짧은 기간 내에 노조조직을 모두 해산하고 재등록하게 함으로써 노동세력을 국가주도로 재편하였다. 그리고 1963년 4월과 12월 두 차례에 걸친 노동관계법 개정으로 노동통제를 위한 법제적 발판을 마련하였다. 또한 '외국인 투자기업의 노동조합 및 쟁의조정에 관한 임시특례법'을 제정하여 외국인 투자기업에서의 노조결성과 쟁의행위를 억제하였다. 다른 한편으로 순응하는 노동세력에 대해서 독점적 이익대표권 부여, 재정지원 등의 유인책을 동원하였다.

1970년대의 유신체제에서는 국가의 노동통제가 더욱 강화되고 체계화되었다. 법제적 측면에서 1973년 3월의 노동조합법 개정으로 노동통제가 강화되었지만, 국가의 노동통제 기반을 제공한 법제는 노동관계법보다는 긴급조치 등의 정치적 통제입법이었다. 이에 기초하여 권위주의적 발전국가는 이원적 노동통제 전략을 구사하였다. 제도권 노동세력에 대해서는 제재와 유인을 병행하여 순응을 확보하였다. 제재는 쟁의행위 억제, 재정운용 및 조직형태 규제 등의 가시적인 것들도 많았지만, 경찰과 정보기관을 동원한 감시, 약점 캐기, 회유와 협박 등도 많이 사용되었다(최장집, 1988). 아울러 1970년대에는 재정보조, 노조지도부에 대한 콥테이션 등을 통해 제도권 노동세력에 대한 유인책이 크게 증가하였다. 노사협의회와 공장새마을운동도 제도권 노동을 통제하는 데 유효하였다.[62] 반면에 저항 노동세력에 대해서는 다양한 수단을 동원하여 억압하였다. 각급 국가기관들은 물론, 회사 내의 노무부서와 구사대를 동원하여 민주노조 파괴를 획책하였다. 나아가서는 국가보안법, 반공법 등을 동원하여 저항 노동단체를 반국가단체, 용공집단 등으로 몰면서 이데올로기 공세를 강화하였다. 핵심적인 저항 노조세력에 대해서는 불법사찰, 회유, 협박, 고문 등의 인권유린 행위도 자행하였다.

1980년대 들어 신군부는 노조정화지침 등을 발동하고 저항 노동세력을 제거하였으며, 1980년 12월에는 노동관계법을 개정하여 노동통제를 강화하였다. 그리고 각종 국가기관과 기업의 노무부서와 구사대, 어용노조 등을 동원하여 저항 노동세력을 무력화하였다(조현연 외, 1990). 그러나 전두환 정부 중반기부터는 정치통제의 완화와 더불어 노동통제도 일부 완화되었다. 이에 따라 1986년 12월 노동관계법 개정으로 노조활동의 자율성이 다소 향상되었다. 그러나 여전히 저항 노동세력에 대해서는 물리력 행사는 물론, 법적, 이데올로기적 공세를 강화하였다. 그러나 1987년 7월 이후에는 집권말기의 전두환 정부는 노동세력에 대한 통제력을 상실하였다.

지금까지 1961~87년 기간의 발전국가의 노동통제를 제도권 노동세력과 저항 노동세력에 대한 것으로 구분하여 살펴보았다. 전반적으로 발전국가는 경제발전이라는 국가목표를 달성하기 위하여 노동통제가 필요하였으며, 궁극적으로는 노동을 배제하는 '노동 없는 발전연합'을 구축하였다. 그러나 이 시기의 노동통제는 순수한 경제적 동기에만 기인한 것은 아니며, 이에 못지않게 치안유지, 정권안보, 나아가서는 국가안보의 차원에서 행사되었다.

국가의 노동통제는 기본적으로 법제에 기초하였다. 노동관계법을 통하여 노동세력을 억압하였으며, 다양한 질서유지법들은 언제든지 노동통제에 동원되었다. 그러나 국가의 노동통제는 법제적 토대위에서만 행해진 것은 아니다. 오히려 일상에서는 탈법적 통제가 더 많았다. 국가기관의 불법사찰, 회유와 협박, 고문과 인권유린, 나아가서는 용공조작 등에 이르기까지 전방위적인 통제수단이 동원되었다. 그리고 국가와 기업은 노동통제에 이해가 일치하였다. 국가

---

62 노사협의회는 1960년대부터 단위사업장에 설치되기 시작하여 1970년대에는 거의 모든 사업장에 설치되었다. 노사협의회는 본래 작업환경, 고충처리 등이 주요 논의사항이었으나, 실제로는 임금협상도 여기에서 행하였다. 제도권 노동세력은 노조의 단체교섭 기능을 대체하는 노사협의회 설치에 찬동하였다(김삼수, 2004). 공장새마을운동은 상공부 지도 하에 상공회의소를 중심으로 추진된 생산성향상운동이다. 이는 공장 내의 새마을지도자와 새마을분임조가 중심이 되었는데, 노동윤리를 고취하는 등 일종의 한국형 품질관리활동이었다(최장집, 1988).

는 노동통제를 위해서 기업을 조종하였다. 군사 권위주의체제는 정치적 정통성의 결여를 경제발전과 국가안보를 통해서 메우고자 하였으며, 이 과정에서 절차적 정당성은 무시되고 노동은 통제의 대상이었다.

국가의 노동통제는 이원적 방식으로 전개되었다. 제도권 노동세력에 대해서는 제재와 유인의 방식을 결합하여 순응을 확보하였다. 제재에는 법적·제도적 제재와 노동부처를 통한 직권중재 형식의 개입도 많았지만, 억압적 국가기구를 동원한 음지에서의 일상적 통제가 다반사였다. 유인은 자리와 돈으로 이기심을 자극하는 방식이었다. 반면에 민주노조라는 저항 노동세력에 대해서는 제재 그것도 주로 억압과 탄압의 방식을 동원하였다. 감시, 회유, 협박, 노조파괴 공작 등의 사전통제는 물론, 저항이 발생하면 강제진압, 폭력행사, 고문 등의 탈법적 방식을 동원하였다. 그리고 기업을 압박하여 구사대 동원, 집단해고, 블랙리스트 작성, 노조해산 등도 행하였다.

그러나 발전국가 하의 이러한 노동통제는 양날의 칼이었다. 성실하고 근면한 노동인력은 국가에 의해서 규율되었지만, 이를 토대로 고도경제성장을 달성할 수 있었다. 그러나 국가의 노동통제는 노사 간에는 물론, 노노간에도 불신과 갈등을 잉태시켰으며, 노동인권은 무시되었다. 국가권력은 폭력적이고 비도덕적으로 행사되었다. 당시의 저임금, 장시간노동, 임금격차 등도 국가에 의한 노동통제와 관계가 있다. 따라서 발전국가의 노동통제는 지나간 역사가 아니며, 지금까지도 노동정책과 노사관계 전반에 영향을 미치고 있다.

제6장

사회집단의 지도부선출과 국가개입: 한국노총과 전경련

1. 서론

그동안 한국의 국가는 사회집단에 대해서 강력한 통제력을 행사하였다. 사회집단의 조직운영 및 이익투입활동 전반에 대한 통제는 물론, 주요 사회집단들을 정책집행과정의 보조자로서 기능을 하게 하였다. 따라서 우리나라의 국가와 사회집단 관계에 관한 논의들은 대부분이 조합주의모형 그 중에서도 국가조합주의모형을 주요 이론 틀로 인용하였다. 특히, 국가조합주의의 특성으로 빈번하게 언급되는 것은 사회집단이 요구표명 및 지도부선출에서 국가통제를 수용하는 대신에, 국가는 해당 사회집단에 대해서 특정영역의 독점적 이익대표권을 부여한다는 것이다.

이장에서는 다원주의모형과 더불어 국가와 사회집단 관계에 관한 대표적인 설명모형인 조합주의모형 특히, 우리나라의 경우에 주로 적용되어 왔던 국가조합주의모형의 주요 특성의 하나인 사회집단의 지도부선출과정에서의 국가개입 실태를 분석하고자 한다. 이를 통해서 그동안 당위론적으로 주장되어 온 사회집단에 대한 국가의 통제 실태를 실증해 보고, 만약 지도부선출과정에서 국가의 개입이 없었다면 국가는 또 다른 어떠한 통제수단을 사용하여 왔는지도 살펴보고자 한다. 시기적으로는 우리나라에서 국가와 사회집단 간에 유의미한 상호작용이 본격화되기 시작하는 1961년 이후부터 민주화이행기까지를 분석대상으로 하였다. 연구대상 사회집단으로는 대표적인 생산자단체인 노동단체로서의 한국노동조합총연맹(한국노총)과 경제단체로서의 전국경제인연합회(전경련)를 선정하였다. 이는 그동안의 경제발전과정에서 이들 생산자단체들이 국가의 주요 통제대상이었으며, 적어도 경제정책에 관해서는 타 사회집단에 비해서 중요한 역할을 수행하였기 때문이다. 그리고 사회집단의 지도부 범위는 포괄적일 수 있지만, 이장에서는 최고지도자(한국노총은 위원장, 전경련은 회장)의 선출과정에 국한하였다. 이는 부회장, 이사, 감사 등 여타 지도자의 경우는 최고지도자가 지명하거나 일괄 가부투표의 방식으로 선출되는 경우가 많기 때문이다.

2. 사회집단과 국가통제에 대한 이론적 논의

국가와 사회집단 간의 관계를 분석하기 위한 이론모형은 다양하지만, 전통적인 집단과정이론(group process theory)으로서의 다원주의모형과 이익매개의 한 유형으로서의 조합주의모형이라는 두 대칭적 이념형을 중심으로 논의를 하는 경향이 강하다. 다원주의모형은 국가를 갈등하는 이해관계를 조정하는 중립적인 중재자라고 보며, 국가와 사회집단 간에는 엄격한 경계가 있으며, 사회집단은 국가기구의 바깥에서 영향력을 행사한다. 국가는 특정 사회집단을 선택적으로 수용 혹은 배제하지 않는다. 따라서 사회집단으로서도 이익투입활동과 조직운영 등 모든 면에서 국가로부터 독립적이다. 지도부선출도 마찬가지이다. 국가는 개입능력이 없을 뿐만 아니라, 의사도 없다고 본다. 사회집단으로서도 국가기관과의 밀착은 오히려 성원들의 이탈을 조장하는 부정적인 것으로 간주하고 있다(Smith, 2013). 반면에 조합주의모형에서 가정하는 국가는 중립적 존재가 아니라, 자체이해를 보유하는 실체(entity)이다. 국가와 사회집단 간에는 경계가 불분명하며, 사회집단은 국가정책과정에 제도적으로 참여한다. 그리고 국가는 특정 사회집단에 대해서 독점적인 이익대표권을 부여하는 대신에, 사회집단의 이익표명과 내부운영에 개입하며, 사회집단의 지도부선출과정의 개입도 전반적인 국가통제의 일환이다.

따라서 사회집단의 지도부선출과정에서의 국가개입 현상은 조합주의적 특성의 것인데, 구체적으로 Schmitter는 조합주의를 다원주의와 구별해 주는 구조적, 행태적 요소로 수적인 제한, 단일성, 강제성, 비경쟁성, 위계성, 기능적 분화, 국가에 의한 인가, 이익대표의 독점, 지도부선출과 이익표명의 통제를 들고 있다(Schmitter and Lehmbruch, 1979). 이들 가운데서 단일성, 강제성, 비경쟁성, 위계성, 기능적 분화 등은 사회집단의 내부구조적 특성에 해당하며, 국가와 사회집단 간의 관계를 설명하는 변수는 사회집단의 수적인 제한, 국가에 의한 인가, 이익대표의 독점, 지도부선출과 이익표명의 통제 등이다. 이 경우 국가와 사회집단 간의 조합주의적 관계란 국가가 특정 사회집단에 대해서 경쟁 집단의 등장을 제한해 주고 독점적인 이익대표권을 부여해주는 대가로, 특정 사회집단은 설립과정에서 인가행위를 수용하고, 지도부선출과 이익표명에서 국가통제를 수용하는 교환관계가 발생하는 것이다(Wiarda, 2016).

Collier and Collier(1979)는 사회집단에 대한 국가통제의 유형을 제재(constraints)와 유인(inducements)으로 구분하였다. 제재란 사회집단의 집단행동을 규제하고 리더십과 요구의 수준에 대해서 통제를 가하며 사회집단의 일상적 운영에 대해서도 개입하는 것이다. 유인은 국가가 사회집단에 대해서 각종 편익을 제공하면서 동시에 국가가 동원할 수 있는 도구로 만드는 것이다. 이들은 제재의 하위변수로는 단체협약과 파업에 대한 통제, 요구의 종류 및 표현방법에 대한 통제, 지도부선출에 대한 통제, 업무상의 감독과 조정에 대한 통제를 들고 있으며, 유인의 하위변수로는 사회집단의 등록, 단체구성권 부여, 이익대표독점권 부여, 성원의 강제, 재정보조를 언급하고 있다. 그리고 조합주의를 국가조합주의와 사회조합의 두 가지로 구분하여, 국가조합주의는 높은 수준의제재와 높은 수준의 유인이 결합하는 유형이며, 사회조합주의는 낮은 수준의 제재와 높은 수준의 유인이 결합되는 유형이다.

사회집단의 지도부선출과정의 국가개입에 대해서 사회조합주의와 국가조합주의는 국가개입의 외형에 대해서는 동일한 견해이지만, 이러한 외형을 형성하게 되는 동기와 방법에 대해서는 견해가 다르다. 즉, 사회조합주의는 사회집단에 지도부선출과정에서 국가통제를 수용하는 동기가 해당영역의 이익대표권을 확보하기 위한 자발적인 것이라고 보는데 비해서, 국가조합주의는 의도된 국가목표를 창출하기 위한 국가로부터의 강요의 결과라고 본다. 따라서 국가는 사회집단의 지도부선출과정에서 적극적인 사전개입을 할 것으로 가정되며, 지도부의 자격에 대해서도 일정한 통제를 가한다는 것이다(Collier, 2018).

Stepan(1978)의 국가조합주의의 유형화에 따른 사회집단에 대한 국가의 차별적 통제에 관한 논의도 활발하게 진행이 되고 있는데,[63] 우리나라에서는 노동단체에 대해서는 배제의 방식을, 기업가단체에 대해서는 포용의 방식을 취하는 경향이 높다고 주장된다. 그러나 Stepan의 유형화는 주로 사회집단에 대한 국가의 일반적 정향 및 정책과정에서의 포용여부와 관련되는 것이며, 사회집단에 대한 통제 자체는 어느 유형의 조합주의에서든 존재하는 것으로 보고 있다. 다만 사회집단의 통제수용 동기가 조합주의 유형에 따라 다른 것이다.

결국, 사회집단의 지도부선출과정의 국가개입은 조합주의모형의 공통적인 특성이며, 일방적이고 적극적인 사전개입은 그 중에서도 국가조합주의적 성격의 것이다. 따라서 그동안 우리나라의 사회집단의 지도부선출과정의 국가개입에 관한 논의 및 주장은 대부분 국가조합주의적 특성에 관한 것이다.

3. 사회집단의 지도부선출과 국가통제: 한국노총과 전경련

1) 국가에 의한 사회집단 통제 추이

이장의 분석대상인 한국노총과 전경련에 대한 전반적인 국가통제 추이를 살펴

63 Stepan(1978)은 서구의 현실을 토대로 한 조합주의의 유형화가 신흥공업국 연구에는 부적절하다고 지적하면서, 사회집단에 대한 국가엘리트의 반응 및 이들에 대한 지배적 정책유형, 국가엘리트의 동맹집단 및 대항세력, 국가엘리트의 정당성의 원칙과 헤게모니 확보 가능성 등을 기준으로 국가조합주의를 융합적 조합주의와 배제적 조합주의로 구분하였다.

보면, 우선 한국노총은 1946년 좌익계열의 조선노동조합전국평의회(전평)에 대한 대항단체로서 우익 정치인들에 의해서 설립된 이래, 오랫동안 유일한 합법적 중앙노동단체로서 기능을 하여 왔다. 그러나 1961년 5.16 군사정변 이후 군사혁명위원회 포고령에 의거하여 주요 정당 및 사회단체가 해체되는 과정에서 한국노총도 강제 해산되었다. 이후 1961년 8월 '사회단체 등록에 관한 법률 중 개정법률'에 의거한 한국노총의 재건과정은 국가주도로 이루어졌다. 즉, 국가는 한국노동단체 재건조직위원회를 설립하고 각 산업별 재건조직 책임위원을 임명하고 이규철을 의장에 지명하였으며, 8월 30일 한국노총결성대회를 개최하게 하였다(한국노총, <1962년 사업보고서>, 1963).

전경련의 경우도 실질적 모태인 한국경제협의회가 5.16 군사정변 이후에 강제 해산되고 주요 회원들이 부정축재혐의로 구속된 바 있다. 이후 1961년 7월 주요 경제인 13명이 중심이 되어 경제재건촉진회가 국가개입으로 설립되었다. 동년 8월에는 임시총회에서 한국경제인협회로 개칭하고 이병철을 회장으로 선임하였는데(전경련, 1991), 이 과정에서도 국가가 개입하였다. 따라서 전경련의 실질적인 결성 동기는 경제인들의 자기방어와 국가개입에 의해서 국가재건을 위한 실천기구로서 설립된 것이다(전경련, <전경련>, 1982). 그러나 1963년 12월 제3공화국 출범이후에는 경쟁적 정치체제로 전환됨에 따라 사회집단에 대한 국가개입도 약화되었다. 한국노총의 경우는 5.16 군사정부 하에서와 같은 맹목적인 지지 및 동원의 행태에서 벗어나게 되었다. 즉, 한국노총은 1974년 7월 노동관계법 개정을 둘러싸고 전국노동자궐기대회를 개최하였으며, 1969년 12월에는 외국인 투자기업체에 대한 노조활동규제입법을 둘러싸고 가두시위를 벌이는 등의 실력행사를 하였다. 그리고 1970년 1월에는 정치활동을 선언하였다(한국노총, 1979).

전경련의 경우도 부정축재자 문제가 일단락되는 1963년 말부터 자기목소리를 내기 시작하였다. 즉, 전경련은 1967년 6월 총선을 둘러싼 시비에 대해서 시국담화를 발표하고, 정부·여당에 대해 조속한 진상규명을 촉구하였다. 그리고 전경련은 지속적으로 정치자금의 양성화를 주장하였는데, 그 결과 1965년 2월 '정치자금에 관한 법률'이 제정되었다(전경련, 1971).

그러나 1970년대 들어서면서 1971년 12월의 국가비상사태 선언을 기점으로 이후의 유신체제 하에서는 사회집단의 자율성은 상실된 채, 무조건적인 정치적 지지와 동원 행위를 하였다.[64] 즉, 한국노총은 1970년대에 국가비상사태 지지선언, 새마을운동 실천선언, 유신헌법 계몽, 긴급조치 지지환영 등 지속적으로 정치적 지지활동을 하였다. 따라서 노동자의 권익옹호라는 노동단체 고유의 역할은 거의 도외시 되었다. 전경련의 경우도 1970년대에는 국가 지지단체로 전락하였다. 유신헌법 지지, 6.23 평화통일외교선언 지지, 서정쇄신운동 참여 등은 물론, 각종 친정부 궐기대회를 주도적으로 개최하였다.

1980년대에는 군사정권이 재등장하면서 사회집단은 또 다시 정치적 통제 대상으로 전락하였다. 한국노총은 1980년 7월 '비상계엄 하 노동조합활동 지침'에 의거하여 활동이 일시 유보된 바 있으며, 동년 8월에는 노조정화조치의 일환으로 상당수의 노조간부가 노동계를 떠나게 되었으며, 한국노총 산하의 195개 지부가 해체되었다. 그리고 1981년 12월 제3자 개입금지와 기업별 노조체제로의 전환을 골자로 하는 노동조합법 개정이 있었다. 따라서 전두환 정부 초기에는 한국노총은 자율성을 거의 상실하였다(김장한 외, 1989). 전경련의 경우도 사정은 비슷하였다. 경제관료들이 경제정책을 주도하는 상황에서 전경련이 할 수 있는 역할은 정치헌금 제공과 정치적 지지행위 밖에 없었다.

그러나 1987년 6월을 기점으로 민주화 추세와 더불어 사회집단의 자율성도 획기적으로 증대하였다. 한국노총의 경우는 1987년 6월 이후부터 노태우 정부에서는 정치적 지지 및 동원행위는 자취를 감추었으며, 오히려 국가정책을 비판하고 과도하게 요구를 하는 정도였다. 전경련은 이 시기에도 국가정책을 적극적으로 지지하는 등 이전과 다를 바가 없었으나, 과거와는 달리 국가의 강요에 의해서라기보다는 자기방어책의 일환이었다.

이상에서 한국노총과 전경련에 대한 전반적인 국가통제 추이를 살펴보았는데, 비경쟁적이고 과도기적인 정치체제인 1961~63년의 5.16 군사정부, 1970

---

64 한국노총은 1972년 10월 유신에 대한 지지표명을 기점으로 국가이익 우선주의로 운동기조를 수정하였다. 이에 대해서 국가는 도시산업선교회 등 비(非)제도권 노동운동을 철저하게 탄압함으로써 한국노총의 독점적 이익대표권을 보장하였다.

년의 비상사태선언 이후, 1980년의 과도기에는 사회집단에 대한 국가통제가 매우 강하였다. 그리고 안정이지만 비경쟁적인 정치체제 해당하는 1970년대의 유신체제, 1980년대의 전두환 정부 하에서도 사회집단에 대한 국가통제 정도가 심하였다. 즉, 비경쟁적인 정치체제일수록 국가의 사회집단 통제가 강화된다는 보편적 주장이 입증되는 것이다. 그러나 1960년대의 제3공화국, 1987년 6월 이후의 과도기 및 노태우 정부 하에서는 사회집단의 자율성이 크게 증가하였다. 즉, 경쟁적 정치체제 하에서 사회집단의 자율성이 증대한 것이다.

이장은 조합주의모형에서 사회집단에 대한 국가의 주요 통제수단의 하나로 간주하는 사회집단의 지도부선출과정에서의 국가개입 실태를 실증적으로 고찰하려는 것이다. 이를 통해서 만약 지도부선출과정에서 국가의 직접적인 개입이 없었다면 그동안 권위주의체제 하에서의 국가와 사회집단 관계에 관한 주요 설명모형인 국가조합모형에서 일반적으로 주장되어왔던 것과는 달리 우리나라의 권위주의체제는 사회집단의 지도부선출과정의 직접적 통제방식이 아닌 다른 통제기재를 동원하였을 것으로 볼 수 있기 때문이다.

2) 한국노총의 지도부선출과 국가개입

한국노총은 1946년 좌익계열의 전평에 대항하기 위한 정치기능단체로 설립된 이래 1950년대를 거치면서 거의 이승만 정부의 어용단체였다(한국노총, 1979). 그러나 1960년 4.19혁명 이후에는 국가통제로부터 어느 정도 벗어날 수 있었으나, 내부분열로 정상적인 조직활동을 하기가 어려웠다. 이후 1961년 5.16 군사정변으로 한국노총은 강제해산을 당하고 수맥명의 노조간부들이 구속되었다. 그리고 1961년 8월부터 노동단체의 등록이 허용됨에 따라 한국노총 재건이 시작되었는데, 재건과정을 책임질 지도부의 선출은 전적으로 국가의 개입으로 이루어졌다. 1961년 8월, 당시 노동정책 주무부처였던 보사부장관은 전국단일의 산업별체제로 노조를 재건할 것이라고 담화문을 발표하고 "적어도 정당간부였던 자 및 노조를 정치적으로 이용한 자, 노조를 통해 사욕을 추구한 자, 파벌을 조성한 자, 용공관여자, 반혁명 언동을 하는 자 등은 노조간부가 될 수 없을 것"이라고 노조지도부의 자격을 제한하였다(한국노총, 1979: 570). 그리고 한국노총 재건을 실질적으로 주도한 중앙정보부는 혁신계열의 노조지도자와 이승만 정부 하의 어용 노조간부들을 모두 배제하고 젊은 보수파 지도자들을 중심으로 노동조합재건위원회를 구성하였으며, 이들에게 산별조직체제로 한국노총을 재건하라는 지시를 하였다(한국노총, 1989, 1990). 이후 동위원회는 12개의 산별노조를 재건하였으며, 8월 30일의 한국노총 재건총회에서는 국가에 의해 임명되었던 재건위원장 이규철이 무투표로 한국노총위원장에 당선되었다(한국노총, 1979).

따라서 1961년 5.16 군사정부 하의 과도기적 한국노총 재건과정에서는 한국노총 지도부의 선임과 관련하여 국가가 절대적 권한을 행사하였으며, 국가에 의해서 임명된 한국노총 지도부는 재건작업의 실무를 담당하는데 불과하였다. 따라서 5.16 군사정부 하의 한국노총 지도부선출은 1950년대의 한국노총위원장 선출과정이 과잉경쟁으로 물의를 일으킬 정도로 경쟁적이었던데 비해, 국가의 일방적 개입에 의한 국가조합주의적 통제방식이었다.

그러나 제3공화국에서는 정치체제의 경쟁성이 어느 정도 회복되면서, 한국노총의 지도부선출도 노동조합법(제19조 3항)에 명시된 대로 대의원 투표로 선출하였다. 따라서 한국노총 지도부선출은 치열한 선거전의 양상을 보였다. 한국노총 재건 이후의 지도부선출 대회인 1964년 10월의 대회에서는 한국노총규약에 따라 정·부위원장과 사무총장을 입후보등록제로 하였는데, 과열선거의 결과 대의원 자격 문제를 둘러싸고 회의가 3개월이나 연기되었다. 이후 1965년 1월에 대의원대회가 속개되어 지도부선출에 들어갔으나, 1차 투표 결과 114명의 대의원 중에서 이광수 56표, 이춘희 51표로 모두 과반에 미달하여 2차 투표까지 행하였다. 2차 투표에서는 부두노조 소속의 이춘희가 67표를 얻어 과반수를 넘겨 당선되었다(한국노총, <1965년 사업보고서>, 1966). 이러한 백중의 선거전은 1967년 10월의 한국노총위원장 선출 시에도 재현되었는데, 이때는 철도노조 소속의 이찬혁이 56표를 얻어 한 표 차이로 간신히 당선되었다. 그리고 1970년 10월의 선거는 최용수 72표, 이찬혁 63표로 전력노조의 최용수가 당선되었으며, 부위원장과 사무총장은 전형위원들과 의장이 전형하여 일괄가부투표 결과 83:77로 인준되었다. 그러나 최용수 위원장이 여당의 전국구의원으로 진출함에 따라 1971년 10월에는 보궐선거가 실시되었는데, 189명의 대의원이 선거에 참가한 1차 투표의 결과 박영성 74표, 배상호 66표, 김말룡 46표 등으로 모두 과반수에 미달되어 2차 투표를 실시하였다. 2차 투표 결과, 배상호 101표, 박영성 87표로 운수노조의 배상호가 노총위원장에 당선되었다(한국노총, 1979). 이처럼 제3공화국에서는 어느 정도의 경쟁적 정치제제로의 복귀와 더불어 한국노총의 지도부선출도 국가의 개입이 없는 가운데 비교적 자율적으로 이루어졌다.

그러나 1971년 12월의 비상사태선언을 기점으로 정치체제는 급속도로 권위주의체제로 전환이 되었으며, 1972년 10월 이후는 긴급조치에 의해서 지탱된 유신체제가 시작되었다. 따라서 이 시기에는 국가의 사회집단에 대한 강력한 통제가 시작되었으며, 이에 따라 사회집단의 활동도 크게 위축되었다. 그러나 1971년 12월 이후의 과도기와 유신체제하의 권위주의제제 하에서도 한국노총의 지도부는 여전히 대의원대회에서 경쟁적으로 선출되었다. 즉, 1973년 10월의 한국노총 지도부선출대회에서는 현 위원장인 배상호를 재선출하자는 동의가 채택되어 표결에 부친 결과, 찬성 137표, 반대 59표, 기권 14표로 배상호가 재선되었다(한국노총, <1974년 사업보고서>, 1975). 그리고 1976년 10월의 지도부선출대회에서는 정동호 209표, 김영태 146표로 화학노조의 정동호가 선출되었다(한국노총, <1977년 사업보고서>, 1978). 이후 1979년 10월의 대의원대회에서는 김영태 300표, 김종욱 85표, 기권 116표로 섬유노조의 김영태가 큰 표차이로 한국노총위원장에 당선되었다. 나머지 지도부는 전형위원들이 선출하여 대의원대회에서 가부투표에 부친 결과, 찬성 332표, 반대 32표로 인준되었다(한국노총, <1980년 사업보고서>, 1981). 이처럼 1970년대의 유신체제 하에서도 국가는 한국노총의 지도부선출과정에 직접적으로 개입하지는 않았다고 볼 수 있다. 이는 당시 야당의 전당대회 등에 국가기관이 직접적으로 개입하였던 사실에 비추어 보면 의외의 현상이다. 이는 1970년대 이후 자율적으로 선출된 한국노총 지도부를 전국구의원이나 유정회 의원 등으로 사후적으로 포섭하는 통제방식을 선택하였기 때문으로 보인다.

1980년에 실권을 장악한 신군부는 또 다시 한국노총의 지도부에 대해서 통제를 하게 되었다. 즉, 1980년의 과도체제 하에서는 한국노총의 지도부선출대회는 없었으나, 국가는 두 차례에 걸쳐 노동계인사들에 대한 대규모 정화작업을 단행하였다. 우선 1980년 8월 노조정화조치의 일환으로 산별노조위원장 11명과 한국노총 상임부위원장 1명 등 총 12명의 한국노총 지도부를 부정축재 등의 명목으로 노동계에서 퇴출시켰으며, 동년 9월에도 191명의 노조간부를 향후 3년 간 노조임원을 할 수 없도록 조치하였다(한국노총, <1980년 사업보고서>, 1981). 따라서 1980년의 과도체제 하에서는 비록 한국노총의 지도부선출은 없었으나, 국가는 지도부 구성에 강력하게 개입하였다.

그러나 전두환 정부 하의 1981년의 한국노총 지도부선출부터는 정상적인 선출절차를 취하게 되었다. 1981년 3월의 대의원대회에서는 무립(無立) 무기명투표 결과, 대의원 939명 중에서 정한주 221표, 김창윤 105표, 이유복 26표로 항운노조의 정한주가 위원장에 당선되었다(한국노총, <1981년 사업보고서>, 1982). 1982년 11월에는 정한주의 노동부장관 입각에 따른 보궐선거가 실시되었는데, 351명의 대의원들이 중에서 김규벽 183표, 김동인 168표로 광산노조의 김규벽이 잔여임기의 위원장에 당선되었다(한국노총, <1982년 사업보고서>, 1983). 1984년 2월의 대의원대회에서는 237명의 대의원들 중에서 김동인 155표, 박수근 79표로 항운노조의 김동인이 당선되었다. 이러한 선거결결과를 보면, 전두환 정부 하에서도 적어도 한국노총의 지도부는 자율적 경쟁을 통해 선출되었다고 볼 수 있다. 대신에 전두환 정부는 노동조합법 상의 통제조항들을 통해서 대강의 통제를 행하고, 여기에 재정보조 및 지도부에 대한 콥테이션(여당 전구구의원이나 노동부관료) 등의 방식으로 노동세력의 순응을 확보하고자 하였다.

1987년 6월을 기점으로 국가의 사회집단 통제력은 크게 약화되었으며, 한국노총에 대한 직접적 통제도 사실상 불가능해졌다. 따라서 1987년 여름 이후에는 전례 없는 대규모 노사분규가 발생하였으며, 대통령직선이라는 오랜만의 정치적 호기로 인해 한국노총의 자율성은 획기적으로 증가하였다. 이러한 배경 하에서 한국노총의 지도부선출도 국가개입이 없는 가운데 경쟁적으로 이루질 수 있었지만, 이 시기는 한국노총의 지도부선출이 없는 기간이었다.

노태우 정부에서도 초기에는 백가쟁명식의 집단이해가 분출되었으며, 국가의 통제력은 크게 약화되었다. 따라서 김동인 한국노총 위원장의 민정당 전국구 진출과 이시우 직무대행의 집행부 사퇴로 1988년 11월에 개최된 보궐선거에서는 510명의 대의원들 중에서 박종근 260표, 이시우 246표로 섬유노조의 박종근 후보가 간신히 당선되었다. 그리고 1990년의 선거에서도 박종근 현 위원장이 20표 차이로 간신히 당선되었다(우리노동문제연구원, 1989).

결국, 1960년대 초의 군사정부부터 노태우 정부까지의 약 30여 년 간의 한국노총의 지도부선출과정을 보면, 국가는 5.16 군사정부와 1980년의 군사통치기라는 과도적인 정치체제를 제외하고는 한국노총의 지도부선출과정에 직접적으로 개입한 경우는 거의 없었다. 특히, 유신체제와 전두환 정부라는 권위주의체제 하에서도 직접적인 국가개입이 없었던 점은 주목할 만하다. <표 11>은 1961년 이후 노태우 정부까지의 한국노총 지도부선출 결과를 기술한 것이다.

<표 11> 한국노총위원장의 시기별 선출결과

	선출일자	당선자(소속노조)	선출결과
5.16 군사정부	1961.8월	이규철(철도노조)	무투표 당선
제3공화국	1965.1월	이춘희(부두노조)	1차 투표(이춘희 51표, 이광수 56표로 모두 과반 미달), 2차 투표(이춘희가 114표 중에서 67표로 당선)
	1967.10월	이찬혁(철도노조)	56:55의 한 표차이로 당선
	1970.10월	최용수(전력노조)	최용수 72표, 이찬혁 63표
	1971.10월	배상호(운수노조)	1차 투표(박영성 74표, 배상호 66표, 김말용 46표, 김헌동 3표), 2차 투표(배상호 101표, 박영성 87표)
유신체제	1973.10월	배상호(운수노조)	배상호 재선 동의채택(찬성 137표, 반대 59표)
	1976.10월	정동호(화학노조)	정동호 209표, 김영태 146표
	1979.10월	김영태(섬유노조)	김영태 300표, 김종옥 85표, 기권 116표

전두환 정부	1981.3월	정한주(항운노조)	정한주 221표, 김창윤 105표, 이유복 26표
	1982.12월	김규벽(광산노조)	김규벽 183표, 김동인 163표
	1984.2월	김동인(항운노조)	김동인 155표, 박수근 79표
노태우 정부	1988.11월	박종근(섬유노조)	박종근 260표, 이시우 246표
	1990.2월	박종근(섬유노조)	박종근이 20표 차이로 당선

출처: 한국노총, 각 년도 사업보고서에서 발췌하여 정리함.

3) 전경련의 지도부선출과 국가개입

전경련 설립 당시의 지도부선출과정에서 국가가 직접적으로 개입하였음은 전술하였다. 즉, 급속한 경제발전을 계획하고 있던 5.16 군사정부는 구속된 주요 경제인들을 석방하여 이들을 경제재건에 활용하고자 하였는데, 이들을 효과적으로 결집하기 위한 방편으로 설립된 것이 경제재건촉진회였다.[65] 경제재건촉진회는 1961년 7월의 창립총회에서 회장 선출방식을 둘러싸고 논란이 있었으나, 결국은 무기명투표로 하기로 하였다. 투표결과 최태섭이 회장에 선출되었으나, 본인이 고사함에 따라 재선거를 행한 결과 이정림이 선임되었다(한국경제인협회, <1961년 사업보고서>, 1962). 그러나 경제재건촉진회는 실질적 창립주역이었던 이병철이 회장단에서 빠졌다는 점에서 과도기구의 성격을 벗어나기 어려웠다.

따라서 1961년 8월 임시총회를 개최하고 임원진 전원이 사표를 제출하였으며, 한국경제인협회로 개칭하였다.[66] 여기서는 임원진의 사표를 수리하고 새로운 임원진을 전형방식으로 선출하였는데, 회장에는 이병철, 부회장에는 조성철이 선임되었다. 그런데 이 과정에서는 중앙정보부 등 국가기관이 개입하였는

65 1961년 7월의 경제재건촉진회 창립발기인대회에서는 단체의 성격을 기간산업 건설의 실무기관화할 것, 회원은 우선 13인으로 하고 점차 영입할 것, 회의명칭을 재건촉진운동에 발맞추어 작명할 것 등을 결의하였다.

66 전경련은 1961년 8월의 경제인연합회로의 명칭변경일을 공식 창립일로 간주하고 있으며, 회장도 이때부터 초대회장으로 기산(起算)하고 있다(전경련, 1991).

데,[67] 당시 회원이 13명밖에 되지 않아 개입이 용이하였고, 회원들도 부정축재혐의로 재산이 몰수될 위기 속에서 국가통제에 무력할 수밖에 없었다. 특히, 군사정부가 이병철을 경제계 대표인물로 지목한 것은 이병철이 당시 사실상 한국경제를 대표하는 인물로서, 박정희 국가재건최고회의 의장이 이병철을 경제개발의 가장 유능한 파트너로 생각했기 때문이다.[68] 그러나 군사정부 하에서 개최된 1962년 9월의 제2대 회장선거에서는 국가의 개입이 없었다. 자유경선으로 회장을 선출하였는데, 신입회원 중심의 소장파들의 반란표로 무난히 당선될 것으로 예상되었던 이병철이 탈락하고, 이정림이 22:8표라는 큰 표차이로 제2대 회장에 선출되었다. 이후 창립주도자였던 이병철은 전경련과 거리를 두게 되었는데, 이를 계기로 이후부터는 이러한 불상사를 사전에 방지하기 위하여 회장을 내정하는 관례가 형성되었다(조남준, 1986).

제3공화국인 1964.4월의 회장선거에서는 사전조정을 통하여 김용완을 회장으로 추대하였으나, 끝내 고사하자 형식적인 선거과정을 동원하여 회장직을 떠맡기다시피 하였다(중앙일보, 1990년 12월 21일자). 1966년 4월의 총회에서는 김용완회장이 홍재선을 구두(口頭) 추천하자 만장일치로 승인하였으며(한국경제인협회, <1967년 사업보고서>, 1968), 1969년 4월 김용완이 재차 회장으로 추대된 이래, 1977년 4월까지 만장일치의 추대형식으로 김용완이 4대에 걸쳐서 전경련회장을 연임하였다. 따라서 제3공화국 기간 중의 전경련 회장단은 주로 경제계 중진들 간의 사전조정을 통하여 회장단을 내정하면, 총회는 이들을 만장일치로 추대하는 형식을 취하였다. 이 과정에서 국가의 개입은 크게 없었다고 보여 진다.

유신체제 하에서는 1977년까지는 김용완이 계속 회장을 연임하였으며,

---

67 이와 관련하여 이병철은 "처음에는 회를 대표할 인물로 설경동, 남궁련 등이 거론되다가 내 이름이 위로부터 지명이 되어 내려와서 할 수 없이 회장을 맡게 되었다."라고 진술하였다(전경련, <전경련>, 1982(11): 9).

68 이병철은 1961년 5.16 군사정변 당시 일본에 체류 중이어서 당시 지도적인 경제인 12명이 구속되는 상황에서도 구속을 모면하였다. 그는 정부의 종용으로 귀국한 직후 실권자인 박정희의장을 단독 면담하는 기회를 얻었다. 이러한 사실은 5.16 군사정부가 부정축재 경제인들을 처벌하기 보다는, 이들을 활용하여 경제개발을 추진하고자 하였기 때문일 것이다.

이 과정에서 국가의 개입이 없이 사전조정을 통하여 추대하는 방식을 취하였다. 1977년 4월에는 장기 재임하였던 김용완이 회장직을 고사함에 따라 정주영이 만장일치로 추대되었다.[69] 이후 정주영은 1987년 2월까지 다섯 차례에 걸쳐 회장직을 유임하였는데, 이때도 만장일치로 추대하는 방식이었다.

전두환 정부 초기인 1981년 2월에는 전경련의 지도부에 대한 국가개입이 시도되었으나, 성과를 보지 못하였다. 즉, 1981년 2월 신군부세력을 대신하여 서석준 상공부장관은 정주영을 대신할 전경련회장으로 경총회장인 김용주를 지목하고 정주영에게 사퇴압력을 가하였다. 그러나 정주영은 이를 거부하였으며,[70] 전경련 중진회의에서도 "정부가 전경련회장까지 임명하려는 것은 받아들일 수 없다."면서 정주영을 유임시켰다(이장규, 1991: 113). 이후 1985년 제17대 회장 선임 시에 정주영은 사임의사를 밝혔으나, 순서상 차기회장을 맡아야 할 구자경이 회의에 의도적으로 불참함으로써 정주영이 유임되었다. 그러나 1987년 5월에는 구자경이 정견련 원로들의 강권으로 제18대 회장에 추대되었다(중앙일보, 1990년 12월 21일자).

노태우 정부 들어서도 사전조정에 의한 추대방식은 변함이 없었는데, 1989년 2월에는 전경련 역사상 처음으로 비(非)오너 출신인 유창순 (전)국무총리를 중진회의에서 회장으로 선임하였으며, 1991년 2월에는 유창순을 유임시켰다. 그리고 1993년 2월에는 그동안 유력한 후보로 거론되어 왔으나, 노태우 대통령과의 특수관계 때문에 고사하던 최종현을 중진회의에서 추대하였으며,[71] 총회는 이를 만장일치로 추인하였다.

---

69 정주영은 전경련 기관지와의 대담에서, 전경련은 총회 하루 전에 김용완 당시 회장에게 전화를 걸어 "만장일치로 회장님을 재추대하기로 결의하였습니다."라고 보고하였다. 이에 김용완은 "누구를 죽이려 하느냐?"며 한사코 고사하는 바람에 자신이 회장직을 떠맡게 되었다고 언급하였다(전경련, <전경련>, 1982(11): 14).

70 정주영은 "나는 회원들이 뽑아준 회장이라 내 마음대로 그만둘 수 없다."고 끝가지 반발하였다(동아일보, 1993년 1월 28일자).

71 1993년 1월의 비공개 회장단회의에서 회장선출을 둘러싸고 논란을 거듭한 끝에 유창순 회장이 최종현을 차기회장으로 추대하였으며, 전원 동의하였다(중앙일보, 1993년 1월 28일자).

이상에서 1961년 설립이후 노태우 정부까지의 전경련의 지도부선출과정을 살펴보았는데, 설립당시인 5.16 군사정부 하의 초대회장 선거과정을 제외하고는 국가의 개입은 거의 없었다. 그리고 1981년 국가의 개입 시도가 있었으나, 소기의 성과를 달성하지 못하였다. 따라서 전경련의 지도부선출은 예외적인 경우를 제외하고는 정치체제의 성격에 관계없이 주로 다음의 원칙 하에서 이루어졌다. 첫째, 전경련의 지도부를 회원총회에서 자유경선으로 선출하게 되어있는 정관 조항은 형식적인 것이며, 실제로는 경제계 중진들로 구성되는 회장단회의에서 사전조정을 통해서 추대하는 것이 관례였다. 총회는 이를 만장일치로 추인하는 형식적인 기능을 수행하였다. 둘째, 전경련의 회장 선임은 연장자 우대와 기업외형 우선원칙이 적용되어 한 번도 본인의 의사에 따라 회장에 추대된 경우는 없었다. 따라서 전경련의 회장은 경제계의 중진들이 순번제로 맡는 경향이 강하였다. 셋째, 전경련 회장은 경제계 내부충원을 원칙으로 하였다. 따라서 이른바 낙하산 인사는 없었다.[72] 넷째, 회장을 제외한 기타 임원은 회장단이 임명한 전형위원회에서 선임하여 형식적으로 가부를 묻는 절차를 취하였다. 다섯째, 전경련의 회장단은 비교적 안정적이었다. 특히, 유신체제와 전두환 정부 하에서는 김용완과 정주영 두 사람이 장기 집권하였다.

4) 한국노총 및 전경련의 지도부선출과 정치체제의 특성

한국노총 및 전경련의 지도부선출과정에서의 국가개입 현황을 살펴보면, 기본적으로 국가는 특정의 과도기를 제외하고는 실질적인 개입을 거의 하지 않았다. 특히, 사회집단에 대한 국가통제 수준이 크게 증가한 유신체제와 전두환 정부의 권위주의체제에서도 국가는 사회집단의 지도부선출과정에 실질적인 개입을 하지 않았다. 이는 국가는 자율적으로 선출된 사회집단 지도부를 사후

---

72 예외적으로 국무총리를 역임한 유창순이 회장에 선임된 바가 있으나, 그도 이미 1981년에 전경련 부회장으로 재임한 바 있다.

적으로 코프테이션하고 재정보조 등의 유인책을 제공함과 아울러, 재정운용과 정치활동에 대한 통제 등의 제재를 통하여 사회집단의 순응을 확보할 수 있었기 때문일 것이다. 그리고 정치과도기에 국가가 사회집단의 지도부선출과정에 개입하였던 것은 이 시기는 초헌법적 방식으로 질서가 유지되었기 때문일 것이다. 국가는 군사정변의 정당성을 확보하고, 새로운 통치 질서를 창출하는 과정에서 기존의 사회집단 지도부에 대한 전반적인 물갈이가 필요하였다.

이처럼 한국노총 및 전경련의 지도부선출과정은 설립 및 재건 당시의 특정 과도기를 제외하고는 거의 국가의 개입이 없이 자율적으로 이루어졌는데, 위원장 내지는 회장 선출방법을 구체적으로 비교해 보면 <표 12>와 같다.

<표 12> 한국노총 위원장과 전경련 회장의 선출방식

	한국노총	전경련
회원의 선거참여	대의원을 통한 간접참여	회원의 직접참여
공식적 선출방법	대의원총회에서의 직접, 비밀, 무기명 투표	회원총회에서 직접, 비밀, 무기명 투표
실질적 선출방법	상동	회장단회의의 사전조정 및 추대, 총회의 형식적 추인
선거양상	치열한 경합, 산별노련 간 경쟁의식	본인의 의사와 무관한 추대, 연장자 및 기업외형우선 원칙
출신배경	한국노총 내부충원	경제계 내부충원이 원칙
국가개입	실질적 개입이 거의 불가함	실질적 개입이 거의 없음
지도부의 연속성	중임이 적음	중임이 많음
지도부 코프테이션	빈번함	거의 없음

5. 맺음말

이상에서 5.16 군사정부 이후부터 노태우 정부까지의 한국노총과 전경련의 지도부선출과정을 살펴보았는데, 특정의 과도기를 제외하고는 정치체제의 특성과는 무관하게 국가에 의한 실질적 개입이나 통제는 거의 없었다. 따라서 1960

년대 이후 일반적으로 사회집단에 대한 국가조합주의적 통제가 강화되어 왔다고 주장되어 왔지만, 실제로는 지도부선출과정의 제재보다는 여타의 통제방식을 많이 동원하였던 것으로 볼 수 있다. 즉, 국가는 사회집단에 대해서 설립과정의 통제, 조직운영 및 재정운용 상의 통제, 정치활동 통제 등의 제재적 개입과 독점적 접근통로의 부여, 경쟁집단의 제한, 재정보조, 지도부에 대한 코테이션 등의 유인적 개입을 혼합적으로 사용함으로써 사회집단을 통제하는 방법을 취하였던 것이다. 이 중에서 국가는 한국노총에 대해서는 주로 설립과정의 통제, 조직운영 및 재정운용 상의 통제, 정치활동의 통제 등의 제재와 독점적 접근통로의 부여, 경쟁집단 제한, 재정보조, 코테이션 등의 유인책을 혼용하였으며, 전경련에 대해서는 설립과정의 개입이라는 제재적 개입과 독점적 접근통로의 부여와 정책적 배려라는 유인책을 사용하였다.

이처럼 국가가 국가조합주의모형에서 강조하는 사회집단 지도부선출과정의 개입이라는 강력한 통제방법을 거의 사용하지 않았던 데는 복합적인 원인들이 작용하였을 것으로 보인다. 우선 한국노총의 지도부선출과정에 국가의 직접적 개입이 거의 없었던 이유는 첫째, 현실적인 난점을 지적할 수 있다. 즉, 한국노총은 각 산별노련별로 회비납부 실적에 따라 대의원을 배정하는데, 현실적으로 수백 명에 달하는 이질적인 대의원들을 통제하기가 거의 불가능하였다. 둘째, 한국노총의 회원조합인 산별노련들 간에는 경쟁의식이 치열하였다. 따라서 국가의 개입으로 선출된 지도부가 산별노련 전체를 통솔하기는 어려울 것이며, 모두가 수용할 수 있는 방법은 자유경선 밖에 없었다. 셋째, 국가로서도 한국노총 지도부선출과정에 개입하는 것이 실익이 없었다. 즉, 국가가 한국노총과 조합주의적 관계를 형성하는 주요 이유는 한국노총을 통해서 노동운동을 효과적으로 통제하기 위한 것인데, 국가의 개입에 의해서 선출된 어용지도자들로는 이러한 목적을 달성하기가 어렵다. 따라서 국가는 경쟁방식으로 선출된 한국노총 지도부를 사후에 포섭함으로써 순응을 확보하는 방식을 택하였다. 넷째, 한국노총 지도부의 개인적 야심도 지도부선출을 치열한 선거전으로 유도하였고, 궁극적으로는 국가개입을 어렵게 하였다. 즉, 한국노총위원장이 된다는 것이 사회적 지위의 상승과 기회의 증대를 가져오는 상황에서 선거에 임하는 출마자의 자세는 필사적이며, 경쟁자에 대한 국가의 지원을 묵과하지 않을 것이기 때문이다. 이러한 다양한 원인들로 인해서 국가가 한국노총 지도부선출과정에 사전개입하는 경우는 거의 없었으며, 사후에 이들을 국가기관에 콥테이션함으로써 순응을 확보하는 유인의 방법을 주로 사용하였던 것이다.

전경련의 지도부선출과정에 국가의 개입이 거의 없었던 것은 누가 전경련의 지도부가 되더라도 국가가 전경련의 지도부를 통제할 수 있다고 보았기 때문이다. 즉, 국가는 전경련 등의 경제단체에 대해서는 정책상의 불이익 제공, 금융 및 세제상의 불이익 제공 등을 통해 효과적으로 통제할 수 있었다. 특히, 1970년대 이후의 경제개발과정에서 더욱 두드러졌다. 따라서 국가는 구태여 지도부선출과정에 개입할 필요가 없었다. 그리고 전경련의 지도부선출은 연장자 및 기업외형 우선 원칙에 때문에 사전에 어느 정도 예측이 가능하였다. 따라서 국가의 무리한 개입은 금새 표면화될 수 있으며, 여론의 비판을 무릅쓰고 구태여 개입할 필요가 없었다. 따라서 전경련의 지도부선출은 거의 자율적이었으며, 전경련 스스로도 정치권력과 원만한 관계를 유지하고 있는 인물을 회장으로 추대하였다고 보여 진다. 그리고 국가는 전경련에 대해서는 가시적인 제재나 유인수단을 사용하기보다는, 경제정책상의 편익부여와 규제·금융·세제상의 편익박탈을 통한 암묵적 위협의 방식을 사용하였다고 볼 수 있다.

결국, 국가는 과도기의 예외적 상황을 제외하고는 권위주의체제 하에서도 사회집단의 지도부선출과정에서 직접적으로 개입하지는 않았다. 이점에서 사회집단의 지도부선출과정의 국가개입을 주요 특성의 하나로 간주하는 조합주의모형, 특히 그중에서도 국가조합주의모형은 적어도 '지도부선출과정의 개입'이라는 측면에서는 우리의 현실과 거리가 있다. 따라서 특정 이론모형을 우리의 현실에 적용할 때에는 이를 맹목적으로 인용할 것이 아니라, 우리의 현실을 감안하여 정합성(congruity)을 검증하는 것이 필요할 것이다.

제7장

노동단체의 이익투입방식의 변화

1. 서론

우리나라의 주요 노동관계법인 노동조합법, 노동쟁의조정법, 근로기준법, 노동위원회법은 모두 1953년에 제정되었다. 이후 5.16 군사정부하인 1963년 4월의 노동조합법 개정을 시발로 수차례에 걸쳐 개정되었으며, 이 과정에서 주요 이해당사자인 노동단체들은 지속적으로 자신의 요구를 정책과정에 투입하였다. 그리고 노동관계법 개정이 노동정책 영역의 중요한 이슈였던 관계로 이에 대해 많은 연구 성과들이 축적되어 왔다. 그러나 지금까지의 연구들은 문제점도 적지 않다. 첫째, 연구대상 기간을 권위주의체제라는 특정 시기에 국한시키다 보니 준거모형 역시 국가에 의한 일방적인 노동통제를 전제로 하는 특정 모형 즉, 국가조합주의모형에 과도하게 의존하였으며, 이는 다양한 이론모형의 적용가능성을 사전에 봉쇄하는 '학문적 권위주의'를 초래하였다. 둘째, 국가와 노동단체 간의 동태적 상호의존성을 간과하였다. 따라서 국가가 노동통제 측면만을 강조한 나머지, 상대자로서의 노동단체의 활동 측면은 등한시하였다. 셋째, 선행연구들의 대부분이 국가기구 중에서 주로 행정부처와 노동단체 간의 관계에 초점을 맞추었으며, 의회와 노동단체 간의 관계 혹은 행정부와 의회 간의 비교

관점에서의 연구가 부족하였다.

이장은 기존 연구들의 이러한 한계점을 극복하기 위해 노동관계법 개정과정에서 노동단체의 이익투입방식의 변화과정을 이익매개양식에 관한 두 대칭적 이론모형인 다원주의모형과 조합주의모형의 연속선 상에서 비교·분석하려는 것이다. 또한 노동단체가 노동정책과정의 두 축인 행정부처와 의회에 대해서 어떻게 상이한 이익투입방식을 사용하였는지도 비교해 보고자 한다. 따라서 이장은 우리나라의 노동입법을 둘러싼 국가와 노동단체 간의 이익매개를 국가가 노동단체에 가하는 통제의 측면이 아니라, 노동단체가 국가에 대해 압력을 행사하는 이익투입방식의 측면에서 고찰하되, 이익투입방식의 변화상을 다원주의모형과 조합주의모형이라는 대칭적인 두 이론모형에 근거하여 분석하는 것이다. 그리고 가능한 범위 내에서 국가기구를 행정부처와 의회로 구분하여 비교·분석도 시도한다. 따라서 이장은 시기별 특성에 따른 종단면적 비교와 행정부와 의회라는 두 국가기구들 간의 횡단면적 비교를 동시에 수행하는 것이다.

연구대상과 관련하여, 우선 노동단체의 범위는 1960년대~1980년대의 권위주의체제 하에서 노동조합법상의 단일의 중앙노동단체였던 한국노동조합총연맹(한국노총)으로 제한하였다. 그 이유는 개별 노동조합을 모두 연구대상으로 포함하기에는 현실적인 한계가 있기 때문이다. 연구대상 기간은 1961년 5월의 군사정부 이후부터 1987년 여름의 노동자대투쟁 전후까지의 권위주의체제하의 노동이익투입방식에 관한 것이다. 이 기간 동안에 노동관계법이 본격적으로 개정되기 시작하였으며, 산업화의 진전과 노조규모의 확대 등에 기인하여 노동단체가 유의미한 이익투입활동을 전개하였기 때문이다. 그리고 노동관계법은 노동4법 중에서 주로 집단적 노사관계를 규정하고 있는 노동조합법을 주요 분석대상으로 하며, 나머지 법제들은 보조적으로 취급한다. 왜냐하면 노동자단체의 활동은 주로 노동조합법에 의해서 제약을 받기 때문이다.

2. 관련 이론 논의 및 연구 틀

1974년 P. Schmitter가 이익매개양식으로서의 조합주의모형을 개발한 이후부터, 국가와 이익집단 관계를 분석하는 데서는 다원주의모형과 조합주의모형으로 대별하는 것이 보편화되었다. 그러나 현실의 이익매개는 매우 가변적이며, 두 이론모형의 속성을 동시에 보이는 경우가 많다. 따라서 현실의 이익매개체계를 분석하는 데서는 두 이론모형의 연속선(continuum) 상에서 논의를 해야 한다는 주장이 설득력을 얻고 있다(Bauböck, 2018). 즉, 두 이론모형은 현실분석을 위한 이념형(ideal type)으로 기능하는 것일 뿐, 실제의 이익매개체계는 두 이론모형의 연속선 상의 어디엔가 위치하고 있다는 것이다. 이장에서도 노동단체의 이익투입방식이 시기에 따라서 두 이론모형의 연속선 상에서 가변적으로 위치 매김하는 것으로 가정하고 있다. 두 이론모형의 구체적 내용과 특성에 대해서는 본서의 제2장을 참고하면 될 것이다.

그동안 노동단체의 이익투입활동과 관련해서는 주로 조합주의모형, 그 중에서도 국가통제를 전제로 하는 국가조합주의모형에 입각하여 많은 연구가 행해졌다. 그러나 이는 국가와 이익집단 간의 제도화되고 안정적인 관계는 비교적 잘 분석하였으나, 이익집단에 의한 가변적이고 역동적인 이익투입방식을 동시에 분석하는 데는 한계가 있었다. 따라서 본 연구에서는 노동단체의 이익투입을 특정모형에만 의존하는 데서 탈피하여 두 대칭적 이념형으로 인식되는 다원주의모형과 조합주의모형의 연속선 상에서 분석틀을 구성하고자 한다.

이익투입방식은 이익집단이 자신의 이익을 정치/정책과정에 반영하기 위해 행사하는 가변적인 행동전략을 의미한다. 그동안 이와 관련해서는 주로 다원주의자들을 중심으로 논의가 되었는데, 우선 Almond and Powell(1978)은 이익투입방식을 제도적·합법적 접근방식과 강제적·비합법적 접근방식으로 구분하였다. 전자에는 개인적 접촉, 엘리트 대표, 공식적 접촉, 비폭력적 시위 등이 해당하며, 후자에는 테러, 비합법적 시위, 비합법적 파업 등이 해당한다. Duverger and Wagoner(1972)는 이익투입의 대상이 어디냐에 따라서 권력수준으로의 직접행동과 대중수준으로의 간접행동으로 구분하였는데, 전자에는 정부부처와의 접촉, 건의, 자문기구 참여, 공청회 참석, 정보제공 등이 해당하며, 후자에는 선전물 발간과 배포, 편지쓰기, 전화걸기, 시위 등이 해당한다. 이외에도 Schlozman and Tierney(1983)는 이익투입방식을 각종 전자기기를 사용하는 기법, 선거구민 동원 기법, 고전적인 로비기법의 세 가지로 대분하고 이에 따른 구체적인 방식들을 언급하고 있다.

그러나 이러한 논의들은 기본적으로 미국의 경험을 토대로 추출된 것들이기 때문에 다원주의모형의 특성에 치우친 것들이다. 따라서 이장의 의도대로 다원주의모형과 조합주의모형의 연속선 상에서 이익투입방식을 고찰하기 위해서는 Wilson(1983)의 연구가 유용하다. 그는 이익매개양식을 다원주의모형과 조합주의모형으로 대분하고, 이를 구분하기 위해 <표 13>과 같은 여덟 가지 활동변수를 도입하였다.

<표 13> Wilson의 다원주의모형과 조합주의모형의 구분

활동변수	다원주의모형	조합주의모형
제도적 접근	거의 없음	잘 발달되어 있음
집행과정의 개입	거의 없음	매우 빈번, 때로 집행대리
사적인 접촉	매우 빈번(정치인 상대)	빈번(공무원 상대)
인맥(old boy networks)	매우 중요	약간 중요
의회로비, 정당 접촉	매우 중요, 빈번함	별로 중요 않으며, 드물다
여론의 환기	매우 중요, 빈번함	별로 중요 않으며, 드물다
직접 행동	가끔 있음	극히 드물다
사보타지, 불응	가끔 있음	극히 드물다

이장에서는 이익투입방식과 관련하여 비교적 균형 잡힌 시각에서 접근하고 있다고 보여 지는 Wilson(1983), Jacek(1986), Yishai(1992a, 1992b), Meardi et al. (2015), Skyrms (2014) 등을 참고하여 <그림 8>과 같이 이익투입방식을 다원주의모형과 조합주의모형의 연속선 상에 배치하고자 한다.

· 결정된 정책을 저지 혹은 사보타지 하려는 시도
· 시위, 위협, 농성, 파업
· 항의방문, 비난성명
· 사법부 제소
· 선전, 광고, 여론동원
· 의회 및 정당 로비

· 뇌물제공 등 비공식접촉
· 간헐적인 정보의 제공
· 정부관료 초청 토론회, 공청회

· 의견요청에 대한 답신, 자문
· 간담회 등 비주기적이나 준공식적 회합
· 공식적 회합(meetings)
· 제도화된 협의회(council)
· 정부위원회(committee)

←→

다원주의모형 조합주의모형

<그림 8> 이장에서 사용할 연구 틀

3. 우리나라 노동단체의 이익투입방식 분석

1) 5.16 군사정부 및 제3공화국에서의 노동단체의 이익투입방식

1963~1964년의 노동관계법 개정

1961년의 군사정변 이후 강제해산과 위로부터의 재건과정을 거친 한국노총은 1963년 들어 두 차례의 노동관계법 개정에 직면하였다. 이를 노동조합법을 중심으로 보면, 당시의 입법기구였던 국가재건최고회의는 1962년 12월의 헌법 개정에 이어서 1963년 4월 노조활동에 대한 규제를 강화하는 방향으로 노동조합법을 전면 개정하였다. 즉, 개정 노동조합법은 복수노조 설립 금지, 노사협의회 설치, 노동조합의 정치활동 금지, 노동조합설립의 준칙주의 채택,[73] 행정관청에 노조 임시총회 소집권자의 지명권 부여, 부당노동행위에 대한 원상회복주의 채택, 노동조합의 전국 단일조직 형태를 지향하는 규정의 신설 등을 담고 있었다(한국경영자총협회, 1989). 그러나 아직 활동체계를 제대로 갖추지 못하였던 한국노총은 개정법이 복수노조의 설립을 금지시키고, 예외적이지만 유니온 숍을 인정하며,[74] 산별조직 형태를 허용하고 있다는 점에서 큰 반발이 없었다(고숙희, 1991).

그러나 1963년 10월 민정이양을 위한 대통령선거가 끝난 후인 1963년 12월에 재차 개정된 노동조합법과 노동쟁의조정법에서는 쟁의행위에 대한 노동위원회의 사전 적법여부 심사 허용, 공익사업 범위 확대, 노동자·사용자·공익대표의 비율을 3:3:5로 하는 노동위원회 구성, 공익위원의 단독권한 확대, 노동위원회 결의에 의한 노동조합 해산 허용, 행정관청의 긴급조정 등을 가능하게 하여 노동단체에게 불리한 조항들이 대거 추가되었다. 이에 대해 한국노총은 이를 '반민주적 악법'으로 규정하고 강력한 반대운동을 전개하였다. 즉, 1963년 11월 한국노총은 "노동법의 반민주적 개악을 배격한다."는 요지의 성명서를 발표하고, 12월 5일 노동청장에게 건의서를 제출하였다. 1963년 12월 노동조합법이 공포되자 한국노총은 위헌노동법 반대투쟁위원회를 설치하고 "노동법개악 반대투쟁에 총궐기할 것"을 다짐하는 담화문을 발표하였다. 그리고 각급 노동위원회의 노동자위원을 일제히 철수하여 노동위원회의 기능을 정지시켰다. 그리고 1964년 1월에는 위헌노동법 개정청원서를 국회에 제출하였다. 또한 전국 각 지부별로 해당지역 출신 국회의원들에게 노동관계법 개정을 요청하는 서신을 발송하게 하였다.

1964년 2월에는 삼민회 소속 김대중(金大中)의원의 주도로 노동조합법 개

---

73 기존 노동조합법의 "노동조합은 신고를 하였을 때 성립한다."는 규정을 폐지하고, 노동조합법시행령에 노동조합 설립신고에 대한 반려제도를 둠으로써 사실상 허가주의로 전환하였다(박승두, 1996).

74 유니온 숍(union shop) 제도는 고용주는 조합원 이외의 근로자까지도 자유롭게 고용할 수 있으나, 일단 고용된 근로자는 일정기간 중에 조합원이 되어야 한다는 제도이다(김성수, 1997). 개정 노동조합법은 제39조 제2호의 단서조항에 "다만, 노동조합이 당해 사업장에 종사하는 근로자의 3분의 2이상을 대표하고 있을 때에는 근로자가 그 노동조합의 조합원이 될 것을 고용조건으로 하는 단체협약의 체결은 예외로 한다."고 규정하여 예외적으로 유니온 숍을 인정하고 있다.

정안이 제출되었는데, 그 내용은 노조의 자유설립, 노조의 정치활동 허용, 노동쟁의의 사전적법 판정제도 폐지, 유니온 숍(union shop)제도 폐지, 노동위원회의 삼자 동수 구성 등을 골자로 하였다. 이는 그동안 한국노총이 주장하던 사항들을 상당부분 포함하고 있었음에도 불구하고, 한국노총은 이 중에서 노조의 자유설립주의가 현재의 산별체제를 파괴할 위험이 있으며, 노동자들 간에 분란을 초래할 것이라며 이의 철회를 요구하였다(한국노총, 1979). 그리고 이 시기에는 대한상공회의소와 한국경제인협회 등의 사용자단체도 사용자들에게 유리한 법 개정을 위해서 입법로비를 전개하였다.

그러나 국회 보건사회위원회는 1964년 4월 노동조합법법 개정안을 상정하고 공청회 개최를 추진하였다. 이에 대해 한국노총은 노동법개정투쟁전략본부를 설치하고 공청회 참가를 거부하였다. 그리고 노동법 개정을 촉구하는 성명서를 발표하고 시위를 전개하였으며, 국회 보사위 주관의 공청회를 실력으로 저지하였다. 그리고 5월에는 대학생들이 주최하는 노동법 공청회가 개최되었는데, 한국노총은 여기에 참석하여 노동계의 입장을 표명하였으며, 5월 24일에는 '노동법개악 성토대회'를 개최하였다.

이후 1964년 6월 들어 한일회담 반대시위가 격렬해지자, 정부는 서울 일원에 비상계엄령을 선포하였으며, 7월 국회 보사위는 삼민회안을 수정한 노동조합법 개정안을 통과시켰다. 여기에는 유니온 숍제도 폐지, 단체협약의 대상을 당해사업장 노동단체 대표에 국한시킴으로써 산별노조의 개입 봉쇄, 정치활동 금지 조항의 존속 등을 주요 내용으로 하였다. 한국노총은 이를 근로자의 단결권을 침해하는 악법으로 규정하고, 긴급중앙위원회를 개최하고 총파업을 결의하였다. 그리고 7월 중에 국회보사위원장, 청와대 정무비서, 노동청장, 여당인 공화당 등을 방문하고 노동조합법 개정안에 반대의견을 표명하였으며, 국회 보사위원들과 개별적으로 접촉을 행하고, 대통령, 국회의장, 공화당의장에게 각기 건의서를 제출하였다. 노동법 개정안을 반대하는 성명서도 발표하였다. 그리고 7월말에는 '전국노동자 노동법반대 궐기대회'를 개최하였다(한국노총, 1979). 이후 동 법안은 한국노총의 이러한 강력한 반대의 결과로 본회의에서 계류됨으로써 사실상 폐기되었다.

'외국인 투자기업의 노동조합 및 노동쟁의 조정에 관한 임시특례법' 제정

1965년 이후 상업차관의 급증으로 원리금 상환의 압박 속에 부실기업이 속출하였다. 이에 정부는 1969년부터는 상업차관을 억제하고 외국인 직접투자정책을 추진하였다. 외국인투자를 유치하기 위해서는 저임금 구조가 절실함을 인식하였다(한국노총, 1979). 이에 따라 노동청과 경제기획원은 1969년 11월 '외국인 투자기업의 노동조합 및 쟁의조정에 관한 임시특례법안'을 입안하였으며. 동 법안은 일사천리로 국회를 통과하여 1970년 1월 공포되었다. 동법에 의해 외국인투자기업체는 노동조합 설립에 있어 특례가 인정되며, 노동쟁의에 대해서는 강제중재를 행함으로써 노동쟁의조정법에 의한 쟁의조정절차를 배제하였다(한국경영자총협회, 1989). 이에 대해 한국노총은 동법안의 입법이 진행되던 1969년 11월 외국인투자기업 중에서 노조가 결성되어 있는 조합원들에게 일괄사표를 받기로 결의하고 반대성명서를 발표하였다. 그리고 1969년 12월 한국노총은 노동기본권수호투쟁위원회를 설치하였으며, 전국총궐기대회를 개최하였다. 그리고 산하의 각급 노조로 하여금 지역출신 의원들에게 탄원을 하도록 하고, 정부, 국회, 정당을 방문하여 동법안의 철회를 촉구하였다.

그럼에도 불구하고 동 법안이 1969년 12월 국회 보사위를 통과하자, 한국노총은 국회 앞에서 가두시위를 전개하였다. 그리고 동 법안을 국회 본회의에서 공화당 단독으로 전격 처리하자, 한국노총은 긴급중앙위원회를 개최하고 모든 수단을 동원하여 이에 반대할 것을 결의하였다. 그럼에도 끝내 동법이 공포되자, 한국노총은 활동역량이 미흡하였음을 절감하고 1970년 1월부터 그동안의 운동기조였던 경제투쟁 원칙을 버리고 정치주의를 표방하기에 이르렀다(한국노총, 1979, 1989).

2) 유신체제에서의 노동단체의 이익투입방식

박정희 정부는 1971년 12월의 국가비상사태선언과 국가보위에 관한 특별조치법 발동을 계기로 급속하게 권위주의화 하였으며,[75] 급기야는 1972년 10월유신선언과 12월의 유신헌법 공포로 전례 없는 일인지배체제인 유신체제(제4공화

국)가 탄생하였다.[76]

유신체제는 1973년 3월 노동관계법을 개정하였는데, 우선 노사협의회를 노동조합의 교섭기능과 분리하여 노사협의회는 생산성 향상 및 근로자의 불만 처리 등에 관한 사항을 협의하도록 하였다. 그리고 노동조합 조직에 관하여 그동안 산별노조체제를 지향하던 태도를 바꾸어 기업별 또는 사업장별 노조체제로의 전환을 가능하게 하였다.[77] 그리고 노동쟁의를 총회 의결사항으로 규정하였다. 1974년 12월 노동조합법의 일부가 재차 개정되었는데, 여기에서는 노사협의회 운영을 구체화하고, 노동조합규약 변경과 임원해임에 관해 특별한 규정이 있을 때에는 조합원 과반수로 의결할 수 있는 여지를 마련하였다.

그러나 1970년대의 한국노총의 이익투입활동은 미미하였는데, 이는 기본적으로 1971년 12월의 국가비상사태를 기점으로 한국노총의 활동방식이 국가이익 우선주의로 전환되었으며, 집회·시위에 관한 법률적 제재 등의 강력한 통제 하에서 제도권 노동단체인 한국노총의 활동이 크게 위축되었기 때문이다. 즉, 한국노총의 1973년도 운동방침 중에는 유신과업의 추진, 조직체제 및 운영의 유신적 개혁, 새마을운동 추진 등이 포함되어 있었다. 유신헌법의 국민투표 실시에 즈음하여 국민들에게 이를 계몽하기로 하고 한국노총 내에 국민투표 계몽반을 편성하였으며, 10월유신이 선포되자 즉각 이를 지지하였다(한국노총, <1973년 사업보고서>, 1974). 이러한 분위기 하에서 한국노총의 이익투입활동도 소극적이었다. 예로서, 1972년 12월 '노동조합의 유신적 체제개선과 입법방향에 관한 건의서'를 정부에 제출하였는데, 내용은 노조조직의 자율적인 유신과 함께 정부의 제도적, 행정적 지원을 요청하는 저자세로 일관하였다. 노동조합법 개

75 노동문제와 관련하여 국가보위에 관한 특별조치법은 "비상사태 하에서 단체교섭권 및 단체행동권의 행사는 미리 주무관청에 조정을 신청하여야 하며 그 조정결정에 따라야 한다(제9조 1항)." "대통령은 국가안보를 해하거나 국가동원에 지장을 주는 일정한 범위의 근로자의 단체행동권을 규제하기 위하여 특별한 조치를 취할 수 있다(제9조 2항)." 등의 노동통제 조항을 두었다.

76 유신헌법 제29조는 노동3권을 법률 유보적 기본권으로 제한하였다.

77 이는 그동안 실질적인 단체협약이 사업장별로 체결되어 온 것을 현실화한 면도 있지만, 단체행동의 확대를 방지하려는 정책적 고려도 포함되어 있었다.

정과 관련한 건의내용은 상시 5인 이상의 종업원을 사용하는 사업장에는 노동조합을 전면 조직하도록 명문화하며, 부당노동행위에 대한 벌칙을 강화하며, 현행 노사협의회를 생산성위원회로 바꾸고 기능을 강화하며, 정치활동금지 조항을 삭제해 달라는 것 등이었다(한국노총, <1973년 사업보고서>, 1974). 그러나 이는 1973년 3월의 노동법 개정에서 전혀 반영되지 않았다.

노동관계법이 개정된 이후에는 시행령 개정과 관련하여 현행 산별체제를 유지하게 해달라는 요지의 건의서를 행정부에 전달하는 정도였다. 이는 개정법의 재개정이 현실적으로 무리라고 판단하고 시행령 개정을 통하여 산별체제를 유지하고자 했던 것이다. 또한 1973년 3월에는 대통령에게 산별노조체제를 유지하게 해달라는 건의서를 제출하였는데, 그 내용은 대통령의 선처를 요청하는 수준의 것이었다.[78] 그러나 시행령 개정에서도 한국노총의 의사가 제대로 반영되지 못하였으며, 산별노조체제의 유지는 법률로 명문화되지 못했다. 다만, 행정지도를 통하여 산별노조체제를 유지·보호하겠다는 정부의 방침을 확인하는 정도였다(한국노총, <1973년 사업보고서>, 1974). 그리고 1970년대의 유신체제에서는 대통령의 권한이 극도로 강화되고 국회는 허약한 상황에서 한국노총의 이익투입활동도 대부분 행정부를 대상으로 하였다.

3) 전두환 정부에서의 노동단체의 이익투입방식

1980년 12월의 노동관계법 개정

1980년 들어 실권을 장악한 신군부는 1980년 8월 이후 두 차례에 걸쳐서 노동계정화 조치를 단행하였으며, 1980년 12월 국가보위입법회의의 의결을 거쳐서

78 건의서의 내용을 보면, "...유신체제에 알맞은 전국단위 산업별 노동조합으로 더욱 육성 발전시켜 주심으로써 국력조직화의 건전한 단위세포로서 국가시책에 협력할 수 있도록 육성 지원하여 주시옵기 바라나이다.....언제나 저희 노동자와 노동단체를 아끼고 사랑해 주시는 각하의 고마우신 뜻에 큰 기대를 가지고 삼가 이글을 올리오니 부디 선처 있으시기 바라나이다."라고 되어 있다(한국노총, <1973년 사업보고서>, 1974: 113).

일체의 노동관계법을 개정하고 노사협의회법을 제정하였다. 이 중에서 노동조합법의 개정내용을 보면, 기업별노조만을 인정하는 조항의 신설, 조합비 중의 복지후생사업 비율 규정, 제3자 개입금지, 노동조합 임원의 결격사유 및 임기 규정, 제3자에 대한 단체교섭권 위임금지, 단체협약 내용의 위법·부당한 사항에 대한 행정관청의 취소·변경 허용, 유니온 숍 관련 규정 삭제 등이었다. 이밖에도 노동쟁의조정법을 개정하여 국가, 지방자치단체, 공기업, 방위산업체의 쟁의행위를 금지하는 등 노동통제를 강화하였다.

그러나 입법과정에서 한국노총의 이익투입활동은 미미하였는데, 이는 1980년 5월 이후의 비상계엄 하에서 노동단체의 활동이 극도로 제약을 받은 데서 연유한다. 즉, 1980년 7월부터 한국노총과 산별노조를 비롯한 연합단체의 활동이 유보되었으며, 1980년 8월부터는 노조정화조치의 일환으로 일부 노조간부들이 퇴출되었으며, 105개의 지역지부가 해체되었다. 그리고 1980년 9월에는 노조간부 191명이 정화대상자로 분류되어 향후 3년간 노조임원을 역임할 수 없도록 조치되었다(한국노총, <1980년 사업보고서>, 1981).

이에 따라 1980년 5월 중순까지는 1980년 4월의 사북동원탄좌 사태 등 대규모 노동쟁의, 노동기본권확보 궐기대회, 탄원서 제출, 대통령 예방과 건의서 전달 등 비교적 다양한 이익투입활동을 전개하였으나, 1980년 5월의 비상계엄 확대 이후에는 노동단체의 활동이 극히 위축되었다. 그 결과 1980년 하반기의 노동관계법 개정과정에서의 한국노총의 활동은 매우 소극적이었는데, 1980년 11월 국무총리 산하 행정개혁위원회의 간담회에서 현행 노동행정의 일반적인 문제점들을 건의하였으며, 1980년 12월에는 노동관계법의 개정이 불필요함을 강조하는 건의서를 노동청에 제출하였다(한국노총, <1980년 사업보고서>, 1981). 그러나 이러한 건의내용은 거의 반영되지 못하였다. 이후 1980년 12월에 한국노총은 노동관계법 문제를 논의하였으나, "우리의 요구가 관철되도록 계속 노력하며, 관계당국 및 관계요로에 적극적 활동을 전개한다."는 정도의 선언 외에는 구체적인 후속 활동을 전개하지 못하였다.

1986년 12월의 노동관계법 개정

1980년 12월 개정된 노동관계법은 노동조합 조직유형의 강제, 행정관청의 개입, 제3자 개입금지, 조합기금 사용목적에 대한 제한, 유니온 숍제의 부인, 단체교섭위임의 제한, 쟁의행위의 제한 등 노동활동을 억압하는 내용들이 많아 비판이 적지 않았다. 이에 전두환 정부는 1986년 12월 노동관계법을 개정하였는데, 이 중에서 노동조합법의 개정내용을 보면, 제3자의 개념에서 상급노동조합연합단체를 제외하며, 노동조합비 중의 일정비율을 복지후생사업에 사용하게 했던 의무조항을 삭제하였으며, 노동조합에 대한 해산명령은 엄격한 제한을 두며, 상급노동조합연합단체에게 교섭권한을 위임하는 경우에는 행정관청의 승인제도를 폐지하는 것 등이었다.

이 과정에서 한국노총의 이익투입활동을 보면, 그동안 한국노총은 1980년 12월의 노동조합법 개정으로 제3자로 규정되어 산하조직의 노사분규에 제대로 개입하지 못하였으며, 당시의 정치분위기 하에서 강력한 이익투입활동을 하기 어려웠다. 그러나 1985년 2월 총선 결과 나타난 정부·여당과 야당 간의 대립구도 속에서 활동공간이 어느 정도 확보되자 한국노총은 활발한 이익투입활동을 전개하였다. 즉, 1985년 2월 노동관계법 개정 운동을 적극적으로 추진하기 위한 노동관계법개정추진위원회를 구성하기로 결의하였다. 이후 전두환 정부는 1985년 3월 노동조합법 시행령을 개정하고 한국노총을 제3자의 범주에서 제외하였는데, 한국노총은 이에 만족하지 않고 1985년 4월 노동관계법 개정 건의서를 국회, 정당, 노동부 등에 제출하였다. 이 중에서 노동조합법과 관련한 건의내용은 제3자 개입 금지규정의 폐지, 노조설립의 간소화, 유니온 숍제도의 인정, 노조임원 자격의 자율화, 행정관청에 의한 해산명령 및 임원개선명령 폐지 등이었다. 1985년 6월에는 노동법개정추진 중앙궐기대회와 시도 지역궐기대회를 개최하였다. 1985년 9월에는 노동관계법 개정에 관한 청원을 국회에 제출하였으며, 홍보자료를 각계에 배포하였다. 이어서 여당을 방문하였으며, 1985년 10월에는 노동관계법 개정 토론회를 개최하고 노동법개정추진 1백만 조합원 서명운동을 시작하였다. 그리고 12월에는 국회 보사위에 노동법개정을 촉구하는 공문을 발송하였으며, 조합원 70여만 명의 서명명단을 국회에 접수시켰다

(한국노총, <1985년 사업보고서>, 1986). 그러나 이러한 이익투입활동에도 불구하고, 정부와 정치권은 노동관계법 개정에 소극적이었으며, 헌법 개정을 둘러싼 정치적 상황과 예산파동으로 국회는 폐회되고 말았다(한국노총, <1986년 사업보고서>, 1987).

이에 한국노총은 정부와 여당을 항의 방문하고 지역 국회의원들을 대상으로 적극적인 개정활동을 재개하였다. 그리고 1986년 3월의 임시국회를 전후하여서는 국회 보사위원들을 수시로 접촉하였으며, 여야 정당으로부터 노동관계법 개정의 약속까지 받았다. 그러나 임시국회는 노동법개정안 심의소위원회만을 구성하고 또 다시 성과 없이 폐회되었다. 이후 1986년 4월에는 한국노총 내에 대국회교섭활동소위원회를 구성하고, 여당과 국회 보사위원과 전문위원들을 방문하여 노동관계법 개정의 필요성을 역설하였다. 1986년 6월의 임시국회를 전후해서는 국회 보사위원장 방문, 여·야 대표 면담, 여·야당 정책위의장 방문, 보사위 의원들과의 간담회 개최, 노동계 출신의원들과의 접촉 등 다각도로 이익투입활동을 전개하였다.

그러나 이번에도 여야 대립으로 노동관계법 개정은 무산되었다. 낙담한 한국노총은 1986년 6월 규탄성명서를 발표하였으며, 8월에는 여당대표와 간담회를 개최하고 정기국회에서 노동관계법을 개정하겠다는 약속을 받았다. 1986년 11월에는 대규모의 노동관계법 개정촉구 궐기대회를 개최하였으며, 12월 들어서는 궐기대회, 임직원 비상대기, 산별위원장 총사퇴 및 농성돌입 등의 단계별 활동계획을 확정하였다. 이에 정부·여당은 당정협의회를 개최하고 회기 중에 노동관계법 개정을 마무리한다는 방침을 정하기에 이르렀다(한국노총, <1986년 사업보고서>, 1987). 이후 노동관계법 개정안은 야당이 불참한 가운데, 1986년 12월 보사위원회, 법사위원회, 본회의를 통과하였다.[79]

---

79 1986년 중에 한국노총이 노동관계법 개정을 위해 활동한 내역을 보면, 국회 보사위원 접촉 14회, 정당 접촉 17회, 개별의원 접촉 12회, 대국민활동 12회, 대정부활동 4회 등 다양한 이익투입활동을 전개하였다(고숙희, 1991).

1987년 11월의 노동관계법 개정

1987년 4월의 이른바 '호헌선언'을 기점으로 정국은 요동을 치고, 결국에는 6.10일 이후의 대규모 시민항쟁이 촉발되어 전두환 정부는 6.29 선언을 통해 대통령직선제 수용 등 일련의 민주화조치를 단행하게 되었다. 이때부터 산업현장의 노사분규도 폭발하여 1987년 7월 이후 10월말까지의 노사분규 건수는 무려 3,311건에 달하였다.

이러한 시국상황에서 1987년 12월의 대선을 앞두고 전두환 정부는 1987년 11월 노동관계법을 전향적으로 개정하였는데, 노동조합법의 개정 내용을 보면, 노동조합의 조직유형과 설립형태를 근로자의 자유의사에 맡겼으며, 노조규약 및 결의에 대한 취소·변경명령을 법령위반 시로 제한하였으며, 노조임원의 자격제한 규정과 행정관청의 노조해산 및 임원개선명령권을 삭제하였으며, 노동조합의 단체교섭위임을 자유화하였다. 그리고 노동조합이 당해사업장 근로자 2/3 이상을 대표하는 경우에는 유니온 숍 조항을 체결할 수 있도록 하였다.

이 과정에서 1986년 말의 노동관계법의 개정내용에 만족하지 못한 한국노총은 1987년 2월 노동관계법 개정운동을 재개하기로 하였다. 그러나 정치상황이 개헌문제로 유동적으로 전개되자, 한국노총은 활동을 유보하였다. 그러나 1987년의 6.29선언과 더불어 한국노총의 활동도 매우 활발해졌다. 즉, 1987년 7~8월 중에 한국노총은 여당 지도부와 간담회를 개최하고, 야당과 국회 보사위원 전원을 방문하여 노동법 개정의 필요성을 제기하였다. 또한 경제기획원장관, 노동부장관, 경영자총협회를 방문하였다. 그리고 야당주최 공청회에 참석하였으며, 노동관계법 청원을 국회에 접수하였다. 그리고 한국노총 내에 노동관계법 개정추진위원회를 구성하였으며, 공청회와 TV토론회에 참석하여 노동관계법 개정을 주장하였다. 이후 정치권이 개헌문제로 요동치는 가운데서도 한국노총은 여야 의원 방문, 노동부장관 방문, 실무자 접촉, 간담회 개최 등 다양한 이익투입활동을 전개하였다. 노동관계법 개정문제가 막판에 접어드는 1987년 10월에는 전국조직에 비상대기령을 발동하였으며, 노동관계법 개정촉구 중앙궐기대회를 개최하였다.

이러한 적극적인 활동의 결과, 1987년 10월 노동관계법 개정안이 국회를 통과하였는데, 한국노총의 청원내용 중에서 공무원의 단결권 보장과 정치활동 허용 등의 몇몇 조항들을 제외하고는 대부분 반영되었다(한국노총, <1987년 사업보고서>, 1988). 이러한 결과가 나타난 것은 당시의 정치상황이 정부가 수습할 수 없을 정도로 된데다 대통령 직접선거라는 정치적 기회구조 하에서 각 정당들이 노동자들로부터의 득표가 절실하였기 때문일 것이다.[80]

4) 노태우 정부에서의 노동단체의 이익투입방식

1989년 3월의 노동관계법 개정

1988년 2월의 노태우 정부 출범과 동년 4월 총선에서의 여소야대의 도래로 한국노총의 이익투입활동도 더욱 활발해졌다. 즉, 한국노총은 1987년 11월의 노동관계법 개정내용이 미흡하다고 판단하고 1988년 6월 한국노총 개정안을 확정하고 본격적인 입법활동을 전개하였다. 1988년 7월 노동관계법 개정안을 국회에 청원하였는데, 주요 내용은 복수노조 허용 반대, 6급 이하 공무원의 단결권 보장, 노동조합의 정치활동 보장, 노동법원 설치, 노사협의회법 폐지 등이었다. 이후 한국노총은 여소야대 정국을 주도하던 야당을 상대로 다양한 이익투입활동을 전개하였다. 1988년 7월에는 야3당의 노동법공청회에 참가하였다. 8월에는 야3당 전문위원들과 실무 간담회를 개최하였으며, 9월 들어서는 야당 전문위원들과의 실무협의, 실무토론회 참가, 야당의원 방문 등의 활동을 하였다. 10월 들어서는 노동관계법 개정 정책토론회를 세 차례 개최하고, 여·야당 대표들을 방문하였으며, 야당 총재들을 초청하여 간담회를 개최하였다. 1988년 10월부터는 노동관계법 개정을 위한 백만인 서명운동을 개시하였다(한국노총, <1988년 사업보고서>).

그러나 1988년의 정기국회에서는 한국노총이 청원한 법률안들 중에서 산업안전보건법만 일부 개정되었을 뿐, 다른 법안들은 제대로 논의되지 못하였다.

---

80 1987년 10월의 노동관계법 개정을 위한 한국노총의 이익투입활동은 국회 보사위원회 접촉 6회, 여야정당 접촉 12회, 개별의원 접촉 4회, 행정부서 접촉 6회 등이었다(고숙희, 1991).

1989년 들어서도 한국노총은 1월부터 3월에 노동관계법이 개정되기까지 노동부장관을 방문하고 노동관계법 개정을 촉구하였으며, 청와대경제수석 방문, 국무총리주최 간담회 참석 등을 통하여 노동현안을 협의하였다. 또한 1988년 1~2월 중에는 임시국회에서의 노동관계법 개정을 목표로 대(對)국회 및 정당 활동을 강화하였다. 그 결과 1989년 3월 야당 주도로 노동관계법 개정안이 통과되었는데, 그동안 한국노총이 요구해 온 내용들이 대폭 반영되었다. 그러나 개정법은 대통령의 거부권 행사로 무산되었다. 이후에도 한국노총은 1989년 중에 거부권이 행사된 노동관계법을 재개정하기 위해 다양한 활동을 하였는데, 특징은 이전과는 달리 여당과의 접촉을 강화하였다는 점이다. 이는 여소야대 국회이지만 대통령과 여당의 협조가 없이는 소기의 목적을 달성할 수 없음을 인식하였기 때문이다. 그러나 한국노총의 계속된 노력에도 불구하고, 1989년 중에는 노동관계법 개정은 진전이 없었다.

1991년 하반기의 노동관계법 개정

1991년 9월 최병렬 노동부장관은 한국노총과 간담회를 갖고 일방적으로 노동관계법 개정방침을 밝혔다. 한국노총은 대표자회의를 소집하고 정부의 의도를 면밀하게 파악하기로 하였다. 이후 노동부는 실무자를 한국노총에 파견하여 개정내용에 대한 구체적 설명은 없이 개정의 필요성만을 강조하였다. 이에 한국노총은 여당 의원들과 간담회를 갖고 노동부 주도의 노동관계법 개정방침에 대한 반대 입장을 전달하였다. 그러나 정부는 여당과 당정회의를 개최하고 노동관계법 개정을 입법예고하기로 하자, 한국노총은 이의 철회를 요구하는 성명서를 발표하고 노동법개악저지 비상대책위원회를 구성하였다. 그리고 청와대, 노동부, 민자당을 항의 방문하는 한편, 철야농성에 돌입하였다. 1991년 10월 들어서 한국노총은 비상대책위원회 체제로 임시 개편하였으며, 국회 노동위원장, 민자당 및 민주당 대표와 간담회를 개최하였다. 그리고 노동계출신 의원들에게 협조를 요청하였다. 노동부 실무자들과도 수차례 만남을 가졌다.

그러나 이러한 노력들이 별로 성과가 없자, 1991년 11월부터 한국노총위원장이 무기한 단식농성에 돌입하였으며, 임직원들도 동조 농성을 시작하였다. 한국노총위원장의 단식투쟁은 국내외적으로 반향을 불러 일으켜 미국과 일본의 노동자단체들이 지지를 표명하였으며, 국제자유노련은 대통령에게 서한을 발송하였다. 야당대표가 격려 방문하여 정부의 노동법 개정을 저지하겠다고 밝혔으며, 일부 여당의원들도 격려차 방문하였다. 이어서 한국노총 전국단위노조 대표자, 산별노조위원장들도 무기한 철야농성에 돌입하였다. 민자당 중앙당사를 항의 방문하였으며, 지역지부에서는 민자당 지구당과 노동부 사무소를 방문하여 강력하게 항의하였다. 한국노총의 강력한 반대에 직면한 노동부는 11월 8일 노동관계법 개정 추진을 철회한다고 공식 발표하였다(한국노총, <1992년 사업보고서>, 1993).

5) 김영삼 정부에서의 노동단체의 이익투입방식

김영삼 정부는 국제노동기구(ILO), 경제협력개발기구(OECD) 등의 국제기구 가입을 계기로 세계화의 여건형성을 이유로 노사관계 개혁에 착수하였다. 이러한 개혁작업이 공식화된 것이 1996년 4월에 발표된 김영삼 대통령의 '신(新)노사관계 구상'이었는데, 여기에는 노동관계법 개정뿐만 아니라, 노사의 의식과 관행의 개혁까지 포함되었다(서울대학교 노사관계연구소, 1997).

1996년 5월 노·사·공익위원 30명으로 구성된 노사관계개혁위원회가 발족되었으며, 이후 동 위원회는 내부회의 44회, 노사전문가 간담회 14회, 공개토론회 7회 등을 개최하고, 1996년 11월 노동관계법 공익안을 채택하였다. 그러나 공익안을 존중하고자 했던 노동부와는 달리, 경제부처들의 요구로 재계 의견이 대폭 반영된 최종 노동관계법 개정안이 마련되었으며, 12월 여당은 복수노조 및 정리해고제와 관련된 사항을 일부 수정한 내용을 골자로 하는 노동관계법 개정안을 단독으로 통과시켰다(유범상, 2000).

당시 노동관계법 개정의 쟁점사항은 복수노조 인정, 제3자 개입금지 조항 삭제, 노조의 정치활동금지 조항 삭제, 정리해고제·변형근로제·파견근로제·파업대체근로자의 허용 등이었다. 이러한 쟁점사항들에 대해서 개정된 노동관계법 중에서 기존의 노동조합법과 노동쟁의조정법을 통합한 노동조합및노동관계조정법의 주요 내용을 보면, 복수노조의 설립을 상급단체는 2000년부터(단위사업장은 2002년부터) 허용하며, 제3자 개입금지 규정을 삭제하되 노사 당사자가 단체교섭 또는 쟁의행위에 있어서 지원을 받을 수 있는 자를 명시하도록 하였다. 그리고 노조의 정치활동금지 조항을 삭제하되, "주로 정치운동 또는 사회운동을 목적으로 하는 경우"는 노조의 결격사유가 된다는 조항을 신설하였다. 조합비 상한규정을 삭제하고, 2002년부터 노동조합 전임자에 대한 급여 지급을 금지하며, 쟁의행위의 장소제한 규정을 삭제하였다. 그리고 근로기준법에서는 이슈가 된 조항들이 대거 신설되었는데, 긴박한 경영상의 필요가 있을 경우의 정리해고제 도입, 주당 48시간 한도 내의 탄력근로시간제 즉, 변형근로제의 도입, 파업기간 중의 대체근로 허용 등이 그것이었다(김성수, 1997).

이와 같이 기존의 노사관행을 근본적으로 바꾸는 내용의 노동관계법이 개정되는 동안 한국노총의 활동도 활발하였는데, 이를 세 시기로 구분할 수 있다. 첫째 기간은 1996년 5월 노사관계개혁위원회가 구성된 이후부터 동년 11월 동위원회에서 노동관계법 공익안을 성안하기까지이다. 이 기간 중의 한국노총의 활동은 대체로 온건한 것이었다. 즉, 한국노총은 노동관계개혁추진위원회 구성, 토론회 및 지역 세미나 개최, 야당총재와의 간담회, 노동부의 간담회, 각 정당 및 국회 환경노동위원회 소속 의원들에 대한 협조요청과 간담회, 여당 대표와의 간담회 등이 그것이었다.

두 번째 기간은 노사관계개혁위원회의 공익안을 무시하고 정부주도의 노동관계법 개정안이 추진되는 1996년 11월 이후부터 여당 단독으로 법안을 통과하는 12월 26일까지이다. 이 기간 중에 한국노총의 이익투입방식은 매우 격렬하였다. 1996년 11월 한국노총은 정부·여당을 규탄하는 성명서를 발표하였으며, 한국노총 및 산하조직들이 철야농성에 돌입하고, 노동법개악저지 투쟁본부를 설치하는 등의 비상체제에 돌입하였다. 노동관계법 개악저지 서명 및 모금운동도 전개하였다. 또한 주요 정당의 지구당 항의방문, 국회 환경노동위원회 소속 의원 방문, 기자회견, 가두 홍보, 시위 및 결의대회, 국회의원 전화걸기, 내각 총사퇴 요구, 노동부장관 항의 방문, 총파업결의 및 청와대 규탄성명, 한국노총위원장의 단식 및 간부 철야농성, 민주노총에 대한 연대투쟁 제의, 전국 동시파업 찬반투표 실시, 총파업 결단식, 삭발, 여당 지구당사 항의집회 등 다양하고 강력한 이익투입활동을 전개하였다.

세 번째 기간은 여당이 노동관계법을 강행 처리하지 않겠다던 약속을 버리고 1996년 12월 노동관계법 개정안을 단독 처리하기까지이다. 한국노총은 노동관계법 개정안이 국회를 통과하자 항의 성명서를 발표하고 12월 말부터 자체 집계로 약 16만 명이 참가한 제1단계 총파업에 돌입하였다. 1997년 들어서도 전국단위 집회를 개최하였으며, 여당과 노동부를 항의 방문하였다. 그리고 국제노동단체와의 연대(連帶) 결의대회 및 기자회견을 개최하였으며, 1997년 1월부터 전국적으로 약 40만 명이 참가한 제2단계 전국총파업에 돌입하였다. 1월 중순 이후에는 노동자대회 개최, 민주노총과의 공동기자회견 및 공동투쟁계획 발표, 여당 지구당사 앞 규탄대회, 결의대회 등 대규모 집회를 통한 이익투입활동을 행하였다(한국노총, 1997년 사업보고서>, 1998).

그런데 정부·여당의 이러한 날치기식 법안처리는 노동계는 물론, 사회각계로부터 심각한 반발을 유발하였으며, 당시 한보(韓寶)사태까지 겹치면서 김영삼 정부는 도덕적으로 심각한 타격을 입게 되었다. 그리고 1997년 1~2월 중에 노동계를 포함한 각계의 강력한 반대에 직면한 김영삼 정부는 몇 달 만에 노동관계법을 다시 개정하는 수모를 겪게 되었다.

4. 노동단체의 이익투입방식 비교·분석

1) 이익투입방식의 시기별 비교

한국노총의 이익투입방식은 정치행정체제의 성격, 정치적 분위기, 정치적 기회구조, 문제적 이슈의 성격, 경쟁 집단의 존재 유무 등의 복합적 요인들에 의해 영향을 받았다. 구체적으로, 1963~64년 중의 노동관계법 개정을 보면, 우선 1963년 4월의 노동관계법 개정은 국가재건최고회의가 주도하였는데, 이 과정에서 한국노총은 큰 불만이 없었으며, 적극적인 이익투입활동도 없었다. 그러나 1963년 12월의 노동관계법 개정은 역시 최고회의가 주도하였으나, 이번에는 한국노총의 반발이 심하였다. 특히, 1964년 2월 야당이 노동관계법 개정안을 제출하고 국회 보사위에서 논의하는 과정에서 한국노총은 격렬하게 반대하였으며, 그 결과 야당의 개정 법안은 폐기되었다.

이러한 일련의 노동관계법 개정과정에서의 한국노총의 활동방식은 성명서 및 담화문 발표, 건의서 제출(대통령, 국회의장, 공화당의장 등), 항의방문(국회 보사위원장, 청와대, 노동청장, 여당 등), 국회 보사위원들에 대한 개별접촉, 지역출신 의원에게 서신발송, 시위 및 궐기대회 개최, 노동위원회의 노동자위원 철수, 총파업 결의 등 다양한 형태를 동원하였다. 더구나 1964년 6월의 비상계엄 선포 이후에도 총파업을 결의하고 궐기대회를 개최하는 등의 단체행동을 하였다. 이익투입대상은 주로 국회와 여당이었으며, 정부에 대해서는 시위 등을 통해서 압박하였다. 그러나 야당에 대한 활동은 아직 미미하였다.

이렇게 보면, 제3공화국 초기에 발생하였던 노동관계법 개정과정의 한국노총의 이익투입방식은 아직 국가와 한국노총 간에 제도적인 접근통로가 개설되지 못한 상황에서 대부분이 강력한 다원주의적 활동방식이었다. 이는 기본적으로 1963년 10월의 대통령선거에서 간신히 승리한 여당으로서는 강권통치를 하기가 어려웠기 때문일 것이다.[81] 한국노총으로서도 1964년 이후의 노동관계법 개정과정은 국회를 중심으로 전개되었기 때문에 국회를 대상으로 한 압력행사에 주로 의존할 수밖에 없었을 것이다.

1969년의 '외국인 투자기업의 노동조합 및 노동쟁의조정에 관한 임시특례법'은 정부주도로 추진되어 제정되었는데, 이 과정에서의 한국노총의 활동방식 역시 다양하였다. 즉, 한국노총은 성명서 발표, 투쟁위원회 설치, 궐기대회, 지역의원들에 대한 탄원서 제출, 가두시위, 항의방문 등 다양한 이익투입활동을 하였다. 따라서 이때도 제도적인 의사전달통로가 제대로 개설되지 못한 상태에서 다원주의적인 압력행사방법을 주로 사용하였다. 이것이 가능하였던 것은 1960

81 1963년 10월의 대통령선거에서 여당의 박정희후보가 야당의 윤보선후보를 겨우 15만 표 차이로 누르고 당선되었다.

년대까지만 하더라도 대통령직선제 하에서 정치체제가 경쟁적이던 상황에서 이익집단의 활동이 어느 정도 자율성을 확보하고 있었기 때문이다.

그러나 노동이익집단의 이익투입활동은 유신체제하인 1973~74년의 노동관계법 개정과 비상계엄하의 입법회의에서 개정된 1980년 12월의 노동관계법 개정과정에서는 크게 위축되었다. 이 기간 동안의 노동관계법 개정은 전적으로 정부가 주도하였으며, 이 과정에서 한국노총의 활동은 정부에 대해서 한 두 차례의 건의서를 제출하는 정도였으며, 여·야당을 불문하고 국회를 대상으로 하는 이익투입활동은 거의 없었다. 따라서 유신체제와 전두환 정부 초기의 권위주의체제 하의 한국노총의 이익투입방식은 다원주의와 조합주의의 어느 유형에도 포함시키기 어려운 무(無)활동 상태였다고 볼 수 있다.

그러나 1986년 12월의 노동관계법 개정과정에서는 1985~86년 중에 한국노총의 이익투입활동이 매우 활발하였다. 즉, 1986년 12월에 최종적으로 개정된 노동관계법은 1985년 9월의 한국노총의 입법청원에 의해 시작되었는데, 청원 이후에 한국노총은 1985년의 정기국회, 1986년의 임시국회에서 여러 차례 법안이 폐기되는 가운데서도 끈질긴 활동역량을 과시하여 결국에는 1986년 12월 노동관계법 개정을 견인하였다. 이 과정에서 한국노총은 국회·정당·노동부 등에 대한 건의서 제출은 물론, 대국회교섭활동소위원회 구성, 궐기대회, 서명운동, 홍보자료 배포, 여·여당 정책위의장 방문, 국회 공문발송 및 간담회 개최, 지역구 의원들에게 압력행사, 규탄성명서 발표 등 다양한 이익투입활동을 전개하였다. 따라서 전두환 정부 후반기에는 강성 야당이 주도하는 개헌정국의 분위기하에서 한국노총 역시 자율성을 확보해 가고 있었다.

전두환 정부 말기인 1987년 11월의 노동관계법 개정과정에서 한국노총은 1987년 7월의 입법청원에서부터 법 개정 완료시까지 주도적 역할을 수행하였다. 즉, 한국노총은 1987년 7월 이후의 민주화이행기를 맞이하여 여당 방문 및 간담회 개최, 정부부처 방문, 여·야당 공청회 참석, TV토론회 참석, 노동부와의 실무접촉, 야당총재 방문, 궐기대회 개최, 시위 등 다양한 이익투입활동을 전개하였다. 그리고 이러한 이익투입활동은 직선제 대통령선거라는 대형 정치적 기회와 결합되어 한국노총의 의견이 개정 입법에 상당부분 반영되는 성과를 거두었다. 따라서 1987년 하반기는 한국노총의 활동방식 선택에 제약이 거의 없었으며, 정부로서도 대선을 앞두고 한국노총의 요구를 수용해야 했다. 그리고 정부, 국회, 정당 등을 대상으로 골고루 이익을 투입하였다.

노태우 정부하인 1989년 3월의 노동관계법 개정에서는 한국노총이 입법청원을 하고 여소야대 정국에서 주로 야당을 상대로 이익투입활동을 전개하였으며, 야당 주도로 한국노총의 요구를 대폭 반영하여 개정을 하였으나, 대통령의 거부권 행사로 무산되었다. 이 과정에서 한국노총의 활동은 주로 국회와 야당을 대상으로 하였는데, 야당주최 공청회 및 실무토론회 참가, 야당 전문위원들과의 실무간담회, 야당총재 및 야당의원 방문, 여당대표 방문, 국무총리초청 간담회 참석, 노동부장관 및 청와대 경제수석 방문, 정책토론회 개최, 백만인 서명운동 등의 다양한 이익투입활동을 하였다. 이 시기의 이익투입방식의 특징은 주로 야당을 상대로 하였으며, 격렬한 시위나 집회 등이 거의 없었다는 점이다. 이는 여소야대의 정치상황에서 과격한 행동을 하지 않더라도 한국노총의 요구를 비교적 용이하게 입법과정에 반영할 수 있었기 때문이다.

그러나 1990년 1월의 3당 합당 이후에는 정부·여당이 정국의 주도권을 행사하였으며, 이후 1991년 하반기의 노동관계법 개정과정에서의 한국노총의 이익투입대상은 주로 정부와 여당이었으며, 격렬한 집단행동을 전개하였다. 즉, 정부주도의 노동관계법 개정에 강력하게 반발한 한국노총은 여당의원들과의 간담회, 노동계출신 의원 접촉, 노동부 실무자와의 접촉 등 비교적 온건한 방식은 물론, 비상대책위원회 구성, 성명서 발표, 정부·여당 항의방문, 여당 지구당 및 지방노동사무소 항의방문, 한국노총위원장 단식농성, 전국 단위노조 철야농성, 외국 노동단체의 지지확보 등 강력한 반대활동을 전개하였다. 그 결과 정부의 노동관계법 개정 시도를 좌절시켰다.

김영삼 정부 들어 1996년부터 다시 정부주도로 노동관계법이 개정되는데, 이 과정에서 한국노총은 격렬하게 반대하였으나 1996년 12월 여당 단독국회에서 날치기로 통과되었다. 이후 1997년 들어서 한국노총의 반대는 더욱 거세졌으며, 정부는 불과 몇 개월 만에 노동관계법을 재개정해야 했다. 이 과정에서 한국노총의 이익투입활동은 노사관계개혁위원회라는 제도적 통로에는 계속 참여하면서 세미나 및 토론회 개최, 야당총재·여당대표·국회 환경노동위원장 등과의 정책간담회, 노동부장관과의 정책간담회, 환경노동위원회 의원들에 대한 협조공문 발송, 규탄성명서 발표, 서명 및 모금운동 전개, 여당지구당 방문, 기자회견 및 가두홍보, 결의대회 개최, 국회의원 상대의 전화걸기, 한국노총위원장 단식 및 간부들의 철야농성, 총파업 단행, 시위, 삭발, 민주노총과의 연대투쟁 등 가능한 수단을 총동원하였다. 따라서 이 시기는 주로 정부와 여당을 상대로 다원주의적 압력행사를 하였는데, 이는 기본적으로 사회적 분위기가 노동운동을 억압할 수 있는 상황이 아니었던 데다, 정권말기에 이르러 공권력이 약화되었기 때문이다. 더구나 이 시기의 개정법은 복수노조의 허용, 정리해고제, 변형근로시간제 등 매우 민감한 사안들이었다. 그리고 1997년 이후에는 날치기 통과로 인하여 여론이 악화되었으며, 한보사태와 친인척비리 등으로 인하여 김영삼 정부의 도덕성이 심각하게 훼손되었는데, 이 역시 한국노총의 활동공간을 넓히는 데 기여하였다.

2) 행정부와 입법부에 대한 이익투입방식의 비교

한국노총의 이익투입방식은 정치체제의 속성, 정당정치의 활성화 정도, 법 개정의 주체 등에 의해서 큰 영향을 받았다. 즉, 권위주의체제 하에서 한국노총의 활동은 소극적이었으며, 주로 행정부를 대상으로 한 제도화된 이익투입방식을 사용하였다. 반면에 개방적인 정치체제일수록 적극적이고 다양한 이익투입방식을 사용하였다. 그리고 권위주의체제 하에서는 노동관계법 개정이 정부발의로 시작되는 경우가 많으며, 이 경우에는 한국노총의 주된 이익투입 대상은 정부였다. 반면에 개방적 정치체제에서는 한국노총의 입법청원에 의해서 시발되기도 하였으며, 이 경우에는 주로 국회나 정당이 이익투입대상이었다.

시기별로 비교해 보면, 1960년대 제3공화국 하의 노동입법과정에서는 이익투입대상이 주로 국회와 정당이었으며, 이익투입방식 선택도 큰 제한이 없었다. 따라서 이익투입방식이 다원주의적 속성이 강하였다. 그러나 유신체제 및 전두환 정부 전반기에는 주로 정부발의로 노동관계법이 개정되었는데, 이 과정에서 한국노총은 정부에게 몇 차례 건의를 하는 정도로 활동이 미미하였다. 전두환 정부 후반기 이후부터는 한국노총은 주로 국회나 정당을 대상으로 이익투입을 하였다. 정부를 대상으로 하는 것은 노동부와의 간담회 정도를 제외하고는 대부분 시위나 궐기대회 등을 통한 실력행사의 방식이었다.

결국, 한국노총의 이익투입방식은 유신체제와 전두한 정부 전반기의 권위주의적 통치기간을 제외하고는 대부분이 국회와 정당을 상대로 다양한 유형의 이익투입방식이었다. 기본적으로 다원주의적 속성에 가까웠다. 이러한 현상이 나타나게 된 것은 첫째, 정부위원회 등 제도적 접근통로가 제대로 기능을 수행하지 못하고 형식적으로 운영되었기 때문이었다. 이러한 상황에서 대규모 성원을 보유한 한국노총이 쉽게 선택할 수 있었던 것은 집단행동을 포함한 다양한 비제도적인 방식이었다. 둘째, 한국노총이 주도하는 노동관계법 개정과정은 대부분이 대선, 여소야대 정국 등의 정치적 기회구조가 존재할 경우나 정치적 해빙기에 시발되었는데, 이 과정에서 한국노총의 이익투입대상은 활성화된 국회나 정당이 중심이 될 수밖에 없었다. 셋째, 노동관계법은 자본의 이해뿐만 아니라, 산업화를 지향하는 국가의 이해와도 밀접하게 연관된 것이었다. 따라서 과격한 집단행동 등이 아니고는 노동통제를 완화하는 방향으로의 성과를 거두기가 어려웠다. 넷째, 노태우 정부 후반 이후부터는 전노협, 민주노총 등 강력한 경쟁집단이 등장하였는데, 이 역시 한국노총으로 하여금 보다 격렬한 활동방식을 택하도록 하는 하나의 원인이 되었다.

5. 맺음말

이상에서 1960년대 이후부터 김영삼 정부에 이르기까지의 노동입법과정에서의 노동단체단의 이익투입방식을 한국노총의 활동을 중심으로 고찰하였다. 전반적으로 유신체제와 전두환 정부 전반기의 권위주의체제 하에서는 한국노총의 이익투입활동이 크게 위축되었으며, 특기할 만한 이익투입방식도 거의 없었다. 그리고 이 시기에는 조합주의에서 강조하는 제도적 접근통로 역시 제대로 작동하지 못하였다. 그러나 1960년대의 제3공화국, 전두환 정부 후반기, 노태우 정부, 김영삼 정부 하에서는 한국노총의 이익투입방식이 보다 적극적이고 다양해졌으며, 비합법적인 방법도 많이 동원되었다. 주된 이익투입대상도 국회나 정당이었으며, 때에 따라서는 야당이 중심이 되는 경우도 있었다. 이는 다원주의적 이익투입방식으로서, 기존의 정부위원회 등이 제대로 기능을 하지 못하였을 뿐만 아니라, 이 시기의 노동관계법 개정이 국회의 기능이 비교적 활발하였던 시기에 이루어졌기 때문이었다.

이 장을 통해서 발견되었거나 혹은 유추될 수 있는 점들을 제시하면 다음과 같다. 첫째, 노동입법과정이 권위주의체제에서는 대체로 정부주도의 통제지향적인 노동관계법 개정→한국노총의 미약한 이익투입활동→정부의도의 관철 등의 순으로 전개되었다. 그러나 경쟁적 정치체제 하에서는 대체로 한국노총에 의한 입법청원→한국노총의 강력한 이익투입활동→한국노총 요구의 부분적 수용의 순으로 진행되거나, 정부주도의 노동관계법 개정→한국노총의 강력한 반대활동→정부의도의 좌절의 순으로 전개되는 경우가 많았다. 둘째, 경쟁적 정치체제일수록 국회나 정당을 상대로 하는 이익투입활동이 강화되며, 특히 1988년 이후의 한국노총의 여야 등거리 관계설정 선언과 여소야대 등의 국면에서는 야당 상대의 이익투입활동이 강화되었다. 셋째, 정치적 사건 내지는 정치적 분위기와 한국노총의 이익투입방식 간에는 긴밀한 관련성이 있었다. 즉, 이익투입활동에 유리한 정치적 기회구조가 조성되거나 개방적인 정치체제일수록 한국노총의 이익투입방식은 다원주의적 특성이 강하였다. 넷째, 제도적 접근통로는 지속적으로 개설되어 있었으나, 제대로 작동하지 못한 관계로 주로 다원주의적 이익투입방식에 의존하는 경우가 많았으며, 이러한 방식이 소기의 성과를 가져오는 경우가 많았다. 이는 기본적으로 거대조직인 한국노총의 이익투입 역량이 강력하였기 때문이다.

제3편

민주화 이후의 노동정치와 사회협약

제8장

민주화 이행기의 과도기적 사회협약

1. 서론

우리나라의 수출주도형 경제성장 전략의 핵심은 저임금을 통해 가격경쟁력을 유지하는 것이었다. 그리고 국내자본이 빈약한 상황에서 외자유치가 필수적이었으며, 이를 위해 정치사회적 안정이 필요했다 그 결과 1987년 이전까지의 권위주의체제는 제재와 유인을 적절하게 결합하여 노동세력을 통제하였다. 이점에서는 정부와 사용자의 이해가 일치하였다.

그러나 1987년의 민주화운동을 기점으로 노동환경은 급변하였다. 분출되는 노동세력의 요구를 억압만으로는 제어할 수 없었다. 그동안 불법노조로 간주되었던 재야의 노동단체들이 공식적으로 출범하였다. 반면에 권위주의 청산을 주요 국정목표로 내건 노태우 정부 전반기는 노동현장에 직접적으로 개입할 의사도 능력도 없었다. 그러나 민주화의 대가는 컸다. 엄청난 파업손실이 발생하였으며, 급속한 임금인상으로 인한 인플레이션과 수출경쟁력의 저하는 심각하였다. 그리고 공권력 부재에 대한 우려도 제기되었다. 이에 노태우 정부는 이른바 공안(公安)정국을 통해 문제를 해결하고자 하였으며, 이제 노사분쟁 현장에는 강력한 공권력이 투입되었다. 다른 한편으로는 사회협약을 논의하였다.

즉, 1989년 이후 관변 연구단체들을 중심으로 사회협약에 대한 논의가 본격화되었으며, 다양한 형태의 여론조성 작업이 전개되었다. 그리고 노사 간의 자율적 협의기구가 형성되었다.

문민정부를 표방한 김영삼 정부는 이전의 군사정권들과는 차별화를 하고자 했지만, 사회협약은 '민주적'인 것이었기에 지속하였다. 민주노조에 대한 인식도 많이 변화하였으며, 대화를 토대로 하는 신(新)노사관계를 구축하고자 하였다. 그리고 WTO체제 출범과 OECD가입 등의 국제적 변수들이 등장하면서 노동 분야에서도 세계적 표준이 중시되었다. 신자유주의 사조가 만연되면서 노동의 유연성 제고가 본격적으로 논의되었다. 이는 필연적으로 정리해고제, 변형근로시간제 등 노동 불안을 예고하는 논란들을 유발하였으며, 이 와중에 1996년 말 노동관계법 개정이 변칙 처리되었다. 이를 계기로 노동현장은 소용돌이치게 되었으며, 사회협약의 정신은 무너지게 되었다.

이장은 1980년대 후반 이래의 민주화 이행기의 노동정책과정에서 초보적 단계의 노사정 간 사회협약이 어떻게 형성되고, 성과는 무엇이었으며, 그리고 왜 붕괴되었는지를 분석함으로써 오늘날의 사회협약의 성과를 제고하는 데 시사점을 제공하고자 한다. 이를 위해 우선 사회협약의 성공요건을 이론적으로 조망한다. 그리고 이러한 이론 틀에 근거하여 권위주의체제 하의 유사 사회협약기구들의 실태를 약술하고, 이어서 민주화 이행기인 노태우 정부와 김영삼 정부에서의 사회협약의 배경 및 형성과정을 고찰한다. 여기서는 당시의 사회협약의 내용, 이행과정, 결과를 비교·분석해 본다. 마지막으로 이러한 논의들을 토대로 성공적인 사회협약 구축방안을 제언한다.

2. 사회협약의 성공요건 및 연구 틀

1) 사회협약의 성공요건

사회협약은 주요 노동정책과정에서 노·사·정이라는 세 생산주체들이 협력적 관계를 유지하는 것이다. 사회협약이 이론적으로 관심을 유발하게 된 것은 국가와 이익집단 관계에 관한 중범위이론으로서 (신)조합주의가 등장하면서 부터이다(Adams, 2018). 조합주의모형은 여러 하위모형들로 유형화되지만 가장 기본적인 것이 사회조합주의와 국가조합주의로 구분하는 것이다. 양자의 근본적 차이는 전자가 아래로 부터의 자발적인 침투의 결과인데 비해서, 후자는 위로부터의 강요에 의한 것이라는 점이다. 따라서 현재 논의되는 사회협약은 사회조합주의적인 것이며, 흔히 사회조합주의와 사회협약은 동의어로 사용되기도 한다(Collier, 2018). 사회조합주의의 중심적 사고인 사회협약은 주요 생산주체들 간의 호혜와 평등의 원리에 입각하여 대화와 협력을 통해서 사회경제적 위기를 극복하고, 국가사회의 안정과 번영을 도모하려는 것이다. 이는 이해당사자 모두가 편익을 공유하는 관계(win-win game)에 입각하고 있다.

이장에서는 사회조합주의의 내용과 이념, 그리고 선행연구들을 토대로 하여 사회협약의 성공요건을 다음과 같이 도출하였다. 첫째, 사회협약에 참여자들 간에 사회적 책임감과 위기의식을 공유해야 한다. 사회협약이 가능하려면 참여자들 간에 양보와 책임감, 합의의 정신이 필요하다(Nownes, 2013). 따라서 사회협약은 개인보다는 전체적인 조화와 질서를 우선시하는 유기체적 국가관의 전통이 강한 곳에서 성공적이었다.[82] 그리고 사회협약이 성공하기 위해서는 위기의식을 공유해야 한다. 사회협약은 주요 경제주체들 간에 국가적 위기상황을 상호협력을 통하여 극복하겠다는 공동체정신에 기반을 한다. 서구에서도 사회협약은 대체로 경제위기 시에 나타났다(Crepaz, 1992).

둘째, 사회협약이 성공하려면 국가의 능력, 의지, 중립성이 필요하다. 우선 국가는 사회협약의 형성자인 동시에 집행자로서 합의의 이행을 강제할 수 있는 물리적·물질적 능력에 있어야 한다. 노동시장정책이나 사회보장정책 등을 통해서 타협의 조건을 만들어 주아야 하는 것이다. 또한 국가는 주요 경제정책을 생산주체들의 참여를 통해서 결정하겠다는 권한배분의 의지가 있어야 한다. 따라

82 조합주의를 정치문화의 한 형태로 보았던 Wiarda(1972)는 사회협약은 가톨릭주의와 집단주의의 특성이 강한 Iberic-Latin 전통의 정치문화와 잘 부합하는 제도라고 보았다.

서 실제로 주요 경제정책들이 사회협약을 통해서 조정되고 실현되느냐는 것이 중요하다. 그리고 국가는 중립적이어야 한다. 적극적으로 개입을 하되, 비당파적인 중재자로서 기능을 해야 한다(Carnoy, 2014).

셋째, 노·사·정 삼자 모두가 편익을 공유하는 호혜성에 기반을 두어야 한다. 국가는 사회협약을 통해서 산업평화를 유지하고 당면한 경제위기를 효과적으로 극복할 수 있다. 노사단체는 국가로부터 이익대표권을 부여받으며,[83] 정책과정에 제도적으로 참여할 수 있다. 특히, 노동단체는 사회협약에 참가하는 대가로 고용안정과 사회보장 확충 등의 반대급부도 받는다(McNamara, 2012).

넷째, 노동이익을 대표하는 계급정당이 존재하는 것이 유리하다. 자본주의 국가는 생래적으로 자본과 국가의 이해가 일치할 수밖에 없다. 따라서 논의의 핵심은 국가와 사용자가 노동이익을 어떻게 포용하느냐는 것이었다. 서구의 사회협약은 노사 간의 계급타협을 전제로 하며, 이를 위해서 계급정당들 간의 정치적 타협과 협약이 선행되었다. 이를 토대로 노사단체 간에 노동협약이 이루어지며, 이를 국가가 승인하고 보장하는 형식을 취하였다. 따라서 사회협약이 정착된 국가에서는 강력한 노동계급 정당이 발달하였으며, 실제로 이러한 노동계급 정당들이 집권한 시기에 사회협약이 정착된 경우가 많다.

다섯째, 이익집단의 이익대표 및 성원규제 능력이 필요하다. 사회협약은 이행이 중요하다. 이를 위해서 책임감과 신뢰, 국가의 능력과 의지가 중요함은 전술하였다. 뿐만 아니라, 이익집단도 합의이행을 위해 성원규제능력이 있어야 한다. 사회협약제도하의 이익집단은 이익대표기능 뿐만 아니라, 합의를 강제하기 위한 성원규제기능도 수행한다. 따라서 이익집단은 대체로 정상이익집단의 형태로 존재하며, 수직적 연계로 짜여 있다. 이러한 수직적 연계는 내부 응집력과 구성원들의 복종심을 공고히 한다. 특히, 노동단체는 대체로 전국수준의 위계조직 형태인 중앙산별체제로 조직화된다(Teichman, 2018).

여섯째, 사회협약 당사자들 간 및 성원들과의 신뢰성이 전제되어야 한다.

83 이는 국가가 주요 경제정책과정에서 협의하는 이익집단의 수를 제한하며, 유사 정책영역 내의 이익집단들 간의 경쟁을 억제하는 것을 의미한다(Birkland, 2015).

사회협약은 노사 간의 자발적 합의를 국가가 사후적으로 조정·승인·보장하는 것이다. 따라서 사회협약은 법적 강제력보다는 상호신뢰에 호소하는 것으로, 산업현장에서의 이행여부는 전적으로 단위노조나 단위기업의 자율에 달려 있다. 따라서 사회협약은 노사 정상조직들 간에 신뢰가 있어야 함은 물론, 정상조직들과 하위집단 혹은 성원들 간에도 신뢰가 있어야 한다. 정상조직들은 약속을 지켜야 하며, 이를 위해 각자 하위집단과 성원들의 이해가 집단이기주의에 흐르지 않도록 규율하는 능력이 필요하다(Collier, 2018).

2) 연구 틀의 설정

이장에서는 시회협약의 구축과정을 과정적 측면에서 사회협약의 형성, 내용과 이행, 결과라는 세 국면을 중심으로 논의하고자 한다. 우선 사회협약의 형성과 관련해서는 이를 환경적 요인, 호혜성과 평등성, 당사자들 간의 신뢰성, 협약형성의 주도자는 네 가지 측면을 중심으로 논의한다. 여기서 환경적 요인에는 다시 경제적 위기의 객관적 존재, 주관적인 위기의식의 공유, 노동이익의 정치적 대표라는 세 가지를 포함하였다. 다음에 사회협약의 내용 및 이행과 관련해서는 협약의 구체적 내용, 상호 교환된 편익, 협약의 구속성, 정부의 협약이행 의지와 능력, 노사단체의 대표성과 성원규제능력이라는 다섯 가지 요소를 중심으로 논의를 하며, 마지막으로 사회협약의 결과와 관련해서는 사회협약의 성과를 중심으로 논의를 한다.

<표 14> 이장의 연구 틀

분석차원	분석변수
사회협약의 형성	-환경적 조건: 객관적인 경제적 위기의 존재, 위기의식의 공유, 노동이익의 정치적 대표 -참여자들 간의 호혜성과 평등성 -참여자들 간의 신뢰성 -협약 형성의 주도자

사회협약의 내용과 이행	-협약의 내용 -상호 교환된 편익 -협약 구속성 -정부의 협약이행 의지와 능력 -노사단체의 대표성과 성원규제능력
사회협약의 결과	-협약의 성과

3. 권위주의체제 하의 유사(pseudo) 사회협약

사회협약은 경제주체들 간의 자발적인 대화와 타협을 전제로 하며, 당사자들이 권한과 편익을 공유하는 평등성과 호혜성을 지향한다. 또한 합의의 형성과 이행은 강제가 아닌 책임성과 신뢰에 기반을 둔다. 그리고 사회협약은 외형이 아니라, 실질적 내용이 중요하다. 이 점에서 사회협약은 노동통제를 주로 하는 권위주의체제와는 양립하기 어렵다.

전두환 정부까지의 권위주의체제 하에서는 사회협약의 토대가 마련되지 못하였으며, 외형상 사회협약의 성격을 갖는 제도가 있었으나, 유사(類似) 협약기구에 불과하였다. 대표적인 것이 1975년 10월 이후의 중앙노사간담회이다. 여기에는 정부대표로 노동청장, 노동자대표로 한국노총위원장을 포함한 6인, 사용자대표로 한국경영자협회장을 포함한 6인이 참여하여 노사문제에 대한 공동대처 방안과 노동정책에 대한 이해증진 방안을 논의하였다(한국노총, <1976년 사업보고서>: 1977). 1980년대 이후에는 노사협의회도 설치되었다. 중앙노사협의회는 1980년 12월 노사정 및 공익대표로 구성하여 노동부장관을 위원장으로 노동부에 설치하였는데, 노동정책, 임금수준, 노동조건 등을 협의하였다(총무처, 1990). 이외에도 한국노총과 한국경총 간에는 1981년 12월부터 정례적인 중앙노사대표자간담회를 개최하고 수차례의 공동합의문을 발표하였으며, 1985년 8월에는 기존의 중앙노사협의회와는 별도로 한국노총과 경총 간에 서울지역노사협의회를 구성하였다(경총, <1985년 사업보고서>, 1986). 그리고 노사정 간의 비공식적 간담회나 좌담회 형식의 기구들도 있었다.

그러나 이러한 기구들이 있었다고 해서 사회협약이 작동했다고 보기는 어렵다. 여기에서 노동조건이나 임금수준 등의 주요 노동정책에 관한 구속력 있는 합의가 도출된 것도 아니며, 실질적 권한도 없었다. 당사자들도 유의미한 합의도출을 기대하지 않았다. 이러한 기구들은 국가의 총체적 노동통제를 외형상 순화시켜 주는 유사협약에 불과하였다. 중앙노사협의회를 예로 보면, 규정상에는 년1회 정기회의를 개최하고 수시로 임시회의를 개최한다고 되어 있으나, 실제로는 임시회의는 개최된 경우가 없으며, 정기회의 역시 전두환 정부 하에서 1984~87년의 4회만 개최되었을 뿐이다. 그리고 기능도 법제상으로는 장단기 노동정책, 임금수준 책정, 근로조건 방향 등을 심의한다고 되어 있으나, 실제로는 정부의 정책방향에 대한 설명과 노사단체의 협조를 구하는 의례적 회동에 불과하였다(최영기, 1994, 1999).

이처럼 권위주의체제 하에서는 실질적인 사회협약기구는 작동하지 못하였으며, 다양한 통제수단을 총동원하여 노동세력을 배제하고 고립시켰다(김용원, 1995). 노조는 1970년대까지는 외형적으로는 산별체제였으나 실제로는 기업별체제였으며, 전두환 정부에서는 표리 양면에서 기업별체제로 재편되었다. 따라서 이 시기의 노동정책은 노동배제적 억압정책이었다. 이러한 조건하에서 사회협약은 존재할 수 없었으며, 외형적인 유사기구가 있다 하더라도 이는 형식적이었다. 정부로서는 유효한 물리력을 보유하면서 동시에 노동자들의 정치적 동원이 불필요한 상황에서 노동문제를 구태여 논쟁적이고 소모적인 합의의 장으로 끌어낼 필요가 없었다.

4. 민주화 이행기의 사회협약 구축 노력

1) 노태우 정부의 사회협약

노태우 정부의 노동정책 기조변화와 임금정책

권위주의 청산을 기치로 내건 노태우 정부 초반의 노동정책 기조는 과거와는 크게 달랐다. 1988년 집권하자마자 노사자율주의를 표방하고, 노동조합업무처리지침을 통해서 노사 자율 기반확립, 건전한 노사관행 정착, 노조의 근로자대표기능 강화 등을 천명하였다. 그리고 최저임금제, 임금채권의 최우선 변제, 국민주 보급, 종업원지주제 실시, 사내복지기금 도입 동의 다양한 노동자 중산층화 정책도 실시하였다(임영일, 1998).

그러나 이러한 유화적 노동정책은 많은 문제를 파생하였다. 급속한 임금상승으로 수출경쟁력이 크게 저하되었음은 물론, 인플레이션이 심각하였다. 그리고 1989년 들어서는 무허가 방북사건 등으로 공권력의 신뢰성이 크게 훼손되었다. 이에 대한 보수층의 불만이 커졌음은 물론이다. 또한 민주노조 진영의 조직화로 노동현장의 불안요인도 커졌다.

따라서 1988년 말 대통령의 '민생치안에 관한 특별담화'를 기점으로 노태우 정부의 노동정책은 그동안의 수세적 노사자치주의에서 공세적 개입주의로 전환되었다. 1989년 1월 이후 풍산금속 노동쟁의 강제해산, 지하철노조 강제연행, 현대중공업 노동쟁의 강제해산 등을 단행하였다. 이러한 추세는 '공안청국'을 거치면서 강화되어 1989년 4월 공안합동수사본부를 설치하고, 노사분규 중점관리대상기업을 선정하는 등 강력한 노동통제를 시작하였다(이원덕, 1998).

이러한 노동정책의 기조 하에서 노태우 정부의 임금정책도 변화하였다. 노태우 정부 초반에는 노사자치주의를 이유로 정부가 기업의 임금협상에 개입하지 않았으나, 1989년 이후 1990~91년 기간 중에는 임금가이드라인 정책이 부활되었으며, 이는 임금인상을 한자리 수에서 억제하고자 하는 것이었다. 정부의 임금가이드라인 산출방식은 생산성임금원리에 입각하고 있으며, 이 점에서는 사용자의 논리를 반영하는 것이다. 반면에 한국노총의 임금산출방식은 노동력재생산비용(생계비)에 역점을 두는 생계비보상원리에 입각한다(임혁백, 1993). 그러나 항상 정부와 경총의 임금인상제시율과 한국노총의 임금인상요구율은 자료의 신뢰도 문제와 생산성 및 생계비의 개념에 대한 견해차이로 심한 격차가 있었으며, 실제로 이는 개별기업에게는 참고자료에 불과하였다. 그 결과 1990~91년 기간 중에 정부의 임금인상 억제 의지에도 불구하고, 한자리수 가이드라인은 지켜지지 않았다. 사업주들 역시 근로인력 부족으로 외형상으로는 한자리수 억제정책을 지키는 척하였지만, 수당신설 등으로 실제는 큰 폭으로 임금을 인상하였다.

이러한 임금의 편법인상을 제재하면서 전반적인 임금상승을 저지하려는 것이 1992년 중의 정부의 임금억제 논리인 총액임금제(총액기준 5% 이내 인상)이다. 핵심내용은 초과근로와 경영성과에 따라서 연동하는 초과근로수당, 성과 배분적 변동상여금, 현물급여 등을 제외한 임금항목의 합계를 총액임금으로 설정하여 이를 임금책정의 기준으로 삼는 것이다. 이를 위해 정부는 다양한 유인 및 제재 방안을 사용하였지만, 총액임금제 역시 별로 실효성이 없었으며, 실제로는 정부가 제시한 기준보다는 타 기업과의 비교임금이 임금협상의 중요한 준거가 되었다. 기업들 간에 눈치 보기가 만연하여 임금교섭이 지연되는 경우가 많았다(김장호, 1993; 이원덕, 1998).

따라서 노태우 정부 하의 임금정책은 크게 1988~89년 중의 자율교섭 시기, 1990~91년의 한자리수 임금가이드라인 시기, 1992년의 총액임금제 시기로 구분되는 데, 어느 시기에도 임금협상을 주요 의제로 한 본격적인 사회협약은 없었다.

민주노조의 전국조직화

노태우 정부는 그동안 불법노조로 억압되어 왔던 민주노조가 본격적으로 전국조직화를 시도한 시기이다. 구체적인 조직화 과정을 보면, 우선 지역별 노조는 1987년 12월 마산·창원노동조합총연합회(마창노련)의 조직을 필두로 1989년 11월까지 16개의 지역노조협의회(지노협)가 630개 노조, 26만 명의 조합원을 포괄하는 조직체로 정비되었다. 이후 지노협은 지역·업종별 노동조합전국회의(전국회의)를 결성하였으며, 1,400여개 노조에 50만 조합원을 포괄하는 것이었다. 그러나 단일의 중앙조직 형태는 아니었다. 이후 민주노조 진영은 1990년 1월 지역별노조를 중심으로 한국노총에 대항하는 전국적인 노동단체로 전국노동조합협의회(전노협)를 결성하였다. 당시 전노협은 600여개 단위노조와 20여만 명의 조합원을 포괄하였다. 이후 전노협은 정부의 강경대응과 내부분열 등으로 세력이 약화되었으며, 1991년 말에는 노동법 개정투쟁을 위해서 전노협, 업종회의, 대기업노조를 포함하는 ILO공동대책위원회(공대위)가 결성되었다. 그리고 1993년 6월 공대위는 전국노동조합대표자회의(전노대)로 개편되었으며, 1995년 11월의 민주노동조합총연맹(민주노총) 설립으로 연결되었다(임영일, 1998).

그러나 노태우 정부에서는 노동조합법 상의 복수노조금지 조항을 이유로 민주노조 진영을 법외노조로 간주하고 대화상대로 인정하지 않았다. 더구나 1989년 이후에는 민주노조 진영에 대해서 공세적으로 대응하였다. 따라서 노태우 정부에서 민주노조 진영은 실제로는 노동현장에서 큰 영향력을 행사하였으며 상당한 성원대표성을 가지고 있었음에도 불구하고, 정부로부터 사회협약의 대상으로 인정받지 못하였다.

사회협약기구로서의 국민경제사회협의회

1988년을 기점으로 노동비용의 급상승과 인플레이션 등으로 경기둔화 현상이 나타나게 되었으며, 이에 대한 대응방안으로 관변 연구단체를 중심으로 사회협약에 대한 논의가 본격화되었다. 이는 노동비용을 통제하기 위해서는 정부의 소득정책적 개입이 불가피하며, 변혁적 급진주의를 방지하기 위한 안정적 노사갈등 조정기재가 필요하다는 인식에서 출발한 것이다(최영기, 1994).

이후 정부차원에서 사회협약에 대한 관심이 구체화된 것은 1989년 6월 경제기획원이 싱가포르의 임금위원회(National Wage Council)에 착안하여 국민임금위원회 설치를 제안하면서 부터이다. 즉, 정부·노총·경총 대표자들로 구성된 국민임금위원회를 구성하여 산업별 임금인상률을 공동으로 결정하자고 제의한 것이다. 그러나 한국노총은 이는 이전의 임금가이드라인 정책을 부활시키는 것이라고 반대하였다. 즉, 사회협약이 성공하려면 임금뿐만 아니라, 협약기구에서 인플레이션 억제, 조세·주택정책 등도 결정해야 하며, 사용자에게도 희생을 강요하겠다는 정부의지를 신뢰할 수 있어야 하며, 기업별노조체제가 산별노조체제로 전환되어야 한다고 주장하였다. 현재는 이러한 조건들이 충족되지 않기 때문에 국민임금위원회의 설치를 반대한다고 하였다(임혁백, 1993). 대신에 정부를 배제하고 노·사·공익으로 구성되는 협의체 구성을 제의하였으며, 임금문제는 논의대상에서 제외하였다.

그런데 한국노총의 이러한 제의는 산업평화를 위해서 노동자의 협조가 절실하였던 정부와 사용자에 의해 전격 수용되어 1990년 4월 "경제주체들 간의 협의를 통한 경제사회의 민주화를 실현함"(국민경제사회협의회 정관 제2조)을 목적으로 하는 국민경제사회협의회(경사협)가 구성되었다. 경사협의 기능은 고용보장, 분배개선, 주택 및 노동복지 향상, 세제·금융 및 사회보장, 물가 및 생활안정, 노사관계 발전과 산업평화, 기술혁신과 경제체질 강화 등의 광범위한 사안에 대하여 협의·실천하는 것이었다(국민경제사회협의회 정관 제3조). 위원은 노동자대표, 사용자대표, 한국노총과 경총이 공동 위촉하는 공익대표 각각 10명, 총 30명으로 구성하였다. 그리고 노·사·공익 각 1인의 공동의장을 두었다. 따라서 경사협은 외형상으로는 노사 간의 자발적 대화기구로서 사회협약의 틀을 갖추었다고 볼 수 있다. 이후 경사협은 노태우 정부에서 수차례의 정기회의와 운영회의 등을 개최하는 등 나름대로는 노사 간 대화분위기에 조성에 기여하였다(<표 15> 참조).

<표 15> 경사협의 연도별 주요활동 사항

	주요 활동	정책 건의
1990	정기회의 3회, 운영위원회 4회, 세법연구위원회 1회, 주택연구위원회 4회 등.	소득세법 개정 건의, 근로자주택건설 계획에 대한 건의
1991	정기회의 4회, 운영위원회 6회, 노사공동선언문 작성회의 4회, 국민연금제도개선위원회 2회, 경사협활성화소위원회 1회 등.	국민연금기금의 재정안정과 합리적 운영을 위한 개선 건의
1992	정기회의 3회, 운영위원회 7회, 월례정책토론회 6회, 단체교섭 및 단체협약 연구, 합리적인 임금교섭모델 연구, 외국의 노사정 합의제도 연구, 상설사무국 설치 등.	-

자료: 한국노총 및 경총의 1990~92년도 사업보고서를 토대로 작성함.

그러나 경사협은 정부가 배제되었으며, 설립목적, 위상, 의제 등도 불분명하였다. 따라서 실제 역할도 소득세법 개정, 노동자 주택건설, 국민연금기금 개선 등의 정책건의, 공동선언문 채택, 연구수행 등에 그쳤으며(한국노총, <1990년 사업보고서>, 1991),

구속력과 실효성이 있는 협약기구로 발전하지 못하였다. 따라서 1991년부터는 사회협약에 대한 논의는 임금 및 노사관계 안정에 관한 정부의 도덕적 호소의 수준으로 격하되었으며, 실제로 1991년 2월과 1992년 2월의 두 차례에 걸쳐서 대통령 주재의 '노사관계 사회적 합의 형성회의'가 개최되었다. 이는 국무위원 전원과 노·사· 학계의 대표들이 망라된 집담회의 형식으로 구체적 합의보다는 노동부의 경제 및 노사관계 현실진단, 노·사·학계의 입장표명, 대통령의 평가 및 호소가 주였다. 그리고 대통령의 지시로 1992년 4월에는 노동관계법 연구위원회가 노사대표 각 3명과 공익대표 10명으로 노동부장관 자문기구로 구성되었다. 이는 1991년의 ILO 가입 등으로 노동법을 개정해야할 상황에서 구성된 것으로 과거와는 달리 민감한 노동법 개정문제를 공론화했다는 데 의의가 있다. 그러나 운영과정에서 노동계의 반발이 컸다. 따라서 전문가만으로 구성된 기초위원회를 두어 1992년 말까지 27차례의 회의를 거쳐 시안을 마련하였으나, 노동계의 반발로 무산되었으며(최영기, 1999), 이후 대선정국 등과 맞물려서 흐지부지되었다.

이처럼 노태우 정부에서 시도된 사회협약 노력은 실패로 끝났다. 그 중에서 노사 간의 자발적 협의체의 성격을 띠었던 경사협이 실패하게 된 원인을 보면 다음과 같다. 첫째, 정부가 배재되었다는 점이다. 이는 물론 정부의 중립성을 불신한 노동자 측의 요구 때문이다. 그러나 노사 간의 타협은 노동자의 임금인상 자제에 대한 보상으로 정부가 사회정책이나 조세정책을 통해 보상해 주는 정치적 교환이 있어야 함을 고려하면, 정부의 역할이 배제된 경사협의 실패는 예정된 것이었다. 둘째, 한국노총의 대표성이 약했다. 당시 이미 강력한 민주노조 진영이 현실세력으로 존재하는 상황에서 이들을 의도적으로 배재하고 진행된 사회협약은 한계가 있었다. 셋째, 임금문제가 의도적으로 배제되었다. 이는 물론 경사협이 임금억제를 위한 기구로 악용되는 것을 우려한 노동자 측의 반대 때문이었다. 그러나 노사관계의 핵심쟁점이 임금문제임을 고려하면, 경사협은 출발부터 핵심적 사안이 배제된 것이었으며, 노사 당사자들이 경사협의 비중을 낮추어 볼 것임이 당연하였다.

2) 김영삼 정부의 사회협약

신(新)노동정책과 민주노총의 출범

김영삼 정부는 1992년의 어려운 경제여건에서 출발하였으며, 문민정부라는 기대감이 컸다. 따라서 개혁과 경제활성화라는 두 가지 목표를 동시에 추구했으며, 이를 위해서는 경제주체들 간의 고통분담이 절실하였다. 특히, 경제활성화를 위해서는 임금인상은 억제하되, 이를 자율적 임금교섭에 의존할 수밖에 없었다(송위진, 1998). 따라서 김영삼 정부 역시 사회협약이 절실하였다.

이러한 여건 하에서 1993년 집권초기에 '신경제 100일 계획'을, 1993년 6월에는 '신경제 5개년 계획'을 발표하였다. 신경제정책의 부수사안인 신노동정책의 목표는 경제개방화 및 산업구조 고도화 추세에 부응하여 자발적 참여, 자율, 책임이 공존하는 생산적이고 협조적인 노사관계를 구축한다는 것이었다. 그리고 새로운 노사관계 규범 확립, 근로자 참여확대, 근로복지 및 근로자능력개발, 적극적 인력정책, 공정한 법집행 등의 지침이 제시되었다. 따라서 신노동정책의 기본은 노사관계를 자율적·민주적·협의적으로 해결한다는 것이며, 이는 곧 사회협약의 정신과 일치하였다.

신노동정책의 기반 위에서 민주노조에 대한 입장도 변화했다. 그리고 민주노조 진영은 문민정부라는 정치적 토양 하에서 전국적 조직화를 가속화하였다. 즉, 민주노조 진영은 1993년 6월의 전노대로 재차 결집되었으며, 1994년 11월에는 민주노조 진영을 총망라한 민주노총준비위원회를 결성하였다. 이후 1995년 11월에는 862개 노조와 42만 명의 조합원을 둔 전국민주노동조합총연맹(민주노총)이라는 전국조직을 결성하였다(김재원, 1996). 이는 명실상부한 민주노조 진영의 단일 중앙노동단체로 수적으로는 전체 조직노동자의 1/4수준이었으나, 대중동원능력과 전략산업부문 장악이라는 면에서는 한국노총을 능가하였다(임영일, 1998). 그리고 김영삼 정부 하에서 주요 정부기구에 대거 진출한 개혁세력들은 이제 민주노조 진영을 노동운동의 실체로 인정해야 한다는 분위기였다. 따라서 민주노총은 비록 설립인준증을 교부받지는 못했으나, 1996년의 노사관계개혁위원회에 참여하는 등 실질적인 인정을 받았다.

1993년의 '4.1 합의'

어려운 경제여건을 극복하기 위해서는 고통분담이 절실하였으며, 노동계 역시 임금안정의 필요성을 공감하였다. 따라서 1993년 초의 노사정 신년하례식에서 한국노총과 경총 간에 단일임금인상안을 마련해 보자는 제안이 있었으며, 2월 9일 부터 양자는 초유의 중앙임금협의를 시작하였다. 정부는 직접 참여하지는 않았지만, 이후의 아홉 차례의 회의과정에서 적극적으로 후원하였다. 그리고 협의의 결과는 1993년 4월 1일 이른바 '4.1 합의'로 불리는 '1993년 중앙노사단체 임금조정합의서'로 나타났다. 여기에는 "새로운 문민정부의 출범에 발맞추어 공정한 고통분담과 노사관계의 안정을 위해서" 임금인상률을 합의하고, 고통분담 차원에서 노사정이 이행할 과제를 대정부 건의문으로 채택하였다(송위진, 1998). 구체적으로 권장임금인상률 4.7%~8.9%를 핵심 내용으로 정부는 물가안정, 금융실명제 조기실시, 세제 개선, 정치자금 수수와 준조세 철폐, 고용보험제 조기실시에 노력하며, 사용자는 경영정보 공개, 제품가격 인상 자제, 해고자제 및 고용안정율 위해 노력하며, 그리고 노동자는 기업경쟁력 강화와 경제 활성화에 참여하고 생산성 향상에 최선을 다한다는 것이었다. 그러나 1993년의 임금합의는 핵심 쟁점사항에 대해서 최초로 합의를 도출하였다는 점에서 큰 의미가 있으나, 효과 면에서는 한국노총계열의 사업장단위 임금협상에서 어느 정도 가이드라인의 역할을 수행하였을 뿐, 1993년의 평균임금상승률이 12.2%이었음을 감안하면 실효성은 적었다(임상훈·최영기, 2005).

뿐만 아니라 '4.1합의'는 사회협약으로서는 상당한 흠결을 가지고 있다. 첫째, 한국노총과 경총 모두 성원들로 부터의 의견수렴이 미흡하였다. 대기업 중심으로 운영되고 있는 경총의 경우는 노사분쟁 다발 업체들인 중소기업의 이해를 제대로 수렴하지 못하였으며, 한국노총은 산하노조들로 부터 교섭권을 위임받지 못했음은 물론, 민주노조 진영으로 부터는 대표성 자체가 부정되었다. 따라서 임금합의는 한국노총계열의 사업장에서 조차 권고적 가이드라인 역할만 수행할 수 있었다. 그 결과 산별노련별 임금인상요구율은 금속노련 15.4%, 섬유노련 16.4%, 화학노련 15~17%, 금융노련 12.8%, 자동차노련 17.2%로 합의인상률과는 큰 차이가 있었다(최영기, 1994). 둘째, 정부가 지속적으로 합의를 유도는 했지만, 직접적인 당사자는 아니었다는 점에서도 한계가 있었다. 사회협약과정에서 정부는 개입자의 역할을 수행하면서 합의이행을 보증하고 합의의 대가로 반대급부를 제시해야 한다. 이 점에서 '4.1 합의'는 개혁지향적 정치엘리트들에 의한 자기과시적인 '선점된 엘리트 주도의 협약'이었다(송호근, 1994). 정부가 이행을 보증하지 못한 '4.1합의'는 대정부 건의사항에 불과하였다. 셋째. '4.1합의'는 장기적이고 안정된 제도화를 지향하는 것이 아니라, 단기적 목적의 위기관리전략이었다. 이점에서 '4.1 합의'는 집권경험이 없던 개혁세력의 실험이었다.

이렇게 보면, '4.1 합의'는 미완의 것임에 틀림없지만, 임금협상이라는 핵심쟁점 사항에 대해서 노사의 중앙단위에서 최초로 합의에 도달하였다는 데서 의미가 있으며, 이후의 사회협약을 위한 경험학습 효과는 큰 것이었다.

1994년의 '3.30 합의'와 사회협약의 붕괴

1993년의 임금합의가 실효성이 없었음에도 불구하고, 정부와 사용자측은 1994년에도 이를 계속하고자 하였다. 노동단체 역시 1993년 말의 Uruguay Round(UR) 타결 등 급변하는 국내외 정세에 대처하기 위해 노사정 간 협력을 강화하고자 하였다(최영기, 1994). 다만, 한국노총은 1993년의 '4.1 합의'의 문제가 정부가 참여하지 않아 임금합의에 따른 제도적·정책적 반대급부를 보장받지 못했던 데 있었다고 보았다. 따라서 1994년에는 정부도 참여하는 합의기구에서는 물가, 세제, 노동자복지 등과 관련된 제도개선을 위한 협상을 주로 하고, 경총과 한국노총 간에는 임금협상을 하는 이원적 전략을 채택하였다(김수진, 1995). 한국노총의 이러한 요구를 정부가 수용함으로써 1994년 2월 노사정 대표 각 2인씩으로 정책제도개선실무협의회를 구성하였다. 이후 수차례의 회의 결과, 동년 3.30일 한국노총과 경총은 5.0%~8.7%의 임금인상률에 합의하였으며, 노사정 간에 12개항의 합의사항을 도출하였다. 여기에는 구속·해고노동자 배려, 노사관계법 개정 시의 노사의견 반영, 사내복지기금 출연 권장, 노동자의 조세부담 경감, 부당노동행위 근절, 고용보험 실시, 공공보육시설 확대 등이 포함되어 있었다. 이처럼 '3.30 합의'는 임금합의에 대한 반대급부가 제시되었다는 점에서 1993년의 '4.1 합의'에 비해 진일보하였다.

그러나 여전히 문제는 합의의 구속력에 대한 신뢰가 없었다는 점이다. 정부 측의 경제기획원부터가 노동부가 주도한 합의를 인정하지 않았다. 상당수의 대기업들도 임금합의를 참고사항으로만 하겠다고 하였으며, 실무협의회의 합의사항은 노동자에게 일방적으로 유리한 것이라면서 합의의 강제력을 부인하였다(김수진, 1995). 한국노총 역시 대표성과 성원규제력이 약한 상태에서 성원들의 불신만 유발하는 상황에 직면하였다. 특히, 민주노조 진영은 합의를 전면 거부하면서 1994년의 투쟁목표를 임금합의를 철폐하고 한국노총 탈퇴운동을 전개하는 것으로 정하였다. 임금합의의 실효성 면에서도 1994년 중의 평균임금인상률이 12.7%에 달하여 임금억제 효과가 없었다. 12개항의 부대 합의사항 역시 고용보험을 제외하고는 추상적 선언에 그치는 것들이었다.

이처럼 1994년의 임금합의 역시 실패로 귀결되자 1994년 11월 한국노총은 1995년의 임금합의를 거부하였다. 그럼에도 정부는 1995년 1월부터 임금합의를 위해 노력하였으며, 이에 1995년 1월 한국노총도 정부와 사용자측이 한국노총의 요구사항을 이행한다는 전제가 충족된다면 응할 수 있음을 천명하였다. 그러나 1995년 2월의 한국노총 산별대표자회의는 임금합의를 거부하였으며(한국노총, <1995년 사업보고서>, 1996), 1995년 3월 한국노총이 사회협약의 폐지를 공식화함으로써 2년여에 걸친 사회협약 실험은 실패로 마감되었다.

1996년의 노사관계개혁위원회와 노동법 개정

1996년 2월 김영삼 정부는 "대립적 노사관계를 혁파하고, 노사협력에 기반 하는 새로운 노사개혁 방안을 검토하라."는 대통령의 지시에 따라 구체적 구상에 돌입한 결과, 1996년 4월 노동관계법 개정뿐만 아니라 노사의 의식과 관행의 개혁까지도 포함하는 '신(新)노사관계구상'을 발표하였다(서울대 노사관계연구소, 1997).[84] 발표 시에는 그동안 정부의 공식행사에서 배제되었던 민주노총 대표도 참여하였다. 이에 입각하여 1996년 5월에는 노동자대표 5명, 사용자대표 5명, 학계대표 10명, 공익대표 10명의 총 30명으로 구성되는 대통령직속의 자문기구로 노사관계개혁위원회(노개위)를 발족하였다. 노개위의 위원장은 현승종 전(前)총리였으며, 노동계대표는 한국노총 3명과 민주노총 2명이 위촉되었다(노사개혁백서편찬위원회, 1997). 그리고 산하에는 운영위원회와 사무국 외에 세 개의 분과위원회를 두었다. 이후 노개위는 1996년 5월 이후 노사개혁에 대한 여론조사, 공청회 개최, 노동현장 방문 등의 활동을 전개하였다. 1996년 7월 이후에는 노동법 개정을 주요내용으로 하는 제도개혁에 착수하여, 노동자의 책임 있는 노동운동, 사용자의 인본주의 경영과 열린 경영, 정부의 선진형 노동행정 실현 등을 주 내용으로 하는 '노사의 자기혁신 과제 및 정부의 역할'이라는 합의문을 작성하였다. 그리고 노동관계법 및 제도개혁의 준거가 될 '노동관계법·제도개선의 7대 기본방향'에 대해서도 합의하였다.

그러나 이후 노동법개정 논의가 본격화되면서 노개위는 복수노조 금지, 노조의 정치활동 금지, 공무원 및 교원의 단결권, 변형근로시간제, 파견근로제, 정리해고제 등의 민감한 사안을 둘러싸고 갈등이 첨예화되었다. 이 과정에서 노개위가 표결로 단일안을 확정하되 노사의 의견을 부기하여 대통령에게 보고하자고 제의하자, 공익위원 중심으로 법 개정이 이루어 질것에 반발한 민주노총은 법 개정이 강행될 경우에는 노개위를 탈퇴할 것을 선언하였다. 이에 노개위는 1996년 11월 노동법 쟁점사항 148개 중에서 107개항에 합의하고 나머지 41개항은 미합의로 남겨둔 채 대통령에게 결과를 보고하고, 확정한 노동법 개정요강을 정부로 이송하였다. 그동안 노개위는 내부회의 44회, 전문가 간담회 14회, 공개토론회 7회 등을 개최하는 활동 끝에 '노동관계법 공익안'을 정부에 건의함으로써 노동법 개정은 정부의 책임으로 넘어갔다.

전반적으로, 1996년의 노개위는 노사대표가 참여하고 운영 상의 자율성도 상당부분 보장되었으며, 합의내용도 노사관계의 핵심적 쟁점사항들이었다는 점에서 의미가 크다. 그러나 노개위가 성격과 운영 면에서 사회협약기구로서 제대로 기능하지 못한 이유는 우선 노개위의 인적 구성 면에서, 노사대표가 1/3인 10명밖에 되지 않아 의사결정의 주도권을 행사할 수가 없었다. 이 점에서 노개위는

84 신노사관계구상의 정식 명칭은 '신노사관계로 21세기 세계일류국가 건설'이며, 주요 내용으로 21세기의 노사관계가 지향해야할 5대 원칙(공동선의 극대화, 참여와 협력, 자율과 책임, 교육중시와 인간존중, 제도와 의식의 세계화)을 제시하였다(노사개혁백서편찬위원회, 1997).

사회 각 분야의 저명인사와 노동전문가들이 주축이 되는 노동법개정위원회에 노사대표가 당사자로서 참여한 형태였다. 그리고 정부가 배제된 가운데 도출된 합의안에 대해 노동관계법 개정의 궁극적 주체인 정부와 국회가 어떠한 보장도 해주지 않았다. 특히, 정부부처들 간에도 노동부처와 경제부처 간에 의견이 상충되어 합의안의 이행을 저해하였다. 그 결과 노개위의 공익안은 참고자료로만 이용되었을 뿐, 실제 노동관계법의 개정내용은 별도의 정부안을 주로 반영하였다.

이후 정부는 1996년 11월 국무총리를 위원장으로 하고 14개 부처 장관으로 구성된 별도의 노사관계개혁추진위원회(노개추)를 구성하고 공익안을 토대로 노동관계법 개정안을 논의하였다. 그러나 이 과정에서 노개위 공익안을 존중하고자 했던 노동부에 대해 경제부처들은 경쟁력 강화를 위해서는 노동시장의 유연성 제고가 필요하다는 입장에서 노동부안의 수정을 요구하였다. 결국, 당시의 어려운 경제상황에서 경제부처의 주장이 대폭 반영된 정부안이 확정되었으며, 이후의 당정협의를 거치면서 경쟁력강화 논리가 더욱 우세해진 가운데 1996년 12월 노개추안이 국무회의를 통과하였다. 이러한 정부안에 대해 노동계와 야당의 반발이 컸음에도 불구하고, 여야합의에 의한 개정안 처리가 불가능하다고 판단한 정부·여당은 12월 26일 네 개의 노동관계법 개정 법안을 변칙적으로 통과시켰다. 여기에는 정리해고요건 완화, 변형근로 허용, 파업기간 중 대체근로 허용, 무노동 무임금 법제화, 직권중재대상 확대 등 대체로 사용자에게 유리한 내용들이 많았다(김성수, 1997).

이처럼 노동관계법 개정안이 변칙 처리되자, 양대 노총이 즉각 총파업에 돌입한 것은 물론, 1997년 1월 이후에는 학계·사회단체·국제노동단체 등에서도 강력한 비판이 제기되었다. 그리고 이러한 저항에 직면한 정부는 1997년 1월의 여야 영수회담에서 노동관계법 개정논의를 재개하기로 하였으며, 그 결과 3월 10일 여야 합의로 노동관계법 재(再)개정안이 국회를 통과하였다. 이후 1997년 4월에는 제2기 노사관계개혁위원회를 출범시키고 노사관계, 근로복지, 고용·인력의 세 개 분과위원회를 설치하였으나, 이미 불신의 증폭으로 노사 간 합의정신이 소진된 상태에서 노개위는 1997년 6월 '단체교섭에 관한 노사준칙'을 채택하는 외에는 별다른 활동이 없었다

5. 민주화 이행기의 사회협약 구축노력의 비교·평가

이상에서 김영삼 정부까지의 민주화 이행기의 사회협약 구축노력들을 살펴보았는데, 여기서는 앞장에서 제시한 연구 틀에 입각하여 이러한 사회협약의 구축노력을 시기별로 비교·평가해 보고자 한다.

1) 권위주의체제의 유사 사회협약

권위주의체제의 노동정책의 근간은 억압적이고 통제지향적이었다. 따라서 외형상 유사 협약기구의 형식을 갖는 다양한 대화기구들은 설치동기, 의제(議題), 운영방식, 성과 등의 면에서 실질적인 협약기구로 보기는 어렵다. 근본적으로 신뢰성, 자발성, 호혜성, 그리고 평등성올 근간으로 하는 사회협약제도와 권위주의체제는 친근성이 없었다. 전두환 정부 이전의 권위주의체제 하에서 실질적인 사회협약의 구축이 어려웠던 구체적 이유는 다음과 같다.

환경적 요인 면에서 1970년대 중반 및 1980년대 초의 객관적 경제위기 상황에도 불구하고, 관주도의 개발경제 하에서 아직 경제주체로서의 책임감율 체득하지 못한 노사단체는 위기의식을 공유하지 못하였다. 그리고 노동세력의 탈정치화를 조장하고 노조의 정치활동이 금지된 상황에서 노동자정당은 존재할 수 없었으며, 명맥만 유지하였던 사회민주주의 정당들은 노동이익을 대변할 능력이 없었다.[85] 그리고 정부는 사회부문을 지배하였으며, 창업세대인 사용자들은 가부장적 노사관을 가지고 있었으며, 촌락공동체와 대가족제도 하에서 성장한 이촌(離村) 노동자들은 순종적이었다(이원덕, 1998). 따라서 호혜성과 평등성의 원리가 작용할 수 없었다. 노사 간의 신뢰성 면에서도 노사관계를 노무관리의 차원에서 이해하는 상황에서 신뢰성이 있을 수 없었다. 그리고 유사 협

85 사회민주주의 계열의 정당들로는 유신체제 하에서는 통일사회당, 전두환 정부에서는 민주사회당, 사회당, 신정사회당, 사회민주당 등이 있었으나(권희경, 1989), 정치적 영향력은 미미하였다.

약기구들의 형성주체는 노사 당사자가 아닌 정부였다. 그리고 이러한 기구들은 임금문제나 주요 노동조건을 합의하기보다는 노사현안에 대해서 간담회를 개최하거나 노동정책에 대해서 설명을 듣는 자리에 불과하였다(최영기, 1994).[86] 그리고 한국노총은 기업별노조체제 하에서 성원들의 이익대표성을 확보하기 어려웠으며, 성원규제능력도 적었다. 따라서 권위주의체제 하의 유사 합의기구들은 형식적 대화기구에 불과하였다.

2) 노태우 정부의 사회협약과 국민경제사회협의회

사회협약에 대한 논의가 본격화된 것은 노태우 정부에서이다. 경사협이 구성되고 대통령 주재의 대토론회가 개최되었던 1989~92년 기간 중의 경제적 상황을 보면, 우선 경제성장률은 <표 16>에서 보듯이 1989년을 기점으로 크게 둔화되었다. 빈번한 노사분규로 인한 파업손실과 급격한 임금상승이 주된 원인으로 지목되었다. 따라서 노·사·정 모두에게 위기의식이 확산되었으며,[87] 국민여론 역시 노사관계의 안정을 희구하였다. 따라서 경제적 위기라는 객관적 조건과 위기의식의 공유라는 주관적 조건이 어느 정도 충족되고 있었다.

<표 16> 1987~92년 중의 주요 경제 및 노동관련 지표 추이

	경제성장률(%)	실질임금상승률(%)	노사분규건수(건)	근로손실일수(천일)
1987	12.3	10.1	3,749	6,974
1988	12.0	15.5	1,873	5,401
1989	6.9	21.1	1,616	6,351
1990	9.6	18.8	322	4,487
1991	9.1	17.5	234	3,271
1992	5.0	15.2	235	1,528

출처: 통계청(1998), <대한민국 50년의 경제사회상 변화>, 한국노동연구원(각 년도), <KLI 노동통계>.

노동이익의 정치적 대표 면에서 여전히 노동단체의 정치활동은 금지되어 있었으며,[88] 보수성향의 지역분할 구도 하에서 친(親)노동적 계급정당은 존재하지 않았다, 따라서 노동이익이 정치적으로 대표되지 못했다. 다음에 참여자들 간의 호혜성과 평등성의 면에서 노동세력은 규모나 영향력 면에서 급성장하였으며, 정부로서도 노동세력을 배제하기가 어렵게 되었으며, 산업현장의 노사 간 교섭력도 노조의 성장과 구인난 등으로 대등한 수준에까지 이르렀다.

그러나 여전히 노·사·정 간에 신뢰성은 낮았다. 노정 간의 불신으로 경사협의 구성에서 정부가 배제된 것이 예이다. 노사 간에도 불신이 만연하였다. 이는 그동안의 노사관계가 대립적인 투쟁관계로 점철되어 왔기 때문이다(최종태, 1991). 그리고 합의형성의 주도자 면에서 경사협온 한국노총의 제안으로 구성된 것이며, 공익대표가 포함되었지만 노사 간의 자발적 대화기구의 성격이 강하다. 그러나 1991년 2월과 1992년 2월의 대토론회는 정부가 주도한 것으로 참여자는 사회 각계각층이 망라되었다.

협약의 내용 및 상호 교환된 편익과 관련하여, 경사협에서는 임금문제는 처음부터 배제되었으며, 소득세법 개정, 노동자주택 건설, 국민연금기금 개선 등의 부차적 사안에 대한 공동 건의를 하는 데 그쳤다. 그리고 정부가 배제된 상태에서 정부는 이러한 건의를 이행할 의지가 적었다.

1991년 2월과 1992년 2월의 대토론회는 구체적 합의를 위한 것이라기보다는 노사 및 여론주도층을 대상으로 정부의 노동정책을 설명하고 노사안정에 동참해줄 것을 호소하는 자리였다. 노사단체의 이익대표성 및 성원규제력

---

86 예로서, 노사협의회의 경우는 주요 협의내용이 생산성 향상, 교육 훈련, 노사분규 예방, 고충처리, 안전보건 등에 관한 것이었다.

87 노동자 2,175명을 대상으로 한 1990년의 한국노동연구원(1990: 177) 조사에 의하면, "기업주도 국가발전을 위해서 노력하므로 노동자도 기업주와 힘을 합해야 한다."는 질문에 대해서 58.3%가 "전적으로 동의한다."라고 응답하였으며, 36.0%가 "동의하는 편이다."라고 응답하였다.

88 1996년 12월 이전까지의 구(舊)노동조합법 제12조에는 "노동조합은 공직선거에 있어서 특정정당을 지지하거나 특정인을 당선시키기 위한 행위를 할 수 없으며, 조합원으로 부터 정치자금을 징수할 수 없으며, 노동조합기금을 정치자금에 유용할 수 없다."라고 규정하고 있었다.

과 관련하여, 우선 노동단체의 당시 노조조직률은 <표 17>에서 보듯이, 1987년 하반기를 기점으로 크게 상승하였으나, 1988년 이후 노동세력이 기존의 한국노총계열과 민주노조계열로 양분된 상황에서 한국노총의 성원대표성은 오히려 저하되고 있었다.[89] 그리고 기업별노조체제의 관행이 강한 노동현장의 속성상 느슨한 연맹체인 한국노총의 성원규제력도 높지 못하였다.

<표 17> 1987~92년 기간의 노동조합 조합원수 및 조직률 추이

	조합원수(천명)	노조조직률(%)
1987	1,267	13.8
1988	1,707	17.8
1989	1,932	18.6
1990	1,887	17.2
1991	1,803	15.9
1992	1,735	15.0

출처: 노동부(각 년도), <노동통계연감>.

한국경총의 경우는 산업화와 더불어 노사문제의 중요성이 커짐에 따라서 1970년 7월 전경련의 노사문제 전담기구로서 설립되었다. 그런데 전경련은 주로 대기업의 이익을 대변하기 위하여 설립되었으며(한국경제인협회, <1961년 사업보고서>, 1962), 이 점에서는 전경련의 이익을 대변해야 하는 경총 역시 마찬가지였다. 그리고 재벌기업 중심의 한국 경제구조의 속성상 과두제적으로 운영된 경총의 의사결정에 대해서 성원들은 불만은 있었으나 순응적이었다. 그리고 1989년 12월에는 경제 6단체 및 업종별·지역별 경제단체를 망라한 협의기구로 경제단체연합회(경단협)를 발족하고 노동정책에 공동으로 대응코자 하였으나(경단협, <1992년 사업보고서>, 1993), 이후 단체의 위상과 기능이 제대로 정립되지 못하여 유명무실하게 되었다(이원덕, 1998).

89 1988년 당시의 민주노조 진영의 전국회의 소속 조합원수가 약 50만 명이었음을 고려하면, 전체 조합원수 중에서 한국노총 소속 조합원수는 1987년과 비교하여 정체상태라고 볼 수 있다.

마지막으로, 노태우 정부의 사회협약 구축노력의 성과를 평가해 보면, 앞의 <표 16>에서 보듯이, 1990년 이후 노사분규건수는 크게 줄어들었으나, 임금상승률은 15%를 상회하여 사회협약의 주요 주제가 임금협상임을 감안하면 큰 성과는 없었다. 이는 경사협이 임금문제를 협의에서 배제한 데도 원인이 있지만, 3D업종 기피 풍조가 만연하면서 노동력 확보가 어려웠던 사업주들이 파업으로 인한 근로손실을 우려하여 노동자들에게 많은 양보를 했기 때문이었다.

3) 김영삼 정부 하의 1993~94년 임금합의 및 노사관계개혁위원회

김영삼 정부 출발 당시의 경제여건은 어려웠다. 경제성장률은 1991년의 9.1%에 비해서 1992년에는 5.0%, 1993년은 5.8%로 급격히 하락한 반면에 물가는 1990년을 기점으로 크게 상승하여 물가상승률이 1990년 8.5%, 1991년 9.3%, 1992년 6.3%를 기록하고 있었다. 그리고 노태우 정부에서의 지나친 임금상승에 따른 물가불안과 경쟁력 저하에 대한 불안감이 생산주체들 간에도 충분히 공유되고 있었다. 즉, 경제적 위기가 객관적으로 존재하고, 이러한 위기를 경제주체들이 주관적으로 인식하고 있었던 것이다. 그러나 노동이익을 정치적으로 대표할 수 있는 통로는 여전히 제한되어 있었다. 노조의 정치활동은 제한되었으며, 지역연고에 기초한 보수적 성향의 이른바 '국민정당' 체제 하에서 노동이익을 대변할 계급정당은 뿌리내릴 수 없었다.

참여자들 간의 호혜성과 평등성은 민주화과정을 거치면서 상당부분 충족되었다. 노동단체는 정부를 자유롭게 비판할 수 있었으며, 민주노조의 전국조직화로 노동단체들 간의 선명성 경쟁이 치열해짐으로써 정부비판의 강도는 더욱 높아졌다. 노사관계에서도 노동자들의 의식수준 향상과 생산현장의 구인난으로 권위적 노사관계는 사실상 붕괴되었다.

참여자들 간의 신뢰성 면에서, 김영삼 정부 초기에는 문민정부라는 기대감과 정부 내 개혁세력과의 심정적 유대감 등으로 노·정 간에 상당한 신뢰성이 형성된 듯하다. 이를 토대로 1993~94년의 임금합의도 가능하였다. 그러나

1996년 말의 노동관계법 변칙통과를 계기로 이러한 신뢰는 무너졌다. 노사 간에는 노동현장의 권한은 대등해 졌으나, 여전히 대립적 관계가 지속되었다.[90] 특히, 1996년 말의 노동관계법 개정으로 정리해고제 등이 도입된 이후에는 노사 간의 불신이 더욱 커졌다. 그 결과 1993~94년의 임금합의에도 불구하고, 실제 임금인상률은 1993년 12.2%, 1994년 12.7%로 협약인상률을 1993년은 6.8%, 1994년은 5.5%나 상회하였다(김대모, 1996).

합의형성의 주도자는 1993년의 임금합의는 공식적으로는 한국노총과 경총이 주도하였으나, 1994년의 임금합의는 노·사·정이 함께 참여하였으며, 정부도 상당한 역할을 하였다. 노개위는 노·사·학계·공익 대표로 구성되었으나, 인적구성 면에서 30명의 위원들 중에서 20명을 정부가 선택적으로 위촉한 것이므로 노사대표가 주도권을 행사하기 어려웠으며, 정부의 영향력이 강하였다.

합의내용과 교환된 편익의 측면에서, 우선 1993년의 '4.1합의'는 노사 간에 권장임금인상률 4.7%~8.8%를 합의하고 이에 대한 교환으로 노·사·정 각자가 이행할 과제를 정부에 대한 건의문 형식으로 채택하였다. 1994년의 경우도 임금합의의 대가로 12개항의 제도 및 정책개선 합의사항을 도출하였다. 그러나 1996년 노개위의 공익안은 경제부처의 반발 등으로 제대로 수용되지 못하였다. 합의의 구속성 면에서 4.1합의는 한국노총과 경총 간의 합의에도 불구하고 산업현장에서는 제대로 반영되지 못하였으며, 1993년 중의 평균임금인상률은 12.2%나 되었다. 이는 1993년의 노동생산성증가율 8.5%를 크게 상회하였다. 대정부 건의사항 역시 정부가 당사자로 참여하지 않은 상태에서 구속력이 없었다. 1994년의 합의 역시 1994년의 평균임금인상률이 12.7%로 합의인상률 5.0~8.7%를 크게 상회하였다. 그리고 12개항의 제도 및 정책개선 합의도 고용보험의 실시를 제외하고는 선언적 성격이 강한 것으로 구속력이 없었다. 뿐만 아니라, 경제기획원과 일부 대기업들도 합의사항의 구속력을 부인하였으며(김수

90 한국노동교육원이 근로자 5,073명을 대상으로 실시한 1995년의 조사에 따르면, 노사 간의 신뢰도를 긍정적으로(매우 높다, 높은 편) 평가한 사람은 10.4%인 데 비해서, 56.5%가 부정적으로(매우 낮다, 낮은 편) 평가하였다. 33.1%가 "그저 그렇다."라고 응답하였다(노사개혁백서편찬위원회, 1997 : 11).

진, 1995), 노동계는 합의안에 대한 불만으로 한국노총의 조직이탈이 가속화되었다. 그리고 노개위 합의사항인 노동법개정 공익안은 구속력을 갖지 못한 채, 별도의 정부안으로 변질되었다.

정부의 합의이행 능력과 의지 면에서도 정부는 출범직후에는 신(新)노사관계 구상의 일환으로 임금합의에 대한 의지가 강하였으며, 개혁추진 차원에서 임금합의의 부대사항들에 대해서도 실행의지가 강하였다. 그러나 노개위와 관련해서는 공익안을 제대로 수용하지 못한 것을 보면, 정권후반기에 이르러 능력과 의지가 많이 약화되었다.

노사단체의 성원대표능력과 성원규제능력을 보면, 우선 1993~94년의 임금합의과정에서 한국노총이 노동계를 대표하여 참여하였지만, 민주노조의 조직화로 노동계 전체의 대표성이 약화된 데다 성원들로부터의 의견수렴도 미흡하였다. 실제 노조조직률도 <표 18>에서 보듯이 1992년의 15.0%를 기점으로 계속 하락하였으며, 특히 한국노총의 경우는 영향력이 현저하게 줄어들었다.[91] 그리고 민주노총이 사실상 한국노총과 대등한 이익대표권을 확보한 상황에서 한국노총의 성원규제력도 크게 약화되었다. 왜냐하면 상급단체에 불만이 있는 산하노조들은 언제든지 대안적 노동단체로 이탈할 수 있기 때문이다.

<표 18> 1991~97년 기간 중의 노동조합 조합원수 및 조직률 추이

	조합원수(천명)	노조조직률(%)
1991	1,803	15.9
1992	1,735	15.0
1993	1,667	14.2
1994	1,659	13.5
1995	1,615	12.7
1996	1,559	12.2
1997	1,484	11.2

출처: 한국노동연구원(각 년도), <KLI 노동통계>에서 발췌함.

김영삼 정부 하의 사회협약의 성과를 보면, 1993~94년의 합의인상률이 사업장에서의 임금합의에는 별로 반영되지 못했다. 그리고 임금합의는 성원 이탈을 우려한 한국노총의 반대로 1995년부터는 폐지되었다. 다만, 임금합의의 직접적인 결과라고 단정할 수는 없지만 노사분규건수나 근로손실일수는 노태우 정부에 비해서는 크게 줄어들었다(<표 19> 참조). 그리고 개혁조치의 일환으로 시행된 것이지만, 임금합의에서 부수적으로 건의되거나 채택된 사항들인 금융실명제나 고용보험제도 등은 시행되었다.

노개위는 노동관계법 개정이라는 주요 의제에 대해서 합의안을 도출했다는데서 의미가 있었지만, 정부가 합의안을 무시함으로써 실효성이 반감되었다. 그리고 1996년 12월의 노동관계법 변칙 통과로 대규모 파업을 유발함으로써 사회협약의 정신은 일거에 상실되었으며, 공신력과 도덕성에 큰 손상을 입게 된 임기 말의 김영삼 정부는 사회협약을 유지할 능력과 의욕을 상실하였다.

<표 19> 1993~97년 기간 중의 노사분규 및 근로손실일수 추이

	노사분규건수(건)	근로손실일수(천일)
1993	144	1,308
1994	121	1,484
1995	88	393
1996	85	893
1997	78	445

출처: 한국노동연구원(각 년도), <KLI 노동통계>에서 발췌함.

91 예로서, 1997년 3월의 노동관계법 개정으로 상급 노동단체의 복수노조 설립이 허용된 이후부터 1997년 11월까지 신설된 상급 노동단체는 한국노총계열은 2개에 불과한 데 비해서, 민주노총계열은 10개나 되었다(노사개혁백서편찬위원회, 1997).

5. 맺음말

그동안 우리나라의 노동정책과정에서는 노·사·정 간의 사회협약을 구축하기 위한 많은 노력들이 있었으며, 이러한 축적된 경험을 바탕으로 1990년대 말의 경제위기 상황에서 노사정위원회의가 등장할 수 있었다. 그러나 그 이전의 민주화이행기에서의 사회협약 구축을 위한 다양한 노력들은 여러 원인들로 인하여 많은 시행착오를 겪었다. 그 원인은 다음과 같이 다양하다.

첫째, 사회협약의 정착을 위한 토대적 요소가 마련되어 있지 못하였다. 문제를 대화와 타협으로 해결하고자 하는 문화적 토양이 구비되어 있지 못하였으며, 오랫동안의 노동배제정책과 대립적 노사관계로 인하여 상호 간에 신뢰성이 부족하였다. 둘째, 정부의 노동정책기조기 불분명하였다. 사회협약과 노동억압정책을 병행하였으며, 사회협약과 신자유주의 사이에서도 제대로 방향설정을 하지 못하였다. 셋째, 정부의 역할이 제대로 확립되어 있지 못하였다. 경사협 구성, 임금합의, 노개위 활동 등에서 정부는 제대로 역할을 수행하지 못하였다. 넷째, 사회협약기구의 성격이 불분명하였다. 구성 면에서 수적으로 노사가 합의를 주도할 수 없었다. 그리고 대체로 한시적이었으며, 성격이나 위상이 불분명하였다. 다섯째, 당사자들 모두가 합의이행 의지가 부족하였다. 정부는 실질적 합의도출보다는 정치적 목적이나 노사분규 예방수단으로서 이용한 측면이 강하였다. 사용자단체는 정부의 요구에 의해, 노동단체는 이익대표성 확보수단으로 사회협약을 수용한 측면이 강하였다. 여섯째, 내부의견수렴이나 조정이 부족하였다. 노개위의 노동관계법 개정과 노사정위의 실업자노조 허용 문제 등에서 보듯이, 노동부와 타 정부부처들(경제부처, 치안관련부처 등) 간에 갈등이 많았다. 노동단체 역시 리더십 부족으로 제대로 내부의견을 수렴하지 못하였다. 1993~94년 중의 임금합의가 제대로 지켜지지 못한 것이 예이다. 그리고 노동단체는 1993~94년의 임금합의에서 보듯이 양대 노총 간에 대립과 갈등이 많았다. 일곱째, 합의패키지가 불균형적이었다. 경사협은 대(對)정부 건의에 그쳤으며, 임금합의도 임금인상 억제에 대한 정부의 배려가 부족하였다. 노개위의 노동관계법 개정도 노측에 불리하였다. 노사정위는 비교적 균형 잡힌 합의

패키지를 도출하였으나, 합의이행 과정에서 일부 정부부처의 독단적인 정책추진 등으로 난관에 봉착하였다. 여덟째, 노사단체의 성원대표 및 성원규제능력이 부족하였다. 특히, 노동단체의 경우는 1996년의 노개위 이전까지는 이미 노동운동의 절반을 차지하고 있던 민주노조 진영은 배제되었으며, 노개위나 노사정위 활동부터는 민주노총도 참여하였으나, 여전히 노조의 조직률이 저조한 상황에서 전체노동자에 대한 성원대표능력은 부족하였다. 그리고 전통적으로 기업별노조체제로 운영되어 왔기 때문에 성원규제력도 약하였다. 따라서 임금합의에서 보듯이 중앙단위의 사회협약이 단위노조에 의해서 거부되는 경우가 많았다. 사용자단체 역시 임의가입 형태를 유지하는 상황에서 성원대표 및 성원규제능력이 높지 못하였다. 마지막으로, 사회협약이 제도화되지 못하였다. 그 결과 당사자들은 합의형성에서 단기적인 이익극대화 전략을 추구하였으며, 장기적 관점에서의 양보와 타협을 이루지 못하였다.

따라서 우리나라에서 사회협약이 정착하기 위해서는 이러한 문제점들이 개선되어야 한다. 이하에서는 이장에서의 분석을 토대로 사회협약을 성공적으로 구축할 수 있는 방안에 대해 제언하고자 한다. 첫째, 세 행위주체인 노·사·정 간에 신뢰를 구축하는 것이 무엇보다 시급하다. 이를 위해서 정부는 개입은 하되 중립적인 자세를 견지하며, 사회협약을 촉진할 수 있는 관련법규를 합리적으로 제정하고 준수해야 하며, 정책의 일관성을 유지해야 한다. 노조를 진실한 대화상대로 인정하고 사용자에 대해 권위주의적 행태를 버려야 한다. 그리고 사용자는 가부장적 사고를 버려야 함은 물론, 기업정보를 공유하는 등 동반자 정신이 필요하다(김재원, 1996; 조성준, 2014). 또한 노동자들의 임금억제에 대해 수익배분이나 고용안정 등으로 보상해야 한다. 노동자들은 단기적 이익추구에 집착하기 보다는 장기적인 이익극대화를 지향하는 사회적 책임이 필요하다. 합의사항을 부대조건의 미(未)충족 등을 이유로 번복하는 것은 삼가야 한다.

둘째, 사회협약 당사자들이 위기의식을 공유하며, 상호존중의 정신과 책임감을 가져야 한다. 이를 위해서는 노·사·정 모두에게 장기적이고 공동체지향적인 안목이 필요하며, 대립적이고 소모적 노사관계에서 협조적이고 생산적 노사관계로의 전환이 필요하다. 그리고 상호 양보가 필요하다.

셋째, 사회협약의 형성과정에서 노사의 자율성이 존중되어야 한다. 지금까지는 합의형성은 대부분 정부가 주도하였다. 그 결과, 노사는 합의이행에 소극적이었으며, 노동현장에서는 이러한 합의가 다반사로 거부되었다. 따라서 노사 간에 자율적으로 합의를 도출하는 것을 장려하며, 정부는 합의이행올 위한 제도적, 정책적 뒷받침을 하는 데 주력할 필요가 있다.

넷째, 사회협약의 내용은 선언적이고 추상적인 것보다는 이행과 점검이 가능하도록 구체적이어야 한다. 그리고 협약을 이행하지 않을 경우의 제재방안들도 포함되어야 한다. 즉, 협약은 이를 형성하는 것 못지않게, 이의 이행을 담보할 수 있는 장치가 필요한 것이다.

다섯째, 사회협약에 참여하는 노사단체의 성원대표능력과 성원규제능력을 제고해야 한다. 이를 위해서는 노사단체 스스로가 성원들의 신뢰를 받는 도덕적 능력이 있어야 한다. 그리고 사용자단체는 중소기업의 이해를 수렴하는 제도적 장치가 필요하며, 노동단체는 노조들 간의 지나친 조직 확대와 선명성 경쟁을 지양하고 노동계의 일관된 주장을 해야 한다.

여섯째, 사회협약을 제도화해야 한다. 그동안의 사회협약은 실험적, 단기적인 것이었다. 사회협약은 본래 장기적이고 제도적인 것을 지향한다. 따라서 당장의 성과에 집착할 것이 아니라, 장기적인 관점에서 사회협약의 분위기를 조성하며, 이를 제도화하는 것이 중요하다.

일곱째, 사회협약기구가 실질적인 역할과 권한을 가져야 한다. 지금까지의 사회협약기구들은 정부가 주도 하였지만, 그 성격이 대부분 단순한 자문기구에 불과하였다. 따라서 협약에 도달한 내용들이 쉽게 폐기되는 경우가 많았다.

여덟째, 사회협약에 참여하는 행위자들 간에 사전 조정기능을 강화해야 한다. 정부는 노동부처와 경제부처 간의 사전조정이 필요하다. 사용자는 경총과 산하의 산업별·지역별 사용자단체, 경총과 중소기업이해 대변단체 등과의 의견을 조정하는 것이 필요하다. 노동단체는 산하의 산별노조와는 물론, 한국노총과 민주노총 간에 의견을 사전에 조정하여 노동자들의 공통된 이해를 대변하는 것이 필요하며, 합의이행에서도 책임을 공유해야 한다.

마지막으로, 노동이익을 입법과정에서 잘 대표하는 것이 필요하다. 그러나 현재의 우리나라 정치풍토 하에서 노동이익 대변 정당이 입법과정을 주도하기는 어려우므로 노동단체와 기존 정당들과의 정책연대 등을 강화하는 것이 현실적일 것이다.

제9장

경제위기와 사회협약

1. 서론

우리나라에서 사회협약을 본격적으로 논의하기 시작한 것은 1989년 이후부터이며, 결과물이 1990년 노태우 정부의 국민경제사회협의회였다. 이러한 노력은 김영삼 정부에서도 계속되어 1993~94년 기간 중에 중앙노사단체 간에 임금협약이 체결되었으며, 1996년에는 사회협약을 통해 노동관계법을 개정하기 위해 노사관계개혁위원회가 구성되었다. 그러나 1996년 말의 변칙적인 노동관계법 개정은 사회협약에 대한 신뢰를 일시에 무너뜨렸다. 임기 말의 김영삼 정부는 정책방향을 상실하고 표류하였으며, 급기야 외환위기에 직면하였다.

김대중 정부는 경제위기 극복을 위해서는 산업의 구조조정과 인력의 정리해고가 필수과제였다. 산업구조와 고용관계의 유연성 제고는 신자유주의라는 사조의 중심 주제일 뿐만 아니라, IMF가 요구한 의무사항이었다. 그러나 친(親)노동 정권으로 평가되는 김대중 정부가 처음부터 노동억압적 방식으로 구조조정과 정리해고를 단행할 수는 없었다. 급성장한 노동운동을 힘으로 통제하기도 어려웠다. 따라서 노사의 양보를 유인할 수 있는 '빅딜(big deal)'의 장으로서의 사회협약이 절실하였으며, 이것이 노사정위원회(노사정위)였다.

1998년 1월 15일 출범한 제1기 노사정위는 사회협약을 산출하는 성과를 거두었으며, 1998년 6월 이후의 제2기 노사정위에서는 제1기 합의사항의 이행을 포함한 다양한 노동정책 의제들이 논의되었다. 그리고 이러한 노사정위의 활동은 경제위기 극복에 큰 기여를 하였다. 그러나 1998년 12월말을 기점으로 노사정위의 기능은 쇠퇴하였으며, 급기야 1999년부터는 노측대표가 탈퇴함으로써 사실상 기능정지 상태에 빠졌다. 이후 정부의 꾸준한 설득으로 1999년 9월 겨우 제3기 노사정위가 구성되었으나, 동력이 많이 소진되었다.

이장은 국가경제 위기상황 하인 김대중 정부의 노동개혁의 핵심 추진주체였던 노사정위가 어느 정도 성공요건을 충족하고 있었는지를 평가하고, 이를 토대로 우리나라에서의 사회협약의 성공방안을 제언하려는 것이다. 이를 위해서는 우선 사회협약의 의의와 성공요건을 이론적으로 고찰하며, 이를 토대로 분석틀을 구성한다. 그리고 우리나라에서의 사회협약의 전개과정을 간략하게 고찰하며, 김대중 정부 하에서의 사회협약 구축과정을 분석한다. 다음에는 노사정위의 성공요건을 분석틀을 토대로 평가하며, 마지막으로 우리나라에서 사회협약이 성공할 수 있는 요건들을 제언한다.

2. 사회협약의 성공요건 및 연구 틀

사회협약은 주요 노동정책과정에서 개별적·대립적 노사관계 대신에 국가를 매개로 한 집단적·협력적 노사관계를 형성하는 것이다. 근본이념은 유기체적 국가관에 입각하여 경쟁보다는 협력을, 합리적 계산보다는 사회적 책임을 강조하며, 참여자들 간의 균등과 호혜의 원칙 하에서 사회통합을 지향한다(Robinson, 1991). 그리고 이러한 사회협약이 성공하기 위해서는 환경적 요인은 물론, 행위자들의 능력, 행위규칙 등이 충족되어야 한다.[92]

사회협약의 성공요건과 관련하여 환경적 요건 면에서 우선, 적절한 사회문화적 토양을 구비하는 것이다. 사회협약은 대화와 타협의 전통이 강하며, 개인이익이나 집단이익보다는 전체질서를 중시하는 유기체적 국가관의 전통이 강하며, 국가적 위기상황에 대한 공유의식이 높은 사회문화적 토양 속에서 성공하기 쉽다(Stepan, 2015). 경제적 요인 면에서는 사회협약은 소규모의 개방경제체제가 경제위기 상황을 극복하는 과정에서 정착되는 경우가 많았다. 이러한 체제일수록 외부적 취약성이 높고 탄력적 노사관계가 필요하기 때문이다. 정치적 요인으로는 노동이익이 적절하게 대표되어야 한다. 서구의 사회협약은 노사계급정당들 간의 정치적 타협이 선행하고, 이를 바탕으로 노동협약이 이루어지는 경우가 많았다(Kim and Bae, 2017). 따라서 사회협약이 정착된 국가는 대체로 노동계급 정당이 잘 발달되어 있었다. 또한 사회협약은 노사 간의 권력자원(power resources)이 균등해야 성공하기 쉽다. 권력자원이론을 주장하는 Korpi(2018)의 견해에 따르면, 권력자원이 어느 한편이 월등하다면 양보를 전제로 하는 사회협약은 성사되기 어렵다.

사회협약의 행위주체와 관련하여, 우선 국가는 개입주의적이면서 중립적이어야 한다. 국가는 공익을 수호하려는 적극적 실체이며, 합의이행을 강제할 수 있는 유능한 국가이다(Pekkarinen, 1992). 그러나 중립적이고 비당파적이어야 한다. 국가가 지속적으로 특정이해에 편승한다면 사회협약은 유지되기 어렵다. 그리고 노사단체는 사회협약을 이행할 수 있는 이익대표능력과 성원규제능력을 구비해야 한다. 이 점에서 사회협약제도 하의 이익집단은 이익대표와 성원규제 기능을 동시에 수행하는 이익매개자이다. 그리고 노사단체가 자율적으로 협상을 행하고 국가정책과정에 참여하려면 적절한 정책능력도 구비해야 한다.

행위주체들 간의 행위규칙과 관련해서는 우선은 상호 신뢰성이 전제되어야 한다. 본래 사회협약은 노사단체 간에 자발적으로 합의에 도달하고 이를 국가가 사후적으로 승인하고 보장하는 것이다. 그리고 법적 강제보다는 도덕적 신뢰에 의존한다(송호근, 1994). 더구나 사회협약이 이행되기 위해서는 노사정 간의 약속이행에 대한 책임성과 신뢰가 필수적이다. 그리고 사회협약은 합의에

---

92 사회협약의 성공요건에 대해서는 Wiarda(1972), Cawson(1986), Jacek(1986), Robinson(1991), Morlina and Rhodes (2002), Meardi et al. (2015) 등이 적절한 사회문화적 요소, 개입주의적 국가, 사회적 책임 강조, 노사정 간의 상호신뢰, 위계적 노사단체, 합의의 제도화 등을 중심으로 논의하여 왔다.

참여하는 노사정 모두가 편익을 공유하는 호혜성이 중요하다. 국가는 사회협약을 통해서 사회안정과 산업평화를 유지할 수 있으며, 노사단체는 국가로부터 이익대표권을 인정받고 주요 정책과정에 제도적으로 참여하게 된다. 사용자는 사회협약을 통해서 생산성을 향상하며, 조세혜택을 향유한다. 노동자는 고용안정과 노동복지를 확충할 수 있다(Meardi et al., 2015).

마지막으로 사회협약기구 자체와 관련해서는 우선 협약기구가 노사정의 이해를 적절하게 대표할 수 있도록 구성되어야 하며, 특히 협약의 이행도를 높이기 위해서는 실질적인 의사결정권한이 있는 대표들이 참여해야 한다. 다음에는 당사자들이 협약기구를 실효성이 있는 합의의 장으로 인정하고, 여기에서 주요 문제를 논의하려는 자세가 필요하다. 그렇지 않으면 합의기구는 형식화된다. 그리고 합의기구가 안정적으로 운영되기 위해서는 법제적으로 제도화되어야 함은 물론, 일련의 사회협약들이 지속적으로 생산되어야 한다. 내부운영 면에서는 효율적인 의사결정체계를 구비하고, 적절한 집행조직과 인력을 구비하고 예산을 확보하며, 문제점을 발견하고 합의이행을 점검할 수 있는 기구가 필요하다. 이상의 논의들을 토대로 김대중 정부 하에서의 사회협약의 성공요건에 관한 연구 틀을 구성해 보면 <그림 9>와 같다.

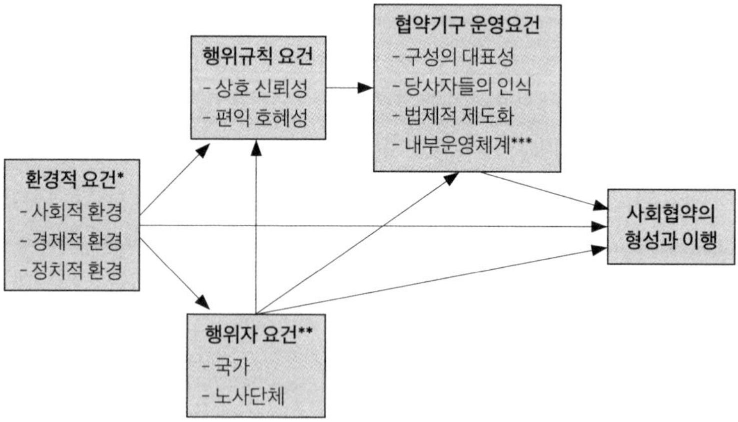

* 환경적 요건과 관련한 구체적 변수로 사회적 환경은 대화와 타협의 전통, 사회적 책임의식, 위기의식의 공유를, 경제적 환경은 소규모 개방경제, 경제적 위기상황을, 정치적 환경은 정치적 이익대표, 권력자원 균등화를 선정하였다.

** 행위자 요건에서 국가와 관련해서는 적극적 국가, 중립적 국가, 정책과정의 개방성을, 노사단체와 관련해서는 이익대표능력, 성원규제능력, 정책능력을 하위변수로 선정하였다.

*** 협약기구 운영요건 중에서 내부운영체계와 관련해서는 의사결정체계, 집행 인력과 조직, 예산확보를 하위변수로 선정하였다.

<그림 9> 사회협약의 성공요건과 관련한 연구 틀

3. 경제위기 상황과 사회협약

1) 사회협약기구로서의 노사정위원회의 구성

1998년 2월에 탄생한 김대중 정부의 당면과제는 경제난국을 극복하는 것이었으며, 이를 위해서는 산업의 구조조정과 정리해고가 절실하였다. 그리고 노동친화적 정권으로 평가되는 김대중 정부는 구조조정과 정리해고라는 민감한 사안을 노사정 간의 대화로 해결하기 위해 출범이전부터 사회협약기구를 계획하였으며, 그 결과가 노사정위였다.

노사정위의 구성과정을 보면, IMF체제 하에서 치러진 1997년 말의 대선기간 중에 이미 주요 후보들은 모두 고용협약 내지는 국민협약의 체결을 공약하였다. 그리고 민주노총은 1997년 12월 사회협약기구를 공식적으로 제안하였으며, 한국노총은 국민회의와 정책연합을 선언하였다(최영기, 1999). 후보들 중에서는 김대중 후보가 가장 적극적이었다. 따라서 선거이후 당선자측은 1997년 12월의 양대 노총 지도부와의 간담회에서 노사정협의회 구성을 제안하였다(박동, 2000, 2007). 그리고 1998년 1월 국민회의 내에 노사정협의대책위원회를 발족하였다. 그러나 노동단체들은 정부의 의도대로 금융기관의 정리해고가 법제화될 경우에는 사회협약에 불참함은 물론, 총파업투쟁을 할 것을 결의하였다. 이에 당선자측은 노측의 동참을 유도하기 위해서는 사용자의 고통분담이 선행되어야 한다는 판단 하에, 1998년 1월 당선자와 4대그룹 총수들 간에 기업경영의 투명성 제고, 상호지급보증 해소, 재무구조 개선, 경영역량의 주력사업부문 집중 및 중소기업과의 협력강화, 지배주주 및 경영진의 책임성 강화라는 다섯 개 항목의 구조조정에 합의하였다. 그리고 정부도 공무원과 예산을 감축함으로써 고통을 분담하며, 금융기관 구조조정은 합의기구에서 먼저 논의한 이후에 처리한다는 약속을 하였다. 이를 노측이 수용함으로써 1월 15일 노사정 및 주요 정당대표들이 참여하는 '경제위기 극복과 고용대책 및 개혁방향 수립을 위한' 사회협약기구로서 대통령당선자 직속의 제1기 노사정위가 출범하였다(재정경제부, 1998).

제1기 노사정위는 한광옥 국민회의 부총재를 위원장으로 하고, 노동자대표 2인(한국노총과 민주노총의 위원장), 사용자대표 2인(전경련과 경총의 회장), 정부대표 2인(재정경제원장관과 노동부장관), 정당대표 4인(국민회의 2인, 자민련 1인, 한나라당 1인)으로 구성되었다. 그리고 노사정위의 기구는 15인 이내의 노사정위 산하에 25인 이내의 상무위원회와 15인 이내의 특별위원회를 두며, 상무위원회 산하에는 소위원회를 두어 실무사안을 논의하게 하였다.

2) 제1기 노사정위원회의 활동

제1기 노사정위는 1998년 1월 17일 고통분담 의지를 표명하는 합의문을 발표한데 이어서, 1월 20일에는 '경제위기 극복을 위한 노사정 간의 공정한 고통분담에 관한 노사정 공동선언문'과 10개항의 의제를 채택하였다. 이후 2월 6일까지 노사정위는 6차례의 본회의, 11차례의 전문위원회, 10차례의 기초위원회 등 총 27차례의 회의를 개최하고 구체적 실천방안을 논의하였는데, 합의에 이르기까지의 과정은 순탄하지 않았다. 핵심쟁점은 정리해고제였다. 노측은 정리해고제 도입의 전제조건으로서 명확한 실업대책 수립과 전문경영인 체제 확립을 요구하였으며, 이미 정리해고가 진행되고 있으므로 정리해고를 명문화할 필요가 없다는 입장이었다. 그리고 노사정위를 당선자측이 일방적으로 주도하는 데도 불만이었다. 이러한 불만으로 민주노총은 "임시국회에서 정리해고제와 근로자파견

법안을 강행 처리한다면 총파업도 불사한다."는 요지의 성명을 발표하고 노사정위에 불참하였다(중앙일보, 1998년 2월 1일자). 이어서 한국노총 역시 노사정위 불참을 천명하였다. 이후 당선자 측에서 실업급여 확대, 기업의 고용안정 노력, 공정한 정리해고기준 마련 등의 다양한 교환물을 제시하면서 설득한 결과, 노동계가 복귀하면서 협의가 가속화되어 2월 6일 노사정 대타협이 성사되었으며, 자구정리 등의 과정을 거쳐서 2월 9일 '경제위기극복과 재도약을 위한 노사정 공동선언문'을 채택하였다. 흔히 '경제위기극복을 위한 사회협약'으로 명명되는 합의는 10개 의제에 대한 90개의 세부실천과제를 담고 있었다(김영종, 1998; 임상훈, 2006).

내용 면에서는 국가적 개혁과제를 거의 망라하고 있으나, 기본 골격은 노측의 요구사항인 노동기본권 신장(교원노조 허용, 실업자 노조가입 인정, 노조정치활동 허용 등) 및 사회보장제도 확충(실업대책 포함)과 정부 및 사측 요구사항인 노동시장 유연화(정리해고제, 근로자파견제 등)를 맞교환한 형태였다. 이 점에서 제1기 노사정위의 사회협약은 노동기본권을 신장하려는 노동의 이해와 노동시장을 유연하게 하려는 사용자의 이해, 구조조정과 정리해고를 통해서 IMF와의 약속을 이행하고 위기상황을 극복하고자 한 정부의 이해가 어느 정도는 호혜적 관계를 이루었다. 그럼에도 정리해고제의 수용으로 고용불안에 직면한 현장 노동자들의 반발은 컸다(강문구, 1998). 특히, 민주노총은 임시대의원대회에서 합의사항을 부결하였으며, 지도부가 총사퇴하고 비상대책위원회를 구성하여 합의철회를 위한 총파업을 결의하는 등 심각한 내홍을 겪게 되었다(김상곤, 1998). 이는 제1기 노사정위의 성공적인 합의도출에도 불구하고, 노사정위의 앞날이 순탄하지 않을 것임을 예고하는 것이었다.

3) 제2기 노사정위원회의 구성과 활동

김대중 정부는 제1기 노사정위의 사회적 합의 도출이 국가의 대외신인도 제고에 큰 역할을 하였다고 판단하면서, 제1기 의제를 이행하기 위한 제2기 노사정위 구성을 추진하였다. 즉, 김대중 정부는 1998년 3월 제2기 노사정위의 법적

기구화를 위해서 노사정위원회규정을 제정하고 4월에는 노사정위의 1998년도 예산을 확보하였다. 그러나 제2기 노사정위의 구성에 대한 노동계의 반발은 거세었다. 민주노총은 정리해고제와 근로자파견제 철폐 등을 요구하며 5월 총파업에 돌입하였으며, 한국노총은 노사정위에 공공부문구조조정특위를 설치할 것을 요구하였다. 정부는 민주노총의 요구는 수용할 수 없는 것으로 판단하고 6월 3일 민주노총의 불참 속에 제2기 노사정위를 출범시켰다. 이후 정부와 민주노총 간에는 정리해고와 근로자파견제의 남용방지 및 해고회피 노력, 근로시간 단축, 부당노동행위 근절 등을 노사정위에서 논의한다는 노정협약이 체결되었으며, 민주노총은 공식적으로 참여하였다.

제2기 노사정위의 주요기능은 제1기 합의사항 이행점검, 경제위기 극복과 실업문제 해결을 위한 정책협의, 신노사문화 형성 등이었다. 위원으로는 김원기를 위원장으로 노사대표는 한국노총위원장, 민주노총위원장, 전경련회장, 경총회장이었으며, 정부대표는 재경부장관과 노동부장관, 정당대표로는 국민회의, 자민련, 한나라당 각 1인씩, 그리고 공익위원 3인과 전문가 2인이 위촉되었다. 그리고 기구는 15인 이내의 본위원회 외에도 본위원회 상정안건을 미리 검토·조정하기 위한 상무위원회, 상무위원회 안건을 심층 논의하기 위한 소위원회, 현안문제를 논의하기 위한 특별위원회를 두었다(조효정, 2003; 최영기, 1999).

그러나 정부는 이후 일방적인 구조조정을 추진하여 6월 이후 55개 퇴출기업, 5개 퇴출은행, 11개 공기업 민영화 방침 등을 발표하였으며, 이에 대해 양대 노총은 노사정위 불참을 선언하였으며, 민주노총은 총파업에 돌입하였다. 이후 노사정위와 양대 노총 간에 경제청문회 개최, 부당노동행위, 퇴출노동자 고용안정 및 생계대책, 노사정위의 위상강화 문제 등의 여덟 개 사항을 노사정위에서 협의하거나 대통령에게 건의한다는 것을 내용으로 하는 타협이 성사되었으며, 양대 노총은 7월 27일 복귀하였다. 이에 대해서 이번에는 사측이 사용자를 배제한 합의는 무효라면서 노사정위 불참을 선언하였으나, 곧 복귀하였다. 이후 노사정위의 활동이 다소 활성화되어 9월에는 경제청문회, 실업자 초기업단위 노조가입, 노조정치활동 보장을 위한 정치자금법 개정에 대하여, 10월에는 공공자금관리기본법 개정, 교원노조 허용 등에 대하여, 12월에는 국민연금법 개정안에 대하여 합의에 도달하였다(노중기, 2003; 심종섭, 2006).

그러나 한편으로는 파업현장의 공권력 투입, 금융기관 구조조정, 공기업 민영화 추진 등이 계속되었으며, 특히 1998년 12월 이후에는 5대 재벌과 공공부문의 구조조정 등이 일방적으로 단행되면서 노동계에서는 노사정위 무용론이 대세를 형성하였다. 그 결과 노사정위는 12월 28일의 12차 본회의 이후에는 파행으로 치달았으며, 민주노총은 노사정위 불참을 결의하였으며, 한국노총 역시 노사정위 참석여부를 위원장에게 위임하였다. 이후 1999년 2월 민주노총은 일방적 구조조정 중단, 실업대책 마련, 노사정위 합의사항 이행 등을 요구하며 공식적으로 노사정위 탈퇴를 선언하였다(조선일보, 1999년 2월 24일자). 한국노총 역시 1999년 4월 조건부 노사정위 탈퇴를 선언하였다. 이후 정부는 노조전임자 임금지급 금지조항 폐지, 근로시간 단축 등을 통해서 노동계를 설득하였으나, 이번에는 사용자측의 경총이 노정 간의 밀약 철회를 요구하며 노사정위 탈퇴를 결의하였다(조선일보, 1999년 4월 17일자). 따라서 1999년 들어서 노사정위는 노사대표가 모두 철수한 개점휴업 상태가 되었다. 1999년 9월 이후 학자출신의 김호진을 위원장으로 하는 제3기 노사정위가 구성되었으나, 노동계가 불참하는 가운데 실효성을 거둘 수 없었다.

4. 김대중 정부 노사정위원회의 성공요건 평가

김대중 정부에서의 노사정위원회의 전반적인 성과 면에서 제1기 노사정위는 노사정 공동선언문을 채택하고, 10개 의제 90개의 세부 실천과제에 합의함으로써 상당한 성과를 거두었다. 이후 1998년 6월 제2기 노사정위가 구성되었으나, 동년 6월과 7월 중에는 고용조정과 정리해고를 둘러싼 갈등으로 제 기능을 수행하지 못하였다. 따라서 제2기 노사정위가 제대로 기능하기 시작한 것은 1998년 8월 이후였으며, 9월에는 합의사항의 이행을 점검·평가하기 위해서 이행점검반을 두었다. 전반적으로 제2기 노사정위는 1998년 12월 말까지 본회의 12회, 상무위원회 11회 등 총 129회의 공식회의와 수십 차례의 간담회·토론회 등을 통해서 제1기 합의사항의 이행문제, 구조조정을 둘러싼 노사갈등 해소 등 많은 일을 하였다. 그리고 1998년 12월말 기준으로 90개의 실천과제들 중에서 완료 42개, 일부완료 9개, 추진 중 37개, 미이행 2개를 기록하는 성과를 보였다(김태수, 2006; 노중기, 2003). 그리고 법제화와 관련해서도 1999년 1월 기준으로 정리해고제와 근로자파견제 도입(1998년 3월 입법), 교원노조결성 및 의료보험조합통합(1999년 1월 입법), 공공자금관리기본법 개정(1998년 12월 입법) 등의 성과를 보였다. 이하에서는 김대중 정부 하에서의 노사정위의 활동을 주요 분석변수에 입각하여 구체적으로 평가해 본다.

1) 환경적 요건

환경적 요건은 사회적 환경, 정치적 환경, 경제적 환경으로 구분하여 살펴 볼 수 있다. 첫째, 사회적 환경 면에서 우리는 기본적으로 대화와 타협의 전통이 약하다. 흑백논리가 지배하는 곳에서 타협과 양보는 설 자리가 없었다. 노사관계도 극단주의가 지배하였다. 노동단체들 간에도 타협을 주장하면 선명성 경쟁에서 낙오한다. 그리고 전체이익을 우선시하는 사회적 책임의식도 약하다. 흔히 한국 사회문화의 주요 특징으로서 가족주의(familism)가 언급되며,[93] 이는 모든 사회 단위로 확대되는 속성을 갖고 있다. 가족주의는 1차 집단 연고관계에 따른 친소 구분의식을 파생하며, 이는 분파와 부문이해를 중시하는 집단이기주의를 파생한다(최재석, 1982). 뿐만 아니라, 권위주의적 불평등문화, 관존민비의 전통, 수탈적 중앙집권체제, 군사독재체제 등도 모두 분파주의와 이기주의를 조장하였다. 따라서 한국의 사회문화적 토양은 전체이익과 질서를 우선시하는 공동체 지향성이 부족하였다.

그러나 위기의식의 공유도는 매우 높은 편이다. 이는 외침이 끊이지 않았

93 가족주의란 "가족집단의 유지와 번영이 사회의 다른 모든 가치에 우선한다는 생각과 행동"을 의미한다(김해동, 1985: 164).

던 지정학적·역사적 조건과 맥락을 같이 한다. 전쟁은 국민들에게 위기의식을 공유하게 하였다. 이러한 현상은 IMF 직후에도 잘 나타났다. 그러나 문제는 위기의식의 공유가 단기적이라는 점이다. 위기의식을 장기계획과 연결시키지 못하고, 단기적 대응으로 끝나는 경우가 많았다. 이는 한국인의 시간관념이 단기성을 나타낸다는 것으로, 잦은 외침이 이를 조장하였다. 격변하는 환경과 정치적 불안정이 국민들로 하여금 단기적 조망을 조장한 것이다.

둘째, 정치적 환경 면에서 사회협약을 추구한 국가는 계급정당이 잘 발달되어 있었다. 스웨덴, 영국, 이탈리아, 오스트리아 등의 국가가 모두 그러하였다. 그리고 사회협약은 당사자들 간의 권력자원이 어느 정도 균등해야 한다. 그래야 대화와 타협, 양보가 필요함을 인지하게 된다. 우리나라는 그동안 이념적 다양성이 허용되지 않는 반공국가였다. 계급정당은 존재할 수 없었다. 정당들 간의 경쟁은 계급이해가 아닌 지역이해에 기반을 두었다. 선거과정에서 각 정당들이 노동세력을 정치적으로 동원하였지만, 이는 이념적 동질성에 근거한 유대가 아니라 선거를 위한 편의적인 것이었다. 한편으로 모든 정당들이 사용자들에게서 정치자금을 수수하였다. 이러한 상황에서 노동이익은 정치적으로 대표될 수가 없었다. 1980년대 이후 사회민주주의 정당들이 결성되었지만, 이는 국제적 이목을 고려한 배려였다. 뿐만 아니라, 노동단체의 정치활동은 법적으로 엄격하게 금지되어 왔다. 1997년 3월의 노동법 개정으로 노조의 정치활동이 상당부분 허용되었으나, 여전히 유예조항과 단서조항이 많다.

1980년대까지는 노동의 권력자원이 크게 약했다. 정부의 엄호를 받는 자본이 노사관계를 지배하였다. 이농(離農)노동자들과 창업주 간의 관계는 전통적인 온정주의적 노사관계였다(이원덕, 1998). 더구나 정부는 지속적으로 노동세력의 약화를 도모하였다. 기업별조합체제를 강요한다거나, 노조지도자를 사회정화의 명목으로 숙정한다거나, 정보기구를 동원하는 것 등은 모두 노조의 약화를 의도하였다. 그러나 1980년대 후반을 기점으로 노조의 권력자원이 크게 증가하였다. 우선, 노동세력에 대한 물리적 억압이 어려워 졌다. 민주노조의 조직화로 노조의 전체 역량이 강화되었음은 물론, 양대 노총 간의 경쟁으로 투쟁 강도도 크게 높아졌다. 특히, 1990년대 이후 각종 선거가 치러지면서 노동단체의 영향력이 크게 증가했으며, 산업현장에서의 권위적 노사관계도 붕괴되었다. 따라서 노동세력의 자율성은 이전에 비해서 상당히 커졌다.

셋째, 경제적 환경 면에서 사회협약은 경제적 위기상황에 대한 대응물인 경우가 많으며, 따라서 개방경제체제 하의 소규모 국가에서 성공적이다(Avdagic, 2010). 대체로 스칸디나비아제국과 베네룩스 3국, 오스트리아 등이 이러한 국가군에 해당한다. 우리나라 역시 소규모의 수출지향형 개방경제체제이다. 내수시장이 취약한 상황에서 수출지향형 공업화 전략을 추진해 왔다. 그리고 공업화의 방식도 원자재를 수입하여 이를 가공하여 재수출하는 전략이었다. 더구나 교역국가가 극히 제한적이었다. 따라서 우리나라의 경제구조는 외부환경에 취약할 수밖에 없었다. 그리고 1990년대 이래 한국경제는 위기상황이었다. 노사분규, 임금상승, 물가불안, 경쟁력 저하 등으로 급기야는 경제위기가 초래되었다. 이 점에서 사회협약의 추진은 경제위기의 대응물이었다. 노사정위가 논의된 시기는 최악의 경제위기 국면이었다. 이를 극복하기 위해서는 산업의 구조조정과 정리해고가 필요하였다. 노사분규가 극심해질 것은 자명하였으며, 이의 극복을 위해서는 노사정 간의 타협이 필요하였다.

2) 행위자 요건

사회협약의 주체는 정부와 노사단체이다. 사회협약의 주체로서의 정부는 개입주의적이지만 중립적이고 비당파적이다. 그리고 정부의 의사결정체제는 노사단체의 접근이 용이하도록 개방되어야 한다. 그 동안 정부는 노사관계에 적극적으로 개입하였으며, 주요 노동정책과 경제정책을 직접 설계하였으며, 다양한 정책수단을 동원하여 경제발전을 주도하였다. 노사관계에서 노동관계법 등의 제도적 장치를 이용함은 물론, 다양한 제재와 유인의 방식을 동원하였다. 이러한 개입주의는 작은 정부를 주창하는 1990년대 이후 지금도 마찬가지이다. 김대중 정부의 각종 개혁정책들은 모두 정부가 주도하였다. 노사정위의 구성과 운영과정 상의 주도자도 정부였다.

그러나 정부는 노사관계에서 중립적이지는 못했다. 그동안의 성장제일주의 하에서 자본축적이 무엇보다도 중요하였다. 따라서 노동세력은 분절화와 통제의 대상이었다. 복수노조를 지속적으로 금지한 것이나, 기업별노조체제를 강제하고 제3자 개입을 금지한 것 등은 모두 노동세력을 약화시키기 위한 조치들이었다. 그리고 노동세력을 유인하기 위한 방식도 노동복지나 사회정책 등이 아니라, 재정보조 등의 전략적 방식이었다. 김대중 정부는 나름대로 중립성을 지향하였다. 노사정위의 구성을 위해서 기업의 양보를 먼저 얻어낸 것, 노사개혁과 재벌개혁을 동시에 단행한 것, 정리해고와 동시에 대규모 공공근로사업을 실시한 것 등이 예이다. 그러나 궁극적으로는 일방적 구조조정과 정리해고를 행함으로써 정부의 중립성이 훼손되고 노동세력의 불만을 유발하였다.

그동안의 정책과정은 폐쇄적이었다. 정부가 폐쇄적, 독점적으로 결정하였다. 관존민비의 사고 하에서 민간의 능력을 불신하였다. 사회집단의 참여를 허용하는 각종 위원회들은 형식적 자문기구였다. 김대중 정부는 그래도 노사단체를 실질적 협상파트너로 인정하고 노사정위를 구성하였으며, 어느 정도는 의결기구의 성격을 갖추었다. 그러나 한편으로는 노사문제와 관련된 주요 개혁정책들이 노사정위에 참여하지 않는 정부부처들을 중심으로 이행되면서 노사정위의 위상과 실효성이 모호한 경우가 많았다.

반면에 사회협약의 실질적 주체는 노사이다. 따라서 노사단체의 성원대표능력, 성원규제능력, 정책능력이 잘 갖추어져야 한다. 우리의 경우에 우선 노동단체의 성원대표성이 낮다. 1987년까지는 한국노총이 단일의 중앙노동단체였으나 조직률은 대체로 12~15% 수준이었다. 1987년 하반기 이후 한국노총의 조직률은 1988년 17.8%, 1989년 18.7%로 크게 증가하였으나(한국노총, 1990: 68), 성원규모는 1989년의 167만 명을 정점으로 1990년대 들어서 지속적으로 하락하여 1996년에는 102만명 수준으로 줄어들었다. 그리고 1988년 12월의 전국회의를 시발로 전노협, ILO공대위, 전노대, 민주노총으로 이어진 민주노조 계열의 경우는 1995년 민주노총 설립당시 약 42만 명의 조합원을 포함하였다(임영일, 1998). 그러나 양대 노총의 정립에도 불구하고, 전체 조직노동자의 수는 1989년 193만 여명을 최고점으로 하락하는 추세였다. 따라서 양대 노총을 모두 합해도 조직률이 1996년 13.3%, 1997년 12.2%에 머무르고 있어(한겨레신문, 1998년 9월 28일자) 대체로 40~50%의 조직률을 유지하고 있는 선진국들과 대비된다. 사용자단체인 경총의 경우는 임의가입 형태를 취하고 있으나, 산업영역별 주요 사용자단체들이 모두 산하단체로 가입하고 있어 외견상으로는 대표성이 비교적 높다. 그러나 실제로는 소수의 재벌기업들이 과두제적으로 운영하고 있어 분규다발업체인 중소기업의 이해를 어느 정도 대표하고 있는지는 의문이다.

노사단체의 성원규제능력과 관련하여, 한국노총 규약에는 회원조합은 한국노총의 결의사항 및 지시를 이행하고 준수할 의무가 있으며, 주요사항을 보고할 의무가 있으며, 단체행동이 필요한 경우에는 그 사유를 보고하도록 하고 있다. 그리고 회원조합이 규약을 위반하거나 노총의 지시에 불응할 경우에는 징계를 할 수 있으며, 노총규약에 저촉되는 회원조합의 규약은 무효화할 수 있다. 그러나 실제로는 한국노총은 산별노련 중심의 느슨한 연맹체에 불과하다. 중요한 의사결정은 회원조합대표자회의에서 결정된다. 그리고 노동조합법이 지속적으로 제3자 개입을 금지해 왔기 때문에 중앙노동단체의 역할은 제한적이었다. 뿐만 아니라, 회비징수가 잘 되지 않고 재정의 상당부분을 국고보조금에 의존하는 상황에서 성원들의 순응을 확보하는 데는 한계가 있었다. 그 결과 1993~94년의 임금협약에서 한국노총 차원에서 이루어진 임금협약이 실제로는 제대로 지켜지지 않았다. 더구나 복수노조가 허용되고 양대 노총 체제가 정립함으로써 성원들의 순응 확보가 더욱 어려워 졌다. 이점에서 기업별노조의 전통이 강하고 조직률이 10%대에 불과하며, 그것도 대립적인 양대 노총 체제 하에서 사회협약이 가능한지에 대한 본질적 의문이 제기된다. 경총의 경우는 개별성원들에 대한 직접통제의 방식을 취하고 있다. 그러나 협회의 명예를 훼손하거나 회원자격에 결격사유가 발생하거나 회비를 미납할 경우에 제재를 할 수 있도록 한 정관조항을 제외하고는 제재수단이 별로 없다. 그리고 이러한 조항들도 사실상 선언적인 것들이다. 경총은 소수의 대기업을 중심으로 운영되며, 성원들을 집단적으로 동원할 필요도 적은 상황에서 성원규제의 필요성도 높지 않았다.

노사단체의 정책능력과 관련하여, 현재 양대 노총과 경총은 각기 정책본부를 두고 있으나 실제의 정책능력은 높지 못하다. 노동단체는 재정부족으로 유능한 인력을 충원하기가 어려우며, 경총도 장기적 대안을 제시할 수 있는 인적 자원은 확보하지 못하고 있다. 무엇보다 노사단체의 정책부서들이 신뢰할만한 자료를 산출하지 못하고 있다. 따라서 노동관련 기초자료의 내용이 판이하게 다르다. 임금협상의 경우, 합리적 기준에 근거한 인상률 설정보다는, 서로가 제시한 인상률의 간격을 축소하는 게임이 되는 것이다.

3) 행위규칙 요건

사회협약은 준수되고 이행되어야 하며, 안정적으로 제도화되어야 한다. 이를 위해서는 협약주체들 간에 행위규칙이 있어야 한다. 우선 노사정 간에 신뢰성이 전제되어야 한다. 우리의 경우는 노사 간에는 물론, 정부에 대해서도 노사 모두 불신을 하고 있다. 우선 노사 간에는 기업의 정보가 공개되지 않고 의사결정이 폐쇄적이며, 족벌경영체제를 강화해온 데 대해서 노동자의 불신이 크다. 사용자는 노동자가 협약을 지키지 않고 무리한 요구를 하는 데 대해 불신이 크다. 따라서 임금협상도 서로의 산출근거를 불신하는 가운데, 노동단체는 생계비임금원리를 토대로 가능하면 높은 인상률을 제시하며, 사용자단체는 생산성임금원리에 입각하여 가능하면 낮은 인상률을 제시는 것이다(임혁백, 1993). 그리고 노사 모두가 노동법규를 지키지 않는 경우가 많으며, 협상된 내용도 번복하기 일쑤이다. 뿐만 아니라, 노사단체의 사회전체와 상대방에 대한 책임성도 낮다. 따라서 노사단체는 노사정위에서 합의한 사안에 대해서도 자신에게 불리하면 파업이나 탈퇴 등을 행하였다.

그리고 사회협약은 참여자 모두가 이익을 향유하는 호혜성을 전제로 한다. 노사정위의 출발은 이러한 조건을 비교적 만족시키고 있었다. 우선 당시의 경제위기는 서로 양보하지 않으면 공멸한다는 위기의식을 심어주었다. 그리고 IMF도 구제자금의 제공조건으로 산업과 노동의 구조조정을 요구하였다. 1998년 2월에 타결된 10개 의제도 노동자 측에서 요구한 노동기본권의 신장과 사용자와 정부가 요구한 노동시장 유연화를 서로 교환한 것이었다. 그리고 정부는 노동자들이 정리해고를 수용하는 대가로 고용안정, 사회보장 확충, 기업경영의 투명성 제고 등의 교환물을 제시하였다. 따라서 사회협약을 통해서 정부는 산업평화를 유지하는 가운데 구조조정을 단행할 수 있었으며, 사측은 정리해고제와 변형근로시간제 등을 통해 고용의 유연성을 확보하였으며, 노측은 교원노조 허용, 노조정치활동 허용 등의 요구조건을 충족할 수 있었다. 그러나 이러한 교환물이 조기에 소진되자 사회협약도 위기에 직면하게 되었다.

4) 협약기구 운영 요건

사회협약이 성과를 거두기 위해서는 합의기구가 제대로 구성되고 실효성 있게 운영되어야 한다. 즉, 사회협약은 합의기구를 구성하고, 여기에서 일련의 합의를 형성하며, 합의를 이행할 수 있어야 한다. 이장에서는 이와 관련하여 사회협약기구 구성의 대표성, 참여자들의 합의기구에 대한 인식, 합의기구의 제도화, 내부운영체계 등을 중심으로 살펴본다.

우선 노사정위의 구성을 보면, 제1기는 정부가 아닌 대통령당선자 측과 국민회의가 주도하였다. 위원장도 국민회의 부총재였다. 인적구성 면에서 노동자대표 2인, 사용자대표 2인, 정부대표 2인, 정당대표 5인으로 구성되어, 총 11인 중에서 노사대표는 4인에 불과하였으며, 정부·여당대표가 6인으로서 과반수를 초과함으로써 사실상 합의과정을 주도하였다. 제2기 노사정위도 정부·여당이 구성을 주도하였다. 출범당시 민주노총이 불참하였던 데서 보듯이, 노측은 객체로서 참여여부를 고민하는 상황이었다. 인적구성도 정부·여당이 노사정위 운영을 주도할 수 있도록 구성되었다. 즉, 2기 노사정위는 15명의 위원들 중에서 노사대표는 4인에 불과하였으며, 나머지는 정부대표 2인, 정당대표 4인(위원장 포함), 공익위원 5인으로 구성되었다. 따라서 5명이 정부·여당 대표였으며, 공익위원 5인의 구성도 대부분 친정부 인사들 중에서 위촉하였다. 따라서 제1기, 제2기 노사정위 모두 인적구성 면에서 주도자가 정부·여당이었다. 따라서 사회협약의 주체여야 할 노사는 1998년 7~8월 중의 행태에서 보듯이, 노사정위에 불참하는 등의 실력행사를 하였다. 제3기의 경우는 노사정위원회법의 제정으로 위원을 20인까지로 확대하고 정당대표를 배제하는 등의 개선이 있었지만, 노사대표는 여전히 소수에 불과하였다.

노사정위의 실효성에 대한 당사자 특히, 노사의 인식을 보면, 1998년 1~2월중에 노사정위가 구성되고 노사정 간의 타협이 성사될 때에는 노사 모두가 노사정위를 실질적 합의기구로 인식한 듯하다. 그러나 제2기의 경우는 구성자체가 진통이 많았을 뿐만 아니라, 정부 및 금융부문의 구조조정을 주도하던 기획예산위원회나 금융감독위원회 등이 노사정위에 포함되어 있지 않은 관계로 노사정위의 실효성에 의문이 제기되었다. 따라서 1998년 말 이후부터는 노동계에서는 '노사정위 들러리론'이 만연하였다. 이에 따라 1999년 들어서 민주노총이 2월 노사정위를 탈퇴하였으며, 한국노총도 4월 노사정위를 조건부로 탈퇴하였다. 그리고 사용자대표인 경총마저 노조전임자 임금지급조항 개정을 전제한 노정 간의 합의에 반발하여 1999년 4월 노사정위 탈퇴를 결의하였다.

노사정위의 제도화와 관련하여, 제1기 노사정위는 법제적 근거가 없는 자발적 대화기구였다. 이후 신정부가 들어서고 제2기 노사정위의 구성을 위해서 1998년 3월 노사정위원회규정이 대통령령으로 제정되었으며, 6월에는 노사정위원회 운영세칙이 마련되는 등 제도화의 기틀은 다졌다. 그러나 노사정위원회규정은 주로 노사정위의 구성과 기능을 중심으로 구성되었으며, 노사정위의 위상과 합의이행 등에 대한 명확한 규정은 결여되었다. 따라서 노사는 지속적으로 노사정위의 위상을 강화하고 합의사항의 이행을 강제할 수 있는 노사정위원회법의 제정을 요구하였으며, 그 결과 1999년 5월 '노사정위원회의 설치 및 운영에 관한 법률'이 제정됨으로써 장기적인 제도화의 기틀은 마련하였다. 그러나 여전히 이행의무는 임의조항으로 두고 있어서 합의사항이 어느 정도 성실하게 준수될 지는 미지수였다.

노사정위의 내부운영체계를 보면, 우선 의사결정체계는 최고의결기구인 본위원회를 비롯하여 상무위원회, 소위원회, 전문위원회의 등의 다단계 의사결정구조를 갖추었으며, 사안별로 특별위원회를 별도로 두었다. 그러나 각급 위원회의 실제 운영상황을 보면, 다단계 의사결정구조를 갖고 있기 때문에 의사결정에 장시간이 소모되어 시의적절한 의사결정이 어려우며, 위원들의 중복으로 인한 논의의 중복, 책임한계의 불분명 등의 문제가 발생하였다. 그리고 대리참석, 위원회들 간의 책임전가 등도 문제가 되었다. 또한 회의체가 너무 많아 의견조정이 어려웠다. 그리고 재적의원 과반수 출석으로 개의하고 출석위원 2/3 이상의 찬성으로 의결한다고 하고 있으나(동법 제7조 2항), 실제로는 만장일치제로 운영되어 의사결정이 어려웠음은 물론, 타협에만 치중하는 경우가 많았다. 그리고 각급 위원들이 대부분 겸직을 하고 있어 노력과 시간을 투입하는 데는 한계가 있으며, 그 결과 심도 있는 논의를 하기가 어려웠다.

예산과 관련하여, 1998년에는 4월에 예비비 826백만 원을 확보한 데 이어 7월에는 580백만 원의 추가예산을 확보함으로써 총 1,406백만 원의 예산을 확보하였다. 그리고 1999년에는 노동부 소관 일반회계예산으로 2,239백만 원을 확보하였다. 그러나 실제 예산내역을 1998년도 예산을 중심으로 보면, 비정규직보수 80백만 원, 관서운영비 658백만 원, 업무추진비 410백만 원, 시설 및 자산취득비 131백만 원, 여비 77백만 원, 연구개발비 50백만 원 등으로 구성되어 있어 대부분이 관리운영비에 소요되고 있음을 알 수 있다. 따라서 정책기능과 관련된 예산은 거의 배분되지 못하고 있다.

집행조직 및 인력과 관련하여, 노사정위의 집행조직은 위원회의 운영지원 및 행정서무를 수행하기 위해서 설치된 사무국으로, 사무국장(2급 또는 3급 공무원) 산하에 관리과, 기획과, 운영과, 대외협력과 등을 두었다. 그리고 1998년 9월에는 합의사항 이행을 점검하기 위해 이행점검반과 실무작업반이 구성되었다. 집행 인력은 대부분 관련부처 공무원이 파견되거나 겸직하였다.

이렇게 보면, 노사정위는 집행조직과 인력은 어느 정도 구비하였다. 그러나 각급 위원회들을 조정할 기구가 없으며, 인력도 주로 노동부 파견인력들로 충원되고 있어 관련부처들 간의 업무를 조정하는 데 한계가 있었다. 그리고 파견근무에서 오는 한계점 즉, 조직의 장래와 신분 문제 등으로 인하여 인력의 동기부여도 높지 못하였다. 노사정위에서 고용한 직원들은 대부분 별정직이나 일용직이었으며, 전문성을 갖춘 직원은 드물었다.

5. 사회협약의 성공을 위한 제언

1) 환경적 요건

사회협약이 성공하기 위해서는 사회문화적 풍토가 타협과 양보를 가능하게 하며, 부문이해보다는 전체이익을 우선시하며, 위기의식을 계획이나 정책과 연결할 수 있는 장기적 조망이 필요하다. 물론, 이는 많은 시간을 요하지만 사회협약이 성공하기 위해서는 반드시 필요한 것이다. 그리고 정치적 조건 면에서 노동이익이 적절하게 대표되는 것이 필요하지만, 현재의 정치풍토 하에서 노동이익을 대표할 수 있는 정당이 뿌리내리기 어려우므로, 차선으로 노동단체와 기존 정당들 간에 정책연대를 강화하고 노조의 정치활동과 정책기능을 제고하는 방안이 필요하다.

2) 행위자 요건

우선 정부의 역할과 관련하여, 정부는 주도자가 되기보다는 노사 간에 이해를 조정해 주며, 사회협약을 법제적으로 보증해 주며, 합의를 정책적으로 배려해 주는 등의 역할을 수행해야 한다. 그리고 노동정책 기조를 분명하게 함으로써 사회협약에 대한 노사의 신뢰를 확보해야 한다. 그리고 정부는 중립적이어야 하는 데, 이는 노사의 자율성을 최대한 존중해줄 때 가능하다. 노사정위의 운영을 보면 노사정 관계가 아닌 노정 관계이다. 사용자는 세무, 금융 등의 다른 정책적 수단들을 통해서 순응을 확보할 수 있다는 전제 하에서, 노동단체를 달래는 데 치중하고 있다. 노사가 객체로 전락한 노사정위의 기능을 정상화하기 위해서는 노사가 협상을 주도하게 하고 정부는 중립적으로 지원하는 방향이어야 한다. 그리고 각종 노동정책과정에 노사의 이해를 대변하는 기재가 활성화되어야 한다. 현재 노사단체가 각종 정부위원회에 참여하고 있지만, 이러한 위원회들의 기능은 매우 허약하다.

노동단체의 경우는 노조조직률이 저조한 상황에서 대표성이 매우 낮다. 리더십도 불안하며, 양대 노총으로 팽팽하게 분절되어 있어 노노갈등도 심하다. 따라서 노동단체의 대표성을 향상시키기 위해서는 우선 양대 노총의 협력관계를 강화하며, 노동이익을 사전에 조정해야 한다. 그리고 전통적으로 기업별 노조체제로 운영되어 왔기 때문에 중앙노동단체의 성원규제력이 약하며, 중앙협약이 단위노조에서 지켜지지 않는 경우가 많다. 따라서 바람직하기는 노동단체가 성원들의 신뢰를 받는 도덕적 능력을 구비해야 하며, 현실적으로는 중앙노동단체가 산하노조를 지원할 수 있는 정책능력을 구비하며, 내부의사결정과정을 민주화하고 적절한 리더십을 확보하는 것이 필요하다. 사용자단체의 경우는 중소기업의 이해를 수렴하는 장치가 필요하며, 정책기능을 제고하며, 충실한 정보를 제공함으로써 성원들의 순응을 확보해야 한다.

3) 행위규칙 요건

사회협약이 성공하기 위해서는 노사정 간에 신뢰성을 구축하는 것이 시급하다. 이를 위해 정부는 중립적 자세를 견지하고, 법규를 합리적으로 제정하고 준수해야 하며, 정책의 일관성을 유지해야 한다(김재원, 1996). 노조를 진실한 대화 상대로 인정하며, 사용자에 대해서도 권위주의적 자세를 버려야 한다. 그리고 사용자는 가부장적 사고를 버려야 함은 물론, 기업정보를 공유하고 노동자의 경영참여를 장려하는 동반자정신이 필요하다. 또한 노동자들의 임금억제에 대해서 수익배분이나 고용안정 등으로 보상해야 한다. 노동자들은 단기적 이익추구에 집착하기 보다는 장기적인 이익극대화를 지향하는 사회적 책임이 필요하다. 이를 위해서는 대립적이고 소모적인 노사관계에서 협력적이고 생산적 노사관계로의 전환이 필요하며, 위기의식을 공유하는 책임감과 평등주의에 입각한 상호존중의 정신, 공동체지향성이 필요하다. 그리고 노사정 모두는 합의를 이행하려는 의지와 책임성이 있어야 한다(신재원, 2015).

당사자 모두가 편익을 공유하기 위해서 사회협약은 균형 있는 패키지를 구성하되, 합의내용이 이행가능하고 점검 가능한 구체적 형태를 띠는 것이 좋다. 따라서 현재처럼 정부의도를 관철하기 위해 노사 측에 정부가 '선물보따리'를 주는 식으로 운영되어서는 안 되며, 의제의 개발과 운영에서 노사가 보다 많은 책임을 지게 해야 한다.

4) 협약기구 운영 요건

우선 노사정위의 구성에서 정부 및 공익대표가(제1기 및 제2기의 경우는 정당대표 포함) 수적으로 많다. 따라서 노사는 객체의 입장에서 무엇을 요구하거나 명분을 축적하는 용도로 노사정위를 인식하게 되며, 일각에서는 노사정위가 노동 측을 제도 틀 내에 묶어두기 위한 전략이라고 비판하는 것이다. 물론 노사정위가 이렇게 구성된 데에는 그동안 노사가 지나치게 집단이익에 치중하여 전체이익을 등한시 한데 대한 불신이 표출된 측면도 크다. 그러나 장기적으로 노사가 보다 큰 책임감을 느껴야 하며, 노동정책의 주체로서 행동하게 해야 한다. 이를 위해서는 노사정위의 구성도 달라져야 한다.

그리고 노사가 노사정위를 실효성 있는 합의기구로 인정해야 한다. 불행하게도 그렇지 못하였으며, 심지어는 노사정위를 들러리로 인식하는 경향도 있었다. 따라서 이를 불식하기 위해서는 합의사항을 이행할 수 있는 장치가 필요하며, 정부측의 책임 있는 부처가 참석하되, 의제의 성격에 따라서 정부대표를 가변적으로 조정해야 한다. 공익대표는 수를 줄이고, 노사정 대표가 중심이 되게 해야 한다.

노사정위의 내부운영체계와 관련해서는 지나치게 회의체가 많은데서 오는 폐단을 시정하기 위해 유사한 회의체를 통합하고 회의체들 간의 기능을 재조정해야 한다. 그리고 현안문제 중심에서 벗어나서 미래지향적인 노동정책을 논의하는 정책협의 기능을 강화하며, 핵심의제도 임금협상과 노동조건 등의 보다 본질적 의제로 전환해야 한다. 그리고 중앙단위의 노사정위 운영이 성공적일 경우에는 업종별·지역별 노사정위 구성도 고려해야 하는데, 중요한 것은 설치 자체가 아니라 노사정위와 어떻게 기능적으로 보완할 수 있을 것인가이다. 그리고 대부분의 예산이 관리운영비에 충당되고 있는 데, 정책기능과 이행점검에 보다 많은 예산이 배정되어야 한다. 예산문제가 해결되면 자체적인 전문 인력을 고용하여 노사정위 운영을 충실하게 뒷받침하며, 외부 전문연구기관들과의 업무제휴도 강화해야 한다.

이밖에도 노사정위의 운영과 관련해서는 개선과제들이 많다. 첫째, 노사정위의 위상이 불분명하다. 이와 관련하여 노사정위는 법제상으로는 대통령자문기구이지만, 실제 기능상으로는 사회협약기구라는 궁색한 변명을 하지만, 노사정위의 성격과 위상은 순수한 사회협약기구로 자리매김해야 한다.

둘째, 노사정위에 참여하는 정부부처들 간의 의견조정 문제이다. 실제로 김대중 정부 하의 구조조정은 청와대, 기획예산부, 금융감독위원회 등이 주도하였는데, 이러한 개혁주도 부처가 빠진 상황에서 합의형성에 한계가 있었음은 물론, 합의이행 과정에서도 많은 난관에 봉착하였다. 따라서 정부대표의 경우는 노동부처를 제외하고는 참여자를 탄력적으로 조정하는 것이 필요하다.

셋째, 의제의 정체성이 불분명하였다. 제1기 노사정위의 합의사항에는 국가적 개혁과제들이 망라되어 있었다. 제2기 이후는 제1기 합의사항의 이행에 초점을 두었다. 그리고 사회협약의 핵심쟁점인 임금문제는 제외되었다. 이렇게 해서는 정체성을 찾기가 어렵다. 그리고 의제가 지나치게 현안문제 해결에 치중하고 있어 참여자들이 노사정위를 민원해결의 장으로 이용하는 경우도 많았다. 따라서 새로운 의제를 개발하되, 의제의 범위를 핵심적 쟁점사항으로 축소하며, 미래지향적 실천계획을 수립해야 한다. 그리고 장기적으로는 임금과 노동조건 문제를 핵심의제로 설정해야 한다.

넷째, 노사정위의 운영을 지나치게 정부가 주도하였다. 실제로 사회협약을 주도해야 할 노사는 자율성과 책임성을 결여하고, 적절하게 노사정위를 이용하거나 수시로 노사정위를 탈퇴하는 등의 행태를 보였다. 따라서 노사정위의 운영을 정부가 주도할 것이 아니라, 노사가 주도하게 하며, 이를 위해 인적구성에서 공익대표를 축소하고 노사대표를 확대해야 한다.

다섯째, 노사정위의 기능이 의결기능에 치중하여 이행에는 관심이 부족하였으며, 집행조직이나 조정기구도 매우 빈약하였다. 본래 사회협약은 형성과 이행이 자율적이지만, 자율성의 전통이 부족한 경우에는 과도기적으로 합의이행을 보장하는 장치가 필요하다. 이를 위해서는 법제적 강제도 방법이겠으나, 그보다는 공적 감시가 더욱 긴요하다. 그리고 집행조직 면에서 노사정위를 행정관리 측면에서 보조하는 조직만 있을 뿐, 정책적으로 뒷받침해 줄 인력과 기구는 매우 부실하였다.

여섯째, 제2기 이후의 노사정위는 위원회를 유지하는 데 급급하여 합리적 대화와 토론보다는 정치적 타협에 치중하였으며, 이 과정에서 노동자측을 설득하느라 사용자측의 이해는 등한시하였다. 이 점에서 노사정위 운영은 노사정관계가 아닌, 노정관계라는 비판이 있었다. 따라서 노사정 삼자의 이해가 조화를 이룰 수 있어야 한다.

일곱째, 노사정위와 관계 정부부처들 간의 협력관계가 문제이다. 공기업 민영화계획 발표, 공기업 임금삭감 및 퇴직금누진 철폐, 금융감독위원회의 은행구조조정 등의 과정에서 보듯이, 주요 정부부처와 노사정위 간의 갈등으로 인하여 노사정위가 파행으로 치달은 경우가 많았다(박동, 2005). 따라서 사회협약의 의제와 이행에 관한 정부측의 의견조정체제가 구축되어야 한다.

여덟째, 노사정위를 바라보는 양대 노총의 인식차이와 노-노 간의 경쟁의식도 문제가 된다. 양대 노총이 정립해 있는 현실에서 정부는 양자를 상대로 협상을 해야 하며, 양대 노총은 경쟁적으로 강경노선을 견지하는 경우가 많다. 따라서 합의가 실효성을 거두려면 노동측의 의견조정시스템이 필요하다.

6. 맺음말

이상에서 사회협약의 성공적 정착방안에 대해서 논의하였다. 우리나라의 사회협약은 여건이 제대로 구비되어 있는 지에 대한 심층적 논의가 없이 경제위기에 대한 단기적 처방으로 고안되었다는 인상이 짙다. 따라서 합의내용에 약간의 불만이 있거나 경제위기 상황이 어느 정도 극복되자 사회협약이 표류하게 된 것이다. 따라서 사회협약이 성공적으로 정착되기 위해서는 당장의 가시적 성과에 집착하기보다는 합의의 토대가 되는 조건들을 장기적으로 구비하는 것이 선행되어야 한다. 즉, 노사정 간의 신뢰형성, 대화와 타협을 장려되는 사회문화적 토양, 노동이익의 정치적 대표, 중립적인 정부, 노사단체의 역량강화 등의 토대가 먼저 구축되어야 하는 것이다. 그렇지 못한 상태에서 진행되는 노사정위의 운영방식, 법제화, 이행문제 등에 대한 논의는 단기적인 대증요법에 불과한 것이다.

제10장

민주화 이후 사회협약 실험의 비교·평가

1. 서론

우리나라는 정부주도의 수출주도형 경제발전전략을 채택해 왔으며, 수출경쟁력의 근간은 가격경쟁력에 있었으며, 이를 위해서는 저임금체제가 필요하였다. 그리고 필수적인 외자유치를 위해서는 국내의 정치사회적 안정이 필요하였다. 따라서 권위주의체제는 다양한 수단을 동원하여 노동세력을 통제하였다.

그러나 1987년 이후의 일련의 민주화과정은 산업현장에 많은 변화를 가져왔다. 노동자들의 억압되었던 욕구가 분출하였으며, 이른바 민주노조들이 공개적으로 출범하였다. 노사분쟁은 폭발하였지만, 말기의 전두환 정부와 초기의 노태우 정부는 이에 개입할 능력이 없었다.

그런데 1987~88년 중의 이러한 민주화 이행기는 많은 비용을 수반하였다. 엄청난 파업손실이 발생하였으며, 급속한 임금인상으로 인한 인플레이션과 수출경쟁력의 저하가 심각하였다. 생산현장은 저임금의 외국인근로자들로 대체되었다. 공권력은 무력화되었다. 이에 따라 1989년 이후 공권력 부재에 대한 우려의 목소리가 커짐에 따라 방관할 수만 없었던 노태우 정부는 이른바 공안정국으로 전환하여 분쟁 현장에 적극적으로 개입하였다. 다른 한편으로는 1989

년 이후 노사정 간의 대화와 협력을 지향하는 사회협약을 추구하였으며, 이러한 노력은 김영삼 정부 및 김대중 정부에까지 연결되었다.

이장은 경제도약을 위한 하나의 수단으로 사회협약이 어느 때보다 절실한 시점에서, 그동안 우리나라에서의 사회협약의 노력들을 평가해 봄으로써 사회협약의 성공적 정착을 위한 시사점을 얻으려는 것이다. 구체적으로 사회협약의 조건을 이론적으로 고찰하며, 이러한 이론 틀에 입각하여 1989년 이래의 사회협약의 실험들을 평가해 본다. 그리고 이러한 평가결과를 토대로 사회협약의 성공적 구축방안들을 제언한다.

2. 관련 이론 논의 및 연구 틀

사회협약은 경제적·사회적 위기를 극복하기 위하여 생산의 세 주체인 노사정 간에 협력관계를 구축하는 것으로 1970년대 이후 사회조합주의에 대한 관심이 고조되면서부터 학문적 이목을 끌게 되었다. 사회협약의 근본이념은 조화와 질서를 중시하는 유기체적 국가관에 근거하여 개인보다는 국가를, 경쟁보다는 협동을, 합리적 계산보다는 사회적 책임을 강조하는 것이다. 그리고 균등과 호혜의 원칙 하에서 사회통합을 지향한다. 따라서 1970년대 이후 서구의 사회협약은 경제위기를 극복하여 통치가능성을 확보하고, 사용자에게는 수익성 제고를, 노동자에게는 고용의 안정을, 소비자에게는 물가의 안정을 가져다주고자 하였다. 이러한 사회협약은 국가에 의한 강요가 아니라, 생산주체들 간의 자발적 협력에 의해 성립되기 때문에 이의 정착을 위해서는 일정한 요건이 충족되어야 한다(선학태, 2011).

사회협약의 성공요건에 관해서는 많은 학자들이 적절한 사회문화적 요소, 개입주의적 국가, 사회적 책임의 강조, 노사정 간의 상호 신뢰, 위계적인 노사단체, 합의의 제도화 등을 중심으로 다양한 논의를 하였다. 이장에서는 사회협약의 요건에 관한 선행 논의들을 참조하여 사회협약의 과정론적 관점에서 연구틀을 환경적 요인, 사회협약의 형성, 내용, 이행, 결과라는 다섯 가지 국면을 중심으로 구성하고자 한다.

구체적인 하위변수와 관련하여, 우선 환경적 요인 면에서 사회협약이 성공하기 위해서는 부분이익에 대한 집착보다는 대화와 타협을 통한 공존을 모색하는 사회문화적 토양이 중요하다. 그리고 대체로 사회협약은 경제위기 상황에서 경제의 대외의존도가 높았던 소규모 선진자본주의 국가들에서 먼저 발달하였다. 따라서 사회협약은 사회경제적 위기상황을 극복하기 위한 방안으로 등장하는 경향이 강하다. 그러나 이러한 위기상황을 사회성원들이 공감하지 못하면 사회협약은 성공하기 어렵다. 그리고 사회협약이 지속되려면 참여주체들 간의 권력이 어느 정도 균형을 이루어야 하는 데, 특히 노동이익이 적절하게 대표되어야 한다. 따라서 이장에서는 사회협약 과정에 영향을 미치는 환경적 요인과 관련해서는 이를 사회문화적 토양, 객관적인 사회경제적 위기, 주관적인 위기의식의 공유, 노동이익의 정치적 대표라는 네 가지를 포함하였다.

사회협약의 형성과정에서는 우선 사회협약의 주체들이 모두 책임감을 갖고 참여해야 한다. 그리고 참여주체들 간의 권력자원이 어느 정도 대등해야 한다. 어느 한편의 권력자원이 월등하면 상호 양보를 전제로 하는 사회협약이 성사되기 어렵다. 그리고 사회협약이 가능하려면 참여주체들 특히, 노사 간에 신뢰성이 전제되어야 한다. 사회협약은 법적 강제보다는 도덕적 신뢰에 주로 호소하는 것이다. 이장에서는 사회협약 형성과정의 하위변수로 합의형성의 주도적 참여주체, 참여주체들 간 권력자원 분포, 참여주체들 간 신뢰성을 설정하였다.

사회협약의 내용은 호혜적이어야 한다. 즉, 사회협약을 통해서 참여자 모두가 편익을 공유할 수 있어야 한다. 편익이 없으면 사회협약은 지속되기 어렵다. 그리고 사회협약은 실현가능하고 구체적이어야 하며, 이행을 구속할 수 있어야 한다. 그래야 성과를 낼 수 있다. 따라서 이장에서는 사회협약의 내용과 관련해서 이를 편익의 호혜성과 합의의 구속성을 중심으로 논의한다.

사회협약의 이행과 관련하여, 우선 사회협약의 실질적인 두 주체인 노사단체의 합의이행 능력이 있어야 한다. 이를 위해 노사단체는 성원대표성과 성원규제능력을 동시에 보유해야 한다. 그리고 사회협약은 노사단체가 주도하여 형성하되, 정부가 이를 중재하고 협약내용을 보증해 주는 방식으로 전개된다. 따라서 정부가 합의의 이행을 보장해 줄 수 있는 능력과 의지도 중요하다. 이장에서는 사회협약의 이행과정과 관련해서는 노사단체의 대표성과 성원규제능력, 국가의 합의보장 의지 및 능력을 중심으로 분석을 행한다.

마지막으로, 사회협약은 일정한 성과를 산출해야 한다. 이장에서는 사회협약의 성과와 관련해서는 노사분규건수, 근로손실일수, 실질임금상승률 등의 다양한 지표를 통해서 이를 평가하고자 한다. 그리고 사회협약은 사회경제적 위기상황에서 등장하는 경향이 강하지만, 순간적 대응보다는 장기적 제도화를 지향하는 것이다. 왜냐하면 사회협약은 극단적인 노사대립이 사회경제적 위기상황을 초래한다는 자기성찰의 성격이 강하기 때문이다. <표 20>은 이상의 내용을 토대로 한 이장의 연구 틀이다.

<표 20> 사회협약 과정 및 결과의 분석을 위한 연구 틀

사회협약의 제 국면	구체적 지표
환경적 요인	- 사회문화적 토양 - 객관적인 사회경제적 위기의 존재 - 주관적인 위기의식의 공유 - 노동이익의 정치적 대표
사회협약의 형성	- 주도적 참여주체 - 참여주체들 간 권력자원의 대등성 - 참여주체들 간의 신뢰성
사회협약의 내용	- 편익의 호혜성 - 합의의 구속성
사회협약의 이행과정	- 노사단체의 대표성 및 성원규제능력 - 정부의 합의보장 의지 및 능력
사회협약의 결과	- 사회협약의 성과 - 사회협약의 제도화

3. 사회협약의 실험

1) 노태우 정부의 사회협약 실험

사회협약은 참여자들 간의 권한과 편익의 공유, 상호신뢰와 책임성에 기초하는 것으로서, 노동세력을 통제의 대상으로 간주하는 권위주의체제와는 양립하기가 어렵다. 우리나라는 1987년 중반까지는 노사정 간에는 대립과 갈등의 관계였다. 일부 형식적인 삼자 협의기구들이 있었지만, 실질적 권한이 있거나 노동정책에 관한 주요 합의를 도출한 것은 아니었다. 이러한 기구들은 진정한 의미의 사회협약이 아닌 유사 내지는 모조 사회협약이었다.

따라서 우리나라의 사회협약 논의는 1987년 이후의 민주화 추세와 맥락을 같이한다. 즉, 1987년 6월 이후 정부는 노사자율주의를 표방하면서 일련의 유화책들을 제시하였으나, 이는 많은 문제를 파생하였다. 노동임금이 급상승하고 공권력의 신뢰성이 훼손되었으며, 노동현장의 불안요인도 누적되었다. 이러한 위기국면에서 노동정책은 크게 제재와 유인이라는 두 가지 형태로 나타났다. 제재는 1988년 말부터 노동정책 기조를 그동안의 노사자치주의에서 적극적인 개입주의로 전환하는 것이었다. 그 결과 1989년 1월 이후 풍산금속, 현대중공업 등의 노동쟁의를 강제 해산하고 노사분규가 잦은 사업장을 중점관리대상기업으로 선정하고 분규현장에 강력한 공권력을 투입하였다. 그리고 임금가이드라인도 부활시켰다. 다른 한편으로는 사회협약을 본격적으로 추진하였는데, 이는 일종의 유인책이었다. 즉, 1988년 이후 경기침체가 가시화되는 상황에서 사회협약에 대한 논의가 본격화된 것이다. 여기에는 노동비용을 통제하기 위한 안정적인 갈등조정기재가 필요하다는 인식이 크게 작용하였지만, 동시에 급성장한 노동세력을 파트너로서 인정해야 하는 현실도 작용하였다.

이후 노태우 정부에서 정부차원의 사회협약이 처음 구체화된 것은 1989년 6월 경제기획원이 산업별 임금인상율을 결정하기 위하여 노사정 대표로 구성되는 국민임금위원회의 구성을 제의하면서 부터이다. 그러나 한국노총은 이러한 제의를 임금가이드라인의 부활이라고 보고 반대하면서, 정부를 배제하고 노·사·공익으로 구성되는 협의체 구성을 제의하였다. 한국노총의 제의는 정부와 사용자에 의해서 수용되어 1990년 4월 국민경제사회협의회(경사협)가 구성되었다. 기능은 고용보장과 인력개발, 분배개선과 주택 및 노동복지 향상, 물가 및 생활안정, 노사관계 발전과 산업평화 등의 사항에 대하여 협의·실천하는 것이었다(정관 제3조). 그러나 경사협은 정부가 배제되었으며, 역할도 정책건의, 선언문 채택 등에 그쳤을 뿐, 실질적인 협약기구로 보기는 어려웠다.

다른 한편으로 노태우 정부는 1991년 2월과 1992년 2월 두 차례에 걸쳐 대통령의 주재로 노사정 대표 및 관계 전문가들이 참여한 '노사관계 사회적 합의형성 회의'를 개최하고, 노사현실을 진단하고 참여자들의 입장을 청취하였으며, 대통령이 노사평화를 호소하였다.[94] 그러나 동 회의는 이를 통해 사회협약을 형성하기보다는, 정부가 노사협력과 산업평화의 필요성을 호소하는 행사의 성격이 강하였다.

1992년 4월에는 노동관계법 연구위원회가 노사대표 각 3명과 공익대표 10명으로 노동부장관 자문기구로 구성되었다. 이는 1991년의 ILO 가입 등으로 노동법을 개정해야할 상황에서 구성된 것이었으나, 운영과정에서 노동계의 반발이 컸다. 따라서 전문가만으로 구성된 기초위원회에서 1992년 말에 노동관계법 개정시안을 마련하였으나, 노동계의 반발로 무산되었다. 이후 임기말의 선거정국에서 동 위원회의 활동은 흐지부지되었다.

2) 김영삼 정부의 사회협약 실험

1993년 2월, 어려운 경제여건 하에서 출범한 김영삼 정부는 경제의 활성화를 위해서는 노사정 간의 고통분담이 필요함을 인지하고, 집권초기인 1993년 6월 '신경제 5개년계획'을 발표하였다. 이의 일환인 신노동정책의 목표는 참여·자

94 1992년 2월의 회의를 예로 보면, 노동부장관의 사회적 합의에 대한 평가보고, 사회적 합의형성 제언, 참여자들의 토의와 질의, 대통령 당부 등의 순으로 진행되었다(노동부, 1992).

율·책임이 공존하는 생산적이고 협력적인 노사관계를 구축한다는 것이었는바, 이는 사회협약의 정신과 일치하였다.

김영삼 정부에서의 사회협약의 가시적 성과는 1993년의 이른바 임금협상에 관한 '4.1합의'로 나타났다. '4.1합의'의 형성은 집권이전인 1993년 초로 소급된다. 즉, 경제난국을 극복하기 위해서는 임금안정이 절실함을 인식한 경제주체들이 1993년 1월 노사 중앙단체들 간에 단일임금인상안을 마련하자는 제안을 하였으며, 이를 토대로 2월 9일부터 한국노총과 경총 간에 중앙임금협의가 시작되었다. 정부는 협의에 직접 참여하지는 않았지만, 이후의 9차례의 회의과정에서 적극적인 중재를 하였다. 그리고 이러한 협의결과는 이른바 '4.1합의'로 불리는 '1993년 중앙노사단체 임금조정합의서'로 귀결되었다. 4.1합의는 권장임금인상률 4.7%~8.9%를 핵심내용으로 하였다. 이는 임금문제라는 핵심 쟁점사항에 대해 최초로 중앙단위의 합의를 도출하였으며, 상당수 회원 기업나 노조들이 이를 긍정적으로 보았지만,[95] 결과 면에서는 1993년 중의 전체산업 평균임금상승률이 12.2%였던 점을 감안하면 임금가이드라인으로서의 실효성은 적었다(이선, 1994).

정부와 사용자측은 1994년에도 임금합의를 계속하고자 하였으며, 노동단체 역시 이에 동조하였다. 그러나 한국노총은 1993년의 임금합의는 정부가 배제된 결과 임금합의에 따른 정책적 반대급부가 부실하였다고 보았으며, 이에 따라 이번에는 노사 간에는 임금협상을 위주로 하고, 정부도 참여하는 합의기구에서는 물가, 세제, 노동자복지 등과 관련된 제도개선을 주로 협상하는 양면전략을 택하였다(김수진, 1995). 정부가 한국노총의 요구를 수용함으로써 1994년 2월 이후 노사정 대표가 참여하는 정책제도개선실무협의회를 구성하고 수차례의 회의를 한 결과, 3월 30일 한국노총과 경총 간에 5.0%~8.7%의 임금인상률에 합의하였으며, 노사정 간에는 구속 및 해고노동자의 정책적 배려, 사내

95 한국노총의 조사는 656개 조사대상 기업 중에서, 한국노총과 경총 간에 합의한 임금인상율을 임금협상에서 반영한 기업이 전체의 50%에 달하는 것으로 보고하였다. 그리고 한국노동연구원(1990)의 조사에서도 220개 조사대상 기업들 중 노조의 57%, 사용자의 53%가 '4.1합의'가 임금교섭의 준거로서 영향력을 발휘했다고 응답하고 있다(이선, 1994).

복지기금 출연 권장, 노동자의 조세부담 경감, 부당노동행위 근절, 고용보험 실시, 공공보육시설 확대 등을 포함하는 12개항의 제도 및 정책개선 사항을 합의하였다. 이처럼 '3.30합의'는 '4.1합의'보다는 진일보하였지만, 여전히 합의이행의 구속력은 부족하였다. 경제기획원은 노동부가 주도한 합의에 부정적이었으며, 대기업들 역시 합의사항을 참고사항 정도로 취급하였다. 그리고 한국노총은 또 다시 성원들의 불신을 유발하였다. 특히 민주노조 진영은 임금합의를 전면 거부하고 노총탈퇴운동을 투쟁목표로 설정하였다. 그리고 합의의 성과 면에서도 1994년 중의 평균임금인상률이 12.7%에 달하여 '3.30합의' 역시 큰 성과가 없었으며, 12개항의 부대사항 역시 대부분 추상적 선언에 그쳤다. 1994년 11월, 한국노총은 사회협약을 거부할 것을 천명하였으며, 1995년 3월에는 사회협약 노력을 공식적으로 종료하였다. 이에 따라 김영삼 정부에서 행해진 2년간의 사회협약 구축노력은 실패로 귀결되었다.[96]

1996년 4월 김영삼 정부는 그 동안의 대립적 노사관계를 혁파하고 새로운 노사협력 방안을 구축하기 위한 '신노사관계구상'을 발표하였다. 그리고 동년 5월에는 노사대표 각각 5인, 학계대표 10인, 공익대표 10인의 총 30인으로 구성되는 노사관계개혁위원회(노개위)를 대통령자문기구로 발족하였다. 노동계대표는 한국노총 3인과 민주노총 2인이 위촉되었다. 노개위 산하에는 운영위원회와 세 개의 분과위원회를 설치하였다. 노개위는 노사개혁관련 여론조사 실시, 공청회, 노동현장 방문 등의 다양한 활동을 전개하였으며, 1996년 7월 이후에는 제도개혁에 착수하여 노동자의 책임 있는 노동운동, 사용자의 인본주의 경영과 열린 경영, 정부의 선진형 노동행정실현 등을 주요 내용으로 하는 합의문을 작성하였다. 그리고 향후 노동관계법 및 제도개혁의 준거가 될 7대 기본방향도 설정하였다. 그러나 노동법개정 논의가 본격화되면서 노개위는 복수노조, 노조 정치활동, 공무원 및 교원의 단결권, 변형근로시간제, 파견근로제, 정리

96 김영삼 정부의 두 차례 임금합의는 정부의 이데올로기 공세 속에서 국가와 자본이 행한 일방적 노동통제전략으로 급조된 것이며, 노동운동의 주요 축인 민주노조가 배제되었기 때문에 유사 사회협약에 불과하다고 비판을 받기도 한다(김상곤, 1995).

해고제 등의 민감한 사안을 둘러싸고 위원들 간에 대립이 격화되었으며, 공익위원과 민주노총의 대립 등으로 만족할만한 합의에 이르지 못하였다. 이에 노개위는 1996년 11월 노동관계법의 쟁점사항 148개 중에서 107개항에 합의하고 나머지 41개항은 미합의로 남겨둔 채 대통령에게 결과를 보고하였다. 노개위는 1996년 5월부터 11월까지 내부회의 44회, 전문가간담회 14회, 공개토론회 7회 등을 개최하는 활동 끝에 '노동관계법 공익안'을 정부에 건의하고 활동을 종료하였다(노중기, 1999).

이후 김영삼 정부는 1996년 11월 국무총리를 위원장으로 하고 14개 부처 장관으로 구성된 노사관계개혁추진위원회(노개추)를 구성하고 노개위가 건의한 공익안을 토대로 노동관계법 개정을 논의하였다. 노개추에서의 논의과정에서 경제부처들은 산업경쟁력을 강화하기 위해서는 노동시장의 유연성을 제고해야 한다는 입장에서 공익안의 수정을 요구하였다. 이후 12월 몇 차례의 당정협의를 거치면서 산업경쟁력 강화의 논리가 더욱 가미된 노개추안이 국무회의를 통과하였다. 이에 대해 노동계와 야당의 반발이 컸지만, 정부·여당은 12.26일 정리해고요건 완화, 변형근로 허용, 파업기간 중 대체근로 허용, 무노동 무임금 법제화, 직권중재대상 확대 등 대체로 사용자에게 유리한 내용들이 많았던 4개의 노동법 개정 법안을 변칙적으로 통과시켰다(김성수, 1997). 그러나 이에 대해 한국노총과 민주노총이 즉각 총파업에 돌입하고, 1997년 1월 이후에는 학계와 시민·사회단체는 물론, 국제노동단체 등에서도 강력한 비판을 제기하였다. 이에 김영삼 정부는 1997년 1월의 여야 영수회담을 개최하고 노동법개정 논의를 재개키로 하였으며, 그 결과 3월 여야 합의로 노동법 재(再)개정안이 국회를 통과하였다. 이후 1997년 4월에는 제2기 노사관계개혁위원회를 출범하였으나, 이미 노사 간의 불신이 심화되고 합의정신이 소진된 상태에서 노개위의 추가 활동은 미미하였다.

4) 김대중 정부의 사회협약의 실험

제1기 노사정위원회의 구성과 활동

한국경제의 최대 위기시기였던 1997년 말의 대선기간 중에 유력한 대선후보들은 저마다 고용협약 내지는 국민협약의 체결을 공약하였다. 그리고 민주노총은 1997년 12월초 사회협약기구를 공식적으로 제안하였으며, 한국노총은 김대중 후보의 국민회의와 정책연합을 선언하였다(최영기, 1999).

선거이후 김대중 당선자측은 예상대로 노사정협의회 구성을 제안하였다(강문구, 1998). 즉, 김대중 당선자는 1997년 12월말 양대 노총 지도부와의 간담회에서 노사정협의회 구성에 노사의 동참을 요청하였다. 그리고 1998년 1월 들어 국민회의 내에 노사정협의대책위원회를 발족하였으며(서울신문, 1998년 1월 9일자), 국민회의 한광옥 부총재를 위원장으로 내정하고 노사의 참여를 종용하였다. 그러나 노측은 금융기관의 정리해고가 법제화될 경우에는 노사정협의회에 불참함은 물론, 총파업 투쟁을 할 것을 결의하였다.

당선자측은 노측의 동참을 유도하기 위해서는 사용자의 고통분담이 우선 필요하다는 판단 하에 1998년 1월 김대중 당선자와 4대그룹 총수들 간에 기업경영의 투명성 제고, 계열기업들 간 상호지급보증 해소, 재무구조 개선, 경영역량의 주력사업부문 집중, 중소기업과의 협력관계 강화, 지배주주 및 경영진의 책임강화 등의 구조조정에 합의하였다. 정부도 인력과 예산을 감축하여 고통을 분담하며, 임시국회에서 처리키로 한 '금융산업구조개선에 관한 법률'은 합의기구에서 논의한 이후에 처리한다는 약속을 하였다. 그리고 이를 노측이 수용함으로써 합의기구의 구성이 합의되었으며(중앙일보, 1998년 1월 15일자), 1월 15일 '경제위기극복과 고용대책 및 개혁방향수립을 위한' 사회협약기구로서 대통령당선자 직속의 제1기 노사정위원회가 출범하였다. 인적구성은 한광옥을 위원장으로 하고, 노동계대표로 박인상 한국노총위원장과 배석범 민주노총위원장 직무대리, 사용자대표로 최종현 전경련회장과 김창성 경총회장, 정부대표로는 임창렬 재정경제원장관과 이기호 노동부장관, 정당대표로는 국민회의 정세균 의원과 조성준 의원, 자민련 이긍규 의원, 한나라당 이강희 의원 등이 위촉되었다. 그리고 위원장 산하에 자문위원회를, 위원회 산하에는 실무위원회와 전문위원회를 두었다.

제1기 노사정위는 1월 20일 '경제위기 극복을 위한 노사정 간의 공정한 고통분담에 관한 노사정 공동선언문'과 10개항의 의제를 채택하였다. 이후 총 27회의 회의를 개최하고 실천방안을 논의하였는데, 핵심 쟁점사항은 정리해고제 도입 문제였다. 노측은 정리해고제 도입의 전제조건으로서 실업대책 수립과 전문경영인 체제 확립을 요구하였으며, 정리해고가 각 사업장에서 이미 진행이 되고 있기 때문에 구태여 이를 명문화할 필요가 없다고 주장하였다. 이에 대한 불만으로 민주노총은 "임시국회에서 정리해고제와 근로자파견법안을 강행 처리한다면 총파업도 불사한다."는 요지의 성명을 발표하고, 1월 말부터 노사정위에 불참하였다(중앙일보, 1998년 2월 1일자). 이어서 한국노총도 노사정위 불참을 천명하였다. 이후 김대중 당선자측에서 실업급여 확대, 기업의 고용안정 노력, 공정한 정리해고기준 마련 등의 다양한 대응책을 제시하면서 설득한 결과, 노동계가 복귀하면서 2월 9일 '경제위기극복과 재도약을 위한 노사정 공동선언문'을 채택하기에 이르렀다(김영종, 1998). 흔히 '경제위기극복을 위한 사회협약'으로 명명되는 합의는 <표 21>과 같은 10개 의제와 90개의 세부실천과제를 포함하였다(대한민국정부, 1998).

<표 21> 사회협약의 의제 및 실천과제 수

의제 (10개)	실천과제 수 (90개)
기업의 경영투명성 및 구조조정 촉진	17
물가안정	9
고용안정 및 실업대책	24
사회보장제도 확충	11
임금안정과 노사협력 증진	8
노동기본권 보장	6
노동시장의 유연성 제고	2
수출증대 및 국제수지 개선	4
경제위기 극복을 위한 기타사항	4
국민대통합을 위한 건의 사항	5

출처: 노사정위 내부 자료를 토대로 필자가 재구성함.

내용 면에서 근본 골격은 노측 요구사항인 노동기본권 신장(교원노조 허용, 실업자 노조가입 인정, 노조의 정치활동 허용 등) 및 사회보장제도 확충(실업대책 포함)과 정부 및 사측 요구사항인 노동시장 유연화(정리해고제, 근로자파견제 등)를 교환한 형태였다. 그러나 정리해고제의 수용으로 고용불안에 직면한 현장 노동자들의 반발은 컸다. 특히, 민주노총은 임시대의원대회에서 합의사항을 부결하였으며, 지도부가 총사퇴하고 비상대책위원회를 구성하여 합의철회를 위한 총파업을 결의하는 등 큰 내홍에 직면하였다(김상곤, 1998).

제2기 노사정위원회의 구성과 활동

제2기 노사정위 구성은 정부가 주도하였다. 즉, 정부는 1998년 3월 이후 제2기 노사정위의 법적 기구화를 위해서 노사정위원회규정을 제정하고 노사정위의 1998년도 예산을 확보하였으며, 국민회의 김원기 상임고문을 제2기 노사정위 위원장으로 내정하였다. 그러나 노동계의 반발은 예상 외로 거세었다. 민주노총은 정리해고제와 근로자파견제 철폐 등을 요구하며 1998년 5월 총파업에 돌입하였으며, 한국노총은 노사정위에 공공부문구조조정특위를 설치할 것을 요구하였다. 정부는 민주노총의 요구는 수용이 불가하다고 판단하고 6월 3일 민주노총의 불참 속에 제2기 노사정위를 출범시켰다. 이후 정부와 민주노총 간에 협상이 타결되어 민주노총도 6월 10일부로 참여하였다.[97]

제2기 노사정위의 주요기능은 제1기 노사정위 합의사항 이행점검, 경제위기 극복과 실업문제 해결을 위한 정책협의, 신노사문화 형성 추진 등이었다(최영기, 1999). 위원으로는 김원기를 위원장으로 노사대표는 박인상 한국노총위원장, 이갑용 민주노총위원장, 최종현 전경련회장, 김창성 경총회장이었으며, 정부대표는 이규성 재경부장관과 이기호 노동부장관, 정당대표로는 국민회의 정세균, 자민련 어준선, 한나라당 김문수, 그리고 공익위원 3인과 전문가 2인이 위촉되

97 정부와 민주노총 간의 합의의 주요내용은 정리해고와 근로자파견제의 남용방지 및 해고회피 노력, 근로시간 단축, 부당노동행위 근절, 산업업종별 교섭체계, 실업대책, 노동기본권, IMF와의 협의사항 등을 노사정위에서 논의한다는 것이었다.

었다. 그리고 기구는 본위원회 외에도 본위원회 상정안건을 미리 검토·조정하기 위한 상무위원회, 상무위원회 안건을 논의하기 위한 4개 소위원회, 주요 현안문제를 논의하고 대책을 수립하기 위한 3개 특별위원회를 두었다. 또한 전문위원을 위촉하고 행정지원을 위한 사무국을 설치하였다.

그러나 이후 정부가 1998년 6~7월 중에 55개 퇴출기업 발표, 5개 퇴출은행 발표, 11개 공기업 민영화방침 등을 발표하는 등 일방적인 구조조정을 단행하자, 양대 노총은 노사정위 불참을 선언하였으며, 민주노총은 7.14~16일 중에 총파업에 돌입하였다. 이후 노사정위와 양대 노총 간에 경제청문회 개최, 부당노동행위 근절, 퇴출노동자 고용안정 및 생계대책 수립, 노사정위의 위상강화 등을 노사정위에서 협의하기로 타협이 성사되어 양대 노총은 7월 27일자로 노사정위에 복귀하였다. 그러나 이번에는 사측이 사용자를 배제한 합의는 무효라면서 노사정위 불참을 선언하였으나, 곧 복귀하였다. 이후 노사정위의 활동이 다소 활성화되어 1998년 9월에는 경제청문회 개최, 실업자의 초기업단위 노조가입 허용, 노조의 정치활동 보장을 위한 정치자금법 개정에 대하여 합의를 하였으며, 10월에는 공공자금관리기본법 개정, 교원노조 허용 등을 합의하였다. 12월에는 국민연금법 개정안을 합의하였다.

그러나 다른 한편으로는 노동파업 현장의 공권력 투입, 금융기관의 구조조정, 공기업의 민영화 추진 등이 계속되었으며, 특히 1998년 12월 이후에는 5대 재벌과 공공부문의 구조조정이 일방적으로 단행되면서 노사정위는 파행으로 치달았으며, 12월 31일 민주노총은 노사정위 불참을 결의하였다. 한국노총 역시 노사정위 참석여부를 위원장에게 위임하였다. 이후 1999년 2월 민주노총은 일방적 구조조정 중단, 실업대책 마련, 노사정위 합의사항 이행 등을 요구하며 공식적으로 노사정위 탈퇴를 선언하였다(강명세, 1999). 한국노총 역시 1998년 4월 조건부 노사정위 탈퇴를 선언하였다. 이후 정부는 노조전임자 임금지급 금지조항 폐지, 근로시간 단축 등을 제시하면서 노동계를 설득하였으나, 이번에는 사용자측이 노정 간의 밀약철회를 요구하며 노사정위 탈퇴를 결의하였다(조선일보, 1999년 4월 17일자). 따라서 1999년 4월 이후부터 제2기 노사정위는 노사대표가 모두 철수한 개점휴업 상태가 되었으며, 동년 9월 제3기 노사정위가 구성되었으나, 경제위기 상황이 어느 정도 극복된 시점에서 노사정위 활동은 활력을 잃게 되었다.

노사정위원회의 성과

제1기 노사정위는 노사정 공동선언문을 채택하고, 10개 의제 90개의 세부실천과제에 합의함으로써 그 역할을 다하였다. 이후 1998년 6월 제2기 노사정위가 출범되었으나, 1998년 6~7월 중에는 고용조정과 정리해고를 둘러싼 갈등으로 노사정위는 제 역할 하지 못하였다. 따라서 제2기 노사정위가 제대로 가동되기 시작한 것은 1998년 8월 이후부터였으며, 9월에는 제1기 노사정위 합의사항의 이행을 점검·평가하기 위해서 이행점검반과 이행점검 실무작업반을 두었다. 전반적으로 제2기 노사정위는 1998년 12월 말까지 본회의 12회를 포함한 총 129회의 공식회의를 개최하고 수십 차례의 간담회·토론회 등을 통해서 제1기 노사정위 합의사항의 이행문제, 구조조정을 둘러싼 노사갈등 해소 등 많은 일을 하였다. 그리고 <표 22>에서 보듯이, 1998년 12월말 기준으로 90개의 실천과제들 중에서 완료 42개, 일부 완료 9개, 추진 중 37개, 미이행 2개를 기록하는 성과를 보였다.[98] 그리고 법제화와 관련해서도 1999년 1월 기준으로 정리해고제와 근로자파견제 도입, 교원노조결성 및 의료보험조합통합, 공공자금관리기본법 개정, 실업자 초기업단위 노조가입 허용, 노조 정치활동 보장 등의 성과를 보였다(김훈, 2003; 김신영, 2010).

<표 22> 제1기 노사정위 합의사항의 이행상황 (단위: 개)

		완료		일부 완료		추진 중		미이행	
		98.9	98.12	98.9	98.12	98.9	98.12	98.9	98.12
정부추진사항 (71)		26	42	15	7	29	21	1	1
노사 추진 사항	공동과제 (6)	-	-	2	2	4	4	-	-
	기업추진(10)	-	-	-	-	10	10	-	-
	노조추진 (1)	-	-	-	-	1	1	-	-
국회추진사항 (2)		-	-	-	-	1	1	1	1
합계		26	42	17	9	45	37	2	2

출처: 노사정위원회 이행점검반의 내부 자료를 토대로 필자가 재구성함.

4. 우리나라에서의 사회협약의 평가

1) 환경적 요인의 평가

우선 문화적 토양 면에서는 우리나라는 아직 사회협약을 정착시킬 수 있는 양보와 타협의 전통이 제대로 정착되지 못하였다. 전통적으로 정통주의를 중시하여 이견(異見)을 배척하였다. 노사정 관계도 예외는 아니다. 대립적인 노사관계가 지속되고 있으며, 노정(勞政) 간의 불신도 뿌리가 깊다. 그리고 노노(勞勞) 간의 갈등도 첨예하다. 타협을 하면 선명성 경쟁에서 불리하다. 따라서 어렵게 합의에 도달하더라도 이를 이행하는 것은 순탄치 못하다.

그리고 사회협약은 사회경제적 위기가 존재하고, 이를 이해당사자들이 주관적으로 인식할 때 성사되기 쉽다. 대체로 사회협약이 모색되던 노태우 정부 후반기와 김영삼 정부 초반에는 객관적인 거시경제지표 상으로 경제위기의 징후가 나타나고 있었다. 경제성장률은 여전히 높은 수준이었지만, 1980년대 중반의 3저 호황이 마감되면서 두 자리 수에서 한 자리 수로 급락하였다. 물가상승률은 1980년대 전반기의 2~3%선에서 1988년을 기점으로 7%선까지 상승하였다. 그리고 김영삼 정부 초반에는 UR협상이 타결되고 WTO체제가 출범하는 등 국제경제적 환경도 예측하기가 어려웠다. 그리고 민주화 이행기의 잦은 시위와 파업 등으로 정치사회적 위기도 확산되었다. 노개위가 구성된 1996년에는 ILO, OECD 등의 국제기구들로 부터 노동법개정 압력이 가중되었다. 김대중 정부의 노사정위 출범당시에는 최대의 사회경제적 시련기로서 경기침체와 구조조정으로 인한 대량실업이 예견되어 있었다. <표 23>은 우리나라에서 사회협약이 본격적으로 논의되었던 1987~1998년 중의 경제성장률 및 물가상승률 추이를 나타내는 것이다.

---

98 세부적으로는 정부추진 사항은 비교적 성과를 보인데 비해서, 노사추진 사항과 국회추진 사항의 이행상태는 저조하였다.

<표 23> 1987~1998년 중의 경제성장률 및 물가상승률 (단위: %)

	경제성장률	소비자물가상승률
1987	12.3	3.1
1988	12.0	7.1
1989	6.9	5.7
1990	9.6	8.5
1991	9.1	9.3
1992	5.0	6.3
1993	5.9	4.8
1994	8.4	6.2
1995	8.7	4.5
1996	6.9	4.9
1997	4.9	4.5
1998	7.5	-5.8

출처: 통계청(1998), <대한민국 50년의 경제사회상 변화>에서 발췌함.

그리고 위기상황에 대한 주관적 인식 면에서도 1987년 이후의 극심한 노사분규를 거치면서 노태우 정부 중반이후부터 이를 방치할 경우 노사정 모두가 공멸할 수 있다는 위기의식이 확산되었다.[99] 김영삼 정부에서도 지나친 임금상승과 이로 인한 물가상승 및 산업경쟁력 저하에 대한 불안감이 생산주체들 간에 충분히 공유되었다. IMF체제 하의 김대중 정부 초반기의 위기의식 공유도는 물론 매우 높았다.[100] 따라서 노태우 정부 후반기부터 1999년까지 사회경제적 위기라는 객관적 조건과 위기의식의 공유라는 주관적 조건은 어느 정도 충족되었다.

99 한국노동연구원이 1990년에 노동자 2,175명을 대상으로 한 조사에 의하면, "기업주도 국가의 발전을 위해서 노력하므로 노동자도 기업주와 함께 힘을 합해야 한다."는 질문에 대해서 58.3%가 "전적으로 동의한다."고 응답하였으며, 36.0%가 "동의하는 편이다."라고 응답하였다(한국노동연구원, 1990: 177).

그러나 노동이익이 정치적으로 대표될 수 있는 통로는 미비하였다. 노동단체의 정치활동은 그동안 법적으로 엄격하게 금지되어 왔다.[101] 1996년 12월과 1997년 3월의 노동관계법 개정으로 노조의 정치활동이 상당부분 허용되었으나, 여전히 유예조항과 단서조항이 많아서 불완전하였다.[102] 그리고 무엇보다 분단이라는 정치상황과 지역연고의 정당체제 하에서 노동이익을 대변할 계급정당은 착근할 수가 없었다. 따라서 노동이익은 정치적으로 대표되기가 어려웠다.[103]

2) 사회협약 형성과정의 평가

합의형성의 주도적 참여주체와 관련해서, 노태우 정부에서의 경사협은 사실상 한국노총의 제안으로 결성된 자발적 대화기구였다. 그러나 1991년과 1992년의 대통령 주재의 대토론회는 정부가 주도한 것으로 참여자도 각계각층이 망라되었다. 그리고 1992년의 노동관계법연구위원회는 정부주도로 설치되었으며, 16명의 위원들 중에서 노사대표는 각각 3명씩에 불과하였다. 김영삼 정부의 1993년 임금합의의 공식적 주도자는 한국노총과 한국경총이었으나, 실제는 정부의 막후 영향력이 컸다. 1994년의 임금합의는 1993년 합의의 연장이었으며, 이번에

---

100 노사정위원회(1998)에서 1998년 9월에 전국의 성인남녀 1,000명을 대상으로 한 설문조사에 따르면, 노동파업에 대해서 응답자의 59.2%가 "근로자들의 입장은 이해하나 현재 상황에서는 자제해야 한다."고 응답하였으며, 10.5%가 "경제위기상황 하에서 해서는 안 된다."고 응답하였다. 이는 국민 대다수가 경제적 위기상황을 심각하게 인식하고 있음을 의미한다.

101 1996년 12월 이전의 舊노동조합법은 "노동조합은 공직선거에 있어서 특정정당을 지지하거나 특정인을 당선시키기 위한 행위를 할 수 없으며, 조합원으로 부터 정치자금을 징수할 수 없으며, 노동조합기금을 정치자금에 유용할 수 없다."고 규정하고 있다(제12조).

102 1996년 12월의 개정 노동법을 예로 보면, "주로 정치운동 또는 사회운동을 목적으로 하는 경우는 노조의 결격사유가 된다."고 함으로써 여전히 노조의 정치활동을 상당부분 제한하고 있다.

103 1997년의 대선기간 중에 국민회의와 한국노총 간에 정책연대를 표방하였으나, 이는 어디까지나 선거기간 중의 정치적 필요성에 기인한 것으로 이해되며, 실제로 국민회의의 집권이후에 이러한 정책연대가 지속된 것은 아니다.

는 정부도 공식적으로 참여하였다. 1996년의 노개위는 정부주도로 구성된 것이며, 노·사·공익대표로 구성된 30명의 위원들 중에서 노사대표는 각각 5명씩에 불과하였다. 성격은 대통령자문기구였다. 김대중 정부 하의 노사정위는 노·사·정 및 정당대표로 구성되었는데, 경제난국 극복이 최우선적 국정과제였던 김대중 당선자와 여당인 국민회의가 사실상 주도하였으며, 위원장도 제1기, 제2기 모두 국민회의 관계자였다. 제1기 노사정위는 11명의 위원들 중에서 노측대표 2명, 사측대표 2명, 정부대표 2명, 정당대표 5명(위원장 포함)으로 구성되었으며, 제2기는 15명 중에서 노측대표 2명, 사측대표 2명, 정부대표 2명, 당대표 4명(위원장 포함), 공익위원 3명, 전문가 2명으로 구성되었다. 그리고 성격은 제1기는 대통령 당선자 자문기구였으며, 제2기는 대통령령에 의한 대통령자문기구였다.

참여주체들 간의 권력자원의 대등성 면에서, 1987년 이후 노동세력은 규모와 영향력이 급성장하였으며, 정부도 노동세력의 영향력을 무시할 수 없었다. 노사관계도 노조의 영향력 강화와 구인난 등으로 인하며 산업현장의 교섭력이 대등한 수준에 이르렀다고 평가된다. 특히, 1990년대 이후 대통령선거, 국회의원 총선, 지방선거 등의 각종 선거가 빈번해지고 선거의 경쟁성이 증가하면서 노동단체의 대정부 영향력이 크게 증대하였으며, 산업현장에서의 권위적 노사관계도 사실상 붕괴되었다.[104]

그러나 참여주체들 간의 신뢰성은 낮았다. 노태우 정부 하의 경사협은 노측의 정부 불신으로 정부가 배제되었다. 김영삼 정부 초기에는 문민정부라는 기대감과 정부 내 개혁세력과의 심정적 유대 등으로 노정(勞政) 간에 상당한 신뢰가 형성된 듯하며, 이를 토대로 1993~1994년의 임금합의도 가능하였다. 1996년의 노개위 참여를 계기로 민주노총과 정부의 관계도 호전되었다. 그러나 1996년 말의 노동관계법 변칙처리를 계기로 노정 간의 신뢰관계는 붕괴되었다. 김대중 정부는 당시까지의 역대 정부들 중에서 가장 노동친화적인 정권

104 1990년대 들어서 노동세력의 힘은 극대화되었으나, 이러한 힘이 기업단위로 파편화되어 있었기 때문에 노동세력이 정부나 경제단체를 상대로 하는 대타협을 이루어낼 조건은 갖추지 못하였다고 평가하기도 한다(최영기, 1999). 그러나 적어도 노조의 총체적 영향력 자체는 정부 및 사용자와 대등한 협상을 할 정도였다고 평가할 수 있다.

이었다. 그러나 노사정위의 구성이나 운영과정에서 노정 간의 불신으로 수차례 파행을 겪었다.[105] 그리고 노사 간에도 대립관계가 지속되었다. 특히, 1996년 말의 노동관계법 개정과 1997년 말의 경제위기로 기업의 고용조정과 정리해고가 보편화되면서 노사 간의 불신은 더욱 심화되었다.[106] 이 점에서 우리의 노사관계는 여전히 대립적 투쟁관계가 강하였다.

3) 사회협약 내용의 평가

사회협약의 내용 면에서, 우선 편익의 호혜성과 관련하여 경사협은 임금문제는 처음부터 논의의 대상에서 배제하였으며, 노사관계의 핵심 쟁점들에 대한 합의도 없었다. 부차적 사안에 대해서 대정부 건의를 하는 정도에 그쳤다. 대토론회는 합의형성보다는 노사 및 여론 주도층을 대상으로 정부정책을 설명하고 노사안정에 동참해줄 것을 호소하는 자리였다. 노동관계법 연구위원회는 운영과정에서 노사대표가 배제되고 공익위원과 전문가들이 중심이 되었으며, 유의미한 합의도 도출하지 못하였다. 1993년의 임금합의는 노사 간에 권장임금인상률에 합의를 하고, 이에 대한 교환으로 대정부 건의사항 및 노사가 노력해야 할 점들을 도출하였다. 그러나 이러한 건의사항은 임금인상 자체에 대한 교섭패키지로는 극히 미약하였으며, 내용도 지극히 추상적이었다.

1994년에도 임금합의의 대가로 12개항의 부대사항을 교환물로 도출하

---

105 민주노총의 배석범 위원장 직무대행은 언론 인터뷰에서 "(김대중)당선자는 선거전에는 취임 후 6개월 동안은 해고가 없다고 했다가, 미국관리 한사람 말을 듣고 당선 후 나흘 만에 말을 바꿨습니다. 이건 신뢰의 문제 아닙니까…"라며 정부의 정책에 대해서 강력한 불만을 표시하였다(중앙일보, 1998년 1월 19일자).

106 한국노동연구원이 근로자 5,073명을 대상으로 실시한 1995년의 조사에서 노사 간의 신뢰도를 긍정적으로(매우 높다, 높은 편) 평가한 사람은 10.4%인 데 비해서, 56.5%가 부정적으로(매우 낮다, 낮은 편) 응답하였으며, 33.1%가 "그저 그렇다."라고 응답하였다(노사개혁백서편찬위원회, 1997: 11).

였다. 정부도 당사자로 참여하였으며, 부대사항의 내용도 진일보하였다. 그러나 부대사항의 내용이 고용보험을 실시한다는 것을 제외하고는 대부분이 정부의 재량권으로 규정이 된 데다, 실제로는 정부 내에서 이전부터 추진하려 했던 것들을 반복한데 지나지 않았다. 1996년의 노개위는 공익위원들이 합의과정을 사실상 주도함으로써 노사대표의 영향력이 적었으며, 노사 간에 합의에 도달하지 못한 사항들은 그대로 남겨둔 채로 공익안을 산출하는 데 그쳤다. 김대중 정부의 노사정위원회는 제1기의 경우는 공동선언문을 발표하고 사회협약을 체결하는 등 의도한 합의에 도달하였다. 합의의 내용도 10개 의제에 90개의 세부 실천과제를 담고 있어 상당히 구체적이었으며, 근본적으로 노사정 간에 사용자측이 주장한 노동시장 유연화와 노동측이 주장한 노동기본권 신장을 서로 교환한 비교적 균형 잡힌 거래패키지였다. 그리고 사회보장제도의 확충이라는 추가적인 보상도 합의에 포함되었다. 그러나 제2기 노사정위는 사실상 제1기 노사정위 합의사항을 이행하기 위한 실행기구의 성격이 강하였으며, 노사정 간에 새로운 쟁점에 대한 합의사항은 없었다.

합의내용의 구속성과 관련하여, 본래 사회협약은 강제적 구속력은 없으나 합의가 유지되기 위해서는 제도적 보장을 통해서든 도덕적 의무감에 기인해서든 어느 정도의 합의이행에 대한 보장이 있어야 한다. 그러나 노태우 정부에서 진행된 다양한 사회협약 노력들은 제대로 구속력이 없었다. 따라서 시행의 성공이 담보되지 못하였다. 김영삼 정부에서의 1993년 임금합의는 최초의 자발적 임금합의라는 상징성이 있었음에도 불구하고, 1993년의 평균임금인상률이 12.2%에 이르러 협약임금인상률은 물론, 노동생산성증가율(8.5%)을 크게 상회하였음을 감안하면, 실제 산업현장에서 합의의 구속력이 별로 없었다. 따라서 1993년의 임금합의는 합의를 산업현장에 강제할 만한 방안과 수단에 대한 사전계획이 없이 중앙단위에서 합의를 진행하였다는 점에서, 궁극적으로는 보여주기식의 합의에 그쳤다고 평가할 수 있다. 대정부 건의사항을 도출하였지만, 이 역시 정부가 합의의 당사자로 참여하지 않은 상황에서 구속력이 전혀 없는 것이었다. 1994년의 임금합의 역시 1994년 중의 평균임금인상률이 12.7%로서 합의인상률을 크게 상회함으로써 구속력이 없는 것이었다. 그리고 12개항의 합의

사항도 실제로는 고용보험의 실시를 제외하고는 선언적 의미가 강하였다(김수진, 1995). 그리고 노개위의 노동법개정 공익안은 구속력을 갖지 못하여 정부의 의사결정에 큰 영향을 미치지 못하였으며, 이후 정부는 사용자측 입장을 크게 반영한 정부안을 도출하였다. 반면에 김대중 정부의 노사정위 특히, 제1기 노사정위는 정리해고제, 근로자파견제, 교원노조 합법화, 의료보험 통합일원화 등의 중요한 합의사항들을 도출하는데 성공하였으며, 이어서 이를 법제화함으로써 구속력을 갖게 되었다. 그리고 노사정위규정에도 관계기관의 협조(제9조), 성실이행의무(제14조) 등의 조항을 담았으며, 1999년 5월의 노사정위원회법의 법제화로 노사정위 합의사항의 구속력은 더욱 커졌다. 이처럼 김대중 정부 초기에 합의의 구속력이 커진 것은 1997년 말 이후의 국가부도 직전의 경제위기 상황에서 협력하지 않으면 노사정 모두가 공멸한다는 절박감이 있었기 때문이다. 그러나 이후 제2기 노사정위부터는 경제위기 상황이 어느 정도 극복되면서 합의의 구속력은 급속도로 약화되었다.

4) 사회협약 이행의 평가

사회협약의 이행은 노사정 당사자의 합의이행 능력과 의지에 크게 의존한다. 우선, 노사 간의 갈등을 중재하고 합의의 이행을 보장해야 하는 정부의 합의이행 의지 및 능력과 관련하여, 노태우 정부 하의 경사협은 합의라고 할 만한 내용도 별로 없었지만, 정부가 당사자에서 배제되었기 때문에 정부의 개입능력과 의지도 높지 못하였다. 그리고 1991~92년 중의 대토론회는 처음부터 여기서 구체적 합의를 형성하고 이행할 의도가 없었다. 많은 행위자들이 참여하는 일회성 대토론회에서 구체적인 합의에 도달하기는 어려운 것이었다. 1992년의 노동관계법 연구위원회는 노동관계 전문가들이 중심이 되어 노동관계법 개정안을 만들었으나, 노동계는 물론 정부 내부에서도 반발이 커서 성과를 거두지 못하였다(최영기, 1999). 따라서 이 역시 처음부터 정부는 합의의 형성 및 이행의지가 부족하였다. 김영삼 정부에서의 1993년의 임금합의는 정부가 권장

임금인상률을 산업현장의 임금교섭에서 강제하거나 보장해줄 수 있는 상황이 아니었으며, 도출된 부대사항들도 매우 추상적인 것들로 정부가 이행을 담보할 수 있는 것이 없었다. 물가안정, 세제개선, 금융실명제 등은 노사가 합의하여 정부에 건의를 하지 않더라도 집권초반기에 당연히 추진할 사안들이었다. 1994년의 임금합의 역시 실제의 임금교섭은 합의인상률을 크게 상회함으로써 지켜지지 않았으며, 이에 대해서 정부가 보장하거나 강제할 수 있는 것은 없었다. 부대 합의사항들 역시 1995년 7월부터 고용보험을 실시한 것을 제외하고는 대부분 이행이 되지 못하였다. 고용보험의 실시 역시 이미 입법화가 완료된 것을 1995년부터 시행하는 차원의 것으로 1994년 임금합의의 결과로 보기 어려운 면이 있다. 그리고 1996년의 노개위는 경제부처의 반발 등으로 노개위의 공익안이 크게 변질되었으며, 실제의 노동관계법 개정내용도 대부분의 주요 사안들에 대해서 장기간의 유예조항을 둠으로써 김영삼 정부 후반기의 합의이행 능력과 의지의 부족함을 드러냈다. 김대중 정부 하의 노사정위의 합의이행 상태는 정부측의 이행상태가 노사 및 국회가 이행해야 할 몫에 비해서는 비교적 양호하였다. 그리고 노사정위 자체로 이행점검반을 설치하여 합의이행 상태를 주기적으로 점검하였다. 따라서 노사정위는 과거 어느 때보다도 정부측의 합의이행 의지가 높았다. 그러나 여전히 노사정위의 정부 내 위상이 높지 못하였으며, 노동부와 법무부, 교육부, 기획예산위원회, 금융감독위원회 등 타 정부부처들과의 견해 차이 등으로 인하여 능력상 한계가 있었다. 특히, 대통령의 관심이 다소 줄어든 제2기 노사정위부터는 정부측의 의도대로 성과를 도출하지 못하였으며, 정부의 능력과 의지도 많이 약화되었다.

노사의 합의이행 능력과 의지는 노사단체의 성원대표능력과 성원규제능력에 의해 제약을 받는다. 노동단체의 경우, 노조원 수와 조직률은 1987년 여름의 노동자대투쟁을 기점으로 크게 상승하였으나, 1988년 이후 노동세력이 기존의 한국노총과 민주노조계열로 양분됨으로써 기존의 사회협약 파트너였던 한국노총의 성원대표성은 오히려 저하되었다.[107] 그리고 업종별노조체제의 관행하에서 느슨한 연맹체인 한국노총의 성원규제력도 높지 못하였다. 김영삼 정부하의 1993~94년의 임금합의 과정에서는 한국노총만 참여하였는데, 당시 한국노총은 민주노조 진영의 전국조직화로 이미 노동계의 대표성이 약화된 데다 성원들로부터의 의견수렴도 미흡하였기 때문에 중앙단위의 임금합의가 산업현장에서 이행되지 못하였다. 이러한 현상은 김대중 정부 들어서도 마찬가지였다. 양대 노총의 노조조직률은 계속 정체상태를 보였으며, 1998년 2월 노사정 대타협 이후의 민주노총 성원들의 지도부 불신임, 1999년 4월의 지하철노조 및 한국통신노조의 파업불발 등에서 보듯이, 노동단체의 성원규제력은 한계에 직면해 있었다. 이점에서 기업별노조의 전통이 강하고 노조조직률이 10%대에 불과하며, 그것도 대립적인 양대 노총체제 하에서 사회협약의 성공이 가능할지에 대한 본질적 의문이 제기될 수 있다.

사회협약의 사용자측 파트너인 경총은 1970년 7월, 대기업들의 이익단체인 전경련의 노사문제 전담기구로 설립되었다. 따라서 경총은 대기업의 이해에 민감해야 하는 한계 때문에, 성장경제 시대에 노사분규 다발업체들인 중소기업들에 대한 이익대표성은 낮다. 그리고 경총은 성원들에 대한 효과적인 제재수단도 보유하지 못하고 있었다. 따라서 경총의 합의사항이 기업현장에서는 무시되는 경우가 많았다. 그리고 1989년 12월에는 경제단체들을 망라한 협의기구로 경제단체연합회를 발족하고 노동정책에 공동으로 대처하고자 하였으나 (경제단체연합회, 1992), 실제로는 활동이 거의 없었다.

5) 사회협약 결과의 평가

사회협약의 결과는 사회협약의 실질적 성과와 사회협약의 제도화라는 두 가지 측면에서 평가할 수 있다. 우선 사회협약의 성과 면에서, 노태우 정부에서는 <표 24>에서 보듯이 노사분규건수와 근로손실일수는 1990년 이후 크게 줄어들었다. 그러나 이를 사회협약의 직접적인 성과라고 보기는 곤란한 면이 있으며,

---

107 1988년 당시의 민주노조계열의 조합원수가 약 50만명 이었음을 고려하면, 전체 조합원수 중에서 한국노총 소속 조합원수는 이전 연도에 비해 정체상태였다고 볼 수 있다.

오히려 1989년 이후의 정부의 적극적인 노동운동 개입정책에 기인한 것으로 볼 수 있다. 그럼에도 불구하고, 실질임금상승률과 평균임금수준은 오히려 크게 증가하였다. 이는 당시 경제수준이 향상되면서 이른바 '3D 업종' 기피풍조가 만연하면서 생산직 노동력을 구하기가 어렵게 되었으며, 이에 따라 이들의 임금수준이 대폭 인상되었기 때문이다. 김영삼 정부 하의 1993~94년의 임금합의는 실제 임금인상률이 1993년 12.2%, 1994년 12.7%로 나타남으로써 협약인상률을 크게 상회하였다. 따라서 임금합의가 큰 성과를 거두지 못하였다(김대모, 1996). 다만, 성격상 임금합의의 직접적 결과라고 보기는 어렵지만, 노사분규건수나 근로손실일수는 크게 줄어들었다. 그리고 김영삼 정부의 경제사회개혁 조치의 일환으로 시행된 것이지만, 부대 건의사항이었던 금융실명제나 고용보험제 등은 시행되었다. 노개위는 1996년 12월의 노동관계법 변칙처리로 대규모 노동파업을 유발함으로써 성과를 거두지 못하였으며, 이는 오히려 임기말 김영삼 정부의 레임덕 현상을 촉진하는 요인으로 작용하였다.

<표 24> 1987~98년 주요 노동관련 지표 추이

	임금상승률 (%)	평균임금수준 (천원)	노사분규건수 (건)	근로손실일수 (천일)
1987	10.1	379	3,749	6,974
1988	15.5	447	1,873	5,401
1989	21.1	525	1,616	6,351
1990	18.8	617	332	4,487
1991	17.5	734	234	3,271
1992	15.2	867	235	1,528
1993	12.2	957	144	1,308
1994	12.7	1,048	121	1,484
1995	11.2	1,196	88	393
1996	11.9	1,352	85	893
1997	7.0	1,474	78	445
1998	-2.5	1,427	129	1,452

출처: 통계청(1998), <대한민국 50년의 경제사회상 변화>; 한국보건사회연구원(1998), <한국의 보건복지지표>; 한국노동연구원(각 연도), <KLI 노동통계>.

김대중 정부 하의 노사정위는 제1기는 노사정 공동선언문을 채택하고 10개 의제 및 90개의 세부실천과제에 합의함으로써 사회협약기구로서의 역할을 비교적 잘 수행하였다. 제2기 노사정위는 1998년 12월말까지 총 129회의 공식회의와 수십 차례의 간담회 등을 통해서 제1기 합의사항의 이행, 구조조정을 둘러싼 노사갈등 해소책 모색 등과 관련하여 많은 일을 하였다. 그리고 1998년 말을 기준으로 90개의 실천과제들 중에서 완료 42개, 일부 완료 9개, 추진 중 37개, 미이행 2개를 기록하는 성과를 보였다. 그리고 정리해고제와 근로자파견제, 교원노조 허용, 의료보험조합 통합일원화, 공공자금관리기본법 등을 법제화하는 성과를 보였다.

그러나 거시경제 및 사회적 지표와 관련해서는 제1기 및 제2기 노사정위가 활동한 1998년에는 전체적인 임금수준은 비교적 안정되었으나,[108] 노사분규건수나 근로손실일수는 1997년에 비해 크게 증가하였다. 그리고 1999년 들어서는 구속노동자수도 증가하였으며, 임금인상 문제도 경기회복 조짐과 맞물려서 불안한 상황이었다. 따라서 노사정위가 합의이행 등에서는 일정한 성과를 보였지만, 거시경제 및 사회적 지표 상으로는 별로 성과가 없었다.

사회협약의 제도화와 관련하여, 노태우 정부 하의 경사협은 약 3년간 비교적 장기간 지속되었으나, 법정기구가 아닌 임의기구로서의 한계를 지니고 있었으며, 성과 역시 매우 미흡하였다. 노사정 대토론회는 정권이 바뀌면서 중단되었으며, 노동관계법 연구위원회는 노동법 개정을 위한 임시기구에 불과하였다. 김영삼 정부 하의 임금합의는 1993년과 1994년 2년간 시행된 이후에 폐지됨으로써 제도화가 되지 못하였다. 노개위는 처음부터 노동관계법 개정을 위한 한시적 기구에 불과하였다. 김대중 정부 하의 노사정위는 1998년 3월 노사정위원회규정의 제정으로 제도적 안정성을 갖추게 되었으며, 특히, 1999년 5월 노사정위원회법이 국회를 통과함으로써 장기적으로 존속될 수 있는 제도화의

108 물론, 1998년 중의 노사분규 및 임금인상 억제는 미증유의 경제위기 상황이라는 환경적 요인이 크게 작용하였으나, 노사정위를 통해서 노사정 간에 협의 및 대화 통로를 유지할 수 있었던 것도 상당한 기여를 하였음을 부인하기 어렵다.

기틀을 마련하였으며, 그 결과 위원회의 명칭은 몇 차례 바뀌었지만 2020년 현재까지도 사회협약기구로 존속할 수 있게 되었다.

5. 맺음말

지금까지 노태우 정부부터 경제위기 상황 하의 김대중 정부에 이르기까지 우리나라에서의 사회협약의 실험을 시기별로 비교·분석해 보았는데, 해당 기간 동안에 이러한 사회협약 실험은 전반적으로 성공적이지 못하였다고 평가할 수 있다. 그 원인은 다양하다. 첫째, 우리나라는 사회협약이 정착될 수 있는 토대적 요인이 제대로 마련되어 있지 못하였다. 노사문제를 포함하는 주요 사회적 이슈들을 주요 행위자들 간에 대화와 타협을 통하여 해결하고자 하는 문화적 토양이 구비되어 있지 못하였다. 그리고 오랫동안의 노동통제 및 노동배제정책과 대립적 노사관계로 인하여 노사 간에는 물론, 노정(勞政) 간에도 신뢰형성이 부족하다. 상호신뢰가 없는 곳에서 양보와 타협은 성사되기 어렵다. 둘째, 정부의 노동정책 기조가 불분명하였다. 이 기간 중에 정부는 사회협약과 노동억압정책을 병행하였으며, 이념 면에서도 사회협약과 신자유주의 사이에서 제대로 방향을 설정하지 못하였다. 정부의 정책기조가 불확실하고 일관성이 없으면 노사정 간에 안정적인 합의형성이 어렵다. 셋째, 정부의 역할과 기능이 불분명하였다. 경사협 구성, 1993년과 1994년의 임금합의, 1996년의 노개위 활동 등에서 정부는 적극적인 역할을 수행하지 못하였으며, 노사정위도 정부와 주요 정당들 간에 역할 분담이 제대로 되지 못하였다. 넷째, 사회협약기구의 성격이 불분명하였다. 우선 협약기구의 구성면에서, 위원 구성의 수적인 면에서 노사대표의 수가 지나치게 적어 노사가 합의를 주도할 수 없었다. 그리고 노사정위를 제외하고는 대체로 사회협약기구들이 한시적으로 존속하였으며, 성격이나 위상이 불분명하였다. 다섯째, 사회협약에 참여하는 당사자들 모두가 합의이행 의지가 부족하였다. 정부는 실질적인 합의도출 보다는 정치적 목적이나 노사분규 예방수단으로 사회협약을 이용한 측면이 강하였다. 사용자단체는 정부의 요구에 의해서 마지못해 참여한 면이 있었으며, 노동단체는 사회협약을 통해서 노사문제를 건설적으로 해결하려는 의욕보다는 노동이익의 대표성 확보수단으로 사회협약기구에의 참여를 수용한 측면이 강하였다. 여섯째, 내부적 의견수렴과 관련 정부부처들 간의 조정이 부족하였다. 노개위의 노동관계법 개정과 노사정위의 실업자노조 허용 문제 등에서 보듯이 노동부와 타 정부부처들(경제부처, 치안관련부처 등) 간에 사전조정이 부족하고 갈등이 많았다. 노동단체 역시 리더십 부족으로 제대로 노동계 내부의 의견을 수렴하지 못하였다. 1993~94년 중의 임금합의가 현장단위에서 제대로 지켜지지 못한 것이나, 1998년 이후의 노사정위 합의사항을 민주노총 성원들이 부인한 것 등이 그 예이다. 그리고 노동단체의 경우는 1993~94년의 임금합의나 노사정위의 활동에서 보듯이, 양대 노총 간에 대립과 갈등이 심하였다. 따라서 노동계 내부의 의견조율도 제대로 되지 못하였다. 일곱째, 사회협약의 패키지가 불균형적이었다. 경사협의 활동은 대정부 건의를 하는데 그쳤으며, 임금합의도 임금인상 억제에 대한 정부의 반대급부가 부족하였다. 노개위의 노동법 개정도 노측에 불리하였다. 1998년 이후의 노사정위는 비교적 균형 잡힌 협약패키지를 도출하였으나, 합의이행 과정에서 일부 정부부처의 독단적인 정책추진 등으로 난관에 봉착하였다. 여덟째, 노사단체의 성원대표능력과 성원규제능력이 부족하였다. 특히, 노동단체의 경우는 1996년의 노개위 이전까지는 이미 노동운동의 절반을 차지하고 있던 민주노조 진영이 사회협약의 당사자에서 배제되었다. 노개위나 노사정위 활동부터는 민주노총도 참여하였으나, 여전히 노조의 조직률이 저조한 상황에서 전체 노동자에 대한 성원대표능력은 부족하였다. 그리고 우리나라는 전통적으로 기업별노조체제로 운영되어 왔기 때문에 중앙노동단체의 성원규제력이 높지 못하였다. 따라서 임금합의나 노사정위 활동에서 보듯이, 중앙단위에서 체결된 사회협약이 기업현장의 단위노조에 의해서 거부되는 경우가 많았다. 사용자단체 역시 임의가입 형태를 유지하고 있었기 때문에 성원대표능력과 성원규제능력이 높지 못하였다. 아홉째, 노동이익이 정치적으로 대표되지 못하였으며, 이 상황에서 노정(勞政) 간의 불신이 커졌다. 우리나라는 오랫동안의 남북대치 상황에서 노동자를 대표하는 진보정당의 활동공간이 제한되었다. 마지막으로, 노사정위를 제외하고는 사회협약이 제대로 제도화되지 못하였다. 그 결과, 사회협약의 당사자들은 합의형성 과정에서 단기적인 이익극대화 전략을 추구하였으며, 이는 이해당사자들 간에 장기적 관점에서의 양보와 신뢰구축을 저해하였다.

따라서 우리나라에서 사회협약이 정착하려면 상기한 문제점들이 시정되어야 한다. 구체적으로, 노사정 간에 지속적인 대화 분위기를 조성하고 사회협약을 통해서 합의된 사항들을 성실하게 이행함으로써 상호존중과 신뢰의 기반을 구축해야 한다. 그리고 국가경제에 대한 위기의식을 공유하는 책임감이 필요하다. 국가경제라는 대의를 먼저 생각하지 않고서는 자기의 이익을 양보하기가 어렵다. 그리고 정부의 노동정책 기조가 사회협약을 뒷받침할 수 있는 방향으로 정립되어야 하며, 정부는 사회협약의 형성과 이행과정에서 적극적인 역할을 수행하되 중립적 자세를 견지해야 한다. 1998년 이후 성공적으로 제도화가 된 노사정위의 위상과 활동실태를 보면, 정권의 특성에 따라 정부가 지나치게 기업이나 노동의 어느 한편에 편향된 노동정책 기조를 취함으로써 노사로부터 신뢰를 얻지 못하고 있으며, 그 결과 소기의 성과를 도출하지 못하고 있다. 다음에 사회협약기구는 책임 있는 노사정 대표를 중심으로 작동해야 하며, 기구의 성격도 합의사항의 구속력을 어느 정도 보장해 주는 방향이어야 한다.

그리고 사회협약의 주요 당사자들이 합의사항을 성실하게 이행하려는 의지를 가져야 하며, 합의에 도달하는 과정에서도 충분한 내부 의견수렴이 필요하다. 특히, 노동단체들 간에, 정부부처들 간에 사전에 의견조정을 행하는 것이 중요하다. 따라서 한국노총과 민주노총 간에는 노노(勞勞) 갈등과 대립보다는 대화와 협력의 관계를 유지하여 노동이익을 사전에 조율할 수 있어야 한다. 그리고 사회협약의 당사자들 모두가 합의의 편익을 공유해야 한다는 점에서 합의는 균형 있는 패키지를 구성하되, 합의의 내용이 이행과 점검이 가능한 구체적인 형태를 띠는 것이 좋다.

노사단체의 성원대표능력 및 성원규제능력도 제고되어야 하는 바, 이를 위해서는 노사단체 스스로가 성원들로부터 신뢰를 받을 수 있도록 도덕적 능력을 갖추어야 한다. 그리고 노동이익이 정치적으로 적절하게 대표되어야 하는데, 이는 1980년대의 전두환 정부에서처럼 인위적으로 하는 것은 바람직하지 않으며, 노동단체와 기존 정당들 간에 정책연대를 강화하거나 노동단체의 정책 기능을 제고하는 등의 노력이 필요하다. 그리고 사회협약은 장기적인 제도화를 지향해야 하기 때문에 눈앞의 성과에 집착하기 보다는, 법제화 등을 통하여 보다 장기적인 관점에서 사회협약의 토대를 갖추는 것이 중요하다.

제11장

서구 선진국의 사회협약 사례: 스웨덴의 경우

1. 서론

스웨덴은 오랫동안 풍요로운 복지국가의 전형이었으며, 이를 가능하게 한 것이 이른바 스웨덴모델(Swedish Model)이다. 스웨덴모델은 1938년의 살쯔요바덴(Saltzjöbaden) 협약에서 출발하여 1950년대 초의 렌-마이드너(Rehn-Meidner, RM)모델로 완성된 이후, 안정된 정치권력을 배경으로 한 개입주의적 적극국가의 바탕위에서 사회정책, 조세정책, 노동시장정책 등의 다양한 정책수단들이 어우러진 총체적 국가운영 방식이다.

스웨덴모델이 1930년대 후반 이래 1980년대 초반 임금생활자기금(wage-earner fund) 문제를 둘러싼 노사갈등으로 사실상 붕괴되기까지 40년 이상 지속될 수 있었던 것은 생산의 세 주체인 노동, 자본, 정부 간에 사회협약을 통해서 안정적인 노사관계를 유지하고 정부가 조세정책과 사회정책을 통해서 이를 적극적으로 지지해온 데 있다. 노사는 계급 간 타협을 통해서 공생적 관계를 창출하였으며, 정부는 다양한 정책수단을 통한 직·간접적 개입으로 이를 후원하였다. 그리고 스웨덴의 사회협약모델은 산업평화가 절실하였던 발전도상국들에 많은 영향을 미쳤으며, 우리나라도 예외는 아니었다.

우리는 극심한 노사분규로 인해 산업경쟁력이 크게 저하되던 1989년 무렵부터 사회협약에 대한 관심이 고조되었으며, 1993~94년의 중앙임금합의 등의 성과를 도출하였다. 김대중 정부는 경제난국을 노사정위원회(이하, 노사정위)라는 사회협약기구를 통해 타개하려 하였다. 특히, 김대중 정부의 실업자구제책을 포함한 일련의 노동정책은 스웨덴모델을 상당부분 모방한 면이 있다.

그러나 우리나라의 사회협약 노력들은 성공적이지 못하였다. 노태우 정부에서의 사회협약은 형식적인 측면이 강했으며, 김영삼 정부의 중앙임금합의도 선언적 의미만 있었을 뿐이다. 김대중 정부의 노사정위는 제도화가 상당부분 진행되었으며, 경제위기 극복에도 기여를 하였다. 그러나 채 1년도 지나지 않은 1998년 말을 기점으로 정부의 일방적 구조조정과 정리해고에 반발한 노동단체들의 노사정위 불참 선언으로 1999년 이후에는 명목상의 기구로 전락하였다. 그리고 이러한 노동정책 현실은 우리로 하여금 스웨덴모델을 진지하게 돌아보게 하고 있다.

이러한 배경 하에서, 이장은 스웨덴 사회협약모델의 성공요건을 분석함으로써 우리나라에서의 사회협약 구축 노력에 시사점을 얻으려는 것이다. 이를 위한 이론적 논의로서 우선 노동정책과정에서 사회협약이 갖는 의미를 논의하고, 이를 토대로 스웨덴 사회협약모델의 성격을 규명한다. 그리고 주로 사회협약의 성공요건을 중심으로 분석틀을 구성한다. 다음에는 구체적으로 스웨덴 사회협약모델의 형성배경을 고찰하며, 이어서 스웨덴 사회협약모델의 두 지주인 살쯔요바덴협약과 RM모델의 내용을 분석한다. 마지막으로, 스웨덴 사회협약모델이 40년 이상 지속될 수 있었던 요인을 사회협약의 성공요건을 중심으로 분석하며, 이를 토대로 스웨덴 사회협약모델이 우리나라의 노동정책에 어떠한 시사점을 제공하는지를 논의한다.

2. 이론적 논의 및 연구 틀의 설정

1) 노동정책과 사회협약

사회협약은 주요 노동정책과정에서 개별적·대립적 노사관계 대신에 국가를 매개로 한 집단적·협력적 노사관계를 구축하는 것을 의미한다. 사회협약의 목표는 국가를 매개로 노사 간에 협력관계를 형성함으로써 산업평화를 유지하고 노동생산성을 제고하려는 것이다. 보다 거시적으로는 후기자본주의가 당면한 경제적 난관을 극복하고 통치가능성을 확보함으로써 수익률 향상, 실업률 저하, 가격안정을 동시에 달성하려는 것이다. 따라서 사회협약은 안정적 노사관계를 바탕으로 완전고용과 경제성장을 달성하고자 하며, 계급갈등을 완화하고 사회통합을 지향한다(Crepaz, 1992).

본래 사회협약은 북유럽국가들을 중심으로 1930년대 후반부터 형성되기 시작하였으며, 제2차 세계대전 후 장기호황이 지속되던 1960년대에는 서유럽 국가들에서도 보편화되었다. 그리고 이는 서구 선진국의 안정적 노사관계와 복지국가 형성에 중요한 기여를 하였다. 이후 1970년대 전반기의 경기침체 국면은 또 다른 의미에서 사회협약을 필요로 하였다. 사회협약을 통한 산업평화의 유지가 생산성 향상과 인플레이션 억제에 효과적일 것으로 기대되었기 때문이다. 따라서 1970년대 이후에는 학문적으로도 주로 스웨덴을 포함한 북구제국과 덴마크·오스트리아 등을 이념형으로 설정하고, 계급타협에 의한 권력공유와 노사단체의 실질적인 정책참여를 중심으로 논의가 활발하게 진행되었다(정병기·도묘연, 2015).

그러나 1970년대 후반이후 경제불황이 장기화되고 복지국가위기론이 확산되면서 사회협약의 설득력도 줄어들었다. 주요 국가들에서 정부개입과 복지지출 축소를 주장하는 보수정권이 등장하였다. 개입주의적 국가가 더 이상 고도성장과 완전고용을 유지할 수 없었으며, 복지비용을 부담하기도 어려워 졌다. 시장기능을 중시한 신자유주의(neo-liberalism)는 노동과의 제휴보다는 노동의 유연성 제고를 위해서 노동과의 대결을 감내하였다. 따라서 1980년대 이후 서구에서는 전반적으로 사회협약모델이 약화되었으며, 스웨덴도 예외는 아니었다(최성수, 2000; 유근춘 외, 2014).

2) 스웨덴모델의 의의

스웨덴모델은 1938년의 살쯔요바덴협약 이후의 일련의 사회협약과정을 통해서 형성된 스웨덴식 복지국가의 운영방식을 말한다. 이러한 스웨덴모델의 요체는 자발적 노사합의를 통한 산업평화의 실현, 조세 및 사회정책을 통한 광범위한 정부개입, 평등주의 이념의 실현 등으로 규정된다. 그리고 스웨덴모델의 지향점은 완전고용을 통해 경제적 안정을 도모하고, 임금격차를 축소하고 빈곤을 억제함으로써 평등주의를 실현하는 것이다. 이를 위해서 스웨덴모델은 대규모의 공공지출과 높은 조세, 적극적 노동시장정책, 적극적 시장개입, 중앙임금교섭을 포함하는 집권적 의사결정체계 등의 특성을 갖는다. 노사관계는 공익과 사익을 조화하되, 전체이익을 중시하도록 설계된다. 그리고 정부는 완전고용과 소득평등을 창출하며, 자본이익의 공적 통제를 통해서 사회성원들 간의 소득격차를 완화하고자 한다(Andersson, 2009).

스웨덴모델의 이념적 기초는 통합, 연대, 평등이다. Samuelsson(1975)에 따르면, 스웨덴의 사회복지 이념의 변화과정은 자선(mercy), 갱생(rehabilitation), 통합, 연대, 평등 등의 순서인 데, 이 중에서 자선과 갱생은 각기 왕정시대와 자유주의시대의 이념이었으며, 통합, 연대, 평등 등은 1940년대 이래 스웨덴모델의 이념적 기초이다. 통합은 갈등완화와 사회안정의 기본이며, 연대는 사회성원들 간에 강한 의무감을 갖게 하였다. 그리고 평등은 수익의 공정한 배분을 지향하는 것으로 동일노동에 대한 동일임금(equal pay for equal work)을 가능하게 하였다(Lindbom, 2001).

이러한 스웨덴모델이 가능해진 것은 우선은 노사 간에 강력한 경제적 동반자관계가 구축될 수 있었기 때문이다. 스웨덴은 완전고용에 항시 최우선의 정책목표를 두었으며, 이는 노사협력을 가능하게 하였다(Pekkarinen, 1992). 그리고 정치적으로는 정치연합을 통해 안정적 정치권력이 구축되었다. 즉, 사민당(SDP)과 농민당(Farmers Party) 간의 이른바 '적녹연합(red-green alliance)'을 통한 정치권력의 안정성이 지속적인 복지개혁을 가능하게 하였다. 그리고 전통적으로 자유방임적 사고가 약하며 주요정책을 이익집단이 참여하는 위원회를 통해서 결정하던 것과 사회성원들 간의 유대감과 합의지향성이 높았던 것 등도 스웨덴모델의 구축에 기여하였다(Lindbeck, 1997).

3) 이장의 연구 틀

많은 국가들이 사회협약을 지향하였지만 성공한 국가는 많지 않았다. 사회협약이 성공하기 위해서는 일정한 요건이 갖추어져야 하기 때문이다. 그동안 사회협약의 성공요건에 대해서는 많은 학자들이 적절한 사회문화적 토양, 개입주의적 국가, 사회적 책임의 강조, 노사정 간의 상호신뢰, 위계적인 노사단체, 합의의 제도화 등을 중심으로 다양한 논의를 하였다. 이장에서는 이를 사회문화적 토양, 경제적 요건, 정치적 요건, 행위자 요건, 행위자들 간의 행위규칙 요건이라는 다섯 가지로 범주화하여 논의하고자 한다.

우선 사회협약은 적절한 사회문화적 토양이 구비되어야 한다. 극단주의와 대립주의보다는 대화와 타협이 존중되는 토양, 개인주의보다는 사회전체의 유기체적 질서가 중시되는 토양, 국가적 재난상황에 대한 위기의식의 공유도가 높은 토양에서 성공하기 쉬운 것이다(Rhodes, 1985, 2001).

경제적으로 사회협약은 개방경제체제가 경제적 위기상황에 직면한 경우에 이를 극복하는 과정에서 정착되는 경우가 많다. 개방경제체제일수록 외부환경에 대한 취약성이 높으며, 따라서 산업평화를 통해서 탄력적인 노사관계를 구축할 필요성이 크기 때문이다. 그리고 경제적 위기상황은 경제주체들 간의 협력을 필요로 하며, 공멸을 면하기 위한 '벼랑 끝 양보'를 가능하게 하기 때문에 사회협약의 구축에 기여한다(Katzenstein, 1985).

정치적으로는 노동이익이 적절하게 대표되어야 한다. 사회협약의 실질적

주체는 국가와 노동이다. 자본주의국가는 생래적으로 자본과 국가의 이해가 일치하는 상황에서, 흔히 자본을 대리하는 국가와 노동 간의 노정(勞政) 관계가 핵심인 경우가 많기 때문이다. 서구에서 사회협약은 대체로 노사를 대표하는 계급정당들이 존재하고 이들 간의 정치적 타협이 선행되며, 다음에 노사 간 경제적 타협이 나타나는 경우가 많았다.

행위자 요건과 관련하여, 우선 국가는 개입주의적이면서 중립적이어야 한다. 국가는 공익을 수호하는 적극적인 실체이며, 합의의 이행을 보증하고 강제할 수 있는 유능한 국가이다. 그러나 국가는 중립적이어야 한다. 그래야 사회협약이 지속될 수 있다. 또한 국가와 이익집단 간의 관계가 협상과 협력이 가능하도록 제도화되어 있어야 한다. 다음에 노사단체는 의사결정권이 집중화된 위계적 조직을 갖추고, 성원들에 대한 이익대표능력 및 성원규제능력을 보유해야 한다. 이를 위해서 대체로 사회협약모델 하의 노사단체는 기능영역별 및 지역별로 수직적 연계로 짜여 있다. 뿐만 아니라, 노사단체가 자율적으로 협상을 행하고 국가의 정책과정에 참여하려면 적절한 정책능력도 구비해야 한다.

행위자들 간의 행위규칙과 관련해서는 우선 신뢰성이 전제되어야 한다. 사회협약은 노사가 자발적으로 합의에 도달하고 이를 국가가 사후적으로 승인하고 보장하는 것이다. 그리고 법적 강제보다는 도덕적 신뢰에 호소한다. 따라서 노사정 간의 신뢰성은 사회협약의 필수조건이다. 다음에 행위주체들은 상호책임성을 가짐은 물론, 국가와 사회에 대한 책임성도 가져야 한다. 국가경제의 건전성이 보장되어야 노사의 부문이해도 보장된다는 장기적 안목과 전체이익을 우선시하는 거시적 안목이 필요하다. 그리고 사회협약은 노사 간의 권력자원이 균등해야 성공하기 쉽다. 권력자원이론을 주장하는 Korpi(1982, 2018)에 따르면, 어느 한편의 권력자원이 월등하게 우세하면 양보를 전제로 하는 사회협약에 구태여 참가할 이유가 없기 때문이다. 마지막으로, 사회협약은 호혜성(reciprocity)에 바탕을 두는 것이다. 어느 한편이 지속적으로 손실을 감내해야 한다면 사회협약은 유지되기가 어렵다. 국가는 산업평화를 유지함으로써 경제적 위기상황을 극복하고 경제안정을 도모할 수 있다. 노동은 임금수준을 확보하고 고용안정을 유지할 수 있으며, 자본은 노동손실을 최소화하고 생산성을 높일 수 있다. 또한 노사 모두는 국가의 노동정책과정에 제도적으로 참여할 수 있다. <표 25>는 이장에서 사용할 연구 틀이다.

<표 25> 사회협약의 평가 변수 및 지표

변수	지표	
사회문화적 요건	대화와 타협의 전통, 사회전체 질서의 존중, 위기의식의 공유	
경제적 요건	수출지향형 개방경제체제, 경제적 위기상황의 존재	
정치적 요건	계급정당의 존재, 노동이익의 정치적 대표	
행위자 요건	국가	개입주의적이고 중립적인 국가, 사회집단의 수용
	노사단체	위계적 조직, 이익대표 및 성원규제능력, 정책능력
행위규칙 요건	행위자들 간의 신뢰성, 책임성, 권력균등성, 호혜성	

3. 스웨덴 사회협약모델의 형성과정

1) 형성배경

스웨덴의 초기산업은 천연자원과 목재에 주로 의존하여 노동자들이 지리적으로 분산되어 있었으며, 그 결과 노조의 발달이 지연되었다. 그러나 외국자본이 유입되면서 기존의 온정주의적 노사관계는 변화하기 시작하였다. 1879년 대규모의 노사분규가 발생한 이래 노사 간의 유혈충돌이 지속되었다. 노동자들은 조직화의 필요성을 인식하였으며, 그 결과 1880년대에는 많은 노조가 등장하였다. 1898년에는 중앙노동단체인 노동조합총연맹(LO)이 결성되었다. 이에 대응하여 사용자도 1902년 스웨덴사용자연맹(SAF)을 결성하였으며, 이후 노사대립은 더욱 격화되어 1905년에는 대규모 파업이 8개월 동안 지속하였다. 그러나 한편으로 이는 노사가 서로를 인정하는 계기가 되어 LO와 SAF는 1906년 '12월 협약(December Agreement)'이라고 불리는 최초의 노사합의에 도달하였다 (Larsson et al., 2012).

그러나 이러한 노사합의에도 불구하고, 1909년에는 다시 6개월간 30만여 명이 참가하는 대규모 파업이 발생하였으며, 이후 1910년대와 1920년대에도 여전히 노사는 갈등과 긴장의 관계였다. 이에 대해서 보수주의 정부는 불개입주의로 일관하였다. 더구나 제1차 세계대전 이후의 스웨덴 경제는 최악이었다. 실업률이 1921년 26.6%, 1922년 22.9%에 이르렀다. 그리고 좌파 사회주의와 우파 보수주의는 소모적 이념논쟁을 지속하였다(Childs, 1980). 이에 위기를 느낀 정부는 국가실업위원회(AK)를 통해 노동시장에 개입하기 시작하였는데, 주된 방식은 실업자들을 상대로 준(準)노동시장을 운영하는 것이었다. 그러나 이는 노사단체 모두에게 심각한 위기를 조성하였으며, 이에 LO와 SAF는 1928년 산업평화와 상호이해를 촉진하기 위한 산업평화회의를 개최하였다. 이후 정부는 1928년 단체교섭법(Law on Collective Bargaining)을 제정하고 단체교섭을 법적으로 강제하였으며, 노동법원(Labour Court)을 설립하여 단체협약의 해석을 둘러싼 분쟁을 전문적으로 다루게 하였다(안재흥, 1995, 1998). 이에 대해서 노동자들은 단체교섭법에 반대하는 파업을 단행하였으며, 1930년대 초반의 세계적인 대공황으로 실업률은 다시 1931년 16.8%, 1932년 22.4%. 1933년 23.3%에 달했다.

전환점은 1932년의 사민당정부의 등장이었다. 당시 사민당은 일반의 예상과는 달리 중도노선을 견지함으로써 농민당과의 연합이 가능하였으며,[109] 이후 1976년까지의 안정적인 집권이 가능하였다.[110] 대공황으로 인한 대량실업과 사민당의 등장이라는 일련의 경제적, 정치적 변혁기를 거치면서 노사의 인식은 확연하게 바뀌었다(Molinder et al., 2018). 실업문제가 자본주의체제의 구조적인 문

109 사민당이 중도노선을 채택하는 데 공헌한 두 사람은 Per Albin Hansson과 Ernst Wigforss이다. 인기 정치인이었던 Hansson은 노조의 요구가 과격하면 여론으로부터 소외된다고 노조를 설득한 온건사회주의자였다. 그리고 그는 인민의 집(People's Home)을 제안하였는데, 이는 국가와 사회는 가정에서처럼 평등, 단결, 협력, 우애로 활력이 넘치는 시민들의 좋은 가정이 되어야 한다는 것이었다. Wigforss는 1932년부터 1949년까지 재무장관을 역임한 사민당의 핵심이론가였다. 그는 케인즈 경제학의 신봉자로 실업은 인간의 능력을 소모시키는 개인적 수치라고 단정함으로써 강력한 완전고용정책을 주창하였다(Childs, 1980; 김영순, 1996).

110 적녹연합은 농민당이 사민당의 케인즈주의를 지지하고, 사민당은 농업부문의 대부제도를 지지함으로써 가능하였다(Childs, 1980).

제임을 인식하고, 생산 합리화를 통해 실업문제를 해결해야 한다는 공동의 이해에 도달하였다. 정부개입은 노사관계의 자율성을 해치는 바람직하지 못한 것이며, 노사갈등은 사회전체는 물론 자신들의 이해에도 도움이 되지 않음을 인식하였다.[111] 사민당 정부도 노동시장에서 노사공존을 모색하였으며, 산업평화를 강력히 추진하였다.

이에 따라 노사정 간의 산업평화협상이 1936년부터 시작되었다. 정부는 이 과정에서 주도적 역할을 하기를 원하였으나, 노사문제는 노사 당사자가 해결해야 한다는 LO와 SAF의 주장으로 노사가 협상을 주도하였다. 그리고 2년여의 협상결과로 나타난 것이 역사적인 살쯔요바덴협약이었다. 이는 산업평화 문제는 노사 간의 자발적 합의로 해결해야 한다는 원칙을 정립한 상징적인 것이었으며, 스웨덴모델의 출발점이었다(안재흥, 1998).

따라서 스웨덴의 사회협약모델은 1932년의 사민당의 등장과 1938년의 살쯔요바덴협약으로 부터 시작되어 1980년대 초반까지 지속된 스웨덴식 노사관계 및 복지국가모델로서,[112] 이 시기에 스웨덴은 산업평화, 완전고용, 경제성장을 동시에 성취하였으며, 모범적인 부의 분배를 실현하였다(Edin and Topel, 1997). 스웨덴모델의 두 지주가 살쯔요바덴협약과 RM모델이었다.

2) 살쯔요바덴협약(Saltsjöbaden Agreement)

1930년대의 세계적 대공황으로 인한 대량실업과 사민당이라는 개입주의적 정

111 1934년 임금삭감에 반발한 건설노조의 파업이 발생하였으나, LO는 이에 동조하지 않고 국가전체의 이익이 우선해야 한다면서 파업 자제를 설득하였다(Jones, 1976).

112 스웨덴모델은 1970년대 후반이후 임금생활자기금의 정치쟁점화를 표면적 이유로 균열이 생기기 시작하여 1983년 엔지니어링산업협회와 최대 노조인 금속노련의 중앙임금협상 탈퇴로 사실상 붕괴되었다. 이후 연대임금에 불만을 가졌던 숙련노동자들이 지속적으로 이탈하였으며, 1990년 SAF가 중앙임금협상 불참을 선언하고 1991년 모든 정부기구로 부터의 탈퇴를 선언함으로써 공식적으로 붕괴되었다(송호근, 1997).

부의 등장을 바라보면서 노사 양측은 산업평화를 정착하기 위한 자발적 협상이 필요함을 인식하였다. 따라서 LO와 SAF는 1936년부터 살쯔요바덴 교외에서 노사분쟁의 절차와 노사의 역할에 관한 협상에 돌입하였으며, 그 결과가 살쯔요바덴협약이다. 물론, 이것이 가능했던 것은 거시적 안목에서 노사가 양보를 하였기 때문이지만, 현실적으로는 사민당의 등장으로 노사 간의 권력자원이 대등해졌으며, 또한 협약내용이 모두에게 수용이 가능하였기 때문이었다(Molinder et al., 2018).

살쯔요바덴협약의 기본정신은 첫째, 노사관계를 대립관계에서 협력관계로 전환하며, 노사문제는 노사가 자발적으로 해결한다. 둘째, 국민 복지를 향상시키고 산업평화를 유지하기 위해서는 노사의 역할을 서로 인정해야 한다. 셋째, 제3자의 권리가 침해되어서는 안 된다. 즉, 사회전체의 이익이 노사의 부문 이해보다 중요하다는 것 등이었다(Hassel, 2003). 이러한 살쯔요바덴협약의 정신은 이후 스웨덴모델의 근간이 되었음은 물론, 스웨덴 국민들의 삶의 방식에도 큰 영향을 미쳤다.

살쯔요바덴협약의 골격은 사용자의 경영상의 특권을 인정하고 LO가 파업권을 통제함으로써 산업평화를 보장하는 대신에, SAF는 노조의 파업권을 공식적으로 인정하고 경영에 대한 공동 협의권을 부여하며, 그리고 노사 간의 분쟁해결 과정을 명문화했다는 것이다(김영순, 1996). 구체적으로, '책임이 따르는 자유(freedom under responsibility)'라는 전제 하에서 노사의 권리와 노사분규의 해결기제를 명기하였는데, 노사의 권리와 관련하여 사용자에게는 고용 및 해고의 권한을,[113] 노동자에게는 파업과 단체교섭의 권한을 인정하였다. 노사분규의 해결과 관련하여, 협상을 의무화하고 협상절차를 제시하였으며, 파업이나 직장폐쇄는 협상이 실패한 경우에만 사용하도록 제한하고, 제3자의 개입도 제한하였다. 노조가 단체교섭을 이행하지 않을 경우에 경영자는 노동자를 해고하거나 작업장 복귀를 명령할 수 있도록 하였다. 그리고 협약의 결과로 노동시장협의회(Labor Market Council)가 구성되었는데, 각 3명씩의 노사대표로 구성하여 작업

113 그러나 노동자를 해고할 경우에는 2주전에 해당 노조에 미리 통보해야 한다.

장의 노동관행과 노사분쟁관련 문제를 논의하였다(Schnitzer, 1970). 노동시장협의회는 중재와 협상의 혼합기능을 수행하는 것으로 법적인 구속력은 없었지만, 실제로는 광범위한 영향을 미쳤다. 이외에도 협약의 후속조치로 1942년 산업복지협약, 1946년 공장협의회협약, 1947년 직업훈련협약, 1948년 시간 및 동작연구협약 등의 협약들이 체결되었다. 그러나 한편에서는 살쯔요바덴협약은 노조의 자율성을 제약하며, 노동자에게 산업평화 유지의 책임을 전가시킨 것이라는 불만도 많았으며, 노동계 일각에서는 이를 둘러싼 논쟁이 1940년대 말까지 지속되었다(Meyerson, 1985).

3) 렌-마이드너 모델(Rehn-Meidner Model)

1940년대에는 살쯔요바덴협약의 정신에 따라 많은 사회협약들이 체결되었으나, 1940년대 말의 개혁정책의 실패와 경기침체, 사민주의 연합세력 내의 갈등과 농민당의 연정이탈 등으로 전후 스웨덴의 정치와 경제는 불안정하였다. 이러한 위기상황에서 사민당 정부와 기업은 LO에 대해서 임금인상을 자제해 줄 것을 요청하였으며, 한편으로 저임금노동자들은 노동자들 간의 임금격차를 축소해 줄 것을 LO에 요구하였다. RM모델은 이러한 이중의 압력에 직면한 LO가 탈출구로서 마련한 것이었다. RM모델은 LO의 이론가인 Gösta Rehn과 Rudolf Meidner가 1948년 LO 지도부에 처음 제출하였으며, 이후 1951년 LO의 정책노선으로 채택되었다. 그리고 1952년에는 LO와 SAF 간의 협정에 의해 공식화됨으로써 이후 약 30년 동안 스웨덴모델의 골격을 이루게 되었다.

RM모델은 완전고용, 산업합리화, 인플레이션 억제 등의 경제목표를 동시에 달성하기 위해서 긴축재정정책, 연대임금정책, 적극적 노동시장정책을 제시하였다. 우선 긴축재정정책은 인플레 억제를 위한 것으로, 간접세 인상으로 총수요를 억제하는 동시에 기업이윤을 축소시켜 임금상승 요인을 제거하는 방향으로 진행되었다. 기업의 이윤축소로 유발될 투자위축 문제는 공공저축을 바탕으로 신용시장을 통제함으로써 해결하고자 하였다. 이러한 시도로 1959년

고용주들이 부담하는 보충연금기금(ATP)이 설립되었다(안재흥, 1995).[114]

그러나 RM모델의 핵심은 연대임금정책(solidarity wage policy)이다. 이는 1952년 LO-SAF 간의 협정을 통해 공식화되어 처음에는 기업수준의 임금교섭으로 실시되었으며, 1956년부터 1983년까지 중앙임금교섭으로 정착되었다. 연대임금정책은 비슷한 일을 하는 노동자들 간에 회사의 수익성에 따라서 지나친 임금격차가 나서는 안 된다는 것을 전제로 한다. 구체적으로, 연대임금정책은 '동일노동, 동일임금'의 원칙 하에서 산업별·기업별 임금격차를 축소하여 노동계급의 연대성을 촉진하며, 경쟁력이 없는 산업부문과 한계기업의 자연스러운 도태를 유도하여 산업 전반의 경쟁력을 향상시키며, 고임금 부문의 임금인상 자제를 통해 발생하는 초과이윤은 ATP기금으로 흡수하여 경쟁력강화비용 및 복지비용으로 사용하며, 한계기업의 도산으로 발생하는 실업자는 적극적 노동시장정책으로 구제한다(Tilton, 1990; Larsson et al., 2012).[115]

반면에 적극적 노동시장정책은 노동자의 보호를 위해서 실업자 구제를 포함한 노동력의 안정적 공급과 재생산에 초점을 두고 있다. 즉, RM모델은 완전고용을 수요측면의 팽창정책이 아닌 실업현장을 겨냥한 적극적 노동시장정책으로 달성하고자 한 것이다. 연대임금정책은 저임금노동자들의 임금을 인상시킴으로써 저임금산업을 도태시키게 되는 데, 이들을 보다 수익성이 높은 다른 산업부분으로 이동시킴으로써 산업의 구조변화를 유도하고 실업자들에게 재취업 기회를 주려는 것이 적극적 노동시장정책이다. 여기에는 단기실업 보조, 고용확대, 장애인고용 촉진, 계절노동자 보호, 직장이동보조금, 직업훈련 등의 프로그램들이 포함되었다(Janoski, 1994).

결국, RM모델은 임금억제와 이윤압박을 통해 인플레이션을 억제하며, 노동자들 간의 임금격차를 줄임으로써 계급연대를 강화하고 산업체질을 강화하려는

---

114 ATP기금은 본질적으로 소득에 비례한 충분한 급여를 제공하려는 복지제도이지만, 결과적으로는 기금의 적립금이 산업투자의 활성화에도 큰 기여를 하였다.

115 연대임금정책은 근로자들 간의 임금격차를 최대한 축소할 뿐만 아니라, 저생산성·저임금 업종의 노동자들을 고생산성·고임금 업종으로 전환하는 것까지 포함한다(최종태, 1991).

종합적 노동정책이었다. 그러나 다른 한편으로 RM모델은 적극적 노동시장정책이 인플레이션을 자극하며, 민간자본에 대한 공적 통제는 시장경제를 저해하며, 실업문제에 대한 과도한 정부개입은 노사 간의 권력균형을 깨뜨리고 노동력 수급에 관한 시장탄력성을 저해한다는 비판도 적지 않았다(Milner, 1990; 김수진, 1993).

4. 스웨덴 사회협약모델의 성공요건 분석

1) 스웨덴 사회협약모델의 성과

살쯔요바덴협약으로 부터 시작하여 40년 이상 지속된 스웨덴모델은 빈곤퇴치, 완전고용 달성, 산업평화 유지에 큰 기여를 하였다. 이 기간 동안에 스웨덴은 세계에서 가장 생활수준이 높으면서도 소득불균형 정도는 가장 낮은 국가로 인식되었다(Edin and Topel, 1997).

스웨덴 사회협약모델의 성과를 정치적 안정성, 실업률, 산업평화, 부의 분배, 성장률, 물가수준 등의 면에서 구체적으로 고찰해 보면, 우선 스웨덴은 사회협약을 통해서 안정적인 정치체제를 구축하였다. 사민당은 1932~76년의 기간 동안에 연속 집권에 성공하면서 지속적으로 40% 이상의 득표율과 45% 이상의 의석점유율을 기록하였다(Davidson, 1989).[116] 그리고 이러한 안정적인 정치권력을 바탕으로 복지개혁을 강력하게 추진하였다. 무엇보다도 1930~40년대 많은 국가들이 전체주의체제로 변모하고 전후의 대부분 국가들이 냉전체제로 편입되는 상황에서, 스웨덴이 온건한 사회민주주의체제를 유지할 수 있었던 것은 스웨덴 사회협약의 중요한 성과물로 평가된다.

스웨덴모델은 거의 완전고용을 달성하였다. 스웨덴모델이 작동되기 이전

116 스웨덴 사민당은 1932년 41.7%의 득표율로 농민당과의 연정으로 집권에 성공한 이래, 1976년 42.7%의 득표율로 집권에 실패할 때까지 지속적으로 45% 전후의 득표율을 기록하였다. 그리고 의회(Riksdag)에서의 의석점유율도 45~50% 수준을 유지하였다. 이는 다당제 하의 스웨덴에서는 거의 압도적인 득표율과 의석점유율이라고 할 수 있다.

인 1920~30년대의 스웨덴 실업률은 1939년의 9.2%를 제외하고는 지속적으로 두 자리 수였다. 그러나 1942년의 7.5%를 시작으로 지속적으로 하락하기 시작하여 1950년대 이후부터는 1~3% 수준의 저실업률을 유지하였다(송호근, 1996). 이러한 완전고용은 국민 모두를 복지국가의 수혜자인 동시에 재원 조달자가 되게 함으로써 스웨덴 복지국가의 재정을 더욱 튼튼하게 하였다.

뿐만 아니라, 노사분규가 현저하게 줄어들어 산업평화가 정착되었다. 노사분규로 의한 연평균 노동손실일수(노동자 천명당)를 보면, 1919~38년 기간 동안에는 1,440일에 달하였으나, 1938~76년 사이에는 43일에 불과하였다. 이는 같은 기간 동안의 OECD 국가들의 평균노동손실일수 257일에 비해서 크게 낮은 것이다. 그리고 노사 간에는 적대의식은 거의 없어졌으며, 그 결과 1966년에는 수출산업의 경쟁력을 제고하기 위한 임금안정을 위해서 3년 기간의 중앙임금합의에 도달하기도 하였다(Schnitzer, 1970).

그리고 스웨덴모델은 높은 수준의 부의 분배를 실현하였다. 연대임금정책은 산업들 간에 낮은 임금편차를 유지하게 하였으며, 평등주의를 지향한 사민당 정부는 누진세를 강화하는 조세정책과 광범위한 사회보장정책을 가미하였다(Pekkarinen, 1992). 노동자들의 소득분배 상황을 보면, 상위 10%와 나머지 90% 간의 log annual earnings가 1960년대에는 1.65, 1970년대에는 1.40에 불과하였다. 그리고 1980년 기준으로 하위 25% 계층의 소득이 국민총소득에서 차지하는 비중이 10.6%, 상위 25%의 소득이 차지하는 비율은 31.1%로 소득평준화 정도가 매우 높았다. 지니계수는 다른 선진국들에 비해서 월등히 낮았다(O'Higgins, 1990).

뿐만 아니라, 스웨덴은 1960년대 전반기 4~6%의 경제성장률을 기록하였으며, 1970년대 중반까지 대체로 2~4% 사이의 완만한 경제성장률을 기록하였다. 물가상승률은 비교적 높았지만 그래도 한자리수를 유지하였다. 또한 스웨덴은 노동자들의 직업안정도가 매우 높았으며, 특히 1971년과 1974년의 입법으로 노동자보호책이 크게 강화되었다(Jones, 1976).

결국, 스웨덴 사회협약모델은 다양한 지표를 통해서 나타나듯이 대체로 성공적이었다고 평가할 수 있으며, 특히 스웨덴모델의 지향점이었던 산업평화와 완전고용의 유지, 평등주의와 강력한 사회보장 실현 등의 면에서 그러하였다.

2) 스웨덴 사회협약모델의 성공요건 분석

사회문화적 요건

사회협약의 전제조건인 당사자들 간의 자발적 합의를 위해서는 극단주의보다는 대화와 타협을 장려하는 사회문화적 토양이 필요하다. 스웨덴에서 대화와 타협의 전통은 우선 정치체제를 통해서 강화되었다. 귀족, 성직자, 지주, 자치도시시민(burgher)이라는 네 계급을 대표한 스웨덴 의회는 이미 15세기에 구성되었다. 1720년에는 의회의 권한을 강화한 새로운 헌법이 제정되었으며, 1809년에는 미국에 이어 세계에서 두 번째로 절대군주제를 폐지하고 내각제를 정착시켰다(The Economist Intelligence Unit, 1999). 그리고 정당구조도 전통적으로 이념 축을 따라서 공산당, 사민당, 농민당, 자유당, 보수당의 다섯 개 정당이 원내의석을 분할하여 왔다. 따라서 내각제체제와 다수당이 존재하는 정당구조는 자연적으로 스웨덴 정치에서 극단주의보다는 대화와 타협의 전통을 강화해 왔다. 1932년 이래의 사민당의 장기집권기에도 연정이 필요하였던 사민당은 극단주의로 흐르지 않고 정파들 간의 대화와 타협을 강화하였다(안상훈, 1998).

노사 간에도 1906년의 12월 협약을 기점으로 서로의 존재를 인정하고 대화와 타협을 통해서 문제를 해결하는 전통이 정착되었다. 물론, 이후에도 간헐적인 노사대립이 있었지만, 국가경제가 우선해야 한다는 전제는 충분히 공유되었다. 그리고 1930년대 이래의 강한 노조는 노사분규를 조장하기 보다는 타협을 강화시켜 주었다. 사용자로 하여금 타협의 필요성을 인식하게 해주었기 때문이다(Jones, 1976). 뿐만 아니라, 많은 국가들에서 물리적 갈등의 양상을 보이는 노정(勞政) 관계도 타협 지향적이었다. 1920년대까지의 보수정권 하에서도 정부의 불간섭주의로 노정 간에 물리적 충돌은 거의 없었으며, 1932년 사민당 집권 이후부터는 노정 간에는 인적·물적·정책적 유대관계를 통해서 긴밀한 대화가 가능하였다. 사용자들은 이념적 차이에도 불구하고, 사민당의 장기집권을 현실로 받아들이고 사민당과의 관계를 강화하였다. 그리고 스웨덴은 전통적으로 개인주의가 약한 국가였다. 사회의 각 부분들은 조직화를 지향하였으며, 이러한 조직들은 계급타협의 형태로 전체 질서를 유지하였다. 그리고 이러한 질서는 완전고용을 포함한 경제적 보장과 임금격차를 억제하고 빈곤을 제거하기 위한 평등주의에 의해서 더욱 강화되었다(Lindbeck, 1997). 또한 스웨덴 노사는 1920년대 초의 스웨덴 공황과 1930년대 초의 세계대공황을 거치면서,[117] 노사 간의 극한 대결은 스웨덴 경제 전체를 파멸시킴은 물론, 노사 모두에게도 불리한 것임을 인식하였다.

결국, 스웨덴은 정치·사회적으로 정착된 대화와 양보의 전통, 노사 간 타협 기술의 축적, 위기상황에 대한 책임의식의 공유, 사민당 정권의 등장으로 인한 온건노선의 지배, 그리고 권력자원의 균등화로 인한 타협의 필요성 등이 복합적으로 작용하여 사회협약을 위한 사회문화적 토양이 잘 구축된 것이다.

경제적 요건

사회협약은 경제위기에 대한 대응으로 발생하는 경우가 많으며, 이 점에서 개방체제 하의 소규모국가에서 성공적이다. 대체로 북유럽제국과 베네룩스 삼국, 오스트리아 등이 이러한 국가군에 해당한다.

스웨덴은 19세기부터 주로 천연자원과 목재를 중심으로 한 수출산업에 의존하였다(Jones, 1976). 20세기 이후에는 자동차, 조선 등의 2차 산업이 강화되었지만, 여전히 적은 인구로 내수시장이 협소한 관계로 주로 수출에 의존하였다. 따라서 스웨덴은 작은 규모의 개방경제체제로 외부환경의 충격에 대한 취약성이 컸다. 그리고 스웨덴 경제는 1950~60년대를 거치면서 더욱 대외 의존적으로 되었으며, 석유, 석탄, 철강 등의 원자재 수입의 급증으로 무역수지가 적

117 스웨덴 공황은 1921년부터 시작되었는데, 당시 스웨덴의 실업률은 1921년 26.6%, 1922년 22.9%, 1923년 12.5%에 달하였다. 그리고 1930년대 초반의 세계대공황기에는 실업률이 1931년 16.8%, 1932년 22.4%, 1933년 23.3%에 달하였다(안재흥, 1995).

자를 기록하는 경우가 많았다.[118] 그리고 1930년대까지 수차례의 경제위기 상황을 겪었다. 1905년과 1909년에 대규모의 총파업이 있었다. 1920년부터는 공황사태가 발생하여 노동인구의 1/4이상이 실업자였다. 구제노동건수가 1922년 25,447건, 1923년 12,190건에 이르는 데서도 보듯이 산업현장도 매우 불안정하였다(안재흥, 1995). 1920년대에는 지속적으로 실업률이 10%를 상회하였다. 1930년대 초반에는 대공황이 스웨덴 경제를 위협했다. 따라서 스웨덴의 사회협약은 1932년에 개입지향적인 사민당 정부가 등장함으로써 경제구조의 일대 변혁이 예고되는 위기상황에서 스웨덴 노사가 선택한 것이었다.

정치적 요건

19세기 이래 스웨덴은 다당제의 내각제 국가였다. 정당은 이념적으로 뚜렷한 색채를 가지고 있었다. 사민당이 대체로 개입주의적인 좌파 정당에 해당하며, 1889년 설립 이래 LO와 긴밀한 관계를 유지하였다. 그리고 시장지향적인 보수정당들(Moderate Party, Centre Party, Liberal Party 등)이 사민당의 독주를 견제하는 형국이었다. 1932년 이전에는 보수정당들이 집권하였으며, 이후 1976년까지는 사민당이 농민당 등과 연정으로 집권하였다. 이후에는 정치권력의 부침이 심하였으나, 스웨덴의 정치구조는 근본적으로 노동이익을 주로 대변하는 좌파 내지는 중도좌파 계열의 정당들과 중산계급과 자본가들의 이익을 대변하는 우파정당들이 일찍부터 발달하였다.

스웨덴은 노동이익이 정치적으로 잘 대표되어 왔다.[119] 사민당은 1889년 결성 당시부터 노조의 비공식 사령부로 불리어 왔으며, 1898년 LO가 결성되기 이전까지는 실제로 노동운동을 지도하였다. 그리고 초기에는 사민당과 노조에 동시에 가입하게 함으로써 양자 간의 유대관계를 강화하였으며, 1900년 이후

118 원자재 수입의 증대로 1950~60년대 스웨덴의 무역수지는 1956년 -1,367백만, 1958년 -1,466백만, 1961년 -953백만, 1964년 -932백만, 1967년 -897백만 크로나 등으로 계속 적자상태였다 (Svenska, 1968).

119 노동단체들 중에서 TCO나 SACO는 LO에 비해서 대체로 정치적 중립을 유지하고자 하였으나, 이들 노동단체들 역시 사민당과 이해관계가 상당부분 일치하였다(Schnitzer, 1970).

이러한 동시가입 요건을 삭제하였으나, 여전히 사민당의 지역조직과 단위노조 간의 연계를 강화하였다. 그리고 사민당은 재정이나 선거과정에서도 LO에 많이 의존하였다(Lindbeck, 1997). 인적 자원의 충원 면에서도 사민당 당원의 약 3/4이 LO 산하 노조의 성원이었다. 뿐만 아니라, LO는 사민당에 우호적인 일간신문을 소유하고 있으며, 사민당 기관지인 A-Press에도 상당한 기부를 하고 있다(Schnitzer, 1970).

행위자 요건

① 국가

스웨덴은 1932년 이전까지는 보수정당들이 집권하였으며, 1920년대 중반까지는 당시의 자유방임주의 사고 하에서 노사문제에 대한 불개입주의로 일관하였다. 그러나 1920년대의 스웨덴 경제위기가 계속되자, 1928년의 단체협약법 제정과 노동법원 설립을 계기로 노사관계에 대한 정부개입이 시작되었다. 1932년부터 집권한 사민당 정부는 처음부터 케인즈 주의를 표방한 개입주의정부였다(Pontusson, 1992).

그러나 스웨덴 노사는 정부가 노사문제에 직접 개입하는 것에 반대하였다. 따라서 사민당 정부는 임금협상의 능동적 파트너이면서도 직접적으로 개입하지는 않았다. 즉, 정부는 조세정책과 사회정책에 관한 포괄적인 유인 패키지를 통해 임금협상을 유도하는 간접적인 개입전략을 선택한 것이다. 그리고 광범위한 적극적 노동시장정책을 통해서 사회협약을 뒷받침하였다(Olsen, 1992). 또한 사민당 정부는 Hansson, Wigforss, Tage Erlander 등의 지도자들이 국가이익을 우선하는 중립적 자세를 견지함으로써 사용자들의 호의도 유인할 수 있었다. 실제로 사민당 정부의 조세정책은 복지비용을 기업이익에 직접 과세하기보다는 소비과정에 과세를 함으로써 해결하고자 하였으며, 사민당 집권기간 동안에도 대규모 기업집단들은 꾸준하게 성장하였다. 그리고 사민당 정부는 완전고용을 항시 최우선의 경제정책 목표로 채택하였기 때문에 노동자들로 부터도 지지를 얻을 수 있었다(Milner, 1990).

그리고 사민당 정부는 노사단체를 제도적으로 수용하였다. 노사문제의 중요한 결정기구인 노동시장위원회(Labor Market Board)도 노사정 대표로 구성하였으며(Schnitzer, 1970), 심지어는 사법기구인 노동법원도 7명의 재판관을 공익대표 3명, 사용자대표 2명, 노동자대표 2명으로 구성하였다. 특히, 노조는 민간정부(private government)라고 불릴 정도로 노동자복지나 노동시장정책 과정에 제도적으로 참여하였다(최종태, 1991).

② 노동단체

스웨덴의 전국규모 노동단체는 LO를 포함하여 TCO, SACO, SR 등 크게 네 개로 구성되어 있다.[120] 우선 LO는 1898년 주로 생산직노동자들로 구성되었는데, 역사, 규모, 영향력, 조직률 등 모든 면에서 스웨덴 노동단체를 대표한다.[121] 스웨덴모델이 작동되던 1975년 기준으로 LO는 전체 노동자의 45%(조직노동자의 63.2%)에 해당하는 180만여 명의 조합원을 포괄하며, 25개 산별연맹의 연합체로서 해당분야의 노동자의 90%를 조직화하고 있었다(Jones, 1976). 따라서 1938년 이래의 일련의 사회협약을 주도한 것도 사민당 정부, LO, SAF였으며, 나머지 노동단체들은 대체로 LO와 공동이해를 갖고 협력하였다. TCO는 주로 사무직노동자들을 대상으로 1944년에 조직된 두 번째 규모의 노동단체이다. 스웨덴모델이 작동되던 1970년 당시 TCO는 27개의 산하 연맹에 2,500개의 지회를 가지고 있었으며, 약 53만 명의 조합원을 가짐으로써 사무직노동자의 약 75% 정도가 조합원이었다. SACO는 전문직업인 중심의 노동단체로 1947년에 설립되었다. 주로 노동자전체 이해보다는 전문영역 이해를 중시하며,

120 LO는 Landsorganisationen(Swedish Confederation of Trade Unions), TCO는 Tjänstemännens Centralorganization(Central Organization of Salaried Employees), SACO는 Sveriges Akademikers Centralorganization(Swedish Confederation of Professional Associations), SR은 Statstjänstemannens Riksförbund(National Federation of Civil Servants)의 약자이다(Samuelsson, 1968).

121 1975년 기준으로 조합원수는 LO가 조직노동자의 63.2%, TCO가 31.3%, SACO와 SR이 5.4%를 점하고 있었다(김수진, 1993).

1960년대 후반 무렵 회원은 11만여 명이었다. SR은 1946년에 설립되었는데, 고위공무원과 군(軍)장교를 조합원으로 하였다. 회원은 1960년대 후반 기준으로 2만여 명 정도였다(Schnitzer, 1970).

그런데 이러한 노동단체들은 대체로 조직구조가 위계적이며, 이는 성원들을 동원하거나 중앙협약을 성원들에게 강제하는 데 효율적이다. LO의 경우, 중앙단위 차원에서는 Congress, General Council, Executive Board가 구성되어 있는 데, Congress는 5년마다 1회씩 개최되는 최고 의사결정기구로 각 산별연맹에서 선출하는 300명의 대의원으로 구성된다. General Council은 년 2회씩 개최하며, Congress가 열리지 않는 기간 동안의 최고 의결기구로 회원조합에서 선출된 140명의 대의원으로 구성된다. Executive Board는 실행이사회로 매주 개최하며, 회장·부회장·사무총장 외에 산별연맹 대표 10명으로 구성한다. TCO의 중앙조직도 LO와 유사하다. 그리고 LO 산하에는 1975년 기준으로 25개의 산별연맹(National Trades Unions)이 있으며, 각 산별연맹의 대의원총회에서 LO의 Congress와 General Council에 파견할 대의원을 선출한다. 산별연맹 산하에는 단위노조(Local Unions)가 있으며, 각 단위노조에 조합원이 소속되어 있다. 그리고 대규모 단위노조 내에는 부문별 작업장조합(Sections and Workshop Clubs)이 구성되어 있다. 뿐만 아니라, LO 산하에는 산별연맹과는 별도로 지역협의체도 위계적으로 구성되어 있다. 우선 단위노조 차원에서는 FCO라는 지역노조협의회(Local Trades Councils)가 있어서 노조에 대한 홍보, 정보제공, 교육 등의 기능을 수행한다. 그리고 상급조직으로서 LO 직속의 17개 광역노조협의회(Regional Trades Councils)가 있다(Jones, 1976).

노동단체의 이익대표능력을 보면, 스웨덴은 1965~80년의 기간 동안에 노동계급의 조직화 정도, 조직의 통일성, 협상력과 협상범위, 공동결정 참여도 등의 면에서 조직의 통일성(2위)을 제외하고는 OECD 18개국 중에서 모두 수위를 유지하였다. 특히, 스웨덴 노동자들의 조직률은 1930년에 이미 35%를 기록한 이래, 1940년 53%, 1950년 69%, 1960년 73%, 1970년 87%, 1985년 86%로 단연 세계최고 수준이었다(Rothstein, 1990). 이는 스웨덴 노조가 성원대표능력이 높음을 의미한다. 특히, 가장 중요한 노동단체인 LO는 1970년에 해당 노동자의

94%를 성원으로 포괄하는 등 지속적으로 90% 이상의 조직률을 기록하였다. 그리고 TCO도 해당 분야의 75% 이상의 조직률을 기록하고 있다. 뿐만 아니라, 스웨덴 노조는 항시 노동자 전체의 계급이익을 우선하여 왔다(Korpi, 1982).

노동단체의 성원규제능력도 강하였다. LO의 경우를 보면, 실행이사회는 회원조합의 제안을 거부할 수 있으며, 실행이사회의 권한을 인정하지 않는 회원조합은 추방할 수 있다. 그리고 중앙협상에서는 유일한 협상권한을 갖고 있다. 회원조합들은 성원의 3% 이상이 참여하는 파업을 할 경우에는 반드시 7일전에 실행이사회에 통보하여 승인을 얻어야 한다. 그리고 LO는 회원조합의 임금협상과정에 개입하여 화해방안까지 제시할 수 있다. LO의 화해방안을 거부하는 회원조합에 대해서는 실행이사회의 2/3 이상이 찬성하면 재정지원을 중단할 수 있다. 그러나 일단 회원조합의 파업이 시작되면 LO는 노조를 재정적·도덕적으로 지원할 의무를 갖고 있다(Jones, 1976). 이러한 특성은 비교적 수평적인 조직구조를 가지고 있는 SACO를 제외한 다른 노동단체들도 유사하다.

스웨덴 노동단체들은 정책능력도 상당하다. 1950년대 이래 많은 정책아이디어들이 노동단체 특히, LO에 의해 제시되었다. 전후 스웨덴의 장래를 결정한 RM모델을 창안한 렌과 마이드너도 LO 소속의 이론가였으며, 1970년대의 임금생활자기금도 LO에서 제안하였다(Andersson, 2009).

③ 사용자단체

스웨덴의 사용자단체는 1902년에 결성된 SAF로 대표되는 데,[122] LO에 대응하기 위해서 만든 부문별 사업자단체의 전국연합체이다. 회원들은 제조업 분야뿐만 아니라, 수공업, 운수업 분야 등이 망라되어 있다. SAF의 조직은 LO처럼 엄격하지는 않지만, 위계적이다. SAF는 회원사와 이중의 관계를 가진다. 즉, 회원사는 SAF의 회원인 동시에 SAF 산하단체의 회원이기도 하다. 그리고 SAF의 의사결정 및 집행기구로는 우선 회원들로 부터 선출된 364명으로 구성된 총

---

122 SAF는 Svenska Arbetsgivareföreningen(Swedish Employers' Confederation)의 약자이다(Samuelsson, 1968).

회가 있다. 이는 최고 의결기구로서 년 1회씩 개최된다. 그리고 회원들로부터 선출되는 8명의 대의원으로 구성되는 general council이 있는 데, 이 역시 년 1회씩 개최되며, 총회에서 위임받은 사항들을 의결한다. 다음에는 총회에서 선출되는 30명의 이사들로 구성된 이사회가 있다. 이사회는 LO 실행이사회의 주요 협상파트너로 회원감독과 직장폐쇄 등 직접행동에 대한 주요 의사결정을 행한다(Schnitzer, 1970). 그리고 SAF도 각 산업영역별로 산하단체를 두고 있으며, 지역별 협의체도 가지고 있다. 그리고 스웨덴은 Wallenberg가문을 비롯한 대기업의 산업지배력이 높은 관계로 이들 대기업이 주도하는 SAF는 산하단체에 대해 큰 영향력을 행사할 수 있다.

또한 SAF는 높은 수준의 이익대표능력과 성원규제능력을 보유하였다. 1975년 당시에 39개의 산하단체에 26,000개의 회원사를 둠으로써 사실상 주요 사용자단체와 기업들을 포괄하였다(Jones, 1976). 물론, SAF 외에도 금융, 상업, 농림업 등의 분야에도 전국규모의 사용자단체가 있었으나, SAF는 항시 정부와 노동단체로 부터 사용자 대표로 인정받아 왔다.[123] 또한 SAF는 강력한 성원규제능력을 가지고 있다. 이사회는 성원들의 동의 없이 주요 의사결정을 할 수 있으며, 반면에 회원사와 산하단체는 이사회의 승인 없이 노조와 개별협상을 할 수 없다. 그리고 회원사나 산하단체들은 정관의 작성이나 변경 시에 SAF의 인가를 받아야 하며, 노동협약도 인가를 받아야 한다. 반면에 SAF는 공식적인 노사갈등기간 동안에 회원사에 재정보조를 해주어야 한다(Schnitzer, 1970).

정책능력과 관련하여, SAF는 유능한 연구조직을 보유하고 있으며, 여기에서 임금수준과 각종 노사관계에 관한 전략을 분석하고 있다. 여기에서 만들어진 자료들은 정확성과 공신력이 있어 기업은 물론 노조에도 제공되어 노사 모두 이를 토론 자료로 인정할 정도이다(Jones, 1976).

---

123 SAF 외에 주목할 만한 사용자단체로는 SI(Federation of Swedish Industries)가 있다. SI는 1910년에 결성되었는데, 스웨덴모델이 작동되던 1975년 당시 3천개의 회원사와 26개의 회원단체로 구성된 대규모 사용자단체였다. 그러나 SI도 SAF의 회원단체이며, SAF가 주로 임금문제를 포함한 노사관계를 다루는 데 비해 SI는 거시경제 정책에 주로 관심을 갖고 있다(Jones, 1976). 따라서 양자는 성원확보를 위해 서로 경쟁하는 관계가 아니다.

행위규칙 요건

사회협약은 외형만 갖춘다고 되는 것은 아니다. 이러한 유사(pseudo) 사회협약은 권위주의체제에서도 얼마든지 가능하다. 사회협약이 의미를 가지려면 협약내용이 준수되고 이행되어야 하며, 안정적으로 제도화되어야 한다. 이를 위해서는 협약주체들 간에 일정한 행위규칙이 있어야 한다.

우선 신뢰성이 바탕이 되어야 한다. 행위주체들 간에 불신이 만연한다면 사회협약은 지속되기 어렵다. 스웨덴의 경우 19세기에는 노사 간에 갈등과 불신이 컸으며, 수차례의 유혈 충돌이 있었다. 19세기말과 20세기 초에 걸쳐서 LO와 SAF가 설립되었지만 여전히 불신이 계속되었으며, 그 결과 1905년과 1909년 대규모 파업이 발생하였다. 그러나 1920년대 이래의 일련의 경제위기상황을 거치면서, 노사는 갈등과 불신이 국가이익은 물론 자신들의 이해에도 역행함을 인식하게 되었다. 그리고 이는 살쯔요바덴협약을 가능하게 하였으며, 이로써 노사 간의 신뢰는 더욱 강화되었다. 노정관계도 사민당 정부의 등장으로 신뢰성이 제고되었다. 사민당의 집권기간 동안 노조는 지속적으로 사민당의 정책을 지지하는 동반자였다. 사민당 정부와 사용자 간의 관계는 이념적으로 호의적이기 어렵다. 실제로 1932년에 사민당 정부가 처음 등장하였을 때는 사용자는 사민당의 시장개입을 극도로 우려하였다. 그러나 1936년의 선거에서 사민당이 48.7%의 의석점유율을 차지하는 압도적 우위를 보이자, 사용자들은 사민당의 장기집권을 대세로 받아들이고 노조와 사민당을 파트너로 수용하였다. 사민당 역시 온건주의 정치노선과 노사관계에서 중립주의 노선을 견지함으로써 사용자들의 신뢰를 확보할 수 있었다. 무엇보다도 스웨덴은 단체협약 체결이후에는 파업이나 직장폐쇄 등의 직접행동이 일체 금지되며, 협약을 위반하면 노동법원에 손해배상을 청구할 수 있도록 하였는데, 이 역시 상호 간의 신뢰성을 강화시켜 주는 제도적 장치였다(Milner, 1990).

스웨덴의 사회협약 주체들은 권한에 비례하여 국가와 사회에 대한 책임감도 커짐을 잘 인식하였다. 1934년에 임금삭감에 반발하여 건설노조가 파업을 단행하였을 때에 LO가 취한 행동이 대표적이다. 즉, 노사단체들은 1920년대까지의 극심한 노사분규가 산업에 미치는 부정적 효과를 지켜보며 전체를 먼저 생각하는 거시적 안목을 키우게 되었다. 1940년대 이래 LO는 성원들의 이익추구 외에도, 스웨덴 산업의 능률성 제고에 협력하며, 정치·사회·경제영역에서의 민주주의를 제고한다는 세 가지 목표를 천명하였는데, 이는 사회에 대한 책임감이 없으면 불가능하였다. 그리고 연대임금정책도 고임금노동자들의 희생이 없으면 불가능하며, 높은 조세부담을 기꺼이 감수한 것도 사회적 책임감이 없이는 불가능하였다. 사용자들도 마찬가지였다. 기업이익의 공적 통제를 수용하고 일정 부분을 ATP기금으로 출연할 수 있었던 것은 전체의 복지가 중요하다는 책임감이 없이는 불가능하였다(Larsson et al., 2012).

스웨덴 노사는 권력자원이 대체로 균등하였다. 19세기까지는 사용자의 권력자원이 압도적이었으나, LO의 결성을 시발로 노동자들의 권력자원이 강해지기 시작하였다. 그러나 20세기 들어서도 여전히 사용자의 권력이 강하여 수차례의 파업이 번번이 실패하였다. 노동자들의 권리를 보호하는 법규가 미비했던데다, 높은 실업률로 사용자들이 대체인력을 쉽게 확보할 수 있었기 때문이다. 그러나 1932년의 사민당 집권을 계기로 노동자의 권력자원이 크게 증가하였다. 사용자들이 노동자들을 물리적으로 강제하는 것이 불가능하였다. 그리고 1940년대 이후 실업률이 급속히 하락하여 1950년대 이후에는 거의 완전고용이 실현되었다. 노조의 조직률도 세계 최고 수준이었다. 그만큼 노동자들의 권력자원이 증대되었다. 그렇다고 노동자들의 권력자원이 압도적이지는 못하였다. 단독집권이 불가능하였던 사민당은 사용자와도 일정한 우호관계를 유지하였다. 그리고 해고와 채용을 포함한 경영상의 주요 의사결정권은 사용자의 배타적 권한이었다. 이러한 것들은 노사 간의 권력자원을 균형 있게 해주었다.

마지막으로, 스웨덴의 노사정은 사회협약을 통해서 모두가 편익을 누리는 호혜성을 유지할 수 있었다. 우선 노동자는 파업을 정당한 권리로 인정받았으며, 고용안정을 보장받을 수 있었다(Davidson, 1989). 노동시장위원회 등의 주요 정부기구나 노동법원이라는 사법기구에도 공식적으로 참여하였다. 그리고 다양한 복지혜택의 수혜자였다. 사용자는 사회협약을 통해 해고와 채용에 관한 배타적 권한을 인정받았으며, 무엇보다 산업평화를 유지함으로써 생산성을 향상시킬 수 있었다. 주요 정부기구에도 제도적으로 참여할 수 있었다. 그리고 조세정책을 통해서 법인세를 감면받는 등의 편익도 누렸다. 사민당 정부는 사회협약을 통해 안정적 집권기반을 마련하였다. 그리고 사민당이 추진한 다양한 복지개혁들도 궁극적으로는 사회협약을 통해 가능하였다.

5. 맺음말

지금까지 스웨덴 사회협약모델의 전개과정을 살쯔요바덴협약과 RM모델을 중심으로 살펴보고, 이러한 스웨덴모델이 오랫동안 지속될 수 있었던 요인을 사회문화적 요건, 경제적 요건, 정치적 요건, 행위자 요건, 행위규칙 요건이라는 주로 사회협약의 토대적 요인들에 해당하는 다섯 가지 변수를 중심으로 고찰하였다.

그러나 우리의 경우는 이러한 다섯 가지 성공요건들이 비교적 잘 구비되었던 스웨덴의 경우와는 달리, 아직 이러한 토대적 요인들을 제대로 갖추지 못한 것으로 평가된다. 따라서 우리로서는 단순하게 사회협약기구에서 논의할 사안이 무엇이며, 협약기구를 어떻게 구성하고 운영할 것인 지를 논의하기에 앞서서 이러한 토대적 요인들을 어떻게 구비할 것인지에 대한 논의가 선행되어야 한다. 장기적으로 보아서 사회협약이 성공적으로 지속되려면 단순한 협상기법이나 의제의 개발보다는, 이러한 사회협약을 가능하게 하는 토대적 요인들을 축적해 가는 것이 중요하기 때문이다. 이 점에서 사회협약은 경제위기에 대한 단기적인 처방책이나 정치적 필요에서 논의할 성질의 것이 아니라, 노동정책이나 노사관계의 장기적인 방향설정과 관련하여 논의해야 한다. 물론 이러한 논의과정에서 우리의 토양과 환경에 비추어 사회협약 방식의 문제해결이 불가능한 것이라면, 이보다 더 좋은 방식은 없는 지도 함께 논의해 보아야 할 것이다. 사회협약은 노동정책 분야의 문제를 해결하는 하나의 대안이지 유일한 만병통치약은 아니기 때문이다.

제12장

불신과 대립으로부터 신뢰와 연대의 노동정치로

1. 서론

노동정책 영역에서의 사회협약은 주요 노동정책과정에서 개별적·대립적 노사관계 대신에 국가를 매개로 한 집단적·협력적 노사관계를 구축함으로써 노사갈등을 지양하고 산업평화와 이를 통한 경제발전을 달성하고자 하는 노력이다. 특히, 서구에서의 사회협약은 1970년대 이후의 경제위기 상황을 극복하는 과정에서 활발하게 논의되기 시작하였는데, 사회협약은 생산의 세 주체인 노·사·정 간에 협력관계를 구축함으로써 경제위기 상황에 공동으로 대처하기 위한 노력의 일환이었다.

학문적으로 사회협약은 1970년대 이후 사회조합주의에 대한 관심이 고조되면서 학계의 이목을 끌게 되었는데, 사회협약의 기본이념은 조화와 질서를 중시하는 유기체적 국가관에 근거하여 개인보다는 국가를, 경쟁보다는 협동을, 합리적 계산보다는 사회적 책임을 강조한다. 그리고 특정 행위자가 일방적으로 독주하거나 강제하는 것이 아니라, 이해당사자들 간의 균등과 호혜의 원칙 하에서 사회통합을 지향한다. 따라서 1970년대 이후 서구의 사회협약은 궁극적으로 경제적 난관을 극복하여 통치가능성을 확보하고, 사용자에게는 수익률의 향상을, 노동자에게는 실업률의 저하를, 소비자에게는 물가안정을 가져다주고자 하였다.

우리나라는 1980년대까지의 권위주의체제 하에서 외형만 사회협약의 형태를 갖춘 유사 사회협약기구가 있었지만, 경제성장을 주요 국가목표로 설정한 권위주의적 발전국가가 정치권력을 독점한 상태에서 국가의 지시에 의해 강제적으로 구축된 사회협약이었다. 따라서 자발성, 호혜성, 신뢰성 등을 토대로 하는 진정한 의미의 사회협약은 구축될 수 없었다. 1960년대부터 1980년대 후반기까지의 권위주의체제 하에서의 사회협약은 국가에 의해서 강요된 산업평화를 창출하기 위해 급조된 무늬만의 사회협약이었다. 특히, 권위주의체제 하의 유사 사회협약은 노동통제를 위한 수단으로 기획된 것으로 권위주의체제 하에서의 '노동 없는 노동정책(labor policy without labor)'을 대변하는 것이었다. 따라서 권위주의체제와 사회협약은 친화성이 없는 것이었다.

1987년을 기점으로 정치민주화가 진행되면서 노동운동이 폭발하였으며, 대통령 직선제의 도입, 노조민주화 운동의 강화, 시민사회단체의 활성화, 여소야대의 정치지형 등을 계기로 노동단체의 권력자원이 크게 증가하였다. 이에 따라 이제 국가나 사용자가 노동단체를 일방적으로 통제하는 것이 불가능해졌으며, 새로운 노사관계의 정립이 필요하게 되었다. 특히, 1980년대 후반부터 1990년대 초반까지의 민주화 이행기를 거치면서 폭발한 노사분규는 가파른 임금인상을 초래하여 국가경제에도 큰 부담이 되었다. 이에 따라 1990년대의 노태우 정부와 김영삼 정부는 노·사·정 간의 대화를 시도하였으며, 그 결과 몇 차례의 임금합의에 도달하기도 하였다. 그러나 이러한 초기 형태의 사회협약은 지속되지 못하였으며, 협약의 내용이나 기구의 구성 면에서도 진정한 의미의 사회협약이라고 보는 데는 한계가 있었다.

따라서 우리나라에서 본격적으로, 그것도 단기간이었지만 비교적 성공적으로 사회협약이 구축된 것은 1997~98년의 미증유의 경제위기 상황에서 형성된 노사정위원회의 활동이었다. 당시 우리나라의 경제는 IMF 구제금융에 의존하여 명맥을 유지하던 국가부도의 상태였다. 이러한 위기상황에서 정부의 중재하에 노사는 협약에 이르게 되었는데, 이는 '천애절벽 위에서의 살아남기 위한 타협(compromise on the cliff edge)'이었다(Kim, S. Y., 2006). 그 결과 사회협약은 많은 합의사항을 도출하였으며, 이를 시행하는 과정에서 우여곡절도 있었지만, 비교적 성공적으로 시행된 것들도 많았다. 정리해고제 등의 노동정책 영역만이 아니라, 산업정책, 기업정책, 심지어는 의료보험 통합일원화라는 사회정책의 영역에까지 합의를 도출하고 이행함으로써 오늘날까지 적지 않은 영향을 미치고 있음을 부인하기 어렵다. 물론, 당시의 사회협약은 우리나라가 전례 없이 빠른 속도로 경제위기 상황을 극복하는 데서도 중심적 역할을 수행하였다.

그러나 거기까지였다. 경제위기 상황이 어느 정도 극복되고 나서부터는 노사 간에는 물론, 한국노총과 민주노총을 두 대척점으로 노노(勞勞) 간에도 다시 갈등이 심화되었다. 2000년대 들어 노무현 정부, 이명막 정부, 박근혜 정부, 그리고 현재의 문재인 정부에 이르기까지 거의 모든 정권들이 노사 간의 대립과 갈등 대신에 양보와 타협을 통한 노사문제 해결을 희구하였으며, 노사정위원회를 상설기구화 한 이후 수차례 명칭을 바꾸면서까지 심기일전하였으나, 2000년대 들어서는 더 이상 사회협약의 성과를 거둘 수 없게 되었다. 이러한 와중에 노사갈등은 더욱 깊어졌으며, 노사문제를 포함한 사회적 이슈의 대부분은 협상의 테이블이 아닌 길거리에서 논란이 되게 되었으며, 이는 다양한 방면에서 우리사회의 갈등을 심화시키는 주요 원인이 되고 있다. 2000년대 이후 대화, 타협, 양보라는 사회협약의 기풍(ethos)은 사라지고, 진보와 보수진영 간에는 증오심과 대립이 심화되었다. 이로 인한 사회갈등 비용이 헤아리기도 어려운 정도이며, 이는 우리 경제의 성장동력을 저하시키는 주요 원인으로 지목되고 있다.

왜 이렇게 되었는가? 우리의 심성이 동양의 고전에서 널리 인용되는 장경오훼(長頸烏喙)의 상(相)이라도 되는 것일까?[124] 사회협약의 기풍을 부활시킬 방안은 있는가? 이장에서는 사회협약이 성공하려면 어떠한 요건들을 갖추어야 하며, 우리는 어떠한 면이 부족하며, 따라서 무엇을 해야 할지를 논의하고자 한다.

---

124 장경오훼는 사마천이 쓴 사기(史記) 월세가(越世家)에 출처가 있는 것으로, 춘추전국시대 월나라 범려(范蠡)가 월왕 구천(句踐)을 평하는 데서 연유한다. 구천처럼 목이 길고 입이 뾰쪽하게 나온 사람은 참을성이 많으며 어려움은 같이 할 수 있으나, 잔인하고 욕심이 많으며 남을 의심하는 마음이 강하여 즐거움은 같이 누릴 수 없는 상(相)이라는 것이다(조기형·이상억, 2011).

2. 사회협약의 성공을 위한 요건들

사회협약은 국가에 의한 강요가 아니라, 생산주체들 간의 자발적 협력과 타협을 통해서 구축되는 것이다. 따라서 사회협약이 성공적으로 성립, 유지, 운영이 되기 위해서는 일정한 요건들이 구비되어야 한다. 이장에서는 사회협약의 성공요건을 사회협약이 비교적 성공한 것으로 평가되는 우리나라의 1998년 제1기 노사정위원회 사례와 스웨덴의 사회협약 사례를 토대로 이를 토대적 요건, 정치·경제적 요건, 실천적 요건으로 구분하여 다음과 같은 것들을 제시하고자 한다.

1) 토대적 요건

대화와 타협의 사회문화적 토양

서구에서 사회협약이 성공한 국가들은 대체로 몇 가지의 공통적인 사회문화적 토양을 갖추고 있었다. 우선은 사회적 갈등사안들을 대립과 투쟁보다는 이해당사자들 간의 대화와 타협을 통해서 해결하고자 하는 전통이 강하였다(Rhodes, 1985). 이러한 문화적 전통은 저절로 형성된 것이 아니라, 대립과 갈등보다는 대화, 타협, 양보가 보다 생산적이고 모두에게 유익하다는 오랜 시행착오의 결과물이었다. 따라서 사회협약은 흑백논리와 극단적인 대립주의가 강한 곳에서는 성공하기 어렵다. 또한 사회협약은 과거의 실패로부터 배움을 얻지 못하고 같은 실패를 반복하는 곳에서도 성공하기 어렵다. 즉, 노사문제의 경우에 장기간의 파업이나 대립의 결과로 기업 자체가 부도위기에 내몰린 경험이 있음에도 불구하고, 사정이 약간만 호전되면 다시 대화보다는 갈등과 대립을 반복하는 사회문화적 토양 위에서는 사회협약이 성공적으로 정착되기가 어려운 것이다.

공익과 국가 전체를 우선하는 사고

사회협약은 개인주의보다는 전체질서를 중시하는 유기체적 국가관의 전통이 강한 곳에서 성공하기 쉽다(Wiarda, 1972). 이는 사회협약은 개인이나 집단의 이익을 극대화하기보다는 이를 다소 양보하더라도 전체적인 조화와 질서를 유지하는 것을 우선하는 선공후사(先公後私)의 정신이 있는 곳에서 성공할 수 있기 때문이다. 사회협약이 이익매개에 관한 다양한 이론모형들 중에서도 사회조합주의와 맥락을 같이한다고 주장되는 것도 다원주의모형의 경우는 행위자들이 개인이나 집단의 이익을 극대화하기 위하여 압력을 행사한다고 보는데 비해서, 사회조합주의는 행위자들이 개인의 이익보다는 사회전체의 조화와 질서를 우선한다고 가정하기 때문이다. 이처럼 사회협약이 성공하기 위해서는 이에 참여하는 이해당사자들이 자신에게 다소의 불이익이 있더라도 전체의 판을 깨지 않아야 한다는 책임감이 뒷받침이 되어야 한다.

장기적 시계(時界)

사회협약은 경제위기 상황에서 나타나는 경우가 많지만, 그렇다고 인위적으로 급조를 하면 장기적으로 존속하기가 어렵다. 1998년에 형성된 우리나라의 제1기 노사정위원회가 당시의 경제위기 상황이 어느 정도 완화되자 곧 파행의 길로 가게 된 것은 이해당사자들 간에 사회협약의 틀 내에서 지속적으로 노사문제를 해결하고자하는 장기적 시계가 결여되었기 때문이다. 따라서 사회조합주의자들이 언급하는 사회협약의 성공요건으로서의 '경제적 위기상황의 존재'는 필요조건은 되지만, 충분조건은 되지 못한다(Kickert, 2003). 사회협약의 구축도 경제위기의 결과로 구축이 되기보다는, 이를 예방하기 위한 차원에서 장기적으로 설계하여 구축해야 하며, 사회협약의 이행도 경제위기 상황과 무관하게 장기적으로 제도화하고 지속해야 하는 것이다.

행위자들 간 상호신뢰의 형성

사회협약은 기본적으로 이에 참여하는 행위자들 간의 신뢰와 믿음의 산물이다. 우선 사회협약의 구축과정에서 서로의 의도를 의심하면서 진의(眞意)를 믿지 못하면 사회협약이 형성될 수 없다. 사람들 간의 관계에서 교언영색(巧言令色)으로 일시적으로 속일 수는 있지만, 영원히 속일 수는 없다. 그런데 이러한 믿음과 신뢰는 어느 날 갑자기 형성되는 것은 아니며, 장기간에 걸친 상호작용을 통해서 형성되는 것이다. 이를 위해서는 노사 간에 신뢰할만한 정보를 상시적으로 개방하고 공유하며, 기업이나 노조의 운영을 투명하게 해야 한다. 오랫동안 누적된 대화와 양보의 전통도 중요하다. 정보공유가 되지 않거나, 공표하는 정보를 믿지 않거나, 그 동안의 노사관계를 대립적 노사관계로 일관해 온 곳에서 사회협약이 성공적으로 구축될 수는 없는 것이다. 사회협약은 기업 및 노조 정보의 투명한 공개와 공유, 상대방의 말과 행동에 대한 신뢰, 대립보다는 대화와 양보의 토양이 갖추어 져야 성공할 수 있는 까다로운 것이다. 쉽게 구축될 수 있는 것이 아니다.

사회협약에 참여하는 행위자들 간의 상호신뢰는 사회협약의 구축뿐만 아니라, 협약사항을 이행하는 데서도 절대적으로 필요하다. 사회협약은 이행이 되는 것을 전제로 기구를 형성하고 의제(議題)를 약속하는 것이다. 그러나 많은 경우에 협약된 내용이 이행되지 못하는 경우가 발생한다. 당초에 행한 약속이 지켜지지 않는 것이다. 이렇게 되는 데에는 이행과정에서 환경, 이행여건, 심경(心境), 이해관계 등이 변화하는 것이 중요한 원인이겠지만, 이에 못지않게 행위자들 간의 상호불신도 중요한 원인이 된다. 어떤 면에서는 전자와 후자가 서로 결합되어 상승작용을 일으키기 때문이다. 상황이 좋고 심경이 안정적일 때는 서로 믿던 행위자들이 그것들이 변화하면 서로 불신하게 되는 것이다. 더구나 우리처럼 약속의 이행을 상호 간에 무수히 파기해 온 경험이 있는 노사관계의 경우에는 서로에 대한 의심과 불신을 거두지 못한다. 여건이 자신에게 불리하면 사회협약을 이행하지 않으려는 것은 물론, 반대로 제반 여건 특히 권력자원이나 기회의 창이 자신에게 유리하게 되는 경우에도 협약의 이행을 위반하는 경우가 발생한다. 보다 유리한 여건에서 새로운 협약을 원하기 때문이다. 더구나 사회협약을 약속할 당시에는 큰 틀에서의 합의를 하고 세부적인 이행사항은 순차적으로 하는 경우가 많은데, 이 역시 합의이행 과정의 일부라고 보면 언제든지 갈등과 대립이 재발할 소지가 있다. 그러나 어떠한 경우에도 협약사항이 제대로 이행되지 않으면 사회협약은 지속되기 어려우며, 이는 다시 서로 간에 불신을 심화시키는 악순환을 초래한다.

자발성과 수평적 관계

사회협약은 노사가 자발적으로 합의에 도달하고 이를 국가가 사후적으로 조정·승인·보장하는 것이다. 즉, 사회협약은 국가의 일방적 개입과 조정이 비효율적이라는 인식 하에 노사가 직접 합의를 도출하려는 것이다. 따라서 사회협약은 법적 강제력보다는 자발성과 상호신뢰에 호소하는 것으로서, 기업 수준에서의 이행여부는 전적으로 단위노조나 단위기업의 자율에 달려 있다(송호근, 1994). 과거 개발도상국의 권위주의체제 하에서 국가의 주도로 국가조합주의적 방식의 유사 사회협약이 구축되었던 사례들이 많지만, 이는 어디까지나 허울만 사회협약의 형식을 갖춘 것이었다. 이러한 유사 사회협약은 노사문제의 두 당사자인 노사단체들 간에 서로의 필요성에 기인하여 자발적으로 형성한 것이 아니기 때문에 장기적으로 지속될 수 없었음은 물론, 성원들로부터도 제대로 수용이 되지 못하였다.

그리고 사회협약은 각 당사자들이 수직적인 관계가 아닌 수평적 관계에서 대등하게 참여해야 한다. 사회협약은 경제위기 상황에서 국가가 나서서 일방적으로 주도하거나 편익을 적절하게 중재하면 단기적으로는 성공적인 것처럼 보일 수 있지만, 노사정 간에 수평적인 협력과 상호신뢰에 기반을 하지 않으면 장기적으로 정착되기는 어렵다. 우리는 국가의 강제에 의해서 위계적인 방식으로 타율적으로 구축된 권위주의체제 하의 유사 사회협약이 대부분 실패하는 것을 많이 보았다. 따라서 사회협약이 성공하기 위해서는 노·사·정이라는 세 참여주체의 권력자원이 어느 정도 대등해야 하며, 이를 서로가 인정을 해야 한다. 특정 행위자의 권력자원이 지나치게 열세에 있거나 국가가 권위주의적으로 조장을 행하려고 하면 사회협약은 장기간 정착되기는 어렵다.

2) 정치·경제적 요건

정치민주화

사회협약이 서구 선진국에서 먼저 정착이 되었던 것은 이들 국가들이 일찍부터 정치적 민주주의를 실현해 왔기 때문이다. 전술한 자발성이나 수평적 관계 등은 모두 정치적 민주주의를 전제로 하는 것들이다. 국가가 일방적으로 노동정책을 시행하거나 노동단체를 정책과정에서 배제하는 경우에는 사회협약이 성공적으로 구축되기 어렵다. 사회협약은 노사 모두가 국가를 상대로 자신의 이해관계를 표명할 수 있으며, 이러한 이해를 노동정책과정에 투입할 수 있는 다양한 장치들이 갖추어 져야 한다. 따라서 사회협약은 자칫 폐쇄적으로 보이기도 하지만, 기본적으로 정치체제의 개방성이 전제되어야 하는 것이다. 따라서 사회협약은 조합주의와 친화성을 갖지만, 발전도상국의 국가조합주의가 아닌 서구 선진국의 사회조합주의와 선택적 친화성을 가지는 것이다.

경제적 위기상황

사회협약은 또한 경제적 위기상황에서 성공적으로 구축되는 경향이 있다. 그리고 서구의 경험에서 보면 경제의 대외의존도가 높은 소규모 개방경제체제에서 성공적으로 구축되는 경향이 있었다. 이러한 국가들일수록 대외적 경제상황에 민감하게 반응을 해야 하며, 노동정책이나 산업정책 역시 이러한 경제상황에 부응하여 탄력적으로 운영될 필요가 있기 때문이다(Katzenstein, 1985). 난파선 위에서는 우선은 협력하는 것이 시급하기 때문이다. 그러나 전술하였듯이, 이러한 경제적 조건들은 사회협약의 구축을 촉진하는 기능을 할 수는 있지만, 사회협약의 장기적인 성공을 보장하는 것은 아니다. 경제위기 상황에서 형성된 사회협약이 장기적으로 지속하려면 행위자들 간의 신뢰, 자발성 등 다른 것들이 필요한 것이다.

노동이익의 정치적 대표

사회협약의 실질적 주체는 국가와 노동단체이다. 이는 자본주의국가는 생래적으로 자본과 국가의 이해가 일치하기 때문이다. 이점에서 사회협약이 성공하기 위해서는 노동이익이 적절하게 정치적으로 대표되는 것이 중요하다. 서구의 경우에 사회협약은 노사 간의 계급타협을 전제로 하며, 이를 위해서 노사의 이해를 대표하는 계급정당들 간의 정치적 타협이 선행되었다. 이러한 기반위에서 노사 간에 노동협약이 이루어지며, 이를 국가가 사후적으로 승인하고 보장하는 형식을 취한다(김용철, 2010). 따라서 사회협약이 정착된 국가는 대체로 노동단체와 결합되어 있으면서 노동이익을 주로 대변하는 계급정당이 발달되어 있다. 실제로 사회협약은 상당수의 국가들에서 이러한 노동계급 정당들이 집권한 시기에 정착되었다. 또한 사회협약은 노사 간의 권력자원이 균등해야 성공하기 쉽다(김윤태, 2009). 어느 한편의 권력자원이 월등하게 크면 양보를 전제로 하는 사회협약은 성사되기 어렵다. 대체로 노동이익의 권력자원은 노동단체 자체의 역량에서 기인하는 면도 있지만, 입법이나 정책결정과정에서 이들의 이익이 대변될 수 있는 통로가 필요하며, 이를 가장 잘 대변할 수 있는 정당이 진보적 노동정당이다. 그리고 스웨덴 사례를 통해서 보았듯이, 많은 국가들이 내각책임제를 채택하고 있는 현실에서 노동계급에 기반을 둔 친(親)노동정당들이 의회의 다수당이 되어 행정부마저 지배하게 되면 노·사·정 세 주체들 중에서 노(勞)와 정(政)이 협력하여 사회협약을 견인하기가 한층 쉬워진다.

3) 실천적 요건

개입주의적이고 중립적인 국가

사회협약제도 하의 국가는 소극적이고 수동적인 행위자가 아니라, 공익을 수호하려는 주체적이고 적극적인 실체다. 따라서 국가는 사회협약을 창출할 수 있는 의지와 역량을 갖추어야 함은 물론, 협약사항의 이행을 보증하고 강제할 수 있는 정책수단을 구비해야 한다. 예로서, 사회협약의 구축과 이행을 촉진하기 위해서는 국가가 노동시장정책이나 사회정책 등을 통해서 적절한 조건을 만들어 주어야 하는 것이다. 또한 국가는 주요 경제정책을 생산주체들의 참여를 통해서 결정하겠다는 권한배분의 의지가 있어야 한다. 따라서 사회협약제도의 존재 여부보다는 실제로 주요 노동정책 및 산업정책들이 사회협약을 통해서 조정되고 실현되느냐는 것이 중요하다.

또한 사회협약제도 하의 국가는 노사 양측의 이해로부터 중립적이어야 한다. 국가가 지속적으로 자본의 이해에 편승하여 노동자들이 국가의 중립성을 불신한다면 사회협약은 성공하기 어렵다. 반대로 국가가 지나치게 친(親)노동적인 경우에는 사용자들의 반발에 직면하게 될 것이다. 따라서 사회협약이 성공하기 위해서는 주요 행위자인 국가는 적극적인 조정력을 발휘하되, 중립적이고 비당파적이어야 한다. 이점에서 노동단체를 배제하는 권위주의체제와 사회협약은 양립하기가 어려웠다.

위계적이고 이익대표능력이 있는 정상이익집단

사회협약은 이행이 되어야 하는 데, 이를 위해서는 노사 중앙단체의 합의이행능력이 중요하다. 이 점에서 사회협약 하의 노사단체는 이익대표기능 뿐만 아니라, 성원규제기능도 수행하는 것이다. 이를 위해서 노사단체는 대체로 지역별, 산업별 노사단체를 망라하는 정상이익집단(peak association)의 형태로 존재하며, 중앙 노사단체를 정점으로 수직적으로 연계되어 있다. 이러한 수직적 연계는 내부 응집력과 구성원들의 복종심을 공고히 하고 구성원의 이탈과 저항을 억제한다. 특히, 노동단체는 전국 수준의 위계조직 형태인 산별노조체제로 조직화되어 이들이 단위노조를 규제하는 방식을 취하게 된다. 뿐만 아니라, 노사단체가 자율적으로 협상을 행하고 노동정책과정에 참여하려면 적절한 정책능력도 갖추어야 한다(김호기, 2008).

협약 내용의 호혜성

사회협약은 협약의 내용이 어느 한편에 일방적으로 유리하거나 불리하면 지속되기 어렵다. 사회협약은 협약에 참여하는 이해당사자들 모두가 편익을 공유하는 호혜성의 원리에 기초해야 하며, 그것도 편익의 정도가 서로 유사해야 한다. 특정 행위자가 일방적으로 불리함을 감수해서는 사회협약이 형성되기도 어렵고 지속하기도 어렵다. 특히, 사회협약의 내용은 상당부분이 국가에 의해서 정책적으로 뒷받침이 되어야 하기 때문에 국가가 특정 행위자에게 경도되지 않는 공평한 협약을 산출하는 것이 관건이다. 이론적으로 국가는 사회협약을 통해서 산업평화를 유지하고 당면한 경제위기 상황을 극복할 수 있다. 노사단체는 국가로부터 이익대표권을 부여 받고 정책과정에 제도적으로 참여할 수 있는 통로를 보장받는다. 특히, 노동단체의 경우는 사회협약의 대가로 고용안정과 사회보장 확충 등의 반대급부를 받는다. 사용자는 사회협약을 통해서 생산성의 향상과 세제상의 혜택을 향유할 수 있다.

그러나 실제에서는 사회협약을 통한 호혜적 편익은 이렇게 추상적으로 표현이 되어서는 안 되며, 구체적이고 실천 가능한 정책이나 프로그램의 형태로 도출되어야 한다. 특히, 노사단체가 공히 협약의 내용이 공정하다고 수용해야 한다. 이론상으로는 사회협약에 참여함으로써 이익대표권을 인정받는 것이 중요한 편익이라고 하지만, 이는 어디까지나 복수노조가 금지되었을 경우에 해당하는 것이다. 동일 사업장에 복수노조의 설립이 법제적으로 허용되는 곳에서는 국가에 의한 이익대표권의 부여가 중요한 편익이 되지 못하는 경우가 많다. 따라서 사회협약의 내용은 이에 참여하는 행위자들이 구체적으로 실감할 수 있을 정도로 편익이 구체적으로 부여되어야 하며, 이러한 편익이 노사단체 쌍방 간에 공정한 것으로 인식되어야 한다. 따라서 사회협약이 성공하려면 정책을 산출하는 국가의 편익창출 능력 및 공정한 이행의지가 중요한 것이다.

행위규칙과 협약의 이행

사회협약을 형성하고 시행하는 데는 성향이나 정책정향 면에서 이질적인 행위자들이 개입하게 된다. 특히, 노동단체와 사용자단체는 여러 면에서 그 성향이나 정책정향이 대조적이다. 따라서 이러한 행위자들이 함께 모여 사회협약을 체결하고 이행하기 위해서는 일정한 행위규칙이 형성되어야 한다. 이러한 행위규칙은 명문화될 수도 있고 그렇지 않을 수도 있지만, 가급적 명문화되는 것이 바람직하다. 의사결정은 어떻게 할 것이며, 조정은 어떻게 할 것이며, 합의사항을 이행하지 않을 경우에는 어떠한 벌칙을 가할 것인지 등에 대한 명문화된 규정이 필요한 것이다. 물론 행위규칙을 명문화한다고 해서 반드시 지킨다는 보장은 없지만, 행위규칙을 어길 경우에는 어느 정도의 불이익을 감수하게 해야 한다.

그리고 협약은 이행이 되어야 한다. 이행하지 못할 협약을 만드는 것은 그 내용이 아무리 그럴듯하다 해도 화중지병(畵中之餠)에 불과하다. 합의를 이행하기 위해서는 우선 이행이 가능한 내용을 합의하는 것이 선행되어야 한다. 다급한 불을 끄기 위하여 이행할 수 없는 내용들을 합의하는 것은 사회협약의 실효성을 떨어뜨리는 것이다. 협약의 의제를 정할 때 노사정 삼자가 각기 맡은 분야를 이행하는 것이 가능한지의 여부를 먼저 따져보고 이행이 가능한 내용에 대해서 협약을 해야 한다. 이행하지 못할 내용을 협약하면 상호 신뢰성만 저하시키게 된다. 그리고 사회협약이 이행되기 위해서는 협약의 내용이 구체적이어야 한다. 모호하고 추상적인 협약은 이행이 어려우며, 이행 여부를 점검하는 데서도 논란을 유발하게 된다. 또한 사회협약이 이행되기 위해서는 세부 실천계획과 전략이 수반되어야 한다. 연차별, 분기별, 월별 실천계획과 실천전략을 수립하고 협약 당사자들이 이를 수용하고 공유해야 한다.

협약기구의 효율적 구성과 운영

사회협약이 성공하기 위해서는 협약기구 자체가 적절하게 구성되고 효율적으로 운영되어야 한다. 우선 협약기구가 노사정의 이해를 적절하게 대표할 수 있도록 구성되어야 하며, 특히 합의의 이행도를 높이기 위해서는 실질적인 의사결정권한이 있는 대표들이 참여해야 한다. 다음에는 당사자들이 협약기구를 실효성 있는 협약의 장(場)으로 인정하고 여기에서 주요 문제를 논의하려는 자세가 필요하다. 그렇지 않으면 협약기구는 형식화되기 쉽다. 그리고 협약기구가 안정적으로 운영되기 위해서는 법제적으로 제도화되어야 함은 물론, 일련의 사회협약들이 지속적으로 산출되어야 한다. 내부운영 면에서는 효율적인 의사결정체계를 구비하고, 적절한 집행조직과 인력을 구비하고 예산을 확보하며, 문제점을 발견하고 합의이행을 점검할 수 있는 기구가 필요하다.

사회협약의 평가 및 성과도출

사회협약은 일정한 성과를 산출해야 한다. 대표적인 것이 임금안정이며, 이밖에도 노사분규건수나 근로손실일수 등으로 측정이 가능한 산업평화, 실업률 등으로 측정할 수 있는 고용안정, 실업수당이나 노동자주택 등과 관련한 노동자복지 등의 성과물들이 있다. 거시적으로는 물가안정이나 경제성장률 등도 사회협약의 성과로 제시될 수 있다. 그러나 이러한 성과는 사회협약을 체결하고 이행한다고 해서 그저 주어지는 것은 아니다. 이를 위해서는 사회협약의 내용 자체를 공익과 국가전체 이익의 증대에 부합하게 구성해야 하며, 사회협약 이행과정에 대한 지속적인 모니터링이 필요하다. 이를 위해서는 모니터링의 기준이나 담당기구 등이 구축되어야 한다. 그리고 사회협약의 이행여부 및 성과는 주기적으로 평가되어야 한다. 평가의 결과 미비한 점이 있으면 적기에 그리고 적재적소에 환류가 되어야 한다.

3. 우리나라의 2000년대 이후의 사회협약 실태

1) 2000년대의 사회협약 구축노력

1998년 1월 제1기 노사정위원회가 출범한 이래 1998년 2월 '경제위기 극복을 위한 사회협약'을 체결하는 등 당시의 경제위기 상황에서 나름대로 일정한 성과를 창출하였다. 이는 당시의 IMF 구제금융 상황에서 타협을 하지 않으면 공멸한다는 위기의식이 노사정 모두에게 공유되었기 때문이다. 그러나 경제위기 상황이 어느 정도 극복되기 시작하면서 부터는 노사정위원회는 노동단체나 사용자단체가 수시로 탈퇴와 진입을 반복하며 원만한 협약을 도출하지 못하였다. 따라서 1998년 6월부터 1999년 8월까지 1년 남짓 존속한 제2기 노사정위원회는 1999년 5월 '노사정위원회 설치운영에 관한 법률'을 제정하는 등 사회협약의 제도화에는 어느 정도 기여를 하였지만, 전반적인 성과 면에서 제1기에 비해서 크게 미흡하였다.

이후 1999년 9월부터 2007년 5월까지 장기간에 걸쳐 제3기 노사정위원회가 존속하였지만, 2004년 2월 '일자리 만들기 사회협약'을 체결한 정도를 제외하고는 뚜렷한 성과를 거두지 못하였다. 제3기 노사정위원회는 대부분의 기간이 친(親)노동 진보정권이었던 노무현 정부와 겹쳤지만, 노사정위원회에서 주목할 만한 사회협약을 만들어내지는 못하였다. 당시 체결한 '일자리 만들기 사회협약'의 경우는 그 내용 면에서 노사 간에 큰 양보가 필요하지 않았던 사안들이었으며, 이행 면에서도 큰 성과가 없었다. 따라서 선언적 의미가 큰 것이었다. 이처럼 2000년대 들어서도 정부는 노사문제를 사회협약의 방식으로 해결하려는 의욕이 강하였지만, 경제위기 상황이 이미 극복된 상태에서 노동단체와 사용자단체 모두가 상호 양보가 필요한 사회협약에 더 이상 매력을 느끼지 못하였다.

그리고 노무현 정부 들어서 우리사회의 전반이 진보와 보수 진영으로 첨예하게 대립하면서 사회적 대화나 타협이라는 정치적·사회적 분위기도 크게 후퇴하였다. 특히, 노동단체의 경우 복수노조가 인정되면서 거의 모든 사업장 단위에서 진보성향의 민주노총계열과 보수성향의 한국노총계열이 성원 충원과 가입노조 확대 등을 둘러싸고 대립하는 상황에서 노동단체도 사용자에 대응하여 단일의 목소리를 내기가 어려웠다. 따라서 어느 하나의 노동단체가 협력적이면 다른 노동단체가 반발하는 등 노노(勞勞) 갈등이 치열하였으며, 이는 사회협약의 형성이나 이행에도 부정적으로 작용할 수밖에 없었다.

2007년 4월에는 기존의 법률을 '경제사회발전 노사정위원회법률'로 명칭을 변경하고 이에 따라 동년 5월 제4기 경제사회발전 노사정위원회가 출범하였다. 동 위원회는 2008년의 세계경제 위기상황에 직면하여 이명박 정부 하인 2009년 2월 '경제위기 극복을 위한 노·사·민·정 합의', 2010년 6월 '장시간 근로관행 개선과 근로문화 선진화를 위한 합의'를 체결하는 등 일정한 활동을 하였다. 그러나 협약내용의 구체성이 부족하였으며, 협약이행을 위한 세부과제 설계 등의 후속 노력도 부족하였다. 특히, 진보적 노동단체인 민주노총은 보수정권 하에서 사회협약에의 참여를 기피하는 경향이 강하였기 때문에 일정한 협약에 도달하더라도 사실상 반쪽에 그칠 수밖에 없었다. 이렇게 되면 사회협약은 민주노총 산하의 산별노조나 단위노조에 대해서는 구속력이나 파급력을 갖지 못하게 되며, 이는 필연적으로 사회협약의 실패로 귀결될 수밖에 없었다.

박근혜 정부에서는 2014년 9월 노동시장구조개선특별위원회를 설치하고 2014년 12월 '노동시장 구조개선의 원칙과 방향에 대한 노·사·정 기본합의'를 도출한 이후부터 약 1년 동안 논의를 거듭한 끝에 2015년 9월 '노동시장 구조개선을 위한 사회적 대타협'을 도출하였다. 여기서는 청년고용 활성화(청년채용공간 확대, 정책지원 강화, 세대 간 상생고용 노력 촉진, 청년고용촉진협의체 발족), 노동시장 이중구조 개선(상생과 동반성장 확산, 차별 없는 노동환경, 양극화 해소 및 생산성 향상), 사회안전망 확충(사회보험의 보장성 강화, 최저임금의 단계적 인상, 직업능력 중심사회 구현), 산업현장의 불확실성 해소(통상임금의 재(再)정의 및 근로시간 단축, 조속한 입법, 현장갈등 해소), 노사정 파트너십 강화(업종별 위원회 활성화, 생산적 교섭문화 정착, 청년·비정규직의 노사정위원회 참여) 등 다양한 안건들에 대해서 합의하고 합의문을 작성하였다. 동 합의에는 노동 측에서는 한국노총, 사용자 측에서는 한국경총과 대한상의가 참여하였으며, 정부 측에서는 기획재정부장관, 고용노동부장관, 산업통상자원부장관이 참석하였다. 경제사회발전 노사정위원회의 공익위원 2인, 상임위원, 위원장도 합의문 체결의 당사자로 참여하였다.

이처럼 박근혜 정부에서는 모처럼 만에 사회협약을 체결하였으나, 이 역시 성공적 이행을 기대하기는 어려웠다. 무엇보다 당시 노동운동을 주도하던 민주노총이 처음부터 협약과정에 불참함으로써 협약내용이 노동현장에서 이행되기가 어려웠다. 그리고 협약내용이 노사 쌍방 간의 양보를 전제로 하는 것이 아니라, 사용자가 일방적으로 양보해야 하는 사안들이 대부분이었다. 따라서 사용자단체는 정부의 독촉으로 마지못해 협약에 참여는 하였지만, 협약내용을 자발적으로 존중하기는 어려웠다. 무엇보다 대타협에서 다양한 의제에 대해서 합의는 하였지만, 이를 이행할 세부 실천과제 발굴, 이행조직 구축, 분야별 시행 전략 수립 등 구체적인 사회협약 이행계획이 부실하였다. 따라서 협약에 참여한 노·사·정 모두가 협약의 이행을 위한 실천의지가 부족하였다.

노무현 정부 이래 10여년 만에 집권한 진보정권인 문재인 정부는 사회협약을 복원하는 데 심혈을 기울이고 있다. 이에 따라 2018년 1월에 노사정대표자회의를 발족하였으며, 여기서는 여러 차례 회의를 갖고 2018년 4월 '새로운 사회적 대화기구 개편을 위한 합의'에 도달하였다. 이에 따라 2018년 5월 '경제사회발전 노사정위원회법률' 전부개정안이 국회를 통과하였으며, 2018년 6월 '경제사회노동위원회법'이라는 명칭으로 공포되었다. 따라서 사회협약기구의 명칭도 기존의 경제사회발전 노사정위원회에서 경제사회노동위원회로 변경되었다. 전반적으로 사회적 대화의 범위를 넓게 해석함으로써 사회협약의 역할을 강화하고자 하였다. 이후 준비기간을 거쳐 2018년 11월 경제사회노동위원회 출범식을 갖고 제1차 본위원회를 개최하였다. 이어서 2019년 3월에는 제2차, 제3차 본위원회가 개최되었다.

2) 2000년대 이후 사회협약의 내용

1998년 2월 제1기 노사정위원회에서의 '경제위기 극복을 위한 사회협약'의 체결부터 2015년 9월의 '노동시장 구조개선을 위한 사회적 대타협'에 이르기까지의 기간 동안에 노사정위원회에서는 79건의 합의문이 도출되었다. 대정부 건의문 및 권고문 등도 45건이 생산되었다. 이러한 합의문과 대정부 건의문 및 권고문을 주제별로 분류해 보면, <표 26>과 같다.

<표 26> 노사정위원회 합의문의 주제별 분류(1998~2015) (단위: 건)

주제별		합의문	건의문 및 권고문
경제위기 극복		3	2
구조조정		13	23
노사관계		17	4
노동시장·일자리창출	일자리창출	11	5
	비정규직근로자 대책	3	2
	직업훈련	7	1
	고용서비스	3	-
임금·근로시간단축		3	4
산업안전·산재보험		5	-
사회보장·세제		14	4

출처: 경제사회발전 노사정위원회(2016)에서 발췌함.

여기서 보면, 중요성이 보다 큰 노사정 간의 합의문의 경우는 노사관계, 구조조정, 노동시장 및 일자리창출, 사회보장 및 세제 등 다양한 주제에 비교적 고르게 분포되어 있다. 따라서 사회협약이 노동정책 전반에 대해서 논의가 되었음을 알 수 있다. 특히, 노동정책 중에서도 노사관계, 구조조정, 일자리창출에 논의가 집중되었다. 반면에 사회보장 및 세제나 산업안전 및 산재보험의 경우는 주로 노동자복지와 관련되는 영역으로 구조조정 등 노동자의 양보와 희생이 필요한 영역에서 협약을 수용하는 데 따른 보상의 성격을 띤다고 볼 수 있다. 예로서, 1998년 12월에 합의된 의료보험 통합일원화는 당시 경제위기 극복을 위해서 구조조정이나 정리해고 등의 주요 사안에서 양보를 하는 대가로 그동안 민주노총 등 진보진영에서 요구하던 바를 교환물로 수용한 측면이 강하다. 대정부 건의문 및 권고문의 경우는 총 45건 중에서 절반을 상회하는 23건이 구조조정과 관련되는 데, 이를 통해 정리해고를 포함하는 구조조정 문제가 노사 양측의 중요한 관심사항이었음을 알 수 있다.

3) 경제사회노동위원회 실태

경제사회노동위원회는 2018년 6월 기존의 경제사회발전 노사정위원회의 명칭을 변경한 것이다. 동위원회의 목표는 사회적 대화를 통해서 공정한 경제, 좋은 일자리, 참여적 혁신, 노동기본권, 보편적 사회보장을 실현하는 노동존중사회를 구현하고, 이를 통해서 궁극적으로는 양극화 해소와 포용적 성장을 실현하고자 하는 것이다. 구체적으로 경제사회노동위원회는 “근로자·사용자·정부 등 경제·사회주체가 신뢰와 협조를 바탕으로 고용노동정책 및 이와 관련된 경제·사회정책 등을 협의하고 대통령의 자문요청에 응하기 위하여” 설립되었으며, 궁극적으로는 “사회 양극화를 해소하고 사회통합을 도모하며 국민경제의 균형있는 발전에 기여하는 것을 목적으로 한다.”(경제사회노동위원회법 제1조). 동위원회에 참여하는 경제·사회주체는 상호 신뢰를 바탕으로 독립하여 자율적으로 성실하게 협의에 임해야 하며, 그 결과를 최대한 존중해야 한다(경제사회노동위원회법 제2조).

동위원회는 대통령 소속의 자문기구로서, 고용노동정책 및 이와 관련된 제반 산업·경제·복지 및 사회정책, 노사관계 발전을 위한 제도·의식(意識) 및 관행의 개선, 경제·사회 주체들 간 협력증진을 위한 사업의 지원방안, 그 밖에 대통령이 자문하는 사항 등을 협의한다. 동위원회에서 논의하는 의제는 기존의 경제사회발전 노사정위원회가 노동정책 및 이에 중대한 영향을 미치는 산업, 경제 및 사회정책을 중심으로 협의를 한데 비해서, 고용노동정책 및 이와 관련된 산업, 경제, 복지 및 사회정책 등에 관한 사항, 노사관계 발전을 위한 제도·의식 및 관행 개선에 관한 사항, 근로자·사용자 등 경제사회 주체 간 협력증진을 위한 사업의 지원책 협의 등을 포함하는 것으로 사회협약의 대상범위를 크게 확대하였다.

경제사회노동위원회의 구성은 위원장 1명, 상임위원 1명, 근로자위원 5명, 사용자위원 5명, 정부위원 2명, 공익위원 4명 등 총 18명으로 되어 있다. 위원장과 상임위원은 대통령이 위촉하며, 근로자위원은 전국규모의 총연합단체인 노동단체 대표자, 전국규모의 총연합단체인 노동단체의 추천을 받아 위원장이 제청한 사람을 대통령이 위촉한다. 사용자위원은 전국규모의 사용자단체 대표자, 전국규모의 사용자단체의 추천을 받아 위원장이 제청한 사람을 대통령이 위촉한다. 정부위원은 기획재정부장관과 고용노동부장관이 되며, 공익위원은 고용노동·경제·사회 문제 등에 관한 전문가들 중에서 전국규모의 총연합단체인 노동단체와 전국규모의 사용자단체의 의견을 들어 위원장이 제청하고 대통령이 위촉한다. 필요한 경우에는 대통령은 산업통상자원부장관, 보건복지부장관 등 관계 행정기관장을 특별위원으로 위촉할 수 있다. 경제사회노동위원회 위원의 2년이며, 연임이 가능하다. 위원의 구성 면에서 이전의 경제사회발전 노사정위원회의 위원이 근로자위원은 한국노총과 민주노총의 대표자, 사용자위원은 한국경총, 대한상공회의소의 대표자로 구성되었던데 비해서, 경제사회노동위원회는 이들 외에도 근로자위원에는 청년·여성·비정규직 대표, 사용자위원에는 소상공인·중소기업·중견기업 대표를 포함하는 것으로 확대하였다.

경제사회노동위원회의 회의는 대통령이 소집을 요구할 때, 재적위원 1/3 이상이 소집을 요구할 때, 그 밖에 위원장이 필요하다고 인정할 때 소집한다. 동위원회의 회의는 재적위원 2/3 이상의 출석으로 개의하고, 출석위원 2/3 이상의 찬성으로 의결한다. 동위원회가 의결을 할 때에는 근로자위원, 사용자위원 및 정부위원 각 1/2 이상이 출석해야 한다. 현재 본위원회 위원 중에서 근로자위원은 한국노총위원장, 청년유니온 위원장, 전국여성노동조합 위원장, 한국비정규노동센터 소장의 4인으로 구성되어 있어 법에 규정된 5명보다 한 명이 부족하다. 위원의 구성을 보면 노동단체 대표를 비교적 골고루 포함하고자 노력은 하였으나, 현재 노동운동을 주도하는 민주노총이 불참하고 있어 사실상 반쪽에 그치고 있다. 사용자위원은 한국경총 회장, 대한상의 회장, 중소기업중앙회 회장, 한국중견기업연합회 회장, 소상공인연합회 회장의 5인으로 구성되어 있으며, 기업규모별로 다양한 사용자단체를 골고루 포함하고자 노력하고 있다. 공익위원 4명은 전(前)전문경영인, 언론인, 시민단체 대표, 변호사로 구성되어 있지만, 노동정책 전문가는 포함되어 있지 않다.

경제사회노동위원회는 동위원회 회의에 상정할 의안의 검토와 조정, 동위원회로부터 위임받은 사항의 처리, 기타 동위원회 활동에 대한 지원 사항을 처리하기 위하여 산하에 운영위원회를 둔다. 운영위원회의 구성은 운영위원장 1명을 포함한 10명 이내로 한다. 운영위원은 근로자위원 및 사용자위원을 보좌하고 직무를 대행할 자, 관계 행정기관의 차관 중에서 경제사회노동위원회 위원장이 위촉한다. 현재 운영위원회 위원은 노사단체 부대표급, 정부차관급, 공익위원 및 경제사회노동위원회 상임위원으로 구성되어 있다.

그리고 경제사회노동위원회는 1년 이내의 기간을 정하여 의제별위원회, 업종별위원회, 계층별위원회를 운영위원회 산하에 둔다. 필요하면 1년 이내의 범위에서 존속기간을 연장할 수 있다. 의제별·업종별 위원회의 위원장은 경제사회노동위원회 위원장이 위촉한다. 의제별위원회는 주요노동 이슈 또는 업종내 현안에 대한 해결방안을 모색하기 위하여, 업종별위원회는 각종 업종에서 제기되는 공통 현안의 해결방안을 모색하기 위하여 운영하고 있다. 위원은 전국규모 노사단체의 추천인, 관계 행정기관의 추천인, 공익을 대표하는 관계전문가로 구성하고 있다. 계층별위원회는 청년, 여성, 비정규직 등 사회 각 계층이 직접 참여하여 독자적인 의제를 개발하고 정책을 제안하는 기능을 수행한다.

계층별위원회의 구성은 전국규모 노사단체의 추천인, 청년·여성·비정규직 등 사회 각 계층의 이해대변단체의 추천인으로 구성한다.

또한 경제사회노동위원회는 의제개발·조정위원회를 운영위원회 산하에 두고 있는데, 위원장은 상임위원이 겸직한다. 그리고 경제사회노동위원회는 긴급한 현안에 대응하기 위하여 운영위원회 산하에 특별위원회를 둘 수 있다. 특별위원회는 일반적인 의제별·업종별위원회에서 다루기 어려운 긴급한 현안을 논의하기 위한 것으로 전국규모의 노사단체 추천인, 관계행정기관 추천인, 공익을 대표하는 관계전문가로 구성된다.

그리고 경제사회노동위원회는 실무사무를 처리하기 위하여 사무처를 두고 있다. 사무처에는 사무처장 1명을 두며, 경제사회노동위원회 상임위원이 사무처장을 겸직한다. 그리고 경제사회노동위원회의 업무에 관한 전문적인 조사·연구를 위하여 전문위원을 둔다. <그림 10>은 현행 경제사회노동위원회의 각 위원회 실태를 도식화한 것이다.

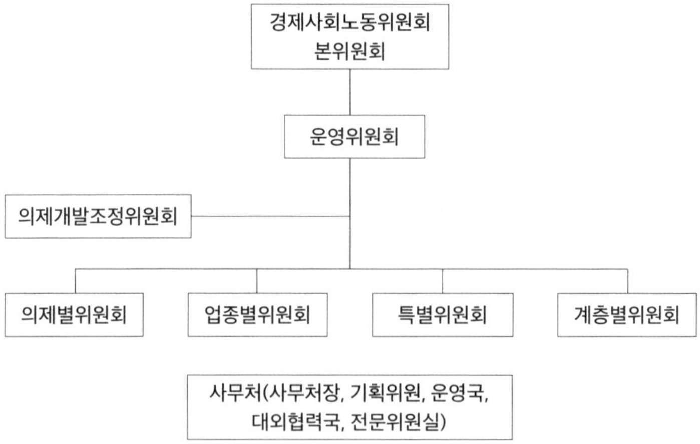

<그림 10> 현행 경제사회노동위원회의 구성 체계

그리고 경제사회노동위원회는 지역 내 근로자·사용자 등 경제·사회주체와 지방자치단체 사이의 사회적 대화를 활성화하기 위하여 지역별 사회협약 의제 검

토, 지역별 사회협약 활성화를 위한 조사·연구, 지역별 사회협약 활성화를 위한 비용지원 등의 필요한 지원을 할 수 있다(경제사회노동위원회법 제20조 및 동법 시행령 제16조). 이에 따라 1998년 12월 광주광역시 광산구 지역노사정협의회 설치를 시작으로 2019년 현재 17개 시·도 광역단체는 100%, 228개 시군구 기초단체 중에서는 43.9%인 100곳이 지역노사정협의회를 설치하고 있다. 이러한 지역노사정협의회는 지방자치시대에 발맞춘 지역차원의 노사정협의체로서 신뢰와 협조를 바탕으로 지역 노사정 협력방안, 지역 내 실업 및 고용대책, 기타 지역경제 등에 관한 사항을 협의하며 궁극적으로는 지역산업의 평화를 도모하고 국민경제의 균형 있는 발전에 기여하고자 하는 것이다.

협의결과에 대해서는 경제사회노동위원회 위원장은 협의결과 등 주요 활동사항을 대통령에게 보고해야 하며, 위원회의 의결사항을 관계 행정기관에 통보하고 그 이행을 촉구할 수 있다. 그리고 성실이행 의무과 관련하여, 근로자·사용자 등의 경제·사회주체 및 정부는 경제사회노동위원회의 의결사항을 정책에 반영하고 성실히 이행하도록 최대한 노력하도록 하고 있다.

4. 우리나라 사회협약의 현실에 대한 평가

지금까지 논의한 바와 같이 사회협약은 어느 날 갑자기 신기루처럼 나타나는 것이 아니다. 다양한 요건들이 구비되어야 한다. 이를 위해서는 우리의 현실을 정확하게 진단하고 보다 장기적인 관점에서 사회협약의 성공적인 정착을 도모해야 한다. 이에 사회협약의 성공을 위한 마중물로서 우리의 현실을 냉정하게 진단해 보면 다음과 같다.

우선, 우리는 아직 사회협약을 뒷받침할 사회문화적 토양이 미비하다. 명분주의는 정통이 아니면 모두 이단으로 간주하는 극단주의를 심화시켰으며, 이는 노사관계에서도 마찬가지이다. 친소구분의식은 분파의식을 고취하고 집단이기주의를 파생하였다(최재석, 1982). 그러나 위기의식의 공유도는 높은 편이다. 이는 지정학적 특성으로 인하여 전쟁이 끊이지 않았던 역사적 조건과도 맥락을 같이한다. 그러나 문제는 이것이 단기적이라는 점이다. 따라서 사회협약이 성공하려면 주체들 간의 관용과 장기적 안목이 필요할 것이다.

경제적 요건 면에서는 우리나라 역시 소규모의 수출지향형 개방경제체제이다. 내수시장이 취약한 상황에서 우리는 지속적으로 수출지향형 공업화 전략을 추진해 왔다. 그리고 공업화의 방식도 원자재를 수입하여 이를 가공하여 재(再)수출하는 전략이었다. 따라서 우리나라의 경제구조는 외부환경에 극도로 취약하다. 그리고 1990년대 이래 우리나라 경제는 위기상황이다. 노사분규, 임금상승, 물가불안, 수출경쟁력 저하 등의 요인들로 경제활력이 지속적으로 저하되고 있다.

그러나 정치적 요건은 사회협약과 거리가 멀다. 해방이후의 분단 상황에서 우리는 이념적 다양성이 용인되지 않는 철저한 반공국가였다. 따라서 계급정당은 존재할 수 없었다. 정당 간 경쟁은 계급이해가 아닌 지역이해에 기반을 두었다. 이러한 상황에서 노동이익은 정치적으로 대표될 수가 없었다. 노동단체의 정치활동도 엄격하게 금지되어 왔다. 따라서 우리나라에서 실질적으로 사회협약이 뿌리내리려면 장기적으로는 다양한 이념정당의 출현이 희구되지만, 현실적으로는 기존정당과의 정책연대 등을 강화하는 것이 필요하다.

행위자 요건과 관련하여, 우리나라도 강력한 개입주의적 국가였다. 주요 경제정책을 모두 국가가 설계하였다. 노사관계에도 적극적으로 개입하였다. 작은 정부를 지향하는 지금도 마찬가지이다. 그러나 우리나라의 국가는 중립적이지는 못하였다. 성장제일주의 이념 하에서 노동세력은 분절화와 배제의 대상이었다. 역대정부들 중에서 친(親)노동적인 진보성향의 정부들도 많았으나, 노동단체는 여전히 정부의 중립성에 대해서 불만을 갖고 있다. 그리고 우리나라는 그동안 주요정책을 국가가 비밀주의적이고 독점적으로 결정하였다. 사회집단의 참여를 허용하는 각종의 정부기구들이 있지만, 대부분이 형식적인 자문기구이다. 따라서 사회협약이 성공하려면 국가의 중립성을 확보하고, 노사단체를 실질적인 협의상대로 인정하고 각종 협의기구들의 권한을 강화하는 것이 필요할 것이다. 다음에 노사단체와 관련하여, 우리나라의 노사단체들 역시 위계적 조직구조를 가진다. 우선 노동단체는 산별노조를 중심으로 하며, 지역별로도 위계적 조직을 가지고 있다. 사용자단체인 한국경총의 조직구조는 스웨덴의 SAF와 유사하다. 한국경총의 회원사들은 경총의 회원인 동시에 산하단체의 회원이기도 하다. 그리고 시도단위별로는 지방경영자협회를 두고 있다. 그러나 노사단체의 이익대표능력과 성원규제능력은 높지 못하다. 1995년 민주노총의 설립으로 양대 노총 체제가 확립된 이후에도 전체 노조조직률은 높지 못하다. 한국경총의 경우는 산업영역별 주요 사용자단체들이 모두 산하단체로 가입하고 있으며, 전경련과 중소기협 등도 단체회원으로 가입하고 있지만, 과두제적으로 운영되고 있어 어느 정도 성원대표능력이 있는지는 의문스럽다. 그리고 성원규제능력은 노동단체의 경우에 규약 상으로는 성원규제 조항들이 다수 있으나, 실제로는 느슨한 연맹체에 불과하다. 더구나 양대 노총 체제가 정착되면서 성원들의 순응을 확보하기가 더욱 어려워 졌다. 사용자단체는 소수의 대기업을 중심으로 과두제적으로 운영되며, 성원들의 집단적인 동원이 불필요한 상황에서 성원규제의 필요성도 적었다. 노사단체의 정책능력과 관련하여, 각기 정책본부를 두고 있으나 실제의 정책능력은 별로 높지 못하다. 노동단체의 경우는 재정부족으로 유능한 인력을 충원하기가 어려우며, 사용자단체도 노사문제에 관한 장기적인 대안을 수립하지는 못하고 있다. 따라서 사회협약의 성공을 위해서는 노동단체의 성원대표능력 및 성원규제능력을 제고하며, 노사단체 모두 정책능력을 제고하는 것이 필요하다.

마지막으로, 행위규칙 측면에서 우리나라의 경우는 노사정 간에 상호불신이 만연해 있다. 노동자는 기업정보가 공개되지 않고 기업의 의사결정이 폐쇄적인 데 대해서 불신이 크다. 사용자는 노동자가 협약을 준수하지 않고 무리한 요구를 한다고 생각한다. 그리고 노사 모두가 노동법규를 지키지 않는 경우가 허다하며, 협약사항을 쉽게 번복한다. 그리고 우리나라는 노사단체의 국가와 사회전체에 대한 그리고 상대방에 대한 책임성이 낮다. 소집단주의와 극단주의가 만연하는 풍토에서 국가전체에 대한 의무감이나 상대방을 배려하는 책임감은 배양될 수가 없었다. 노사 간의 권력자원의 균등성과 관련해서는 1980년대까지는 노동의 권력자원이 월등히 약했다. 국가의 엄호를 받는 자본이 노사관계를 사실상 지배하였다. 국가는 지속적으로 노동세력의 약화를 도모하였다. 기업별노조체제를 강요한 것이 그 예이다. 이후 1980년대 후반을 기점으로 민주노조 진영의 조직화와 조직률 증가 등으로 노동의 권력자원이 상당히 강화되었다. 국가가 노동을 물리력으로 억압하는 것이 어렵게 되었으며, 양대 노총 간의 선명성 경쟁으로 노동운동의 투쟁 강도는 강해졌다. 그러나 1990년대 중반을 기점으로 노조조직률이 지속적으로 하락하고, 경제위기 상황이 도래함으로써 노동의 권력자원은 약화되었다. 그리고 사회협약은 호혜성을 전제로 하는데, 과거 경제위기 상황 하에서는 양보하지 않으면 모두가 공멸한다는 위기의식이 있었다. 예로서, 1990년대 말의 경제위기 상황에서 작동한 노사정위원회를 보면, 여기서 타결된 의제들은 노동자 측에서 요구한 노동기본권의 신장과 사용자와 정부가 요구한 노동시장 유연화를 서로 교환한 것이었다. 그리고 정부는 이를 통해서 산업평화를 유지하는 가운데 산업의 구조조정을 이행할 수 있었다. 그러나 이러한 교환물이 조기에 소진되자 사회협약도 위기에 직면하였다. 따라서 우리나라에서 사회협약이 성공하려면 행위자들 간의 신뢰성을 확보하는 것이 급선무이며, 이를 바탕으로 노사 간 및 국가와 사회에 대한 책임감을 배양하며, 지속적으로 호혜적인 교환물을 산출해 낼 수 있는 협상능력이 필요할 것이다.

5. 맺음말: 사회협약체계 구축에서의 본서의 기여

본서는 사회협약에 대한 학문적 관점에서의 이해를 제고하고 우리나라의 사회협약 구축노력들을 분석·평가해봄으로써 현재 답보상태에 있는 사회협약을 활성화하는 데 시사점을 제공하려는 의도에서 집필되었다. 물론 지금까지 사회협약과 관련한 학술논문이 적지 않게 발표되었지만, 아직 단행본 형태의 학술연구는 많지 않다. 학술논문들은 논문의 속성 상, 그 내용이 어려워 대중적 접근성이 용이하지 않았다. 그리고 단행본 형태의 사회협약에 관한 연구들도 대다수가 국책연구원의 보고서들이어서 이 역시 대중적 친화성이 부족하였다. 그리고 대부분이 1998년의 노사정 협약사례를 분석하는 것들로 우리나라 사회협약의 역사적 흐름을 통시적(通時的)으로 이해하는 데는 한계가 있었다. 반면에 시중의 출판사를 통해서 발간된 단행본들의 경우는 대중적 접근성은 높지만, 일부는 학술서적으로서의 심층적 연구가 부족한 경우도 있고, 또한 외국사례를 소개하는 데 중점을 둔 경우가 있다. 따라서 사회협약에 대한 대중적 접근성을 제고하고 기존 연구들의 한계점을 보완하기 위한 의도에서 본서가 집필되었다. 오늘날 사회협약은 학술적 차원에서만 논의될 것이 아니라, 노사 간의 갈등을 슬기롭게 해결함으로써 국가경제를 부흥하는 데도 중요한 역할을 수행하고 있다. 따라서 사회협약은 보다 실천적인 관점에서 접근할 필요가 있으며, 사회협약의 주요 행위자들인 정부관료, 사용자, 노동자 등이 모두가 용이하게 숙지할 수 있게 해야 한다. 이점에서 본서가 다소나마 기여할 수 있지 않을까 한다.

따라서 본서는 다음과 같은 점들에서 이론적, 실천적인 기여를 할 수 있을 것으로 본다. 우선 이론적 측면에서는 첫째, 주요 개념들을 결합한 통합적이고 입체적인 분석틀을 개발하고, 이를 사회협약의 구축 사례를 분석하는 데 적용하여 검증함으로써, 우리나라 노동정책의 정치적 동태성을 보다 잘 이해할 수 있다. 그리고 사회협약의 의의, 전개과정, 성과, 한계 등에 관한 내용들을 명확하게 함으로써 사회협약과 관련한 이론발전에 기여할 수 있다. 둘째, 그 동안 개별사례 중심으로 연구되어 온 사회협약 구축노력을 심층적인 문헌조사를 통하여 일목요연하게 비교·분석함으로써, 30년 이상 진행되어 온 사회협약 구축노력에 관한 종합적인 이해를 도모할 수 있다. 셋째, 사회협약 구축과정에서의 국가, 노동단체, 사용자단체 간의 역동적 관계를 분석함으로써 이 분야의 후속연구를 위한 토대를 마련하는 데 기여할 수 있다. 넷째, 장기간 진행되어 온 사회협약 구축노력을 비교·분석함으로써 사회협약 구축과정에서 국가 및 노사단체의 역할과 상호작용 방식이 어떻게 변화하였으며, 이 과정에서 공익은 어떻게 고려되었는지를 살펴볼 수 있다. 이를 통하여 향후 정책을 추진하는 데서 공익의 보호 및 이를 위한 국가의 역할에 대한 시사점을 얻을 수 있다.

본서는 실증분석을 행하고 이를 토대로 정책방안을 제시하려는 처방적 연구이다. 이는 기본적으로 사회협약은 규범적인 것이기도 하지만, 앞으로도 이를 둘러싼 유사한 논쟁이 지속될 것이기 때문이다. 따라서 본서는 실천적 측면에서도 다음과 같은 기여를 할 수 있다. 첫째, 그 동안의 사회협약 구축노력들을 비교·분석하고, 환경적 요건을 포함한 다양한 요인들이 관련 행위자들의 전략적 행동에 어떠한 영향을 미치며, 또 이것이 사회협약의 형성 내지는 붕괴에 어떻게 영향을 미치는 지를 분석함으로써 향후의 사회협약 구축을 시도하는 데서 유익한 정보를 제공할 수 있다. 둘째, 장기간 동안의 사회협약 구축노력을 실증 분석하기 위한 다양한 문헌자료를 수집함으로써 망실될 우려가 있는 관련 자료들을 수집 보관하며, 나아가서는 자료아카이브의 구축에도 기여할 수 있다. 셋째, 사회협약 구축노력을 분석하는 데서 정치적·사회적 요인을 중요하게 감안함으로써 이것들이 노동정책의 입안 및 시행과정에서 어떠한 영향을 미치는지를 숙지할 수 있다. 그리고 이를 통하여 향후 노동개혁 및 사회협약을 추진하는 데서 정치·사회적 맥락을 유리하게 활용할 수 있는 방안을 고안하는데 기여할 수 있다. 넷째, 외국에서의 사회협약 성공사례를 분석하고 성공요건을 도출함으로써 우리나라 노동정책과정에서 유용한 시사점을 제공받을 수 있다.

참고문헌

강명세(1999), <경제위기와 사회협약>, 세종연구소.

강문구(1998), 한국의 민주적 공고화와 사회협약의 가능성: 김대중 정부 하의 노사정위원회를 중심으로, <한국과 국제정치> 14(2): 1-25.

경제단체협의회(1992), <1991년도 사업보고서>.

경제사회발전 노사정위원회(2015), <노동시장구조개선을 위한 사회적 대타협>.

경제사회발전 노사정위원회(2016), <한국의 사회적 합의: 1993-2015>.

고숙희(1991), <한국 이익집단의 행태결정요인 분석>, 성균관대학교 박사학위논문.

권형기(2014), <세계화 시대의 역행?: 자유주의에서 사회협약의 정치로: 아일랜드 사회협약 모델의 수립과 진화>, 후마니타스.

권희경(1989), <한국혁신정당과 사회주의인터내셔널 >, 태양.

김훈(2003), 노사정 위원회 활동평가 및 발전방안, <노사정포럼> 22: 72-86.

김대모(1996), <한국노총 및 한국경총의 임금인상지침 비교분석>, 한국노동연구원.

김삼수(2004), 박정희시대의 노동정책과 노사관계, 이병천 편, <개발독재와 박정희시대>, 창비.

김상곤(1995), 정치경제적 정세와 노동운동의 발전방향, 한국사회경제학회 편, <사회경제평론> 제8집, 한울.

김상곤(1998), 사회적 합의주의와 노사정위원회, <구조조정 및 실업대책과 노사정위원회의 위상>, 민교협주최 노동토론회.

김성수(1997), <신노사관계론>, 법경사.

김수진(1993), 사민주의적 지배체제와 정치경제의 동태적 변화: 스웨덴과 노르웨이를 중심으로, <한국정치학회보> 27(2): 275-303.

김수진(1995), 한국 노동조합운동의 현황과 전망, <경제와 사회> 25: 22-48.

김순양(1994a), 집단이익의 갈등과 정부개입에 관한 비교연구: 보건의료정책 분야의 의약분업 사례와 한약조제권분쟁 사례의 비교, <한국정치학회보> 28(1): 375-402.

김순양(1994b), 의료보험수가 결정에 영향을 미치는 요인에 관한 연구, <한국사회복지학> 23: 21-49.

김순양(1994c), <사회정책과정에서의 이익대표체계의 변화에 관한 연구>, 서울대학교 박사학위논문.

김순양(1994d), 사회집단 지도부 선출 과정의 정부개입에 관한 실증적 연구, <한국행정학보> 28(2): 397-415.

김순양(1996a), 사회복지부처 장차관의 충원기준 추이분석, <한국행정학보> 30(1): 17-33.

김순양(1996b), 코포라티즘의 한계와 새로운 도전: 메조코포라티즘에 관한 논의를 중심으로, <사회과학연구> 15(2): 1-27, 영남대학교 사회과학연구소.

김순양(1997a), 노동입법과정에서의 노동자단체의 이익투입방식에 관한 고찰, <의정연구> 3(2): 118-154.

김순양(1997b), 노동자단체에 대한 정부개입 방식의 비교 분석, <한국행정학보> 31(4): 95-112.

김순양(1999a), 스웨덴 사회협약모델의 성공요건 분석, <한국행정학보> 33(3): 215-36.

김순양(1999b), 한국 노동정책과정에서의 사회적 합의의 형성과정 분석, <한국행정논집> 11(1): 107-129.

김순양(2000a), 김대중정부 전반기 노동개혁정책의 평가와 과제, <사회정책논총> 12(1): 45-77.

김순양(2000b), 한국에서의 사회적 합의의 실험과 평가, <한국사회와 행정연구> 11(1): 21-41.

김순양(2003a), 정책네트워크 모형의 이론적 쟁점 분석, <정부학연구> 9(1): 178-219.

김순양(2003b), 정책과정과 이익매개의 양식: 세가지 관점의 비교와 결합, <한국행정연구> 12(2): 146-185.

김순양(2014), 고도경제성장기의 사회정책 형성체계 및 형성과정 분석: 1970년대 연금보험과 의료보험의 제도화과정 비교, <한국정책학회보> 23(2): 199-239.

김순양(2015), 발전국가의 이원적 노동통제정책 분석: 1961-1987년, <지방정부연구> 18(4): 23-50.

김신영(2010), 사회협약 정치와 연금개혁 비교연구, <한국사회> 11(2): 37-59.

김영래(1987), <한국의 이익집단: 국가조합주의적 시각을 중심으로>, 대왕사.

김영명(2003), <한국현대정치사>, 을유문화사.

김영순(1996), <복지국가의 위기와 재편>, 서울대학교출판부.

김영종(1998), 전환기 한국노동정책의 형성모형, <한국행정논집> 10(4).

김용원(1995), 한국과 독일의 노동조합 발전과정에 관한 비교연구, <산경연구> 3: 197-211, 영남대학교 산업경영연구소.

김용철(2010), 노동정치: 사회협약정치의 출현, 교착, 지속에 대한 분석, <산업노동연구> 16(2): 33-76.

김윤태(2009), 사회협약의 정치적 조건: 한국과 아일랜드의 재해석, <동향과 전망> 75: 183-214.

김인춘(2002), 세계화시대 북유럽 조합주의의 변화와 혁신, <경제와 사회> 53: 174-200.

김인춘(2007), 세계화와 생산체제의 재편: 네덜란드와 스웨덴의 노동시장정책과 사회적 합의제도, < 현대사회와 행정> 17(3): 47-76.

김장한 외(1989), <80년대의 한국노동운동사>, 조국.

김재원(1996), <한국의 노동문제와 노사관계 정립방안>, 한국경제연구원.

김태수(2006), 사회적 합의기구로서의 노사정위원회의 위상에 관한 관점별 검토, <한국행정학보> 40(4): 205-224.

김해동 (1985), 한국 관료의 행태상의 제(諸)특징, <행정논총> 23(2): 163-177.

김호기(2008), <세계화 시대의 사회협약>, 아르케.

노동부(1992), <노사화합의 새 시대를 열자>, 노동부.

노동부(2006), <노동행정사>, 노동부.

노사개혁백서편찬위원회(1997), <노사개혁 21 세기 새 동반자>.

노사정위원회(1998), <전문가대상 노사정위원회 출범 100일 기념 여론조사결과보고서>.

노중기(1999), 한국의 '사회적 합의', 그 가능성과 한계: 노사관계개혁위원회와 노사정위원회의 비교분석, <한신논문집> 16(2): 125-156.

노중기(2003), 노사정위원회 5년, 평가와 전망, <동향과 전망> 56: 48-76.

노중기(2008), <한국의 노동체제와 사회적 합의>, 후마니타스.

대한민국정부(1998), <국민과 함께 내일을 연다>.

라영재(2008), 한국정부에서 정책협의의 시도와 전망: 노사정사회협약, 투명사회협약, 저출산 고령화대책 사회협약 사례비교, <한국정책학회보> 17(3): 33-66.

박동(2000), <한국 노동체제의 변화와 사회협약의 정치에 관한 연구: 1987~1998>, 고려대학교 박사학위논문.

박동(2005), <한국노동체계와 사회협약의 정치>, 동도원.

박동(2007), <인적자원개발을 위한 사회협약 연구>, 한국직업능력개발원.

박승두(1996), <노동조합의 정치활동>, 중앙경제사.

박진근(2009), <한국 역대정권의 주요 경제정책>, 한국경제연구원.

서울대학교 노사관계연구소(1997), <한국노사관계의 방향과 발전과제>, 다산출판사.

선학태(2006), <사회협약정치의 역동성: 서유럽정책협의와 갈등조정시스템>, 한울.

선학태(2011), <사회적 합의제와 합의제 정치>, 전남대학교출판부.

선한승(1991), 서구의 조합주의모형과 이론, <한국노동연구> 2, 한국노동연구원.

선한승(1993), 사회적 합의주의의 정치경제적 조건, <사회비평> 9: 337-363.

설봉식(2006), <박정희와 한국경제>, 중앙대학교출판부.

송위진(1998), 조직의 딜레마와 대응행동: 한국노총의 사회적 합의(1993-1995) 사례 분석, <한국행정학보> 32(1): 113-128.

송호근(1994), <열린 시장 닫힌 정치>, 나남.

송호근(1997), <시장과 복지정치: 사민주의 스웨덴 연구>, 사회비평사.

신재원(2015), <사회적 합의의 역사적 교훈>, 해남.

심상용(2007), 비교사례 접근을 통한 새로운 사회협약 성립의 제도 및 행위자 요인에 대한 연구, <노동정책연구> 7(3): 169-206.

심종섭(2006), <사회협약의 연금술>, 산문.

심지연(2004), <한국 정당정치사>, 백산서당.

안상훈(1998), 스웨덴의 사회변화와 사민주의 복지개혁, <동향과 전망> 98: 208-237.
안재성(2008), <한국노동운동사 1>, 삶이 보이는 창.
안재흥(1995), 스웨덴모델의 형성과 노동의 정치경제, <한국정치학회보> 29(3): 493-523.
안재흥(1998), 근대화, 개인화의 정치경제 그리고 노동운동의 대응: 스웨덴 사례의 이론적 해석, <한국정치학회보> 32(1): 317-338.
양재진(2007), 한국 사회협약 실험의 추동력과 한계: 조정시장경제로의 전환가능성 검토, <사회과학연구> 15(1): 38-68, 서강대학교 사회과학연구소.
어기구 외(2013), <지속가능한 성장과 사회통합을 위한 삼자합의주의 모델에 관한 연구>, 한국노총중앙연구원.
오문완(2008), 분쟁해결 도구로서의 사회협약의 함의, <노동법연구> (24): 113-145.
오원철 (2006), <박정희는 어떻게 경제 강국 만들었나?>, 동서문화사.
우리노동문제연구원(1989), <민주노조운동의 현황과 전망>, 백산서당.
유훈(1993), 정책수단에 대한 고찰, <행정논총> 30(2): 135-61.
유근춘 외(2014), <사회대타협을 위한 사회협약 국제사례 연구와 시사점>, 한국보건사회연구원.
유범상(2000), <한국의 노동정치와 공론장: 노사관계개혁위원회와 노사정위원회를 중심으로>, 서울대학교 박사학위논문.
윤진호(2011), 노동정책과 노동운동의 성장, 유종일 편, <박정희의 맨얼굴>, 시사IN북.
이선(1994), <1993년 임금교섭 실태와 과제>, 한국노동연구원.
이목훈(1992), <한국 노동통제정책의 변화에 관한 연구>, 서울대학교 박사학위논문.
이원덕(1997), <노사개혁: 미래를 위한 선택>, 한국노동연구원.
이원덕(1998), 1987-97년 노사관계의 평가와 향후 과제, 영남대학교 사회과학연구소 학술토론회 발표논문.
이원보(2013), <한국노동운동사 100년의 기록>, 한국노동사회연구소.
이장규(1991), <경제는 당신이 대통령이야>, 중앙일보사.
이종석(2004), 유신체제의 형성과 분단구조, 이병천 편, <개발독재와 박정희시대>, 창비.
이호근(2011), 사회협약정치의 평가와 과제, <노동저널> 2: 37-50.
임상훈(2002), 한국의 사회협약: 노사정의 세계화와 구조조정에 대한 삼자교섭 전략, <한국인사조직학회 2002년도 춘계학술대회 발표논문집>.
임상훈(2005), 사회적 협의의 제도화와 사회협약, 임상훈·최영기 공저, <한국형 노사관계 모델(Ⅰ)>, 한국노동연구원.
임상훈(2006), <약자들의 사회협약>, 한국노동연구원.
임상훈·최영기(2005), <한국형 노사관계 모델>, 한국노동연구원.
임영일(1998), <한국의 노동운동과 계급정치(1987-1995)>, 경남대학교출판부.
임혁백(1993), 체제전환기 노동정책, <전환기의 정부과제와 정책>, 한국정책학회 동계학술대회.

장명국(1985), 해방 후 한국노동운동의 발자취, 김금수·박현채 외, <한국노동운동론 1>, 미래사.

재정경제부(1998), <시련을 딛고 도약을 향해>.

전국경제인연합회(전경련) (1970), <경협> 1970년 8월호.

전국경제인연합회(전경련) (1971), <전경련 10년>.

전국경제인연합회(전경련) (1991), <전경련 30년사>.

전신욱(1989), <한국 산업화과정에서의 노동통제와 노동저항>, 고려대학교 박사학위논문.

정병기·도묘원(2015), <코포라티즘 정치>, 아카넷.

조기형·이상억(2011), <한자성어·고사명구사전>, 이담 북스.

조남준(1986), 금력단체 전경련, <월간조선> 1986년 10월호.

조석준(2004), <한국행정과 조직문화>, 대영문화사.

조선일보사(1980), <사료 해방40년>.

조성준(2014), <소통의 새 길, 국민경제회의: 한국의 사회적 대화 및 협약체계 개선방안>, 한국노총중앙연구원.

조승혁(1984), <한국공업화와 노동운동>, 풀빛.

조현연 외(1990), <1980년대 노동운동>, 한국노동이론정책연구소.

조형제(2007), 사회적 합의 모델의 가능성 탐색, <아세아연구> 50(1): 122-45.

조효래(2003), 사회적 합의의 형성과 붕괴, 복원: 스페인 사례, <동향과 전망> 56: 217-256.

조효정(2003), <한국 노동정치의 국가 중심성: 1996년 이후 사회적 협약의 전개를 중심으로>, 서울대학교 박사학위논문.

총무처(1990, 1992), <위원회편람>.

최성수(2000), <선진국 사회적 합의주의의 특성과 시사점>, 한국경제연구원.

최영기(1993), 한국에서의 노사정 3자 협력방안 모색, <노사정 간의 사회적 합의형성방안 모색을 위한 토론회 자료집>, 한국노동연구원.

최영기(1994), 한국에서의 사회적 합의에 대한 평가와 과제, <노사정 3자 협력방안에 관한 국제세미나 자료집>, 한국노동연구원.

최영기(1999), 한국의 사회적 합의전통과 노사정위원회. 한국노사관계학회·한국노동경제학회·한국노동법학회 공동주최 합동토론회 발표논문.

최장집(1988), <한국의 노동운동과 국가>, 열음사.

최재석(1982), <한국인의 사회적 성격>, 개문사.

최종태(1991), 노사관계에서의 Tripartism과 생산성 향상, <노사관계연구> 2: 1-43, 서울대학교 노사관계연구소.

최한수(2004), <한국정치의 이해>, 건국대학교출판부.

통계청(1998), <통계로 본 대한민국 50년의 경제사회상 변화>.

한국경영자총협회(한국경총) (1989), <노동경제 40년사>.

한국노동연구원 (1990), <노동문제 및 노사관계에 관한 근로자의식조사 연구>.

한국노동연구원(2004), <세계 각국의 사회협약>.

한국노동조합총연맹(한국노총) (1979), <한국노동운동사>.

한국노동조합총연맹(한국노총) (1989), <전환기의 노동조합과 정치활동>.

한국노동조합총연맹(한국노총) (1990), <한국노동조합의 정치활동>.

Adam, S. and H. Kriesi (2007), *The Network Approach: Theories of the Policy Process*, Boulder, CO: Westview Press.

Adams, P. (2018), Corporatism and Comparative Politics: Is There a New Century of Corporatism?, in H. Wiarda (ed.), *New Directions in Comparative Politics*, London: Routledge.

Alford, R. and R. Friedland (1985), *Powers of Theory*, Cambridge, UK: Cambridge University Press.

Almond G. and B. Powell (1978), *Comparative Politics: System, Process, and Policy*, Boston, MA: Little, Brown & Co.

Andersson, J. (2009), Nordic Nostalgia and Nordic Light: The Swedish Model as Utopia 1930–2007, *Scandinavian Journal of History* 34(3): 229-245.

Avdagic, S. (2010), When are Concerted Reforms Feasible? Explaining the Emergence of Social Pacts in Western Europe, *Comparative Political Studies* 43(5): 628-657.

Bauböck, R. (2018), *Democratic Inclusion: A Pluralist Theory of Citizenship*, Manchester, UK: Manchester University Press.

Bentley, A. (1967), *The Process of Government*, Cambridge, MA: Harvard University Press.

Bergh, A. (2010), Towards a New Swedish Model?, in T. Bengtsson (ed.), *Population Ageing-A Threat to the Welfare State?: The Case of Sweden*, pp. 109-119, Berlin, Germany: Springer.

Berry, J. (1989), *The Interest Group Society*, Boston, MA: Scott, Foresman and Company.

Bevir, M. (2010), *Democratic Governance*, Princeton, NJ: Princeton University Press.

Birkland, T. (2015), *An Introduction to the Policy Process: Theories, Concepts, and Models of Public Policy Making*, London: Routledge.

Blom-Hansen, J. (2000), Still Corporatism in Scandinavia? A Survey of Recent Empirical Findings, *Scandinavian Political Studies* 23(2): 157-181.

Boddy, M. and C. Lambert (1990), Corporatist Interest Intermediation: Government-Building Society Relations in the UK, in C. Crouch and R. Dore (ed.), *Corporatism and Accountability*, Oxford, UK: Clarendon Press.

Börzel, T. (1998), Organizing Babylon: On the Different Conceptions of Policy Networks, *Public Administration* 76(2): 253-273

Briody, D. (2011), *The Iron Triangle: Inside the Secret World of the Carlyle Group*, Hoboken, NJ: John Wiley & Sons.

Bulkeley, H. (2000), Discourse Coalitions and the Australian Climate Change Policy Networks, *Government and Policy* 18(6): 727-748.

Cairney, P. (2011), *Understanding Public Policy: Theories and Issues*, London: Macmillan International Higher Education.

Carnoy, M. (2014), *The State and Political Theory*, Princeton, NJ: Princeton University Press.

Cawson, A. (1986), *Corporatism and Political Theory*, New York: Basil Blackwell.

Cheadle, H. (2005), Labour Market Flexibility: Will a Social Pact Help?. In Harold Wolpe Memorial Seminar (Vol. 5).

Childs, M. (1980), *Sweden: The Middle Way on Trial*, New Haven, CT: Yale University Press.

Collier, D. (2018), Trajectory of a Concept: Corporatism in the Study of Latin American Politics, in D. Collier (ed.), *Latin America in Comparative Perspective*, London: Routledge.

Collier, R. and D. Collier (1979), Inducements vs Constraints: Disaggregating Corporatism, *American Political Science Review* 73(4): 967-986.

Connolly, W. (2017), The Challenge to Pluralist Theory, in W. Connolly (ed.), *Pluralism in Political Analysis*, London: Routledge.

Cox, R. (1992), After Corporatism: A Comparison of the Role of Medical Professionals and Social Workers in the Dutch Welfare State, *Comparative Political Studies* 24(4): 532-552.

Cox, R. and J. Hayward (1983), The Applicability of the Corporatist Model in Britain and France: The Case of Labor, *International Political Science Review* 4(2): 217-240.

Coxall, B (2001), *Pressure Groups in British Politics*, London: Pearson Education.

Crepaz, M. (1992), Corporatism in Decline?: An Empirical Analysis of the Impact of Corporatism on Macroeconomic Performance and Industrial Disputes in 18 Industrialized Democracies, *Comparative Political Studies* 25(2): 139-168.

Crouch, C. and R. Dore (1990), *Corporatism and Accountability*, Oxford, UK: Clarendon Press.

Daugbjerg, C. (2018), *Policy Networks under Pressure: Pollution Control, Policy Reform and the Power of Farmers*, London: Routledge.

Daugbjerg, C. and D. Marsh (1998), Explaining Policy Outcomes: Integrating the Policy Network Approach with Macro-level and Micro-level Analysis, in D. Marsh (ed.), *Comparing Policy Networks*, Buckingham, UK: Open University Press.

Davidson, A. (1989), *Two Models of Welfare: The Origins of the Welfare State in Sweden and New Zealand, 1888–1988*, Uppsala, Sweden: Political Science Association.

Davies, J. (2011), *Challenging Governance Theory: From Networks to Hegemony*, Bristol, UK: Policy Press.

Dror, Y. (2017), *Public Policy-making Reexamined*, London: Routledge.

Duverger, M. and R. Wagoner (1972), *The Study of Politics*, London: Nelson.

Dye, T. (2013), *Understanding Public Policy*, Englewood Cliffs, NJ: Prentice-Hall.

Edin, P. A. and R. Topel (1997), Wage Policy and Restructuring: The Swedish Labor Market since 1960, in B. Swedenborg, R. Freeman, and R. Topel (ed.), *The Welfare State in Transition: Reforming the Swedish Model*, Chicago, Il: The University of Chicago Press.

Exworthy, M. and S. Halford (1999), *Professionals and the New Managerialism in the Public Sector*, Buckingham, UK: Open University Press.

Foster, J. (2014), *The Theory of Monopoly Capitalism: An Elaboration of Marxian Political Economy*, New York: Monthly Review Press.

Freeman, B., B. Swedenborg and R. Topel (2010), *Reforming the Welfare State: Recovery and Beyond in Sweden*, Chicago, IL: University of Chicago Press.

Gamson, G. A. (1968), *Power and Discontent*, Homewood, Il: The Dorsey Press.

Gerston, L. (2014), *Public Policy Making: Process and Principles*, London: Routledge.

Gilens, M. and B. Page (2014), Testing Theories of American Politics: Elites, Interest Groups, and Average Citizens, *Perspectives on Politics* 12(3): 564-581.

Golden, M. (1986), Interest Representation, Party System and the State: Italy in

Comparative Perspective, *Comparative Politics* 18(3): 279-301.

Gray, V. and D. Lowery (1991), Corporatism Without Labor? Industrial Policy-making in the American States, *Journal of Public Policy* 11(3): 315-329.

Hague, R. and M. Harrop (2001), *Comparative Government and Politics*, Basingstoke, UK: Palgrave.

Ham, C. (1999), *Health Policy in Britain*, Basingstoke, UK: Palgrave.

Hassel, A. (2003), The Politics of Social Pacts, *British Journal of Industrial Relations* 41(4): 707-726.

Haugaard, M. (2012), Reflections upon Power over, Power to, Power with, and the Four Dimensions of Power, *Journal of Political Power* 5(3): 353-358.

Heimer, K. (1996), Gender, Interaction, and Delinquency: Testing a Theory of Differential Social Control, *Social Psychology Quarterly* 59(1): 39-61.

Helco, H. (1978), Issue Networks and the Executive Establishment, in A. King (ed.), *The New American Political System*, Washington DC: American Enterprise.

Held, D. (2013), *Political Theory and the Modern State*, Hoboken, NJ: John Wiley & Sons.

Henry, A., M. Lubell and M. McCoy (2011), Belief Systems and Social Capital as Drivers of Policy Network Structure, *Journal of Public Administration Research and Theory* 21(3): 419-444.

Hill, M. (2014), *Policy Process: A Reader*, London: Routledge.

Hilmer, J. (2010), The State of Participatory Democratic Theory, *New Political Science* 32(1): 43-63.

Ho, Ming-sho (2006), Challenging State Corporatism: The Politics of Taiwan's Labor Federation Movement, *The China Journal* 56: 107-127.

Ho, Ming-sho (2015), State Corporatism, in Stone, J. et al. (ed.), *The Wiley Blackwell Encyclopedia of Race, Ethnicity, and Nationalism*, Hoboken, NJ: John Wiley & Sons.

Hsu, J. and R. Hasmath (2014), The Local Corporatist State and NGO Relations in China, *Journal of Contemporary China* 23(87): 516-534.

Hudson, W. and S. Lowe (2004), *Understanding the Policy Process*, Bristol, UK: The Policy Press.

Hudson, W., M. Hyde and J. Carroll (1987), Corporatist Policy Making and State Economic Development, *Polity* 19(3): 402-418.

Huelshoff, M. (1992), Corporatist Bargaining and International Politics: Regimes, Multinational Corporations and Adjustment Policy in the Federal Republic of Germany, *Comparative Political Studies* 25(1): 3-25.

Jacek, H. (1986), Pluralist and Corporatist Intermediation, Activities of Business Interest Association, and Corporate Profits, *Comparative Politics* 18(4): 419-437.

Janoski, T. (1994), Direct State Intervention in the Labor Market, in T. Janoski and A. Hicks (ed.), *The Comparative Political Economy of the Welfare State*, Cambridge, UK: Cambridge University Press.

Johnson, C. (1982), *MITI and Japanese Miracle: The Growth of Industrial Policy 1925-1975*, Stanford, CA: Stanford University Press.

Johnson, C. (1999), The Developmental State: Odyssey of a Concept, in M. Woo-Cumings (ed.), *The Developmental State*, Ithaca, NY: Cornell University Press.

Jones, H. (1976), *Planning and Productivity in Sweden*, London: Croom Helm.

Jordan, A. and J. Richardson (1979), *Government and Pressure Groups in Britain*, Oxford, UK: Clarendon.

Jordan, G. (1984), Pluralistic Corporatism and Corporate Pluralism, *Scandinavian Political Studies* 7(3): 137-154.

Jordan, G. and K. Schubert (1992), A Preliminary Ordering of Policy Networks Labels, *European Journal of Political Research* 21(1-2): 7-27.

Jung, Joo-youn (2011), How a Powerful Bureaucracy Fell: The Abolition of the Economic Planning Board in Korea, *Korea Observer* 42(4): 551-581.

Katzenstein, P. (1985), *Small States in World Market*, Ithaca, NY: Cornell University Press.

Kenworthy, L. (2002), Corporatism and Unemployment in the 1980s and 1990s, *American Sociological Review* 67(3): 367-388.

Kenworthy, L. (2003), Quantitative Indicators of Corporatism, *International Journal of Sociology* 33(3): 10-44.

Kickert, W. (2003), Beneath Consensual Corporatism: Traditions of Governance in the Netherlands, *Public Administration* 81(1): 119-140.

Kickert, W. et al. (1997), *Managing Complex Networks*, London: Sage Publications.

Kim, D. and J. Bae (2017), *Employment Relations and HRM in South Korea*, London: Routledge.

Kim, Eun Mee (1997), *Big Business, Strong State: Collusion and Conflict in South Korean Development, 1960-1990*, Albany, NY: State University of New York Press.

Kim, Soon-Yang (2006), Reluctant Compromise on the Cliff-edge: The Struggle to Consolidate Social Pacts in Korean Labor Policy, *Korean Journal of Policy Analysis and Evaluation* 16(4): 353-378.

Kim, Soon-Yang (2008), The East Asian Developmental State and Its Economic and Social Policies: The Case of Korea, *International Review of Public Administration* 12(2): 69-87.

Kim, Soon-Yang (2015), An Analysis of South Korea's Policy Responses to Economic Crises in 1997 and 2008, *Korean Policy Sciences Review* 19(2): 1-29.

Knoke, D. (2011), Policy Networks, in *The SAGE Handbook of Social Network Analysis*, Beverly Hills, CA: Sage Publications.

Koliba, C., J. Meek, A. Zia, and R. Mills (2018), *Governance Networks in Public Administration and Public Policy*, London: Routledge.

Korpi, W. (1982), The Historical Compromise and its Dissolution, in B. Ryden and V. Bergstrom (ed.), *Sweden: Choices for Economic and Social Policy in the 1980s*, London: George Allen & Unwin.

Korpi, W. (2018), *The Democratic Class Struggle*, London: Routledge.

Larsson, B., M. Letell, and H. Thörn (2012), Transformations of the Swedish Welfare State: Social Engineering, Governance and Governmentality, in M. Landzelius et al. (ed.), *Transformations of the Swedish Welfare State*, London: Palgrave.

Lee, E. (2005), The Renegotiation of the Social Pact in Hong Kong, *Journal of Social Policy* 34(2): 293-310.

Lehmbruch, G. (1982), Neo-Corporatism in Comparative Perspective, in G. Lehmbruch (ed.), *Patterns of Corporatist Policy-Making*, Beverly Hills, CA: Sage Publications.

Lim, S. H. (2002), *Strategy Matters: A Constructivist Approach to the South Korean Social Pact*, Madison, WI: University of Wisconsin Press.

Lind, J. (2000), *Recent Issues on the Social Pact in Denmark*, European Trade Union Institute, Brussels, 135-160.

Lindbeck, A. (1997), *The Swedish Experiment*, Stockholm, Sweden: SBS Forlag.

Lindbom, A. (2001), Dismantling the Social Democratic Welfare Model? Has the

Swedish Welfare State Lost its Defining Characteristics?, *Scandinavian Political Studies* 24(3): 171-193.

Lindvall, J. and J. Sebring (2005), Policy Reform and the Decline of Corporatism in Sweden, *West European Politics* 28(5): 1057-1074.

Lowi, T. J. (1976), *The End of Liberalism*, New Yook: Norton.

Marsh, D. (1998), The Development of the Policy Network Approach, in D. Marsh (ed.), *Comparing Policy Networks*, Buckingham, UK: Open University Press.

Marsh, D. (ed.), *Comparing Policy Networks*, Buckingham, UK: Open University Press.

Marsh, D. and M. Smith (2000), Understanding Policy Networks: Towards a Dialectical Approach, *Political Studies* 48(1): 4-21.

Martin, A. (1984). Trade Unions in Sweden, in P. Gourevitch et al. (ed.), *Union and Economic Crisis*, London: George Allen & Unwin.

Martin, R. (1983), Pluralism and the New Corporatism, *Political Studies* 31(1): 86-102.

McFarland, A. (1987), Interest Groups and Theories of Power in America, *British Journal of Political Science* 17(2): 129-147.

McNamara, D. (2012), Comparative Corporatism, in D. McNamara (ed.), *Corporatism and Korean Capitalism*, London: Routledge.

McNutt, K. (2008), Policy on the Web: The Climate Change Virtual Policy Network, *Canadian Political Science Review* 2(1): 1-15

Meardi, G., J. Gardawski and O. Molina (2015), The Dynamics of Tripartism in Post-democratic Transitions: Comparative Lessons from Spain and Poland, *Business History* 57(3): 398-417.

Meyerson, Per-Martin (1985), *Eurosclerosis: The Case of Sweden*, Federation of Swedish Industries.

Milner, H. (1990), *Sweden: Social Democracy in Practice*. New York: Oxford University Press.

Molina, O. and M. Rhodes (2002), Corporatism: The Past, Present, and Future of a Concept, *Annual Review of Political Science* 5(1): 305-331.

Molinder, J., K. Enflo, K. and T. Karlsson (2018), The Power Resource Theory Revisited: What Explains the Decline in Industrial Conflicts in Sweden?, CEPR Discussion Papers (No. 13130).

Nownes, A. (2013), *Interest Groups in American Politics: Pressure and Power*, London: Routledge.

O'Higgins, M. (1990), Income Distribution and Redistribution, in T. Smeeding et al. (ed.), *Poverty, Inequality and Income Distribution in Comparative Perspective*, Hemmelsted: Harvester Wheatsheaf.

Olsen, G. (1992), *The Struggle for Economic Democracy in Sweden*, Aldershot, UK: Avebury.

Ottaway, M. (2001), Corporatism Goes Global: International Organizations, Nongovernmental Organization Networks, and Transnational Business, *Global Governance* 7(3): 265-292.

Pekkarinen, J. (1992), Corporatism and Economic Performance in Sweden, Norway, and Finland, in J. Pekkarinen (ed.), *Social Corporatism: A Superior Economic System?*, Oxford, UK: Clarendon Press.

Pernández, S. (2009), *General Theory of Corporatism: A Historical Pattern of European Social Policy*, Saarbrücken, Germany; Verlag Dr. Müller.

Pirie, I (2008), *The Korean Development State: From Dirigisme to Neo-Liberalism*, Abingdon, UK: Routledge.

Pirson, M. and S. & Turnbull (2011), Toward a More Humanistic Governance Model: Network Governance Structures, *Journal of Business Ethics* 99(1): 101-114.

Pontusson (1992), *The Limits of Social Democracy: Investment Politics in Sweden*, Ithaca, NY: Cornell Univ. Press.

Prell, C. (2012), *Social Network Analysis: History, Theory and Methodology*, Beverly Hills, CA: Sage Publications.

Pye, K. and R. Yates (1997), *British Politics: Ideas and Concepts*, Cheltenham, UK: Stanley Thrones.

Reveley, J. (2012), Wartime Price Control and Maritime Industry Corporatism: The Case of New Zealand Coastal Shipping, *International Journal of Maritime History* 24(2): 181-200.

Rhodes, M. (2001), The Political Economy of Social Pacts: Competitive Corporatism and European Welfare Reform, im P. Pierson (ed.), *The New Politics of the Welfare State*, Oxford, UK: Oxford University Press.

Rhodes, R. (1985), Corporatism, Pay Negotiations and Local Government, *Public Administration* 63(3): 287-307.

Rhodes, R. (2006), Policy Network Analysis, in R. Goodin, M. Moran and M. Rein (ed.), *The Oxford Handbook of Public Policy*, Oxford, UK: Oxford

University Press.

Robinson, P. (1991), Anatomy of a Neo-traditional Corporatist State, *Comparative Politics* 23(1): 1-21.

Ross, H. (1970), An Experimental Study of the Negative Income Tax, *Child Welfare* 49(10): 562-569.

Rothstein, B. (1990), Marxism, Institutional Analysis, and Working Class Power: The Swedish Case, *Politics and Society* 18(3): 318-345.

Samuelsson K. (1968), *From Great Power to Welfare State*, London: George Allen & Unwin.

Samuelsson K. (1975), The Philosophy of Swedish Welfare Policies, in S. Koblik (ed.), *Sweden's Development from Poverty to Affluence 1750-1970*, Minneapolis, MN: University of Minnesota Press.

Schaaf, K. and S. Broussard (2006), Private Forest Policy Tools: A National Survey Exploring the American Public's Perceptions and Support, *Forest Policy and Economics* 9(4): 316-334.

Schlozman K. and J. Tierney (1983), More of the Same: Washington Pressure Group Activity in a Decade of Change, *The Journal of Politics* 45(2): 351-377.

Schmitter, P. (1974), Still the Century of Corporatism?, *The Review of Politics* 36(1): 85-131.

Schmitter, P. and G. Lehmbruch (ed.) (1979), *Trends Toward Corporatist Intermediation*, Beverly Hills, CA: Sage Publications.

Schneider, A. and H. Ingram (1990), Behavioral Assumptions of Policy Tools, *The Journal of Politics* 52(2): 510-529.

Schneider, V. (2015), Hugh Heclo, Issue Networks and the Executive Establishment, in S. Balla, M. Lodge, and E. Page (ed.), *The Oxford Handbook of Classics in Public Policy and Administration*, Oxford, UK: Oxford University Press.

Schnitzer M. (1970), *The Economy of Sweden*. New York: Praeger.

Siaroff, A. (1999), Corporatism in 24 Industrial Democracies: Meaning and Measurement, *European Journal of Political Research* 36(2): 175-205.

Skyrms, B. (2014), *Evolution of the Social Contract*, Cambridge, UK: Cambridge University Press.

Smith, M. (1989), The Annual Review: The Emergence of a Corporatist Institution?, *Political Studies* 37(1): 81-96.

Smith, M. (1993), *Pressure, Power, and Policy: State Autonomy and Policy Networks in Britain and United States*, New York: Harvester Wheatsheaf.

Smith, M. (2013), *Rethinking State Theory*, London: Routledge.

Stepan, A. (2015), *The State and Society: Peru in Comparative Perspective*, Princeton, NJ: Princeton University Press.

Svenska H. (1968), *Sweden's Economy*, Stockholm.

Teichman, J. (2018), Economic Restructuring, State-labor Relations, and the Transformation of Mexican Corporatism, in G. Otero (ed.), *Neoliberalism Revisited: Economic Restructuring and Mexico's Political Future*, London: Routledge.

The Economist Intelligence Unit (1999), *Sweden 1999-2000*, London.

Thorhallsson, B. and R. Kattel (2013), Neo-liberal Small States and Economic Crisis: Lessons for Democratic Corporatism, *Journal of Baltic Studies* 44(1): 83-103.

Tilton, T. (1990), *The Political Theory of Swedish Social Democracy*, Oxford, UK: Clarendon Press.

Truman, D. (1971), *The Governmental Process*, New York: Alfred A. Knopf.

Visser, J. (2011), Database on Institutional Characteristics of Trade Unions, Wage Setting, State Intervention and Social Pacts in 34 Countries between 1960 and 2007, Institute for Advanced Labour Studies, University of Amsterdam.

Wiarda, H. (1972), Toward a Framework for the Study of Political Change in the Iberic-Latin Tradition: The Corporative Model, *World Politics* 25(2): 206-235.

Wiarda, H. (2016), *Corporatism and Comparative Politics: The Other Great "ism"*, London: Routledge.

Williamson, P. (1989), *Corporatism in Perspective*, London: Sage Publications.

Wilson, F. (1982), Alternative Models of Interest Intermediation: The Case of France, *British Journal of Political Science* 12(2): 173-185.

Wilson, F. (1983), French Interest Group: Pluralist or Neocorporatist?, *American Political Science Review* 77(4): 895-910.

Woo-Cumings (1999), Chalmers Johnson and the Politics of Nationalism and Development, in M. Woo-Cumings (ed.), *The Developmental State*, Ithaca, NY: Cornell University Press.

Wynia, G. (1990), *The Politics of Latin American Development*, Cambridge, UK: Cambridge University Press.

Yishai, Y (1992a), From an Iron Triangles to Iron Duet?: Health Policy-making in

Israel, *European Journal of Political Research* 21(1-2): 91-108.

Yishai, Y. (1992b), Three Faces of Associational Politics: : Interest Groups in Israel, *Political Studies* 40(1): 124-136.

Young, B. (1990), Does the American Dairy Industry Fit the Meso-Corporatist Model, *Political Studies* 38(1): 72-82.

Zeigler, C. (1986), Issue Creation and Interest Groups in Soviet Environmental Policy: The Applicability of the State Corporatist Model, *Comparative Politics* 18(2): 171-192.

Zeigler, C. (1988), *Pluralism, Corporatism, and Confucianism*, Philadelphia, PA: Temple University Press.

찾아보기

저자소개

김순양(金淳陽)은 고려대학교 사회학과를 졸업하고, 서울대학교에서 행정학석사와 행정학박사 학위를, 런던정경대(LSE)에서 Ph.D(사회정책학)를 취득하였다. 미국 Washington State University, University of Colorado, 영국 Southampton University, LSE Health and Social Care 등에서 교환교수, 객원연구위원 등을 역임하였다. 현재 영남대학교 행정학과 교수, 행정대학원장, 사회과학연구소장으로 재직하고 있다.
그동안 사회정책, 정책이론, 복지행정, 정부관료제 등의 분야에서 <Health Politics in Korea>, <Health Systems in Transition(WHO, 4인 공저)>, <정부관료제의 개혁과제(근간)>, <사회복지행정의 개혁과제>, <한국 보건의료개혁의 정치(2018년 대한민국학술원 우수학술도서)>, <한국 다문화사회의 이방인>, <복지서비스의 민간위탁시스템 분석(2008년 대한민국학술원 우수학술도서)>, <사회복지정책론(3인 공저)>, <발전국가(공저)>, <행정(공저)>, <행정학의 이해(공저)>, <이익집단정치와 이익갈등(공저)> 등의 학술서적을 출간하였다. SSCI, A&HCI 등재지를 포함한 우수학술지에 160여 편의 학술논문을 게재하였다. 미국, 영국, 노르웨이 등지의 주요 국제학술세미나에서 많은 연구논문을 발표하였다. 세계 3대 인명사전인 미국 Marquis Who's Who, 영국 Cambridge 국제인명센터(IBC)에 우수연구자로 등재되었으며, 동아일보 및 중앙일보 평가에서 우수연구자로 선정되었다. 사회과학분야 최고권위지의 하나인 <한국행정학보> 편집위원장을 2년간 역임하였다.

한국의 노동정치
사회협약을 향한 긴 여정(旅程)

초판 발행 2020년 7월 15일

지은이 김순양
펴낸이 서길수
디자인 유소율
펴낸곳 영남대학교출판부
출판등록 1975년 9월 5일 경산 제16-1호
주소 경상북도 경산시 대학로 280
전화 053) 810-1801~3
FAX 053) 810-4722
홈페이지 book.yu.ac.kr

ISBN 978-89-7581-817-2 93350

이 도서의 국립중앙도서관 출판예정도서목록(CIP)은
서지정보유통지원시스템 홈페이지(http://seoji.nl.go.kr)와
국가자료종합목록 구축시스템(http://kolis-net.nl.go.kr)에서 이용하실 수 있습니다.
(CIP제어번호 : CIP2020025524)